사회복지학강의

박경일 김경호 서화정 이재모
윤기혁 이미라 이진열 전형원
공 저

LECTURE ON
SOCIAL WELFARE

양 성 원

머리말

사회복지에 대한 애정과 열정을 가진 저자들이 모여 2001년 『사회복지학강의』를 처음 출간한 후, 벌써 22년이 훌쩍 넘어섰습니다. 이 책은 2005년 2판 2쇄를 끝으로 하고, 2010년 집필자가 변동되면서 『사회복지학강의』를 새롭게 집필하여 초판 발행하였고, 2017년에는 사회복지학의 동향에 맞추어 개정 출판하였습니다. 지금 2023년 신간을 출간하게 됨은 집필자들의 개인적인 사정으로 일부 장에서 집필진이 새롭게 구성되었기 때문입니다. 또한 집필자들은 『사회복지학강의』를 교재로 사용하는 전국의 많은 교수님과 학생 및 사회복지 종사자들의 사회복지에 대한 이해와 최근 동향에 대한 지적 요구에 부응하고자 하는 마음과 노력으로 수정 보완하여 신간으로 출판하게 되었습니다.

이번 신간도 개정판과 마찬가지로 사회복지학의 거시적 체계에 맞추어 총 3부로 구성하였습니다. 제1부 총론은 사회복지를 이해함에 있어서 육하원칙에 입각하여 질문하고 답변하는 방식으로 서술하였습니다(사회복지란 무엇이며, 사회복지가 왜 필요한가, 누가 사회복지를 하며, 누구를 위한 사회복지인가, 사회복지의 재원과 그 수준, 사회복지는 언제부터인가). 제2부 사회복지방법론에서는 어떻게 사회복지를 할 것인가에 대한 답변으로서 실천방법들을 간략히 소개하고 사회복지실천의 이해와 지평을 넓히기 위해 해당 방법론에 걸맞은 실천사례와 최신 이론적 동향을 서술하였고 프로그램 개발과 평가를 추가하였습니다. 제3부 사회복지 분야론에서는 우리 사회에 노출되어 있는 다양한 사회문제의 발생 배경과 현상을 이해하고 사회복지 영역(군사회복지, 주거복지 추가)에서 이루어지고 있는 사회복지제도와 실천방법 그리고 그 대안과 과제 및 전망을 제시하고자 하였습니다. 나아가 본서의 마지막 장에서는 향후 제4차 산업혁명에 따른 사회복지의 동향과 사회복지사의 대응전략(스마트 복지, 디지털 복지, 생태복지)에 대해 모색할 수 있도록 간략히 소개하였습니다. 뿐만 아니라 이번 신간에서는 독자들의 이해를 돕기 위하여 시각적인 자료와 통계자료들을 업데이트하였고, 사회복지 관련 정부 기관이나 민간 복지단체들의 관련 사진이나 홈페이지를 소개하였습니다. 그리고 가능한 최신 기출문제들을 연구문제에 수록하여 본서의 이해와 국가고시 출제 동향을 파악함에 도움이 되고자 하였습니다.

그동안 많은 교수님들과 학생 및 독자들의 성원과 지도편달에 거듭 감사드리며, 이 책의 신간 출간을 위하여 노력해 주신 각 장별 집필 교수님들에게도 감사드립니다. 또한 본서의 출간을 기꺼이 맡아 주신 양성원의 강철원 대표님과 직원 여러분에게도 이 지면을 빌려 고마움을 표합니다. 아울러 본서의 집필자들은 계속 본서를 수정 · 보완하여 많은 독자들에게 사회복지를 이해하는 데 조금이라도 도움이 되고자 노력하겠습니다. 나아가 집필자들은 본서가 사회복지학을 보다 체계적으로 정립하고 복지 마인드를 고양하는 데 작은 보탬이 될 수 있는 서적으로 거듭해 나갈 것을 약속드립니다.

2023년 2월

집필자 대표 박 경 일

차 례

PART 2 사회복지방법론

PART 3 사회복지분야론

PART 1

총 론

Chapter 01

사회복지란 무엇인가
(사회복지의 개념)

제도는 본래 불안정한 존재인 인간이 서로 견뎌 내고 믿을 수 있도록 하기 위하여 찾아낸 형식이다. 그리하여 인간은 다양한 사회제도(정치, 경제, 종교, 문화, 가족 등)를 만들었고, 이러한 제도 안에서 삶의 목적을 공동으로 추구하며 내적 삶의 안정을 획득한다. 사회복지도 사회제도의 하나로서 인간의 욕구에 반응하여 이를 충족시켜 주는 활동으로 볼 수 있으며, 산업화(기술적 변화, 인구의 이동, 가족구조와 기능의 변화 등)로 인하여 발생한 여러 가지 사회문제를 예방하고 해결하려는 집단적 노력으로 볼 수 있다. 결국 사회복지는 방법과 형식에 있어서 역사적으로나 국가적으로 그 차이가 있을지라도 과거에서부터 오늘날에 이르기까지 불안정한 존재인 인간의 행복을 추구하기 위한 사회적 노력과 활동이라고 볼 수 있을 것이다.

Key Words

사회복지, 사회사업, 사회의 의미, 조선왕조실록의 복지 의미, 사회제도의 기능, 보충적 개념, 잔여적 개념, 제일선, 상호부조, 실체론적 개념, 복지권, 사회보장, 사회보험, 공공부조, 관련 복지제도, 광의의 사회복지, 사회복지의 개념 변화, 사회복지 개념의 속성, 사회서비스, 헌법, 사회보장기본법, 사회복지사업법, 정상화, 패러다임, 서비스의 유료화, 지방분권, 공사협동, 공사믹스, 복지다원주의, 이용자 중심, 재가복지

1. 사회복지의 어휘적 의미

1) 서양

'사회복지'라는 어휘는 '사회적(social)'이란 형용사와 '복지(welfare)'라는 명사의 두 단어가 합쳐져서 만들어진 복합명사이며, 어원은 'social welfare'라는 영어이다. 'social'이란 'society'라는 명사에서 파생된 용어이다. 영어의 'welfare'란 뜻은 'well'과 'fare'의 복합명사로서 '평안히 잘 지내는 상태'를 의미한다. 즉, 영어의 의미는 well+fare로서 만족스러운 상태(satisfactory state), 건강과 번영(health and prosperity), 복락의 의미(well- being)로 사용되고 있다. 독일어의 경우는 'wholfahrt'로서 '행복(whol)'과 '가다(fahren, 명사 die fahrt)'의 복합명사로서 행복한 상태로 가기 위한 노력으로 볼 수 있다.

한편 여기에 'social'이라는 형용사를 붙이면 '사회적으로 행복한 생활상태'를 뜻한다. 즉, 개인의 행복만을 추구하는 것뿐만 아니라 사회구성원 모두의 행복을 추구하기 위한 노력을 의미하는 것이다. 이러한 점에서 '사회적'이란 단어는 사회복지를 위한 수단 및 방법과 연관성을 지니며, 다음과 같은 두 가지의 뜻을 지니게 된다. 첫째는 복지를 누리지 못하고 있는 사람들을 복지의 상태로 전환시키기 위한 노력을 사회구성원이 공동으로 한다는, 즉 개인적 차원이 아닌 집합적 차원의 활동이란 뜻을 가지고 있다. 둘째의 사회적 의미는 경제적 의미와 대비되는 것이다. 즉, 복지활동의 동기가 이윤추구와 같은 경제적 동기가 아니라 상부상조, 또는 이타주의와 같은 사회적 동기라는 의미이다(김상균, 1987).

이러한 단어의 뜻을 종합해 볼 때 사회복지란 누구나 행복을 누릴 권리와 존엄성이 있다는 이상과 'fare', '살아가다'라는 동사(動詞)가 말해 주듯이 그 이상을 지향하는 실천상태, 즉 구체적 제도나 서비스는 사회구성원의 집합적 활동에 이루어져야 한다는 것이다. 아울러 여기서의 행복은 비단 물질적 풍요만을 뜻하는 것은 아니고 신체적 · 지적 · 정신적 발달의 기회를 누구나 가질 수 있는 상태도 함께 의미하는 것이다.

최근 들어 매스미디어에 well-being이란 말이 자주 사용되고 있다. 사회복지에서 well- being은 복리이라는 뜻으로 본래는 '복지'와 유사한 개념으로 사용되었던 것이다. 웰빙족에서의 well-being은 물질적 가치나 명예를 얻기 위해 달려가는 삶보다는 신체와 정신이 건강한 삶을 행복의 척도로 삼는 것이다. 웰빙(well-being)족이 젊은이들 사이에 새로운 문화 코드로 떠오르면서 관련 사이트와 산업도 주목받고 있다. 문제는 well-being이 상업적 코드로 변질되면서 상류층의 문화로 왜곡되고 있다는 것. 하지만 "진정한 웰빙족은 경제력을 바탕으로 잘 먹고 잘 살고 폼 나게 사는 것이 아니라 자신의 정신적 만족을 통해 행복을 느끼며 사는 것"이라는 게 웰빙 카페 운영자의 소개 글이다.

웰빙족이 추구하는 웰빙과 사회복지에서 추구하는 건강한 신체와 건강한 정신은 서로 일맥상통한다. 그러나 웰빙의 대상과 목표에는 다소 차이가 있는 것 같다. 사회복지에서 웰빙의 대상은 중류층의 젊은이들뿐만 아니라 이 사회에 거주하는 모든 사람이며 그 주된 대상자는 사회적 약자이고, 복지의 목표는 개개인의 행복뿐만 아니라 사회 전체의 행복을 추구하는 것이다. "학생들이여 사회복지는 인간의 욕구변화에 적절히 대응할 수 있어야 한다고 했다. well- being이 이 시대 또 하나의 코드로 부상하고 있는 이 시점에서 well-being의 개념을 진지하게 한번 논의해 봄은 어떨지……."

2) 동양

고대 중국에서 사회에 대한 어원을 보면 25가구(家口)를 1사(社)라고 불렀고, 이 1사(社)들이 많이 모인 것을 사회라고 하였다.

한편 한자 옥편에서 '복지(福祉)'라는 단어의 뜻을 살펴보면 '복(福)' 자와 '지(祉)' 자 모두가 복이라는 뜻으로 해석되고 있다. 그러니까 복지는 복이 둘이나 겹쳐 있을 정도로 굉장히 복이 많다는 의미이다. 우리말로 복(福)이란 넓은 의미에서 '잘 산다'는 것인데 이는 물질적 풍요와 아울러 정신적 행복을 함께 일컫는 것이다. 우리의 옛말에 '오복(五福)'이란 단어가 있듯이 '복'의 개념은 상당히 포괄적인 것이다. 부(富), 번영, 안녕과 같이 물질적이고 육체적인 차원에서 풍족하거나 불편함이 없는 상태를 뜻하는가 하면, 쾌락, 만족, 행복과 같이 심리적 · 정신적 그리고 심지어 영적인 차원의 상태를 의미하기도 한다(한국사회복지관협회 편집부, 1995).

보다 구체적으로 복지(福祉)라는 단어의 형성에 나타난 의미를 살펴보자. 먼저 '福'이라는 단어는 示(보일 시-神과 관계되는 字: 자연, 즉 신으로부터의 선물) + 畐[찰 복: 一(모으다의 뜻) + 口(입 구자로서 사람의 입을 뜻함) + 田(밭 전)의 세 단어로 이루어진 글자]으로 구성되어 있다. 이 말을 유추해 보면 신(神)이란 존재가 많이 모여 있는 사람들의 입을 밭으로부터 꽉 채워주니 물질적으로 풍요하다는 의미를 갖고 있다고 유추해 볼 수 있다.

또 다른 의미로서 畐(찰 복) 자는 표주박 모양을 본뜬 형상문자(形象文字)이다. 여기서 왜 '福' 자라는 단어에 표주박 모양을 본뜬 畐(찰 복) 자를 사용하였는가에 대한 의미를 살펴보면 우리는 '福' 자에 담긴 뜻을 또한 유추해 볼 수 있다.

옛날 중국에서 표주박은 술이나 물을 담는 그릇이었다. 즉, '福' 자에 술을 담는 그릇인 표주박 모양을 본뜬 글자인 畐(찰 복) 자를 사용했다는 것은 고대에 술이 질병의 치료제로서 사용되었기 때문이라고 생각된다. 따라서 '福'이라는 단어에는 귀신이 인간의 질병을 치료해 주거나 아프지 않게 해 주는 것이라는 의미를 담고 있다고 생각된다. 그리고 '祉'라는 단어는 示(보일 시-神과 관계되는 字) + 止(그칠 지)로 이루어진 단어로서 특별한 의미가 없이 고대에 '福'은 신만이 행하는 것[祉]으로 인식되었던 것 같다.

한편 이러한 복지란 말이 어떠한 문장에 사용되고 있었는가를 살펴봄으로써 그 의미를 또한 유추해 볼 수도 있을 것이다. 그리하여 고대 중국의 『역림(易林)』이라는 책에 의하면 "사아복지 수산무극(賜我福祉壽算無極: 나에게 복지를 내려 주니 그 수명이 헤아릴 수 없을 정도로 무한하다)"이라는 문장이 있다. 이 문장에서 우리는 복지란 장수(長壽)의 의미를 내포하고 있다고 유추해 볼 수 있을 것이다.

결국 앞에서 살펴본 복지란 단어의 뜻에서 우리는 고대 중국의 '복지(福祉)'의 의미는 물질적 풍요와 무병(無病)의 뜻을 지니고 있다고 생각되며, 문장의 쓰임에서는 장수(長壽)의 의미를 지니고 있다고 유추해 볼 수 있다.

그러나 오늘날의 복지는 고대 한자(漢字)의 복지라는 단어에 내포된 물질적 풍요나 건강, 장수를 '神'만이 할 수 있는 것이라는 의미보다 더욱 포괄적인 의미로서 사용되고 있으므로 우리는 오늘날의 '복지(福祉)'의 의미와 고대에 사용한 복지의 의미와는 차이가 있음에 유의해야 할 것이다. 즉, 오늘날의 복지대상은 고대 한자의 어휘에서 나타난 경제적 보장, 건강, 장수만이 아니라 사회적 위험(제4장 참조)과 생활상의 여러 문제에 대처하는 것이며, 나아가 절대적 존재인 신만이 복지를 하는 것이 아니라 사회연대의 원리(제2장 참조)에 의해 사회구성원 모두가 더불어 행하는 개인적 · 사회적 활동이다.

3) 조선왕조실록의 복지 어휘 사용의 실례

중국에서처럼 한국에서도 복지란 단어가 사용되었던 실례를 살펴봄으로써 복지의 의미를 도출해 볼 수 있을 것이다. 그리하여 한국 역사서에서 나타나고 있는 복지의 단어를 찾아보면 『삼국유사』나 『고려사』에는 복지라는 어휘를 사용한 실례가 없고 『조선왕조실록』에서는 7번 사용되고 있다. 그 실례를 살펴보면 복지는 〈표 1-1〉과 같이 장수나 현물의 제공, 소망의 충족이라는 의미를 내포하고 있다고 생각된다.

〈표 1-1〉 **조선왕조실록의 복지 어휘 사용 예**

출처	임금	용례	의미
10집 491면	성종	"중국의 늙은 사신 축수 술을 올리고……, 어리석은 이 몸도 봉인(封人)의 축수(祝壽) 올리니 복지(福祉)는 이어이어 억만 년을 누리리."	장수
15집 67면	중종	지난해 여름 임신 중 꿈에 사람이 나타나 말하기를 "이 아이를 낳으면 이름을 억명(億命)이라 하라." 하므로 벽에 써서 기록하였고, …… 서몽(瑞夢)의 조짐이 길하여, 우리의 억만 년 가없는 명을 길이 누림을 여기서 더욱 징험할 수 있는 것이니 이 얼마나 기이한가. 바야흐로 큰 복지(福祉)가 흐르는데, 백약이 효험이 없어, 3월 초 2일에 경복궁의 동궁 별전에서 별세하시니…….	왕자의 탄생, 장수
16집 134면	중종	삼가 생각하옵건대, …… 아름다운 범절이 도사(圖史)와 합치되고 근검(勤儉)이 가정과 나라에 알려지셨습니다. 이러므로 영광스럽게 아름다운 존호를 받으시어, 한없이 복지(福祉)를 누리게 되신 것입니다.	만수 무강
24집 494면	선조	거룩하게 내린 것을 환하게 밝혀서 여러 사람들의 마음을 불러일으켜야 하겠거니와 좋은 계책을 해 가지 않는다면 어찌 황제가 내린 복지(福祉)를 받겠는가.	현물의 제공
38집 434면	숙종	법제(法制)를 상고해서 특별히 조서를 선포하여 재앙의 징조를 이왕(已往)에 사라지게 하고 복지(福祉)를 장래에 맞아들이려고 한다. 아! …… 상천(上天)의 인애한 마음에 보답하고, 편안한 계획을 후손에게 주어서 하토(下土)의 우러러 의지하는 소망에 위로한다.	소망의 충족
45집 412면	정조	바야흐로 일양(一陽)이 장차 다시 돌아오고 다음 해가 막 닥치게 된 때를 당했기에, 태래(泰來)의 새 복지(福祉)를 맞이하고…….	
48집 223면	순조	이미 가례(嘉禮)를 이루었으므로 특별히 은혜를 널리 베푸노라. 아! 내정(內政)을 육궁(六宮)에 폈으니 길이 복지(福祉)를 이었고…….	

출처: 조선왕조실록 CD.

2. 사회복지의 개념

1) 사회복지의 목적론(이념)적 개념

사회복지의 목적론적 개념은 행위 또는 제도, 정책의 목적 개념으로 또는 형이상학적 의미 혹은 당위 개념으로 쓰이는 경우이다. 그것은 '사회의 진보와 발전', '사회 전체의 행복 추구'라는 막연한 의미로서 사용된 것이며, 구체적 내용으로 사용하기보다는 일련의 정책과 제도가 목표로 하는 목적을 가리키는 것으로 사회복지를 사용하는 것이다. 즉, 이 개념에 의하면 사회복지는 사회가 달성해야 하는 이상적 상태를 의미하며 인간의 가치와 존엄성이 최고도로 실현되는 상황이라고 말할 수 있을 것이다.

2) 사회복지의 제도적 · 기능론적 개념

(1) 사회제도와 기능 구분

사회제도의 복지적 기능에 대한 논의는 다양하고 복잡하다. 1993년 길버트(Gilbert), 스펙트(Specht), 테렐(Terrell)은 사회제도로서 친족제도, 종교제도, 경제제도, 상호부조제도, 정치제도 다섯 가지를 제시하였으나 1995년 스펙트가 타계한 후 〈표 1-2〉와 같이

〈표 1-2〉 사회제도, 주요 조직 그리고 사회복지 기능

사회제도	주요 조직유형	기본 기능	사회복지 기능
친족	가족	출산, 사회화, 보호, 친교 및 정서적 지원	요보호 가족성원을 위한 보호, 가족 간 경제적 지원
종교	교회	영적 성장 및 발달	신도 중심의 복지, 보건, 교육, 사회서비스, 상담
노동	근로조직*	고용	종업원 급여
시장	생산자(회사), 소비자(가계)	재화와 서비스의 교환	(영리목적의) 상업적 재화와 서비스
상호부조	지지집단, 자발적 기관	상부상조, 박애	자조, 자원봉사, 지역사회복지서비스
정부	국가, 주, 지방자치단체	집합적 목표를 위한 자원의 동원과 배분	빈곤타파, 경제적 안정, 보건, 교육, 주거서비스

* 근로조직은 공장, 농장, 대학, 서비스 제공기관을 들고 있다.
출처: Gilbert & Terrell(1998: 3).

여섯 가지로 구분하였다. 길버트와 테렐(1998)에 의한 중요한 사회제도의 기능을 살펴볼 때, 친족제도는 사회화의 기능을, 종교제도는 영적 성장의 기능을, 노동(work place) 제도는 고용기능을, 시장(market place)제도는 재화와 서비스의 교환기능을, 상호부조제도는 상부상조의 기능을, 정부제도는 자원의 동원과 배분의 기능을 각각 하고 있다.

(2) 보충적 개념과 제도적 개념

사회복지의 유형을 구분하는 대표적인 학자로서 윌렌스키와 르보(Wilensky & Lebeaux, 1965)는 미국의 사회복지를 분석함에 있어서 보충적(잔여적) 사회복지(residual social welfare)와 제도적 사회복지(institutional social welfare)라는 개념 모델을 설정하고 있다.

〈표 1-3〉 **보충적 개념과 제도적 개념**

구분	보충적(잔여적) 개념	제도적 개념
특징	• 간섭받지 않는 자유, 개인주의, 시장경제 원칙을 기본가치로 하여 자본주의 정신에 충실 • 빈곤의 책임을 개인에게 묻고자 함 • 절대적 빈곤의 개념에 따라 빈곤수준을 낮게 책정 • 선별주의 선호(국가책임 최소화) • 사회복지의 수혜자는 일반인보다 비정상적이고 약하고 적응을 잘 못하는 병리적인 사람으로 간주됨 • 낙인을 찍기도 함	• 구현, 빈곤으로부터의 자유 그리고 우애를 기본가치로 함 • 빈곤에 대한 사회적 책임을 강하게 인식 • 상대적 빈곤의 개념에 따라 사회적 박탈감 인정 • 보편주의 선호(국가책임 점차 확대) • 빈곤의 수준을 높게 책정. 사회복지의 수혜자는 지극히 정상적인 사회구성원이라고 봄 • 낙인과 응급처치적 요소와 거리가 멂
대표 실례	• 공공부조(public assistance)	• 사회보험(social insurance)

① 보충적 개념

보충적 사회복지(residual social welfare)란 가족이나 시장과 같은 정상적 공급구조가 제 기능을 발휘하지 못할 경우에 한해서 비로소 활동하기 시작하는 사회복지를 의미한다. 다시 말해서, 사회 내에 두 개의 자연적 경로인 가족과 시장경제를 통해 각 개인의 필요가 적절히 충족될 수 있음을 전제로 하고 있다. 이러한 정상적 경로를 활용할 수 없을 때, 제3의 필요충족 메커니즘인 사회복지(조직)가 활동을 시작하는 것으로 간주되며, 정상적 사회조직이 다시 제 기능을 발휘하기 시작할 때에는 활동을 중지해야 한다고 간주하고 있다.

② 제도적 개념

제도적 사회복지(institutional social welfare)란 현대사회에서 정상적 제일선의 기능으로서 사회복지가 기능할 수 있다는 것을 전제로 한 개념이다. 이 개념은 낙인(stigma)이나 응급조치적 요소, 그리고 비정상성을 수반하고 있지 않다. 사회복지는 현대사회에서 각 개인의 자아완성을 돕기 위해 타당하고 정당한 기능을 수행하는 것으로 받아들여지고 있다. 각 개인이 자신의 힘만으로는 충분히 대처할 수 없으며, 가족이나 직장을 통해 그의 모든 필요로 충족시킬 수 없다는 것은 정상적 상태로 간주된다. 그러므로 원조기관은 정상적인 제도적 위치를 획득하게 된다.

한편 길버트와 스펙트(1986: 9)는 다섯 가지의 사회제도를 설명하면서 이들 각각의 사회제도의 관계에서 사회복지의 위치와 기능을 실선과 점선으로 구분하여 사회복지의 보충적 개념과 제도적 개념을 [그림 1-1]과 같이 구분하고 있다.

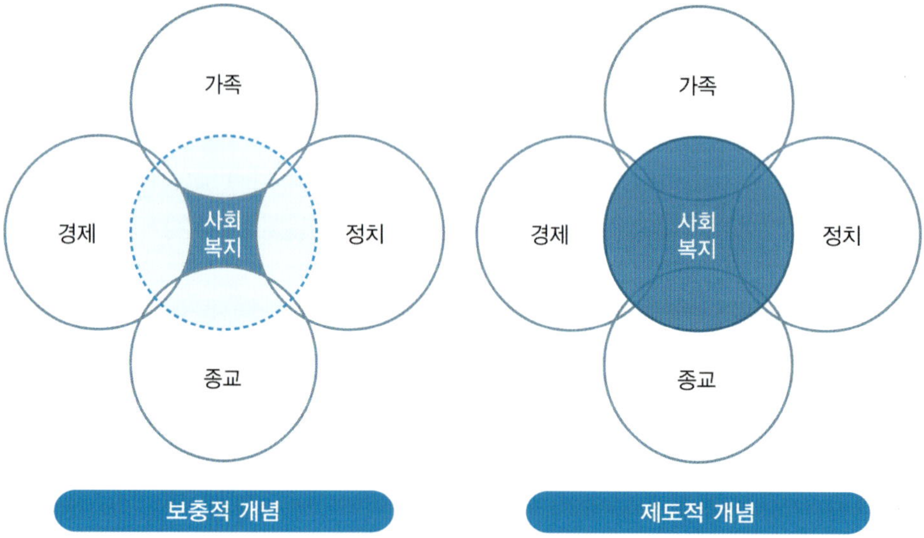

[그림 1-1] 사회복지의 보충적 개념과 제도적 개념

출처: Gilbert & Specht(1986: 9).

3) 사회복지의 실체론적 개념 – 목적달성의 수단과 방법

사회복지의 실체론적 개념이란 역사적 · 현실적인 사회적 시책과 실천활동을 의미하는 개념이다. 즉, 목적을 달성하기 위한 현실적 수단을 말하는데, 이러한 개념으로서의 사회복지는 시간과 공간에 따라 달라진다. 요컨대, 미국의 사회복지, 영국의 사회복지, 일본의 사회복지, 한국의 사회복지는 각각 문화적 풍토와 역사적 발달과정을 달리해 왔으므로 그 용어와 포괄범위가 다르다.

(1) 사회복지의 광의 · 협의의 개념

실체 개념으로서의 사회복지라는 용어는 광의와 협의의 사용법이 있다. 광의로서 사용되는 경우는 사회복지란 관련 공공정책과 사회보장제도를 포괄하여 사용된다. 이것은 국민의 기본적 생활에 관련되는 서비스인데, 흔히 사회복지정책 혹은 사회복지제도라고 불린다. 협의로 사용될 때에는 생활보호사업과 노인, 아동, 장애인 등 사회적 약자를 대상으로 하는 사회복지사업을 의미한다. 이러한 사회복지사업을 행하는 데 사용되는 실천과 기술은 사회사업 혹은 사회사업실천, 사회사업원조기술 등으로 불린다.

즉, ① 광의의 사회복지 개념은 사회적 제반 서비스(사회복지서비스, 보건의료, 교육, 여가, 소득, 노동, 주택, 안전, 거주, 환경보존 등)를 체계적으로 조직화하고 이것을 총칭하는 개념이고, ② 협의의 사회복지 개념은 국가부조를 받고 있는 자, 장애인, 아동, 기타 원조, 육성을 필요로 하는 자로 하여금 자립하여 그 능력을 발휘하는 데 필요한 생활지도, 재활서비스, 기타 서비스를 행하는 것이다. 협의의 사회복지 개념은 사회복지의 고유 영역을 규정하는 장점은 있으나 사회복지의 대상과 범위를 지나치게 좁게 규정하여 현대사회의 다양한 사회적 욕구에 대응하는 데 한계가 있다.

(2) 실체론적 개념에서 사회복지의 구성

실체론적 개념에서 사회복지의 구성은 각국에서 제도화되어 있는 사회보장을 중심으로 살펴볼 수 있다. 사회보장이란 용어는 비교적 새로운 것으로, 최초로 사용된 것은 1929년 세계대공황을 극복하기 위한 일환으로서 1935년 미국의 「사회보장법」으로부터 비롯되었다. 이러한 사회보장은 각 나라마다 조금씩 상이한 형태로 운영되고 있지만, 그 범위와 구성은 빈곤에 대처하는 소득보장과 질병에 대처하는 의료보장으로 대별할 수 있다. 사회보장의 범위와 구성을 감안할 때 오늘날 각국의 사회보장제도는 일반적으로 사회보험, 공공부조, 사회복지사업 및 기타 관련 공공정책 등 4개 부문으로 분류할 수 있다.

① 사회보험: 보험적 기술을 이용하여 사회적으로 빈곤의 방지를 위하여 조직된 것으로 사회적으로 정형된 빈곤사고(노령, 폐질, 사망, 상병, 출산, 실업, 업무재해 및 多子 등)를 예상하고 미리 갹출하여 이들의 사고에 봉착하였을 때 급여를 행하는 것이다.
② 공공부조: 국가나 지방자치단체의 책임하에 생활유지능력이 없거나 생활이 어려운 국민의 최저생활을 보장하고 자립을 지원하는 제도이다.
③ 사회복지사업(서비스): 국가, 지방자치단체 및 민간부문의 도움을 필요로 하는 모든 국민에게 상담, 재활, 직업소개 및 지도, 사회복지시설 이용 등을 제공하여 정상적 사회생활이 가능하도록 지원하는 제도이다. 사회보험, 공공부조는 경제적 보장의 성격이 강하나, 사회복지사업(서비스)은 비경제적 보장(상담, 재활, 직업소개 등)의 성격이 강하다.
④ 관련 공공정책이란 보건 · 주거 · 교육 · 고용 등의 분야에서 인간다운 생활이 보장될 수 있도록 지원하는 각종 복지정책을 말한다.

한편 오늘날 180개국에 달하는 대다수의 국가가 어떤 형태로든지 둘 혹은 셋 이상의 사회보장 프로그램을 갖고 있다(SSA, 2015, 2016). 미국의 사회보장청은 매년 혹은 6개월마다 각 대륙별로 사회보장 프로그램을 5개 유형(노령 · 장애 · 유족연금/상병수당 및 모성수당과 의료급여/산업재해보상보험/고용보험/가족수당)으로 구분하여 통계자료를 제시하고 있다. 이것을 종합하여 요약 정리하면 〈표 1-4〉와 같다.

〈표 1-4〉를 바탕으로 전 세계 사회보장 프로그램의 특징을 분석하면, ① 전 세계 180개국에서 법정 연금체계를 갖지 못한 1개국(말라위)을 제외한 모든 나라에서 어떤 형태로든지 연금보험을 시행하고 있고, ② 유럽의 모든 국가는 5개의 사회보장 프로그램을 어떤 유형으로든지 모두 시행하고 있다. 또한 ③ 전 세계 180개국에서 고용보험을 실시하는 국가는 92개국인 데 비해 가족수당을 실시하는 국가는 112개국으로 더 많음을

〈표 1-4〉 세계 각국의 사회보장 프로그램 (단위: 개국)

구분	노령 · 장애 · 유족연금	출산수당 및 의료급여			산업재해 보상보험	고용보험	가족수당
		상병수당	출산수당	의료급여			
계(180개국)	179	147	168	160	175	92	113
아메리카(36)	36	34	36	33	36	12	19
유럽(45)	45	45	45	45	45	45	45
아프리카(48)	47	36	45	38	48	7	29
아시아 · 태평양(51)	51	32	42	45	46	28	20

출처: SSA. Social Security Programs Throughout the World. The Americas(36개국: 2019), Europe(45개국: 2018), Asia and the Pacifics(51개국: 2018), Africa(48개국: 2019).

알 수 있으며, ④ 아시아 지역(51개국)의 가족수당은 19개국만이 시행하고 있어 상대적으로 다른 대륙보다 가족수당을 더 적게 실시하고 있음을 알 수 있다. 아울러 ⑤ 현재 우리나라는 2018년 9월부터 가족수당이라는 명칭 대신에 아동수당으로 시행되고 있으며 상병수당은 22년 7월 4일부터 23년 6월까지 6개 지역에서 시범사업을 시작하였다.

4) 사회복지의 법적 개념

한국의 법에 나타난 사회복지의 용어 정의나 내용을 살펴봄으로써 사회복지의 개념을 이해할 수 있다. 모든 사회복지의 근거법 중 최상위에 있는 법은 헌법으로서, 「대한민국 헌법」 제10조를 위시하여 제31조에서부터 제36조까지는 넓은 의미의 사회복지 개념을 포괄하고 있다. 즉, 「대한민국 헌법」 제10조에서는 "모든 국민은 인간으로서의 존엄과 가치를 가지며, 행복을 추구할 권리를 가진다"고 하였으며, 제31조는 교육을 받을 권리, 제32조는 근로의 권리, 제33조는 노동3권의 보장, 제34조는 복지권, 제35조는 모든 국민은 건강하고 쾌적한 환경에서 생활할 환경권, 제36조는 혼인과 가족, 보건에 관한 권리를 규정하고 있다. 또한 「대한민국 헌법」 제34조는 좁은 의미에서 사회복지의 개념을 규정한 복지권이라고 볼 수 있는데, 여기에는 다음과 같은 6개 조항이 있다.

① 모든 국민은 인간다운 생활을 할 권리를 가진다.
② 국가는 사회보장, 사회복지의 증진에 노력할 의무를 진다.
③ 국가는 여자의 복지와 권익의 향상을 위하여 노력하여야 한다.
④ 국가는 노인과 청소년의 복지향상을 위한 정책을 실시할 의무를 진다.
⑤ 신체장애자 및 질병 · 노령 기타의 사유로 인한 생활능력이 없는 국민은 법률이 정하는 바에 의하여 국가의 보호를 받는다.
⑥ 국가는 재해를 예방하고 그 위험으로부터 국민을 보호하기 위하여 노력하여야 한다.

「사회보장기본법」 제3조에서 "사회보장"이란 출산, 양육, 실업, 노령, 장애, 질병, 빈곤 및 사망 등의 사회적 위험으로부터 모든 국민을 보호하고 국민 삶의 질을 향상시키는 데 필요한 소득 · 서비스를 보장하는 사회보험, 공공부조, 사회서비스를 말한다. 사회보장이란 질병 · 장애 · 노령 · 실업 · 사망 등의 사회적 위험으로부터 모든 국민을 보호하고 빈곤을 해소하며 국민생활의 질을 향상시키기 위하여 제공되는 사회보험 · 공공부조 · 사회복지서비스 및 관련 복지제도를 말한다(2015. 12. 29. 일부개정).

① "사회보험"이란 국민에게 발생하는 사회적 위험을 보험의 방식으로 대처함으로써 국민의 건강과 소득을 보장하는 제도를 말한다.
② "공공부조"란 국가와 지방자치단체의 책임하에 생활유지능력이 없거나 생활이 어려운 국민의 최저생활을 보장하고 자립을 지원하는 제도를 말한다.
③ "사회서비스"란 국가 · 지방자치단체 및 민간부문의 도움이 필요한 모든 국민에게 복지, 보건의료, 교육, 고용, 주거, 문화, 환경 등의 분야에서 인간다운 생활을 보장하고 상담, 재활, 돌봄, 정보의 제공, 관련 시설의 이용, 역량 개발, 사회참여 지원 등을 통하여 국민의 삶의 질이 향상되도록 지원하는 제도를 말한다.

「사회복지사업법」에 의하면 '사회복지사업'이라 함은 다음 법률에 의한 보호 · 선도 또는 복지에 관한 사업과 사회복지상담 · 부랑인 및 노숙인보호 · 직업보도 · 무료숙박 · 지역사회복지 · 의료복지 · 재가복지 · 사회복지관 운영 · 정신질환자 및 한센병력자 사회복귀에 관한 사업 등 각종 복지사업과 이와 관련된 자원봉사활동 및 복지시설의 운영 또는 지원을 목적으로 하는 사업을 말한다(동법 제2조 제1항).

사회복지사업법에 규정된 법률

① 국민기초생활보장법, ② 아동복지법, ③ 노인복지법, ④ 장애인복지법, ⑤ 한부모가족지원법, ⑥ 영유아보육법, ⑦ 성매매방지 및 피해자 보호 등에 관한 법률, ⑧ 정신보건법(2017.5. 명칭변경 정신건강증진 및 정신질환자 복지서비스 지원에 관한 법률), ⑨ 성폭력방지 및 피해자보호 등에 관한 법률, ⑩ 입양특례법, ⑪ 일제하 일본군 위안부 피해자에 대한 생활안정지원 및 기념사업 등에 관한 법률, ⑫ 사회복지공동모금회법, ⑬ 장애인 · 노인 · 임산부 등의 편의증진보장에 관한 법률, ⑭ 가정폭력방지 및 피해자 보호 등에 관한 법률, ⑮ 농어촌 주민의 보건복지증진을 위한 특별법, ⑯ 식품기부활성화에 관한 법률, ⑰ 의료급여법, ⑱ 기초연금법, ⑲ 긴급복지지원법, ⑳ 다문화가족지원법, ㉑ 장애인연금법, ㉒ 장애인활동 지원에 관한 법률, ㉓ 노숙인 등의 복지 및 자립지원에 관한 법률, ㉔ 보호관찰 등에 관한 법률, ㉕ 장애아동 복지지원법, ㉖ 발달장애인 권리보장 및 지원에 관한 법률, ㉗ 청소년복지 지원법, ㉘ 그 밖에 대통령령으로 정하는 법률

3. 사회복지와 사회사업의 구분

사회복지(social welfare)는 인간의 행복을 증진시키기 위해서 정부나 민간이 제반 프로그램이나 서비스 또는 시설을 통해서 사회적 역기능을 예방하고 경감시키기 위한 체계적이고 조직적인 노력이다. 그리하여 사회복지는 제도나 정책의 목적적 개념을 중시한다. 사회사업(social work)은 개인, 가정, 집단, 지역사회에 대한 서비스 형태나 기술적 활동을 말하는 것으로서 사회복지 운영의 실질적이고 전문적인 활동을 중시한다.

이러한 사회복지와 사회사업의 관계를 살펴보면, ① 상호 관련되어 있으며, ② 모든 인간의 행복을 증진시키는 것이 사회복지라 하더라도 개개인의 행복을 위한 사회사업을 분리해서 생각할 수 없으며, ③ 사회복지의 모든 정책은 사회사업을 기초로 하여 발전되고 제도화될 수 있다. 이러한 사회복지와 사회사업의 관계를 컴퓨터의 구조와 관련하여 비유해 보면, 사회복지는 하드웨어이며, 사회사업은 소프트웨어라고 말할 수 있고, 여기에 사회복지사는 휴먼웨어(human ware)라고 할 수 있을 것이다. 여기서 사회복지와 사회사업의 개념을 목적이나 대상, 범위, 기능, 방법으로 구분하여 비교해 보면 〈표 1-5〉와 같이 정리할 수 있다.

〈표 1-5〉 사회복지와 사회사업의 구분

구 분	사회복지	사회사업
개념	거시적(macro)	미시적(micro)
목적	사회환경 지향적: 사회환경 변화	개인(인간) 지향적: 개인 변화
대상	전체적, 불특정적	부분적, 특정적
범위	보편성	개별성
기능	예방적, 사전적	치료적, 사후적
방법	정책, 제도	전문지식과 기술

4. 학자별 사회복지, 사회사업 개념 정의

1) 사회복지의 개념 정의

학자마다 사회복지의 개념 정의는 약간씩 차이가 있다. 그러나 모든 개념 정의에서 나타난 공통된 특징은 인간의 정신적·물질적 행복을 달성하기 위한 사회적 노력과 조직적 실천활동이라는 것이다. 각 학자에 따라 사회복지의 개념을 연대별로 정리하면 〈표 1-6〉과 같다.

〈표 1-6〉 사회복지의 개념 정의

학자	개념 정의
Friedlander (1955)	사회복지란 개인과 집단을 원조하여 건강상의 만족스러운 기준에 도달할 때까지 행하는 계획적인 사회적 서비스와 시설의 조직적 제도이다.
Dunham(1967)	사회복지는 가족·아동생활·건강·사회적응·여가·생활수준 및 사회적 관계성과 같은 영역에 있어서 인간의 욕구를 해결하는 데 도와줌으로써 사회적 행복의 추진을 위한 조직적 노력이다.
Encyclopedia of Social Work (1971)	사회복지란 일반적으로 인지된 사회문제를 예방하거나 완화시키며, 그러한 문제의 해결에 기여하고자 노력하거나 또는 개인, 집단, 지역사회의 복리를 개선하고자 노력하는 민간과 정부기관의 광범위한 조직적 활동이다.
Ramanshyn (1971)	사회복지란 한정적으로는 사회적 약자에 대한 재정적 원조나 서비스를 의미하며, 다른 한편으로는 국민의 보편적 욕구에 대한 공동적 책임을 의미한다.
Baker(1987)	사회복지는 사회의 유지에 기본적인 사회적·경제적·교육적 및 건강적 욕구를 충족시키려는 사람을 돕는 프로그램, 급부 및 서비스에 대한 국가의 체계이다.
장인협(1987)	가족이나 시장기구로부터 탈락된 자들에게 정상적인 사회생활을 유지할 수 있도록 보호, 치료, 예방의 정책이나 방법을 활용하는 것이다.

2) 사회사업의 개념 정의

각 학자에 따라 사회사업의 개념을 연대별로 정리하면 〈표 1-7〉과 같다.

〈표 1-7〉 사회사업의 개념 정의

학자	개념 정의
미국사회사업교육협회 (1954)	사회사업은 인간과 환경 간의 상호작용을 이루는 사회적 관계에 초점을 두는 활동을 통하여 개인의 사회적 기능을 단독으로나 집단적으로 향상시키고자 함에 있으며, 그 기능으로서는 손상된 능력의 회복, 개인적 · 사회적 자원의 제공, 사회적 기능장애의 예방을 들고 있다.
Friedlander(1955)	사회사업은 개인으로 하여금 개인을 집단의 일원으로서 사회적 · 인간적 만족과 독립을 성취하도록 원조하여 주고 인간관계에 관한 과학적 지식과 숙련을 기초로 한 전문활동이다.
Dunham(1967)	사회사업은 개인 · 집단 · 지역사회의 인구집단에 관심을 두고, 이것의 보호 · 치료 및 예방을 포괄한다.
유엔(1971)	사회과학과 기타 과학에서 도출되어 사회개발의 훈련 및 조사에 교육적으로 인정받는 사업에 의해 지지된 지식, 방법 및 철학의 체계에 주로 기초를 두는 훈련에 의해서 터득된 사회복지분야에 있어서 사람의 사회적 욕구를 충족시키기 위한 전문적 운영방법이다.

이상으로 사회복지의 개념 정의와 구분에서 내포되어 있는 사회복지의 속성을 살펴보면 다음의 다섯 가지를 도출해 볼 수 있다.

사회복지의 개념에 포함된 속성

- 인간이 만들어 낸 제도 중의 하나
- 사회구성원의 행복추구
- 인간의 기본적 · 사회적 욕구충족
- 인간의 삶의 질 향상을 위한 제반 시책과 노력
- 사회적으로 총체적이며 연대적인 노력과 활동

5. 사회복지의 개념 변화

사회복지의 개념도 시대에 따라, 사회적 상황의 변화에 따라, 그리고 이념 및 방법과 기술의 개발에 따라 고정되어 있는 것이 아니라 그 강조점이 변화되고 있다. 로마니신(Romanyshyn, 1971: 34-37)에 의하면 사회복지의 개념은 점차 다음과 같은 방향으로 변화되어 가고 있다고 한다.

① 보완적인 것에서 제도적인 것으로, ② 자선에서 시민권으로, ③ 특수한 서비스 활동에서 보편적 서비스 활동으로, ④ 최저기준의 달성에서 최적기준의 달성으로, ⑤ 개인적 개혁에서 사회적 개혁으로, ⑥ 자발적인 것에서 공적인 것으로, ⑦ 빈민구제에서 복지사회 건설로 변화되어 가고 있다.

한편 최근 학계나 신문지상에서 사회복지의 이념이나 대상, 주체, 방법 등에서의 변화를 이야기할 때, 사회복지 패러다임(paradigm)의 변화라는 용어가 자주 사용되고 있다. 패러다임이란 용어를 주창한 쿤(Kuhn)에 의하면 "패러다임이란 한 학문 공동체의 구성원에 의해서 공유되는 신념, 가치, 기술 등의 총괄적 집합체"라고 한다. 예를 들어, 중세시대 태양이 지구 주위를 돈다고 생각하는 천동설에 반해 지구가 태양 주위를 돈다고 주장하는 갈릴레오(Galileo)의 지동설 등장은 바로 코페르니쿠스적 패러다임의 전환으로 볼 수 있다.

이러한 관점에서 최근에 논의되고 있는 사회복지의 이념이나 방법 및 내용 면에서 사회복지 패러다임의 변화를 요약하면 〈표 1-8〉과 같이 정리해 볼 수 있다.

〈표 1-8〉 사회복지 패러다임의 변화

구분	변화
기본이념	보호, 구제 → 참가, 정상화(nomalization)의 실현
대상자	저소득자, 약자의 보호 → 복지욕구(니드)가 있는 모든 자
공사관계	공사분리 → 공사협동
국가와 지방의 관계	중앙집권 → 지방분권
재원	공비 부담, 무료복지 → 공비 부담, 이용자 부담(서비스의 유료화)
서비스 공급의 관점	공급자 중심 → 이용자 중심(선택, 참가)
서비스 공급장소	시설복지 → 재가복지

6. 사회과학과 사회복지학의 관계

사회과학은 동일하게 되풀이되고 있는 자연현상을 일정한 조건하에서 실험을 통하여 객관적 관계법칙을 규명하는 자연과학과는 달리 동일한 내용이 되풀이되지 않고 끊임없이 변화하고 있는 사회현상을 규명하는 과학이라는 특징을 가지고 있다.

사회과학이 사회현상과 인간관계 현상을 연구대상으로 삼고 있는 데 비해 사회복지학은 어떠한 사회현상에 내재하는 사회문제에 대처해 나가기 위한 사회적 대책이다. 따라서 사회복지학은 그것이 어떠한 상태나 표현방식을 취하든 학문적 연구방법은 사회과학적이어야 한다. 그렇기 때문에 사회문제에 대한 연구방법은 사회과학적이어야 하며 그 실천은 문제해결(욕구대응)과 복지발전을 목적으로 해야 한다. 이러한 목적에서 사회과학과 사회복지학의 관련성이 있다. 사회과학은 사회적 지식을 생산하고 그 지식을 이용하여 문제해결의 능력을 제고시켜야 하는데, 사회복지학 또한 문제해결을 위해서 끊임없이 지식과 기술을 추구하고 있다. 여기에서 사회복지학과 관련 사회과학과의 관계를 살펴보면 [그림 1-2]와 같다(박경일, 2008).

[그림 1-2] 사회복지학과 관련 사회과학

연구문제

1. 다음 사회제도 가운데 사회화의 기능을 하는 주된 제도는?

① 가족 ② 시장 ③ 종교
④ 정치 ⑤ 상호부조

2. 다음 중 현대사회에서 사회복지가 정상적 제일선으로서 기능할 수 있다는 것을 전제로 한 개념은?

① 보충적 개념 ② 제도적 개념 ③ 잔여적 개념
④ 예외적 개념 ⑤ 정상적 개념

3. 우리나라 사회보장기본법에 명시되어 있는 사회서비스의 분야로 보기 <u>어려운</u> 것은?

① 교통 ② 교육 ③ 주거
④ 문화 ⑤ 환경

4. 우리나라의 사회보장기본법에 근거한 사회보장제도가 <u>아닌</u> 것은? (2022 제22회 기출문제)

① 고용보험 ② 국민연금 ③ 최저임금제
④ 국민기초생활보장 ⑤ 보육서비스

5. 다음 중 최근의 사회복지 패러다임의 변화를 설명한 것 중 적절하지 <u>못한</u> 것은?

① 사회복지의 대상이 저소득자에게서 욕구가 있는 모든 사람으로 변화되었다.
② 공사 역할분담이 과거 공사협동에서 공사분리로 변화되었다.
③ 사회복지의 공급주체가 과거 중앙집권에서 지방분권으로 변화되었다.
④ 서비스 공급의 관점이 공급자 중심에서 이용자 중심으로 변화되었다.
⑤ 서비스의 결정주체가 행정청의 재량 중심에서 이용자의 선택과 자기결정을 중시하는 방향으로 변화되었다.

6. 세계 각국의 사회보장 프로그램에 대한 설명으로 옳지 <u>못한</u> 것은?

① 전 세계 각국은 어떤 형태로든지 연금보험 프로그램을 가장 많이 실시하고 있다.
② 유럽의 5개의 사회보장 프로그램을 어떤 유형으로든지 모두 시행하고 있다.
③ 전 세계에서 고용보험을 실시하는 국가가 가족수당을 실시하는 국가보다 많다.
④ 유럽과 아프리카의 모든 국가는 어떤 형태로든지 산재보험을 모두 실시하고 있다.
⑤ 아시아 · 태평양 지역은 상대적으로 아프리카 대륙보다 가족수당을 적게 실시하고 있다.

Chapter 02

사회복지는 왜 필요한가 (사회복지를 보는 관점과 태도)

"행복은 삶의 의미이며 목적이요, 인간 존재의 궁극적인 목표이자 지향점이다." 아리스토텔리스의 말이다. 모든 사람들은 행복하기를 원한다. 하지만 삶의 여정 곳곳에서 행복을 방해하는 다양한 일들(예를 들면, 빈곤, 질병, 장애, 노령, 실업, 돌봄 등), 즉 사회적 위험들이 발생하고 있다.

이러한 사회적 위험으로부터 사람들의 행복을 지켜 주기 위해서 만들어진 대표적인 사회제도가 바로 사회복지이다. 사회복지는 클라이언트의 문제와 어려움을 해결하고, 다양한 욕구 등을 충족시켜서 보다 행복한 삶으로 나아가게 만드는 우리 사회 전체의 노력이라고 할 수 있다. 이러한 사회복지를 바라보는 관점과 태도인 이데올로기에 따라서 국가마다 다양한 사회복지제도를 시행하고 있다. 따라서 이 장에서는 현대 사회복지에서 추구하는 가치와 윤리 그리고 사회복지의 동기는 무엇인지 살펴보고자 한다.

Key Words

인간의 존중, 신우파, 중도노선, 사회민주주의, 마르크스주의, 페미니즘, 생태주의, 녹색주의, 소극적 자유, 적극적 자유, 심리적 자유, 기회의 균등, 조건의 평등, 결과의 평등, 사회연대성, 공공성, 세계인권선언문, 윤리강령, 윤리적 딜레마, 상호부조의 동기, 종교적 동기, 정치적 동기, 경제적 동기, 이데올로기적 동기, 전문직업적 동기

* 본 장은 박경일 외(2017)의 『사회복지학 강의』 교재 2장(사회복지는 왜 필요한가?−이명현)의 내용을 중심으로 일부 내용을 수정 보완하였음.

1. 사회복지의 이데올로기

사회복지활동의 구체적 모습을 결정하기 위해서 항상 수많은 경제적 · 사회적 · 정치적 요소들이 개입된다. 그런데 사회복지에 대한 이데올로기는 복지에 대한 관점과 태도를 결정하여 다양한 정책과 실천의 형태를 결정하게 한다. 따라서 사회복지의 이데올로기는 복지와 관련된 다음과 같은 몇 가지 질문에 대한 관점과 태도를 제공하게 된다. 즉, 사회 · 경제적 문제에 대해 어떤 복지주체가 일차적 책임을 져야 하는가? 둘째는 사회복지는 어떤 형태로 이루어져야 하는가? 그리고 바람직한 사회를 실현하기

〈표 2-1〉 **복지이데올로기의 구분**

연도	학자	이념의 연속선						
1958	Wilensky & Lebeaux	잔여적	제도적					
1965	Wedderburn	반집합주의	시민권	전체주의	기능주의			
1971	Pinker	잔여적	제도적					
1972	Donison	이성적-경제지향성 우파	감성적-사회지향성 좌파					
1974	Titmuss	잔여적	산업적 성취-수행	제도적 재분배				
1975	Parker	자유방임	자유주의	사회주의				
1975	Butterworth & Homan	잔여적	제도적					
1976	George & Wilding	반집합주의	소극적 집합주의	페이비언 사회주의	마르크스주의			
1977	Mishra	잔여적	제도적	규범적(혹은 사회주의)				
1979	Furniss & Tilton	보수주의	적극적 국가	사회보장 국가	사회복지 국가	급진주의		
1979	Room	시장자유주의	정치적 자유주의	민주적 사회주의	신마르크스주의			
1979	Pinker	고전파 경제이론	신중상주의적 집합주의	마르크스주의적 사회주의자				
1981	Taylor-Gooby & Dale	개인주의	개량주의	구조주의	마르크스주의			
1983	Gilbert	사회진화론주의	고전자본주의	이익집단적 자유주의	페이비언 사회주의	조합주의적 사회주의	마르크스주의	
1987	Clarke et al.	자유방임주의	페미니즘	페이비언주의	사회주의			
1989	Williams	반집합주의	사회개량주의	페이비언 사회주의	급진적 사회행정	복지의 정치경제학	페미니즘	반인종주의
1994	George & Wilding	신우파	중도노선	사회민주주의	마르크스주의	페미니즘	녹색주의	
1996	Alcock	신우익	중도노선	사회민주주의	마르크스주의	신급진주의		

출처: George & Wilding(1999: 23); 김상균(1987: 113) 재구성; Gilbert(1993); Clarke, Cochrane & Smart (1987); Alcock(1996).

위하여 필요한 방법과 절차는 무엇인가?

이런 질문을 해결하기 위해 많은 학자들이 사회복지에 관한 이데올로기를 분류하고 분석하는 노력을 해 왔다(〈표 2-1〉). 여기에서는 조지와 윌딩(George & Wilding)이 분류한, ① 신우파, ② 중도노선, ③ 사회민주주의, ④ 마르크스주의, ⑤ 페미니즘, ⑥ 녹색주의를 중심으로 사회복지에 대한 관점을 소개하고자 한다.[1)]

(1) 신우파

복지에서 국가의 역할이 강화되는 것에 가장 강한 적대감을 보이며, 이것은 높은 과세로 기업과 개인에게 부담을 지움으로써 복지국가가 경제를 악화시킨다는 판단에 근거하고 있기 때문이다. 즉, 복지국가는 성장 가능성을 악화시킴으로써 인간의 행복과 빈곤 감소의 기회를 축소시키고, 의존문화를 조장하고 성공에 대한 보상과 실패에 대한 처벌을 정착시키는 역상의 힘을 약화시키기 때문에 사회적으로 해악이라는 입장에서 있다.

(2) 중도노선

복지국가가 사회문제와 사회안정을 위한 강력한 권력이라고 생각한다. 즉, 복지국가는 자유시장체제의 모순들을 완화해 주며, 정부가 국민의 안녕에 적극적 관심을 갖고 있다는 느낌을 주어, 이로써 국가의 권위에 정당성을 부여한다는 것이다. 또한 정부의 경제정책은 완전고용과 경제성장을 이룩히는 데 필수적인 것으로 여긴다.

(3) 사회민주주의

사회의 조화, 즉 민주주의에 의해 제공된 정치적 권리와 시장의 힘만을 강조하는 자유시장의 한계 사이를 조정하는 중요한 힘이 바로 복지국가라고 생각하며, 따라서 복지국가가 불평등을 감소시키고 더욱 평등한 사회를 촉진할 수 있다고 강조한다.

1) 조지와 윌딩은 1976년과 1985년까지 *Ideology and Social Welfare*에서 사회복지이데올로기를 ① 반집합주의, ② 소극적 집합주의, ③ 페이비언 사회주의, ④ 마르크스주의로 구분하였지만, 1994년의 *Welfare and Ideology*에서는 여섯 가지로 구분하여 논의하고 있다.

(4) 마르크스주의

이들에게 있어서 복지국가는 단지 자본주의를 방어하는 기제에 불과하다. 즉, 복지국가도 자본주의적 복지국가이므로 때로는 자본주의 체제 유지 이외의 일에 대해서도 양보하는 일이 있기는 하지만, 자본주의 경제체제를 유지하는 데 일차적 관심을 갖고 있기 때문에 복지국가가 사회를 현저하게 변화시킬 수 있는 수단이라고는 생각하지 않는다.

(5) 페미니즘

페미니즘은 여성 및 다양한 성에 대한 억압과 젠더 불평등을 근원으로 가부장제를 비판하고, 젠더 평등과 행방을 추구하는 이념으로 사회복지정책에 비판적이다(윤홍식 외, 2019: 229). 복지국가가 모든 시민의 평등에 큰 영향을 미치는 노동시장에서 여성이 평등한 지위를 보장받을 수 있도록 하는 데 필요한 서비스를 제공할 수 있다는 측면에서는 강한 지지를 보이고 있지만, 한편 페미니스트들은 복지국가가 남성이 정책입안자이고 여성은 단지 정책수혜자로 머무는 남성지배적 국가라고 주장하고 있다.

(6) 녹색주의

녹색주의는 경제성장이 개인적 풍요나 공공 서비스의 자원을 증가시킴으로써 복지를 강화하는 수단으로 파악하고, 경제성장이야말로 엄청난 비복지라고 생각한다. 왜냐하면 사회복지정책이 사회문제의 원인이 아니라 결과만을 다루고 있으며, 보다 근본적인 문제점(범죄, 질병, 실업, 수질오염 등)은 해결하지 못한다고 비판한다. 즉, 복지국가가 경제성장에 의존하기 때문에 복지국가에 대해서는 반대 입장을 가진다.

〈표 2-2〉 이데올로기별 복지국가관

이데올로기	복지국가에 대한 입장	복지국가란
신우파	반대	자유시장의 걸림돌
중도노선	제한적 지지	사회안정과 질서의 유지
사회민주주의	열광적 지지	사회조화, 평등한 사회실현
마르크스주의	반대	자본주의 체제 강화
페미니즘	제한적 지지	여성 평등 지위 보장
녹색주의	반대	경제성장(환경문제) 조장

생태주의(ecology)와 빈곤

녹색주의는 생태주의 또는 환경주의라는 용어로도 사용될 수 있다(류연규, 2018: 63). 생태주의는 "에콜로지(ecology)를 중심으로 인간의 현실과 역사를 새롭게 바라보고, 인간과 자연의 관계를 동반자적이며 연대적인 것으로 재규정해 내고자 하는 관점이자 철학"(김종철, 2008)이다. 생태주의가 현재 문제로 삼는 현상은 공동체의 해체, 인간의 도구화, 그리고 무엇보다도 환경위기와 생태적 재앙 등이다. 나아가 생태주의자들 가운데 일부는 "인간의 자연 지배는 애초에 인간이 인간을 지배하는 현상에서 비롯되었기 때문에 계속 이를 고발하고 저항할 필요가 있다"(이상헌, 2011)면서 사회적 억압 역시 문제 삼는다. 즉, 인간-자연의 억압이 사회적 억압과 무관하지 않음을 역설하면서 인간의 자연 지배뿐만 아니라 인간의 인간 지배까지 포함하는 모든 형태의 지배와 억압을 철폐하는 전면적인 대안을 추구한다. 결국 생태주의자들은 사회문제를 극복하기 위해서 사회가 완전히 새롭게 조직되어야 한다고 주장한다. 생태주의에서 바라보는 자본주의는 본질적으로 불공평하고 불안정하며 낭비적이다. 자본주의의 발전과정에서 확산되는 물질주의와 불안정한 자본주의를 지속시키기 위한 소비의 확대는 결국 인간과 자연 모두에 파괴적인 결과를 가져온다. 또한 생활수준의 향상을 도모하는 개발과 발전을 진행할수록 부의 독점은 심화되고 빈곤문제는 갈수록 해결 불가능한 것이 된다(윤홍식 외, 2019: 240-241).

2. 사회복지에서 추구하는 가치

사람들이 가지고 있는 신념과 태도인 가치는 사회 내에 존재할 수 있는 사회복지의 모습 혹은 유형을 결정하는 중요한 판단기준이 된다. 사회복지의 개념이 잔여적이냐 제도적이냐의 문제, 빈곤자를 위한 정부 정책과 제도의 방향과 내용, 또는 전문 사회복지사의 책임하에 수행되는 각종 실천방법도 가치로부터 영향을 받는다.[2)]

1) 인간의 존중

무엇보다도 중요한 사회복지의 가치는 인간의 존중이다. 이것은 인간이 가지고 태어난 가치이다. 인간은 인간이 실제로 무엇을 하고 있고, 무엇을 할 수 있는가 혹은 어떤 상태나 상황에 놓여 있는지와는 관계없이 존중해야 한다. 즉, 인종, 성, 경제적 ·

2) 이하 내용은 장중탁의 "사회복지는 왜 필요한가"(박경일 외, 2009)를 참고로 재구성하였다.

정치적 · 사회적 지위, 종교, 국적, 지능, 육체적 조건이라는 속성으로 인해 무시되거나 차별받아서는 안 된다. 이러한 인간존중의 가치는 「세계인권선언문」과 「대한민국 헌법」 제10조 "모든 국민은 인간으로서 존엄과 가치를 가지며 행복을 추구할 권리를 가진다."를 통해 선언하고 있으며, 또한 인간으로서 존엄과 가치를 가지기 위해서는 인간다운 생활을 보장할 때 가능하기 때문에, 「대한민국 헌법」 제34조의 "모든 국민은 인간다운 생활을 할 권리를 가진다"고 규정하고 있다. 인간존중의 가치는 이러한 제도적 규정에만 머물지 않고, 사회복지의 실천원칙의 하나인 '수용'에도 포함되어 있다.

세계인권선언문

(제1조) 모든 사람은 태어나면서부터 자유로우며, 동등하게 존엄성과 권리를 보장받아야 합니다. 여러분은 인간이라는 이유만으로, 지구상의 모든 사람들과 똑같은 권리를 가지고 있습니다. 이 권리는 양도될 수 없는 것으로, 누구도 빼앗을 수 없는 권리입니다. 모든 개인은 자신이 누구든지, 어디에 살든지 관계없이 존엄성을 보장받아야 합니다. 1948. 12. 10.

2) 자유와 평등

자유라는 개념은 개인이 억제나 구속에서 벗어나(소극적 자유) 무엇인가를 할 수 있는 것(적극적 자유)이며, 동시에 선택할 수 있는 것(심리적 자유)이다(Spicker, 1988: 44-45).

먼저 소극적 자유(negative freedom)는 강요와 강압의 부재를 의미하기 때문에 침해당할 수 있는 경우가 존재한다. 대표적 예가 사회복지사의 가정방문을 받게 된다거나, 아동이 학교를 다니지 않으면 안 되는 경우이다. 그렇다고 가정방문을 받지 않거나 아동을 취학시키지 않아도 된다는 것을 의미하는 것은 아니다. 따라서 이와 같은 소극적 자유의 침해상황은 다른 사회복지의 가치를 통해 정당화되어야 한다.

둘째는 적극적 자유(positive freedom)로, 자신이 선택한 대로 행동할 수 있는 힘을 의미한다. 즉, 강압의 부재가 아니라 행동할 수 있는 능력이다. 한 가지 예로, 움직이기조차 힘들고, 시각장애까지 가진 어떤 중증장애인이 장애인보호시설에서 생활하면서, 사회복지사의 도움으로 정해진 시간에 식사를 하게 되고, 옷도 갈아입고 있다. 이 장애인은 자유로운가? 소극적 자유의 관점에서 본다면 이 장애인은 어떠한 강요를 당하지 않기 때문에 자유로운 것은 확실하다. 그러나 적극적 자유의 측면에서 본다면, 선택의 여지가 없기 때문에 자유롭지가 못한 것이다.

셋째는 심리적 자유(psychological freedom)로, 이것은 선택할 수 있는 능력을 의미한다. 앞의 장애인의 경우에도 이러한 의미에서 자유롭지가 못하다. 따라서 이 장애인은 지속적 의사소통과 재활교육을 통해 상당한 정도의 자유를 획득할 수 있게 되고, 또한 아동에게 부여된 의무교육은 바로 행동할 수 있는 힘(적극적 자유)과 선택능력(심리적 자유)을 갖도록 하기 위해 있는 것이다.

결국 국가가 사회복지제도를 실시하고, 사회복지사가 행하는 개입활동은 개인의 자유를 침해하는 것으로 비칠 수도 있지만, 이러한 활동이 정당화되는 것은 개인이 선택할 수 있는 힘을 증가시킬 수 있기 때문이며, 또한 다른 가치 기반, 즉 인간의 존중이나 평등의 실현 등에 근거하기 때문이다. 더욱이 사회복지가치로서 자유의 중요성은 사회복지실천원칙 중의 하나인 자기결정권의 존중에 그대로 담겨 있다.

자유라는 가치에 못지않게 사회복지에서는 평등의 가치를 추구하고 있다. 평등은 사회적 자원의 재분배를 통하여 사회구성원의 삶의 질을 골고루 향상시키고자 하는 것이며, 모든 인간이 충분하고 만족스러운 삶을 영위할 수 있는 권리를 똑같이 지니고 있다는 신념이다. 일반적으로 평등에는 세 가지 유형이 있다. 즉, 기회의 균등, 조건의 평등, 결과의 평등이다(박호성, 1994: 57–59).

먼저, 기회의 균등(equality of opportunity)은 오늘날 자본주의 사회에서 가장 널리 퍼져 있는 평등의 범주이다. 이것은 각 개인은 자신의 소질과 능력을 자유롭게 계발할 평등한 권리와 기회를 가질 뿐 아니라 동일한 업적에 대해서는 동일한 보상이 주어진다는 입장이다. 또한 모든 사회적 제도에 대한 접근을 모든 사람에게 균등하게 열어 놓는다는 입장을 밝히고 있다. 거기에는 혈통, 종교, 가문 등의 객관적 조건이 아니라 개인의 주관적 능력이 결정적 규정요소로 등장한다. 비유한다면, 모든 사람을—신체장애인, 건강한 청년, 부유층의 자녀, 철거민의 아이든 가리지 않고—100m 출발선 위에 똑같이 세워 놓고 자유롭게 달리기 경주를 시키는 경우와 흡사하다. 즉, 평등한 출발이라 할 수 있는 뛸 수 있는 기회를 똑같이 제공하는 것이다.

둘째, 조건의 평등(equality of condition)은 첫째의 것과 연결되는 것으로 사회적 기회를 획득하려는 자유경쟁의 출발조건을 평등하게 정비하고자 노력한다. 따라서 순수하게 개인의 능력에 모든 것을 맡기는 것이 아니라 개인의 능력 부족을 사회적으로 메워주는 작업이 필수적이라 인식한다. 예컨대, 100m 달리기에서 신체장애인은 얼마쯤 앞에서 출발하도록 하는 것이다.

셋째, 결과의 평등(equality of outcome)은 출발점이나 자연적 능력은 고려하지 않고 법적 조치나 정치적 수단을 이용하여 마지막 결과의 평등만을 얻고자 한다. 즉, 출발 단계의 불평등을 마지막 단계의 사회적 평등으로 뒤바꾸어 놓으려 한다. 따라서 이 경우 자유로운 경쟁이나 개인적 역량의 발휘는 억제되거나 무시된다. 100m 달리기에서 모든 사람을 똑같이 골인시키는 것과 같다.

3) 사회연대성

연대(solidarity)는 "두 사람 이상이 함께 무슨 일을 하거나 함께 책임을 지는 일"이라는 사전적 의미를 가지는 용어이다. 따라서 연대는 인간의 사회성에 대한 신념을 내포하고 있으며, 서로에 대한 책임감을 강조한다.

사회복지를 단순히 사회의 복지증진이라는 추상적 측면이 아니라, 실현 가능한 현실적 측면으로 이해할 때, 거기에는 공동의 관심사를 가지고 있는 한 집단으로서의 인간을 전제로 한다. 노인은 개인적으로는 다양한 문제를 경험하지만, 한편으로는 퇴직, 연금, 그리고 건강이라는 공통의 관심사를 함께 공유하고 있다. 또한 아동이라면 적절한 교육과 정서적 지지가 필요하다. 그렇지만 퇴직, 연금, 학교교육 등은 인간사회에서 처음부터 존재했던 것은 아니다.

인간은 개인으로서뿐만 아니라 사회구성원으로서의 관심사를 가지고 있다. 사람들은 공통의 위험에 빠지면 이를 제거하기 위해 협력하는 것이 필요하고, 협력하게 된다. 자본주의 사회가 개개인의 능력이나 경쟁을 지나치게 강조한 나머지 사회적 불평등과 인간소외 현상을 가져왔다고 보고, 따라서 사회복지정책은 사회 구성원 간의 따뜻한 정과 협동정신을 강조한다. 사람들은 공통의 위험에 빠지게 되면 이를 제거하기 위해 협동하는 것이 필요하고 이러한 협동과 상호부조를 통하여 위험을 제거하거나 예방하게 된다. 오늘날 대표적인 (구)사회적 위험이라고 할 수 있는 빈곤, 질병, 노령, 사망, 재해 등에 대해 국가적인 차원에서 마련되고 있는 사회보험제도(국민건강보험, 국민연금, 산업재해보상보험, 고용보험)들은 바로 이러한 (구)사회적 위험에 대한 공동의 협동과 책임을 전제로 한 사회적 연대의식이라는 가치의 실현이다(박경일, 2016: 54). 만일 위험을 덜 느끼는 개인이 사회보험에 참여하지 않는다면 위험을 느끼는 사람들이 지불해야 하는 비용은 늘어나게 되고, 전체 사회가 구성원을 보호할 수 있는 힘은 약화될 수밖에 없을 것이다.

또한 빈곤하다는 이유로, 혹은 장애를 가지고 있다는 이유로 그들에게 부여하는 오명(stigma)은 기본적으로 사회연대성을 약화시키는 것이다. 왜냐하면 오명을 부과한다는 것은 이들과 함께하기보다는 격리시키고 차별시키는 것이기 때문이다.

4) 공공성

우리나라는 최근 사회복지정책 영역 특히 사회서비스 영역에서 공공성 강화라는 이슈가 새롭게 부상하고 있다(윤홍식 외, 2019: 168). 공공성의 사전적 의미는 "한 개인이나 단체가 아닌 일반 사회구성원 전체에 두루 관련되는 성질"로 사적인 성질과 구별되는 공동체와 공동을 위한 성질을 의미한다(하승우, 2014: 7). 「사회복지사업법」 제1조의 2(기본이념)에 "사회복지법인 및 사회복지시설은 공공성을 가지며 사회복지사업을 시행하는 데 있어서 공공성을 확보해야 한다"고 규정하고 있다.

공공성(Publicness)은 흔히 국가에 관계하는 공적인 것(official), 모든 사람과 관계 있는 공통의 것(common), 누구에게나 열려 있는 것(open) 등의 의미를 갖는다고 알려져 있다(백영서, 2010: 15). 또한 공공성을 민주주의의 발달과 함께 성립된 실질적 자유로서의 평등을 내포하는 개념으로 공동체가 민주적 절차에 따라 구현하고자 하는 평등주의적 가치로 정의 내리기도 한다(소진영, 2008: 62; 손지아, 2019: 134 재인용). 하지만 오랫동안 다양한 학문분야에서 논의되어 온 개념이지만 학문적으로 합의된 정의를 내리기는 매우 어려운 개념으로 인식되어 왔다(양정하 외, 2020: 92-94).

이러한 공공성의 개념을 한 문장으로 정의하면, '한 사회의 공동체성과 공동의 이익을 강화하기 위해 관련된 모든 구성원이 참여하여 민주적이고 개방된 절차를 통해 자유, 평등, 정의 같은 중요하고 다양한 가치를 추구하고 구체화하는 과정'이라고 할 수 있다(윤홍식 외, 2019: 173). 특히 우리나라의 보육, 돌봄, 장기요양 같은 신사회적 문제가[3] 본격적으로 대두되면서 사회서비스 분야에서 정부의 공공성을 강화해야 한다는 주장이 크게 대두되고 있다(양정하 외, 2020: 95).

3. 사회복지의 윤리

1) 사회복지 윤리기준

윤리(倫理, ethics)란 사람으로서 마땅히 행하거나 지켜야 할 도리로 사람에게 스스로가 추구하는 가치를 일관되게 행동하도록 지시하는 행동규범이다. 사회복지윤리란 사회복지의 기본적 사명과 그에 근거한 제반 실천활동의 도덕적 측면에 대한 개념, 원칙, 이론 등을 정립하고 이를 정당화하는 체계적 노력이라 할 수 있다.

윤리는 가치로부터 나오기 때문에 사회복지의 가치와 사회 일반의 가치는 사회복지사와 같은 실천가에게는 윤리적 결정을 내리는 데 선택의 바탕이 된다. 다만 가치와 윤리가 다른 점은 가치는 무엇이 좋고 바람직한가와 관련이 있고, 윤리는 무엇이 옳고 바르냐를 다룬다는 점이다(양옥경, 1993: 21).

미국 사회복지교육협의회에서 윤리기준으로 제시한 내용은 다음과 같이 여섯 가지를 들 수 있다(Mattaini et al., 1999: 91 재인용).

① 사회복지사의 전문직 관계는 개인적 가치, 존엄에 근거하여 세워지고, 상호 참여, 수용, 비밀보장, 정직, 그리고 책임감 있게 갈등을 다룰 수 있는 능력에 의해 더욱

3) 2000년대 이후 저출산 · 고령화, 근로빈곤, 계층양극화와 고착화, 가족 해체 등과 같은 사회병리 현상들로 인하여 출산, 양육, 보육, 돌봄 등과 같은 (신)사회적 위험들이 사회복지분야의 새로운 욕구로 분출되었다. 이를 해결하기 위한 사회적 연대의식이 내재된 보편적 사회복지정책이 바로 아동수당, 노인장기요양보험, 노인맞춤돌봄서비스 등이다(양정하 외, 2020: 85).

견고해진다.

② 사회복지사는 사람들이 독립적으로 결정을 내릴 수 있는 권리와 원조과정에 참여할 수 있는 권리를 존중한다.

③ 사회복지사는 클라이언트 체계가 필요한 자원을 얻도록 돕는 일에 참여한다.

④ 사회복지사는 사회제도를 더 인도적이고 인류의 필요에 더욱 민감하도록 노력한다.

⑤ 사회복지사는 다양한 민족, 인종의 각기 독특한 특성에 대해 존중하고 수용한다.

⑥ 사회복지사는 자신의 윤리적 행위, 실천의 질, 지식과 기술을 끊임없이 발전하도록 노력한다.

우리나라의 사회복지사 윤리강령은 1973년 2월에 초안이 마련되었지만, 1982년 1월에 제정이 되었다. 그리고 1988년 3월에 1차 개정, 1992년 10월 2차 개정, 2001년 12월 3차 개정, 2021년 7월 4차 개정이 이루어졌다. 한국사회복지사 윤리강령은 전문과 6개의 세부 영역 그리고 사회복지사 선서로 구성이 되어 있다.

사회복지사 윤리강령

〈전문〉

사회복지사는 인본주의 · 평등주의 사상에 기초하여, 모든 인간의 존엄성과 가치를 존중하고 천부의 자유권과 생존권의 보장활동에 헌신한다. 특히 사회적 · 경제적 약자들의 편에 서서 사회정의와 평등 · 자유와 민주주의 가치를 실현하는 데 앞장선다. 또한 도움을 필요로 하는 사람들의 사회적 지위와 기능을 향상시키기 위해 저들과 함께 일하며, 사회제도 개선과 관련된 제반 활동에 주도적으로 참여한다. 사회복지사는 개인의 주체성과 자기결정권을 보장하는 데 최선을 다하고, 어떠한 여건에서도 개인이 부당하게 희생되는 일이 없도록 한다. 이러한 사명을 실천하기 위하여 전문적 지식과 기술을 개발하고, 사회적 가치를 실현하는 전문가로서의 능력과 품위를 유지하기 위해 노력한다.

이에 우리는 클라이언트 · 동료 · 기관 그리고, 지역사회 및 전체 사회와 관련된 사회복지사의 행위와 활동을 판단 · 평가하며 인도하는 윤리기준을 다음과 같이 선언하고 이를 준수할 것을 다짐한다.

〈윤리기준〉

Ⅰ. 사회복지사의 기본적 윤리기준

1. 전문가로서의 자세

1) 사회복지사는 전문가로서의 품위와 자질을 유지하고, 자신이 맡고 있는 업무에 대해 책임을 진다.

2) 사회복지사는 클라이언트의 종교 · 인종 · 성 · 연령 · 국적 · 결혼상태 · 성 취향 · 경제적 지위 · 정치적 신념 · 정신, 신체적 장애 · 기타 개인적 선호, 특징, 조건, 지위를 이유로 차별대우를 하지 않는다.
3) 사회복지사는 전문가로서 성실하고 공정하게 업무를 수행하며, 이 과정에서 어떠한 부당한 압력에도 타협하지 않는다.
4) 사회복지사는 사회정의 실현과 클라이언트의 복지증진에 헌신하며, 이를 위한 환경조성을 국가와 사회에 요구해야 한다.
5) 사회복지사는 전문적 가치와 판단에 따라 업무를 수행함에 있어, 기관 내외로부터 부당한 간섭이나 압력을 받지 않는다.
6) 사회복지사는 자신의 이익을 위해 사회복지전문직의 가치와 권위를 훼손해서는 안 된다.
7) 사회복지사는 한국사회복지사협회 등 전문가단체 활동에 적극 참여하여, 사회정의 실현과 사회복지사의 권익옹호를 위해 노력해야 한다.

2. 전문성 개발을 위한 노력
1) 사회복지사는 클라이언트에게 최상의 서비스를 제공하기 위해, 지식과 기술을 개발하는 데 최선을 다하며 이를 활용하고 전파할 책임이 있다.
2) 클라이언트를 대상으로 연구하는 사회복지사는 저들의 권리를 보장하기 위해, 자발적이고 고지된 동의를 얻어야 한다.
3) 연구과정에서 얻은 정보는 비밀보장의 원칙에서 다루어져야 하고, 이 과정에서 클라이언트는 신체적 · 정신적 불편이나 위험 · 위해 등으로부터 보호되어야 한다.
4) 사회복지사는 전문성을 개발하기 위해 노력하되, 이를 이유로 서비스의 제공을 소홀히 해서는 안 된다.
5) 사회복지사는 한국사회복지사협회 등이 실시하는 제반 교육에 적극 참여하여야 한다.

3. 경제적 이득에 대한 태도
1) 사회복지사는 클라이언트의 지불능력에 상관없이 서비스를 제공해야 하며, 이를 이유로 차별대우를 해서는 안 된다.
2) 사회복지사는 필요한 경우에 제공된 서비스에 대해, 공정하고 합리적으로 이용료를 책정해야 한다.
3) 사회복지사는 업무와 관련하여 정당하지 않은 방법으로 경제적 이득을 취하여서는 안 된다.

Ⅱ. 사회복지사의 클라이언트에 대한 윤리기준
1. 클라이언트와의 관계
1) 사회복지사는 클라이언트의 권익옹호를 최우선의 가치로 삼고 행동한다.
2) 사회복지사는 클라이언트에 대하여 인간으로서의 존엄성을 존중해야 하며, 전문적 기술과 능력을 최대한 발휘한다.
3) 사회복지사는 클라이언트가 자기결정권을 최대한 행사할 수 있도록 도와야 하며, 저들의 이익을 최대한 대변해야 한다.
4) 사회복지사는 클라이언트의 사생활을 존중하고 보호하며, 직무수행과정에서 얻은 정보에 대

해 철저하게 비밀을 유지해야 한다.

5) 사회복지사는 클라이언트가 받는 서비스의 범위와 내용에 대해, 정확하고 충분한 정보를 제공함으로써 알 권리를 인정하고 존중해야 한다.

6) 사회복지사는 문서 · 사진 · 컴퓨터 파일 등의 형태로 된 클라이언트의 정보에 대해 비밀보장의 한계 · 정보를 얻어야 하는 목적 및 활용에 대해 구체적으로 알려야 하며, 정보공개 시에는 동의를 얻어야 한다.

7) 사회복지사는 개인적 이익을 위해 클라이언트와의 전문적 관계를 이용하여서는 안 된다.

8) 사회복지사는 어떠한 상황에서도 클라이언트와 부적절한 성적 관계를 가져서는 안 된다.

9) 사회복지사는 사회복지증진을 위한 환경조성에 클라이언트를 동반자로 인정하고 함께 일해야 한다.

2. 동료의 클라이언트와의 관계

1) 사회복지사는 적법하고도 적절한 논의 없이 동료 혹은 다른 기관의 클라이언트와 전문적 관계를 맺어서는 안 된다.

2) 사회복지사는 긴급한 사정으로 인해 동료의 클라이언트를 맡게 된 경우, 자신의 의뢰인처럼 관심을 갖고 서비스를 제공한다.

Ⅲ. 사회복지사의 동료에 대한 윤리기준

1. 동료

1) 사회복지사는 존중과 신뢰로써 동료를 대하며, 전문가로서의 지위와 인격을 훼손하는 언행을 하지 않는다.

2) 사회복지사는 사회복지 전문직의 이익과 권익을 증진시키기 위해 동료와 협력해야 한다.

3) 사회복지사는 동료의 윤리적이고 전문적인 행위를 촉진시켜야 하며, 이에 반하는 경우에는 제반 법률규정이나 윤리기준에 따라 대처해야 한다.

4) 사회복지사가 전문적인 판단과 실천이 미흡하여 문제를 야기시켰을 때에는, 적절한 조치를 취하여 클라이언트의 이익을 보호해야 한다.

5) 사회복지사는 전문직 내 다른 구성원이 행한 비윤리적 행위에 대해, 제반 법률규정이나 윤리기준에 따라 조치를 취해야 한다.

6) 사회복지사는 동료 및 타 전문직 동료의 직무가치와 내용을 인정 · 이해하며, 상호 간에 민주적인 직무관계를 이루도록 노력해야 한다.

2. 슈퍼바이저

1) 슈퍼바이저는 개인적인 이익의 추구를 위해 자신의 지위를 이용해서는 안 된다.

2) 슈퍼바이저는 전문적 기준에 의해 공정하게 책임을 수행하며, 사회복지사 · 수련생 및 실습생에 대한 평가는 저들과 공유해야 한다.

3) 사회복지사는 슈퍼바이저의 전문적 지도와 조언을 존중해야 하며, 슈퍼바이저는 사회복지사의 전문적 업무수행을 도와야 한다.

4) 슈퍼바이저는 사회복지사 · 수련생 및 실습생에 대해 인격적 · 성적으로 수치심을 주는 행위를 해서는 안 된다.

Ⅳ. 사회복지사의 사회에 대한 윤리기준

1) 사회복지사는 인권존중과 인간평등을 위해 헌신해야 하며, 사회적 약자를 옹호하고 대변하는 일을 주도해야 한다.
2) 사회복지사는 필요한 사회서비스를 개발하기 위한 사회정책의 수립·발전·입법·집행에 적극적으로 참여하고 지원해야 한다.
3) 사회복지사는 사회환경을 개선하고 사회정의를 증진시키기 위한 사회정책의 수립·발전·입법·집행을 요구하고 옹호해야 한다.
4) 사회복지사는 자신이 일하는 지역사회의 문제를 이해하고, 그것을 해결하는 일에 적극적으로 참여해야 한다.

Ⅴ. 사회복지사의 기관에 대한 윤리기준

1) 사회복지사는 기관의 정책과 사업목표의 달성·서비스의 효율성과 효과성의 증진을 위해 노력함으로써, 클라이언트에게 이익이 되도록 해야 한다.
2) 사회복지사는 기관의 부당한 정책이나 요구에 대하여, 전문직의 가치와 지식을 근거로 이에 대응하고 즉시 사회복지윤리위원회에 보고해야 한다.
3) 사회복지사는 소속기관 활동에 적극 참여함으로써, 기관의 성장발전을 위해 노력해야 한다.

Ⅵ. 사회복지윤리위원회의 구성과 운영

1) 한국사회복지사협회는 사회복지윤리위원회를 구성하여, 사회복지윤리실천의 질적인 향상을 도모하여야 한다.
2) 사회복지윤리위원회는 윤리강령을 위배하거나 침해하는 행위를 접수받아, 공식적인 절차를 통해 대처하여야 한다.
3) 사회복지사는 한국사회복지사협회의 윤리적 권고와 결정을 존중하여야 한다.

사회복지사 선서

나는 모든 사람들이 인간다운 삶을 누릴 수 있도록,
인간존엄성과 사회정의의 신념을 바탕으로,
개인·가족·집단·조직·지역사회·전체 사회와 함께한다.
나는 언제나 소외되고 고통받는 사람들의 편에 서서,
저들의 인권과 권익을 지키며, 사회의 불의와 부정을 거부하고,
개인이익보다 공공이익을 앞세운다.
나는 사회복지사 윤리강령을 준수함으로써,
도덕성과 책임성을 갖춘 사회복지사로 헌신한다.
나는 나의 자유의지에 따라 명예를 걸고 이를 엄숙하게 선서합니다.

2) 윤리적 딜레마

사회복지사는 사회복지실천현장에서 거의 매 순간 윤리적 이슈에 직면하게 되어 사회복지실천과 윤리는 불가분의 관계에 놓여 있다고 볼 수 있다. 윤리적 딜레마(ethical dilemma)는 똑같이 비중 있는 대안 중에서 만족할 만한 해결책을 찾을 수 없는 문제 상황으로서, 사회복지사가 직면하는 문제의 윤리적 측면이며(Loewenberg & Dolgoff, 1988), 사회복지사가 전문가로서 지켜야 하는 윤리적 의무(duties) 혹은 책무(obligation)가 서로 충돌하고 있어 어떠한 실천행동을 선택하는 것이 윤리적으로 올바른 것인지 판단하기 힘든 상태로서, 윤리적 갈등(ethical conflict)으로도 불린다(김기덕, 2002: 이세원, 2008: 55).

조현상(2013: 370)은 일반적으로 사회복지실천현장에서 사회복지사들이 직면하게 되는 윤리적 갈등은 4단계를 거쳐서 나타난다고 제시하고 있다. 첫째, 윤리적인 판단의 딜레마에 봉착하게 되는 경우와, 둘째, 이러한 윤리적 딜레마가 발생되는 요인들, 셋째, 어떤 해결책을 통해 윤리적 딜레마를 해결할 것인가와 마지막으로 이러한 윤리적 딜레마를 해결할 수 있는 바람직한 결정은 어떠해야 하는가이다.

NASW(National Association of Social Workers)는 사회복지실천현장에서 윤리적 딜레마를 해결하기 위한 구조를 14개의 질문으로 구성한다. (1) 왜 이것이 나를 괴롭히는가? (2) 일차적인 딜레마는 무엇인가? (3) 관련된 윤리적 이슈는 무엇인가? (4) 윤리적 이슈에 직면하거나 그 해결에 영향을 받을 사람은 누구인가? (5) 무엇이 사실인가? (6) 어떤 가치 갈등이 존재하는가? (7) 어떤 윤리적 원칙들이 갈등하는가? 어떤 원칙이 다른 원칙보다 더 중요한가? (8) 대안 행동/선택은 무엇인가? (9) 무엇이 사람들 사이에 가장 큰 상호 존중을 드러내는가? (10) 대안 중 보편화될 수 있는 것이 있는가? 누군가에게 비슷한 상황에서 똑같은 행동과정을 따르도록 충고해도 되겠는가? (11) 각 선택의 결과와 위험, 함축하는 바는 무엇인가? (12) 관련된 다른 사람들의 동기와 나의 동기는 무엇인가? (13) 자신에게 충실한가? (14) 이 대답들을 고려할 때, 나의 결정은 무엇인가?(강선경, 2010: 35).

사례 윤리적 딜레마 사례

복지관을 이용하시는 어르신 중 구의원 출마를 준비하는 분이 계십니다. 평소 복지관 어르신들을 위해 적극적으로 활동하시고, 복지관에 필요한 사항을 의원들에게 알리는 역할도 해 오고 있습니다. ○○정당 소속 당원으로 활동 중 지역의 노인복지를 위해 보다 적극적인 제안활동을 하고자 구의원으로 출마를 결심하셨습니다. 구의원 출마의 과정에 필요한 서류작성을 위해 평소 프로그램으로 친분이 있던 담당 사회복지사에게 2~3차례 내용 · 작성과 메일 발송을 부탁하셨습니다. 담당 사회복지사는 어르신과의 관계 때문에 거절하지 못하고 있는 상황입니다. 담당 사회복지사는 거절하는 것이 타당할까요? 도움을 드려야 할까요?

선택기준과 해석

- **전문가로서의 자세:** 복지관에서 주민의 편의를 위해 제공할 수 있는 업무의 범위(안전, 건강, 안위 등)를 직원들과 논의하여 결정하고, 그 범위 외의 업무부탁은 거절해야 하는 것이 적절할 것이다.
- **클라이언트와의 관계:** 사회복지사 개인의 정당활동에 대해서는 제한하는 바가 없으므로 정치적 견해가 일치하는 경우, 개인적인 시간과 자원을 활용하여 도와드리는 부분까지는 제한할 수 없을 것이다. 이럴 경우라 하더라도 사회복지시설과는 관계가 없음을 명확히 해야 할 것이다.

출처: 부산시사회복지사협회 사회복지윤리연구소. 〈딜레마를 달래마〉 사례 3.

4. 사회복지의 동기

인간의 욕구를 충족시키기 위해 노력하는 사회복지는 다양한 동기에서 비롯된다. 일반적으로 동기(motivations)는 '사람으로 하여금 행동을 일으키게 하는 내적 요인'을 뜻한다. 자원봉사활동에서 소득재분배에 이르기까지 거기에는 다양한 요인이 영향을 미친다. 일반적으로 사회복지의 동기로 제시되고 있는 것들로는 종교적 동기, 인도주의적 동기, 반사회적 동기, 공리주의적 동기, 전문직업적 동기 등이지만, 여기에서는 마카로브(Macarov, 1978: 43–150)가 제시한 다섯 가지 동기, 즉 상호부조의 동기, 종교적 동기, 정치적 동기, 경제적 동기, 이데올로기적 동기, 전문직업적 동기를 중심으로 살펴보고자 한다.

1) 상호부조의 동기

가장 오래되고 가장 널리 퍼져 있는 동기 중 하나는 상호부조(mutual aid)의 동기이다. 상호부조의 동기는 인간이 야생동물과 자연의 위협으로부터 자신의 생명을 지키기 위해 서로 협력한 때부터 시작하여, 오늘날 우리가 일상생활 속에서 접하게 되는 가족, 노동조합, 이웃, 지역사회, 나아가 다양한 사회복지제도 등도 여전히 상호부조의 동기 속에서 움직이고 있다. 서로가 서로를 돕고자 하는 이러한 동기는 점차 사회가 개인화됨에 따라 약화될 수 있지만, 동시에 사회복지제도를 통해 다시 회복할 수도 있는 것이다.

2) 종교적 동기

종교적 동기는 자선적 동기의 의미를 가진다. 대부분의 종교에서 언급하는 형제애나 이웃사랑은 서로 돕고 불우한 타인까지도 구제하는 자선행위를 강조하고 있다. 그러나 종교적 동기에서 비롯되는 자선사업은 보통의 경우 주는 자의 심적 태도에 의해서 실시되며, 받는 자의 입장은 비교적 중요시하지 않는 특성을 가진다. 권리로서 사회복지의 개념이 부각되면서 종교적 동기에 의한 사회복지는 많이 약화되었지만, 우리의 자원봉사활동이나 종교단체의 복지활동에서는 여전히 중요한 동기인 것은 틀림없다.

3) 정치적 동기

사회복지에서 정치적 동기가 부각되기 시작한 것은 국가 혹은 정부가 사회복지에 대한 관심을 표현하기 시작한 데서 찾을 수 있기 때문에 사회복지의 역사에서 보면 「빈민법」(혹은 구빈법)의 시대까지 거슬러 간다. 물론 정부가 사회복지를 제공하는 동기에는 인도주의적 목적이나 경제적 이유 혹은 종교적 신념도 있을 수 있지만, 정치적 동기의 측면에서 본다면, 첫째, 정치적 권력의 획득, 둘째, 사회적 불안의 회피, 셋째, 정치적 과정 자체의 부산물이라는 세 가지 측면에서 찾을 수 있다.

4) 경제적 동기

사회복지활동과정에 일정한 비용이 필요한 경우라면 사회복지와 경제는 불가분의 관계를 맺는다. 그렇지만 사회복지에서 경제적 동기는, 첫째, 사회문제에 드는 비용을 감소시킬 목적과, 둘째, 그러한 사회문제의 존재가 경제에 부정적 결과를 초래할 수 있는 가능성에서 찾을 수 있다.

5) 이데올로기적 동기

사회복지의 동기로서 가장 강력한 것 중 하나는 타인을 도와야 한다는 신념, 느낌, 태도 혹은 이데올로기이다. 이것이 상호부조의 동기와 다른 점은 원조자와 원조를 받는 사람을 단정 지을 수 없다는 점 때문이고, 정치 혹은 경제적 동기와 일치하는 점이 많다고 하더라도 서로가 쉽게 충돌을 일으키기 때문에 하나의 중요한 동기가 된다. 사회복지의 이데올로기 동기 중 대표적인 것은 이타주의(altruism)를 들 수 있다. 외부로부터의 어떠한 보상도 기대하지 않고 타인을 이롭게 하는 행동을 수행하는 이타주의는 기본적으로 개인에 초점을 둔 것이지만, 이것이 전체 사회로 확산되는 경우에는 인간중심주의(humanitarianism)가 된다. 또한 개인주의가 덕으로 여겨지는 경우보다는 협동을 절실히 요구하는 집합주의(collectivism)하에서 사회복지는 한층 더 발전하게 된다.

6) 전문직업적 동기

많은 사람과 조직이 사회복지에 관심을 가지고 이를 위해 헌신하고 있다. 그중 일정한 교육을 이수하고 일정한 자격을 취득한 후 평생을 사회복지에 몸담는 사람들이 있다. 그 이면에는 앞서 언급한 다양한 동기들과도 관련이 있겠지만, 한편으로 사회복지와 관련된 전문지식과 기술, 그리고 가치를 실현하기 위함이다. 따라서 사회복지의 가치와 윤리에 입각하여 전문지식과 기술을 발휘하고 활용하여 원조전문가로서 소임을 다하는 것은 바로 전문직업적 동기에서 사회복지를 행하는 것이다.

연구문제

1. 사회복지의 동기로서 보기 어려운 것은 무엇인가?

① 상호부조의 동기 ② 종교적 동기 ③ 정치적 동기
④ 경제적 동기 ⑤ 타산적 동기

2. 한국의 사회복지사 윤리강령에 포함되어 있는 내용이 아닌 것은 무엇인가?

① 사회복지사는 복지대상자의 권익을 최우선으로 삼는다.
② 사회복지사는 전문직의 가치를 견지하면서 관련 지식과 기술을 습득, 개발, 전달하는 데 최선의 노력을 기울인다.
③ 사회복지사는 복지대상자가 자기결정권을 최대한 행사할 수 있도록 돕는다.
④ 사회복지사는 복지대상자의 사생활을 존중하고 직무상 취득한 정보를 전문적 업무 이외에는 공개하지 않는다.
⑤ 사회복지사는 복지대상자와의 원조과정에서 비심판적 태도를 견지한다.

3. 조지와 윌딩(George & Wilding)이 말한 사회복지사상에 관한 설명으로 옳지 않은 것은? (2010 제10회 기출문제)

① 마르크스주의는 사회복지 확대를 통해 자본주의의 근본적 모순을 극복할 수 있다고 본다.
② 신우파는 사회복지정책 확대가 경제적 비효율성과 근로동기 약화를 가져왔다고 비판한다.
③ 사회민주주의는 사회통합과 평등 추구를 위한 사회복지정책 확대를 지지한다.
④ 중도우파는 빈곤과 불평등 완화를 위한 사회복지정책이 필요하다고 본다.
⑤ 페미니즘은 가부장적 복지국가를 비판하지만 양성평등을 위한 사회복지정책의 역할도 인정한다.

4. 사회복지윤리에 대한 올바른 내용이 아닌 것은?

① 사회복지사는 자신의 판단에 따라 독단적으로 클라이언트에 대한 원조계획을 세워야 한다.
② 사회복지사는 전문가로서의 품위와 자질을 유지하고, 자신이 맡고 있는 업무에 대해 책임을 진다.
③ 슈퍼바이저는 개인적 이익의 추구를 위해 자신의 지위를 이용해서는 안 된다.
④ 사회복지사는 소속기관 활동에 적극 참여함으로써 기관의 성장발전을 위해 노력해야 한다.
⑤ 사회복지 윤리강령에는 복지조직이 지향하는 기본가치가 표명되어 있다.

5. 사회복지의 가치 중 '사회적 자원의 재분배를 통하여 사회구성원의 삶의 질을 골고루 향상' 시키고자 하는 가치는?

① 소극적 자유　② 적극적 자유　③ 평등
④ 인간개발　⑤ 배분적 효율

6. 한국 사회복지사 윤리강령 중 다음 내용이 제시되어 있는 윤리기준은? (2021 제19회 기출문제)

- 사회복지사는 적법하고도 적절한 논의 없이 동료 혹은 다른 기관의 클라이언트와 전문적인 관계를 맺어서는 안 된다.
- 사회복지사는 긴급한 사정으로 인해 동료의 클라이언트를 맡게 된 경우, 자신의 의뢰인처럼 관심을 갖고 서비스를 제공한다.

① 사회복지사의 기본적인 윤리기준　② 사회복지사의 클라이언트에 대한 윤리기준
③ 사회복지사의 동료에 대한 윤리기준　④ 사회복지사의 사회에 대한 윤리기준
⑤ 사회복지사의 기관에 대한 윤리기준

7. 윤리강령의 기능으로 옳은 것을 모두 고른 것은? (2022 제20회 기출문제)

ㄱ. 외부통제로부터 전문직 보호
ㄴ. 윤리적 갈등이 생겼을 때 지침과 원칙 제공
ㄷ. 사회복지사의 자기규제를 통한 클라이언트 보호
ㄹ. 전문가로서 사회복지사의 기본업무 및 자세 알림

① ㄱ, ㄷ　② ㄱ, ㄹ　③ ㄱ, ㄴ, ㄹ
④ ㄴ, ㄷ, ㄹ　⑤ ㄱ, ㄴ, ㄷ, ㄹ

Chapter 03

누가 사회복지를 하는가 (사회복지의 주체)

역사적으로 사회제도의 하나로 분화되지 않았던 시기의 사회복지는 가족이나 시장기구에 의해 이루어져 왔지만, 현대사회에서는 하나의 사회제도로서 국가와 지방자치단체가 강조되고 있다. 1970년대 복지국가의 위기 이후, 복지국가의 위기를 극복하는 전략으로 다양한 형태의 복지공급주체가 사회복지를 제공하는 복지다원주의(welfare pluralism)를 추진해 왔고, 그 핵심은 비공식부문과 제3섹터(자원부문)의 활용에 있었다. 따라서 이 장에서는 복지공급주체의 종류를 살펴보고 사회복지의 역할분담과 복지다원주의의 성립배경을 살펴보고자 한다. 그리고 한국의 사회복지를 전문적으로 담당하는 1, 2, 3급 사회복지사의 자격증을 살펴보고자 한다.

Key Words

실시주체, 공급주체, 정책주체, 운영주체, 실천주체, 역할분담, 평행봉이론, 공사협조론, 확장사닥다리이론, 실용적 동반자 모델, 비공식부문, 공식부문, 민간비영리부문, 민간영리부문, 자원조직, 자조집단, 역의 선택, 공공재, 도덕적 해이, 정보의 불완전성, 비공공적 복지공급체계, 복지국가, 복지사회, 기안문, 사회복지사 자격증, 1, 2, 3급 사회복지사

* 본 3장은 박경일(2019)의 『사회복지정책론』 제5장 2~6절의 내용을 참조하여 요약 정리한 것임.

1. 사회복지공급체계

근대적 사회복지가 발달하면서 사회복지에 대한 일차적 책임은 국가에 있지만, 사회복지의 구체적 실시관점에서 보면 정책주체, 운영주체 및 실천주체로 나누어 볼 수 있다(박경일, 2019). 정책주체는 사회복지의 정책을 계획하고 책정하여 실행하는 주체로, 보통 국가나 지방자치단체가 된다. 운영주체는 사회복지사업을 운영하고 경영하는 주체이며, 사회복지사업을 행하는 시설, 단체, 기관들로 공영기관과 민영기관으로 구분할 수 있다. 실천주체는 사회복지서비스를 직접 대상자에게 실시하는 주체로 사회복지사나 사회복지시설의 종사자를 가리키며 최근 들어서는 복지실천주체로서 자원봉사자의 역할확대가 중시되고 있다.

한편 사회복지의 공급시스템이라는 관점에서 사회복지공급체계를 크게 공공적 복지공급체계와 비공공적 복지공급체계로 구분할 수 있다. 공공적 복지공급체계는 국가 또는 지방자치단체에 의한 행정형 공급조직과 인 · 허가단체에 의한 인 · 허가형 공급조직이 있고, 비공공적 복지공급체계는 시장형 공급조직과 주민의 참가에 의한 참가형 공급조직이 있다.

행정형 공급조직은 국가 또는 지방자치단체가 복지사업 또는 복지시설을 직접 운영하는 것이고, 인 · 허가형 공급조직은 정부가 사회복지법인 또는 재단법인 등 비영리단체로 하여금 국가가 해야 할 사업을 위임받아 행하도록 하는 공급조직으로 사업대상은 주로 저소득 계층이다. 따라서 이러한 사업에 소요되는 비용은 대부분 국가 또는 지방자치단체에서 부담한다.

시장형 공급조직은 시장원리에 의해 운영되는 것으로 창조성, 신속성 또는 효율성이 높은 서비스를 기대할 수 있으며, 소비자는 각자 자신의 취향이나 능력에 따라 서비스를 자유로이 선택할 수 있다. 참가형 공급조직은 종교상의 목적이나 이타주의, 상호연대감 등의 이념에 기초하여 비영리적 형태로 제공되는 서비스이다. 법적으로는 사회복지시설이나 사회복지조직으로 인정되지 않지만 실질적으로 많은 사회복지서비스의 공급을 담당하고 있다(三浦文夫, 1985: 114-118).

이렇게 오늘날의 사회복지서비스는 다양한 주체에 의해서 공급되고 있으며, 다양한 서비스가 다양한 방법에 의해 나름대로의 장단점을 제공하게 되었다.

〈표 3-1〉 공공적 · 비공공적 복지공급체계

공공적 복지공급시스템(public)	행정형 공급조직
	인(허)가형 공급조직: 사회복지법인
비공공적 복지공급시스템(private)	시장형 공급조직: 기업
	참가형(자발형) 공급조직: 자원봉사단체

한편 사회복지공급주체에 대한 분류는 2분법에서부터 6분법까지 다양하게 분류해 볼 수 있다. 3분법으로 구분한 로즈(Rose, 1985: 4)는 복지혼합(Welfare mix)의 3각모델을 제시하고 기본적으로 가계(household), 시장(market), 국가(state)라는 서로 다른 세 가지 사회제도의 헌신(contribution)이라고 규정하였다. 복지공급주체의 4분법 모델로서 존슨(Johnson, 1987)은 복지공급주체가 다양화되는 복지다원주의(welfare pluralism)에 주목하여 복지공급주체를 비공식부문, 국가부문, 자원부문, 상업부문의 네 가지로 구분하였다. 비공식부문에는 가족 · 이웃 등이 포함되며, 국가부문은 복지국가를 의미하고, 자원부문에는 자조집단에서부터 전국적 조직을 갖춘 대규모의 민간단체까지 포함되며, 상업부문에는 기업복지, 시장을 통한 복지서비스의 공급 등이 포함된다(박경일, 2008)고 하였다.

2. 국가가 강제적으로 사회복지를 제공해야 하는 당위성

사회복지를 국가가 주도해서 제공해야 하는 당위성을 다음 일곱 가지 측면에서 제시할 수 있다.

1) 사회복지재화의 공공재적 성격

공공재(public goods)는 그 재화를 소비하는 데 있어 비경합적이고 비배제적인 성격을 지니고 있기 때문에 시장에만 맡겨 두었을 경우 효율적으로 제공되지 않는 특징이 있다. 어떤 재화에 대한 시장이 이루어지려면, 그 재화에 대한 비용을 지불하지 않은 사람은 그 재화의 사용으로부터 배제될 수 있어야 한다. 만약 그렇지 않을 경우 합리적 개인이라면 누구라도 그 재화에 대한 비용을 지불하지 않고 무임승차(free-riding)하려고 할 것이기 때문이다.

모든 국민을 대상으로 하는 사회복지서비스 부문을 시장기제에만 맡겨 두면 그 재화가 제공되지 않거나, 제공되더라도 사회적 욕구에 비해 불충분하게 제공될 수밖에 없다. 특히 경제시장기능만으로 해결할 수 없는 욕구가 존재하는데 이는 개인이나 시장보다는 국가 주도의 책임이 필요한데, 그 대표적인 것이 국방서비스이다.

2) 외부효과

사회복지의 재화나 서비스를 국가가 제공해야 하는 이유는 바로 이러한 재화들이 긍정적 외부효과를 많이 만들어 낼 수 있기 때문이다. 예를 들어, 한 지역의 복지인프라를 확충한다면 이는 그 지역뿐 아니라 지역 외 사람들도 혜택을 누릴 수 있게 되므로 결과적으로 긍정적 외부효과(외부 경제효과)를 만들어 내는 것이 된다. 이처럼 주변지역에 미치는 파급효과가 큰 부문은 국가가 주도하는 것이 바람직하다.

3) 불완전한 정보

일반적으로 어떤 재화가 시장기제에서 효율적 배분이 이루어지기 위해서는 수요자나 공급자 둘 다 그 재화의 질과 가격에 대한 충분한 정보를 갖고 효용을 극대화하는 합리적 선택이 있어야 한다. 따라서 어떤 재화에 대한 충분한 정보가 없는 경우에는, 시장에서 비록 소비자가 요구하는 형태의 재화가 배분되더라도 이러한 배분은 소비자가 진정으로 원하는 것이 아닌 경우가 있고 이러한 경우 비효율적 배분이 될 가능성이 높다. 이러한 상황에서 재화의 소비자보다 국가가 재화에 대한 정보를 더 많이 갖고 있다면 국가가 주도하여 재화를 제공하는 것이 더 효율적인 배분이 될 수 있다. 대표적 예가 의료서비스 부문이다. 요약하면 정보의 불완전성(비대칭)이 심할수록 자원배분의 효율성도 크게 손상된다고 할 수 있는데, 이러한 정보의 불완전현상은 역의 선택과 도덕적 해이를 초래한다.

4) 역의 선택

민간시장에서 미래에 발생할 위험에 대비한 개별보험이 성립되기 어려운 구체적 현상이 역의 선택(adverse selection)의 문제이다. 역의 선택은 "악화(惡貨)는 양화(良貨)를 구축한다"는 그레샴의 법칙(Gresham's Law)과 그 궤를 같이하는데, 이는 보험분야에서 도입된 것으로 보험회사가 보험금 지급과 관련된 사건의 발생확률에 영향을 미치는 보험가입자의 특성을 알 수 없을 때 발생한다.

일반적으로 질병, 실업과 같은 미래에 발생할 어떤 위험을 대비한 보험을 민간보험회사가 실업보험이나 의료보험의 형태로 개별적으로 판매한다면, 이러한 위험이 발생할 가능성이 높은 사람들—즉, 보험금을 받을 가능성이 높은 사람들—이 위의 보험을 집중적으로 구입하게 되는 '역의 선택'의 문제가 생긴다. 즉, 역의 선택은 위험발생 가능성이 높은 사람이 보험에 집중적으로 가입하게 되어 평균적 위험확률과 보험료가 높아지는 악순환이 생겨서 위험분산이 되지 않는 문제를 말한다. 역의 선택의 문제로 민간보험회사가 개인을 대상으로 보험상품을 팔기 어려운 대표적인 예가 건강보험과 실업보험이다.

5) 도덕적 해이

불완전한 정보 때문에 민간시장에서 미래에 발생할 위험에 대비한 보험이 제공되기 어려운 또 하나의 이유는 이른바 '도덕적 해이(moral hazard)'[1] 현상 때문이다. 일반적으로 '도덕적 해이'는 개인의 의도적 행위가 보험이 대상으로 하는 위험발생 가능성에 영향을 줄 수 있다는 데에서 비롯된다. 즉, 도덕적 해이는 보험가입자가 위험발생을 예방·회피하는 행위를 적게 하여 위험발생이 높아지는 현상을 말한다. 이러한 도덕적 해이를 막기 위하여 민간보험에서는 여러 가지의 방법이 사용된다. 도덕적 해이의 문제가 심각한 대표적인 예가 건강보험과 실업보험이다.

1) 도덕적 해이란 원래 보험산업에서 사용되기 시작한 말로, 정보가 비대칭적 거래나 계약에서 정보의 주체가 자기의 역할에 최선을 다하지 않으려는 마음가짐이나 행동, 즉 다른 사람의 이익을 희생한 대가로 자신만의 이익을 추구하는 기회주의적 행위를 말한다.

6) 위험발생의 상호 의존

어떤 위험의 발생이 상호 의존적일 때, 즉 어떤 사람의 위험발생과 다른 사람의 위험발생이 관련되어 있을 때는 보험회사의 재정안정은 이루어지기 어렵고 결국 민간시장에서는 이러한 위험에 대한 보험상품이 제공되기 어렵다. 이러한 경우는 국가만이 보장해 줄 수 있는 것이다.

7) 규모의 경제

사회복지의 재화나 서비스는 규모의 경제의 속성을 많이 가지고 있다. 예를 들면, 대중교육, 대량의 공공주택건설, 전 국민 의료서비스, 전 국민 대상의 사회보험 등이 이에 해당한다. 이러한 재화나 서비스는 국가가 직접 제공하는 것이 단위당 비용이 적게 들고, 또한 이러한 재화나 서비스가 민간부문의 여러 공급자에 의하여 제공되는 것보다 필요한 거래비용도 줄일 수 있다.

사회복지의 특성상 공공부문의 개입 필요성

① 사회복지서비스나 재화가 공공재적 성격을 많이 가지고 있으므로
② 사회복지를 통한 긍정적 외부효과가 크기 때문
③ 서비스 제공자나 소비자의 불완전한 정보
④ 역의 선택의 문제
⑤ 도덕적 해이 현상
⑥ 위험발생의 상호 의존성 때문
⑦ 규모의 경제

3. 복지다원주의

서구는 복지국가의 위기를 극복하는 전략으로 복지다원주의(welfare pluralism)를 추진해 왔고, 그 핵심은 비공식부문과 제3섹터(자원부문)의 활용에 있었다. 이 '복지다원주의'

혹은 '복지혼합'이라고 하는 개념이 강조하는 것은 복지공급형태의 다양성에 있다. 복지국가와 비교되는 복지사회는 다양한 집단이나 조직으로 구성되어 있고 이들도 복지를 제공한다는 점에서 다원적이다. 따라서 복지사회를 지향하는 가치관은 공적(정부부문) 복지공급만을 우선으로 하지 않고 다원적 복지공급을 내용으로 형성되었다.

- 복지국가: 사회복지증진에 있어서 정부의 역할과 참여에 초점을 둔다.
- 복지사회: 넓은 의미에서 국민의 의식과 태도에 초점을 둔다.

복지다원주의란 용어가 시민권을 획득하게 된 것은 1970년대 후반 영국에서이다. 1977년 발표된 영국의 Wolfenden 보고서 "Voluntary 조직의 미래" 가운데에서 이 용어가 공식적으로 사용되었다. 그리하여 복지다원주의 개념은 1980년대 영국 사회정책 연구의 영역에서 일종의 공급체제론으로서 새로운 이슈를 불러일으켰다. 복지다원주의의 주장은 두 가지로 구성되어 있다. 첫째, 공사역할분담론의 측면과, 둘째, 참가형 민주주의론의 측면이다. Wolfenden 보고서는 사회적 니드(need)를 충족시키는 부문 혹은 시스템으로서 비공식부문, 민간영리부문, 민간비영리(voluntary)부문, 공공부문의 네 가지 부문이 있고 이 네 가지 부문이 다원적으로 복지공급에 중요한 연관이 있음을 강조하였다. 명백히 복지다원주의는 복지공급에 있어서 공적 부분(국가)의 중심적 역할을 축소하는 것이며 공공부문(국가)이 공급했던 부분에서 인포멀이나 볼런터리의 각 부문에 세 서비스 공급을 이양하는 것을 바라고 있는 것이다.

복지다원주의자의 주장

① 복지공급의 다원화: 역할분담론
② 이용자가 책임을 지는 하방향의 책임성(accountability): 서비스의 선택주의
③ 문권과 커뮤니티 지향: 지방자치단체 책임 강조
④ 시민의 참여에 의한 정책결정
⑤ 비공식부문과 자원부문의 역할과 기능을 재평가하고 활용

4. 복지공급주체로서 공·사 역할분담론

공 · 사 역할분담론의 제1기는 민간 사회복지사업 만능론(C.O.S.)으로 대표되는 시기로 19세기 후반 사적 사회복지의 성립기로서 영국의 「구빈법」의 전개와 관련하여 일어난 움직임이다. 이 시기의 대표적 이론은 공과 사가 각각의 서비스를 제공하는 그레이(B. K. Gray)의 평행봉이론이 있다.

제2기는 20세기 초 1930년대 클라크(Clark)의 공영만능론, 공사병행론, 웹(Webb) 부부의 확장사닥다리이론, 스위트(Switt)의 다수-공영/소수-민영 등의 이론으로 대표되는 시기이며, 사회보장에의 국가책임을 강조하는 시기이다.

제3기는 제2차 세계대전 후 상호협조론과 공사제휴론 등으로 대표되는 시기이다. 제2차 세계대전 이후 공적 복지가 큰 비중을 차지하면서 공 · 사 각각의 특징을 인정하고 상호 보완 · 협력하는 관계를 유지하는 것을 말한다. 이 시기의 대표적 이론은 홀(M. P. Hall)의 비판적 협력관계론이며 베버리지(W. Beveridge)는 "사회진보는 국가의 활동과 개인의 활동에 의해 초래된다"고 하였다.

제4기는 복지파트너십, 복지혼합론으로 대표되는 시기로 공 · 사 상호협조론에 이어 협조의 방식과 조건이 전제되고 상호파트너십까지도 포함한다. 이는 공 · 사 기능분담과 관련하여 상호 대등한 협력관계를 의미한다. 이 시기의 대표적인 이론은 로즈의 복지혼합론(국가, 시장, 가족)과 크레이머(Kramer)의 공공부문과 민간부문의 상호 관계가 있다.

한국의 공사 역할분담: 책임 - 국가, 지방자치단체, 사회복지법인

- 「사회보장기본법」(제5~7조): 국가, 지방자치단체, 가정과 지역공동체의 자발적 복지활동 촉진
- 「사회복지사업법」(제4조 제1항): 국가 · 지방자치단체
- 「국민기초생활보장법」(제2조 제4호): 국가 · 지방자치단체

5. 한국 복지공급주체: 사회복지전담공무원(공공), 사회복지사(민간)

한국의 복지공급주체를 2분법으로 구분해 보면 공공부문에서는 사회복지전담공무원이 전문 역할을 담당하고 있고 사적부문에서는 사회복지사가 전문 역할을 담당하고 있다. 그리고 준사회복지사로서 공공과 민간 모두에 걸쳐 자원봉사자들이 중추적인 역할을 담당하고 있다.

사회복지전담공무원은 「사회보장급여의 이용 · 제공 및 수급권자 발굴에 관한 법률」 제43조 의거 사회복지사업에 관한 업무를 담당하게 하기 위하여 시도, 시군구, 읍면동 또는 사회보장사무 전담기구에 배치된 사회복지직 공무원이며, 보건복지부령으로 정하는 사회복지에 관한 전문적 업무를 담당하고 있다(https://ksswa.or.kr). 사회복지전담공무원이 담당하는 사회복지에 관한 전문적 업무는, ① 취약계층 발굴 및 상담과 지도, 사회복지에 대한 욕구조사, 서비스 제공 계획의 수립, 서비스 제공 및 점검, 사후관리 등 통합사례관리에 관한 업무 ② 사회복지사업 수행을 위한 취약계층의 소득 · 재산 등 생활실태의 조사 및 가정환경 등 파악 업무 ③ 사회복지에 대한 종합적인 정보제공, 안내, 상담 업무이다. 이러한 사회복지전담공무원이 되기 위해서는 2급 사회복지사 자격증 취득자로서 지방직 공무원 시험에 합격해야 하는데, 2022년부터는 사회복지 공무원 9급 시험과목은 총 5과목(국어, 영어, 한국사, 사회복지학개론, 행정법총론)을 필수적으로 준비해야 한다.

한편 사회복지사란 한국사회복지사협회(https://www.welfare.net/)에 의하면 현대사회에서 발생하고 있는 청소년, 노인, 여성, 가족, 장애인 등 다양한 사회적, 개인적 문제를 겪는 사람들에게 사회복지학 및 사회과학의 전문지식을 이용하여 문제를 진단 · 평가함으로써 문제해결을 돕고 지원하는 업무를 담당하는 자를 말한다.

사회복지사의 주요업무

- 사회적, 개인적 문제로 어려움에 처한 의뢰인을 만나 그들이 처한 상황과 문제를 파악하고 그들이 필요로 하는 서비스의 유형을 판단한다.
- 문제를 처리, 해결하는 데 필요한 방안을 찾기 위해 관련 자료를 수집하고 분석하여 대안을 제시한다.
- 재정적 보조, 법률적 조언 등 의뢰인이 필요로 하는 각종 사회복지프로그램을 기획, 시행, 평가한다.
- 공공복지 서비스의 전달을 위한 대상자 선정 작업, 복지조치, 급여, 생활지도 등을 한다.
- 사회복지 자원봉사자를 모집하여 교육시키고 배치 및 지도감독을 한다.
- 사회복지정책 형성과정에 참여하여 정책분석과 평가를 하며 정책대안을 제시한다.
- 정신보건사회복지사는 정신질환자에 대한 개인력 조사 및 사회조사 작업을 진행하며 정신질환자의 사회복귀 촉진을 위한 생활훈련 및 작업훈련, 그 가족에 대한 교육, 지도 및 상담 업무를 수행한다.

당당한 사회복지사, 대한민국 복지의 힘찬 미래를 열어갑니다.

한국사회복지사협회 KOREA ASSOCIATION OF SOCIAL WORKERS

사회복지사 자격증 발급현황

기준일 : 2022.02.28.

□ **지역별 자격증 발급현황 (2022년 누계)**

(단위 : 건/%)

지역 \ 급수	1급		2급		3급		소계	
단위	건	(%)	건	(%)	건	(%)	건	(%)
서울	82	0.61%	1,818	13.46%	0	0.00%	1,900	14.07%
부산	14	0.10%	858	6.35%	0	0.00%	872	6.46%
대구	18	0.13%	675	5.00%	0	0.00%	693	5.13%
인천	15	0.11%	650	4.81%	0	0.00%	665	4.93%
광주	9	0.07%	685	5.07%	0	0.00%	694	5.14%
대전	13	0.10%	445	3.30%	0	0.00%	458	3.39%
울산	2	0.01%	274	2.03%	0	0.00%	276	2.04%
세종	1	0.01%	93	0.69%	0	0.00%	94	0.70%
경기	54	0.40%	2,873	21.28%	0	0.00%	2,927	21.68%
강원	11	0.08%	328	2.43%	0	0.00%	339	2.51%
충북	11	0.08%	723	5.35%	0	0.00%	734	5.44%
충남	12	0.09%	428	3.17%	0	0.00%	440	3.26%
전북	9	0.07%	578	4.28%	0	0.00%	587	4.35%
전남	6	0.04%	361	2.67%	0	0.00%	367	2.72%
경북	5	0.04%	1,102	8.16%	0	0.00%	1,107	8.20%
경남	11	0.08%	1,217	9.01%	0	0.00%	1,228	9.09%
제주	4	0.03%	117	0.87%	0	0.00%	121	0.90%
소계	277	2.05%	13,225	97.95%	0	0.00%	13,502	100.00%

출처: 한국사회복지사협회 홈페이지.

구체적으로 이러한 사회복지사는 1, 2, 3급으로 구분되는데, 급수와 상관없이 다양한 분야에서 개개인의 역할을 다하고 있다. 즉, 아동, 청소년, 장애인, 노인 생활시설에서 도움이 필요하거나 거동이 불편한 노인, 장애인들을 대상으로 케어 및 상담, 후원업무, 프로그램 제공 등의 사업을 진행하는 생활시설 내 사회복지사들이 있으며, 지역 내 저소득 취약계층의 심리사회적, 경제적인 문제해결을 위해 다양한 서비스나 프로그램을 제공하거나 지역사회 자원을 연계하는 지역사회복지관이나 센터를 중심으로 활동하고 있는 이용시설 내 사회복지사들이 있다. 또한 학교에서 학교사회복지사로서, 혹은 정신과병원 및 건강센터에서 정신건강사회복지사로 참여하여 전문적인 상담이나 프로그램을 통해 문제해결 및 예방과 사회복귀에 도움을 주기 위해 노력하고 있다.

그리고 공공영역에서 사회복지 특히 국가의 공공부조를 담당하기 위해 지자체(행정복지센타 등)에서 사회복지전담공무원들이 중추적인 역할을 하고 있으며, 기업의 사회공헌 및 자원봉사 활동에서 코디네이터 역할을 사회복지사들이 맡아서 활동을 하고 있고 각 지역별로 있는 자원봉사 센터에서의 자원봉사자들을 사회복지사들이 직접 관리하거나 행정적인 업무에 참여하고 있다. 참고로 등급별 자격제도를 살펴보면 다음과 같다.

사회복지사 등급별 자격제도

사회복지사 1급

「사회복지사업법」 제11조제3항의 규정에 의한 국가시험에 합격한 자

- **자격증 발급자 명의:** 보건복지부 장관
- **발급기관:** 한국사회복지사협회

사회복지사 2급

「고등교육법」에 의한 대학원에서 사회복지학 또는 사회사업학을 전공하고 석사학위 또는 박사학위를 취득한 자. 다만, 대학에서 사회복지학 또는 사회사업학을 전공하지 아니하고 동 석사학위를 취득한 자는 보건복지부령이 정하는 사회복지학 전공교과목과 사회복지 관련 교과목 중 사회복지현장실습을 포함한 필수과목 6과목 이상(대학에서 이수한 교과목을 포함하되 대학원에서 4과목 이상을 이수하여야 함)과 선택과목 2과목 이상을 이수한 경우에 한하여 사회복지사 자격을 인정한다.

- 대학원에서 사회복지학 또는 사회사업학을 전공하고(관련학과 인정되지 않음) 사회복지현장실습을 포함하여(2004.7.31. 이후 입학생부터 해당) 필수과목 6과목(대학에서 이수한 교과목이 있을 경우 필수과목 2과목까지 인정), 선택과목 2과목을 이수하고 석사 또는 박사학위를 취득하여야 함.
  「고등교육법」에 의한 대학에서 보건복지부령이 정하는 사회복지학 전공교과목과 사회복지 관련 교과목을 이수하고 학사학위를 취득한 자
- 전공 · 학과에 관계없이 사회복지전공 교과목 및 사회복지 관련 교과목 중 필수 10과목, 선택 4과목 이상을 각각 이수하고 학사학위를 취득한 자

이수과목 수

- **대학원:** 사회복지현장실습을 포함하여(2004.7.31. 이후 입학생부터 해당) 필수 6과목 이상(대학에서 이수한 교과목을 포함하되, 대학원에서 4과목 이상을 이수하여야 함), 선택 2과목 이상 총 8과목 이상
- **대학:** (2년제, 4년제 대학, 학점은행제 등)필수 10과목 선택 4과목 이상 총 14과목 이상

필수과목(10)	선택과목(4)
사회복지개론, 인간행동과 사회환경, 사회복지정책론, 사회복지법제, 사회복지실천론, 사회복지실천기술론, 사회복지조사론, 사회복지행정론, 지역사회복지론, 사회복지현장실습	아동복지론, 청소년복지론, 노인복지론, 장애인복지론, 여성복지론, 가족복지론, 산업복지론, 의료사회사업론, 학교사회사업론, 정신건강론, 교정복지론, 사회보장론, 사회문제론, 자원봉사론, 정신보건사회복지론, 사회복지지도감독론, 사회복지자료분석론, 프로그램 개발과 평가, 사회복지발달사, 사회복지윤리와 철학 중 4과목 이상

사회복지사 1급 시험과목

- **시험 내용**

시험과목수	문제수	배점	총점	문제형식
3과목(8영역)	240	1점/1문제	240	객관식 5지 선다형

- **시험 과목**

시험과목	시험영역
사회복지기초(60문항)	• 인간행동과 사회환경(30문항) • 사회복지조사론(30문항)
사회복지실천(90문항)	• 사회복지실천론(30문항) • 사회복지실천기술론(30문항) • 지역사회복지론(30문항)
사회복지정책과 제도(90문항)	• 사회복지정책론(30문항) • 사회복지행정론(30문항) • 사회복지법제론(30문항)

* 한국사회복지사협회 자격관리센터 참조(https://www.welfare.net).

연구문제

1. 사회복지서비스 공급주체에 관한 설명 중 맞는 것은?

① 비공식부문은 서비스 제공에 있어 혈연이나 지연에 기초하고 있다.
② 비영리부문은 특정 종파와 이익집단에게 서비스를 제공할 수 있다.
③ 민간영리부문은 사회복지서비스의 민영화로 축소될 것이다.
④ 공공부문은 사회변동에 따라 계속적으로 확대되는 추세이다.
⑤ 비영리부문과 민간영리부문은 비경쟁적 관계에 놓여 있다.

2. 국가가 시장에 개입하는 근거로 옳은 것은? (2019 제17회 기출문제)

ㄱ. 긍정적 외부효과 ㄴ. 부정적 외부효과 ㄷ. 비대칭적 정보 ㄹ. 역선택

① ㄱ, ㄷ ② ㄴ, ㄹ ③ ㄱ, ㄷ, ㄹ
④ ㄴ, ㄷ, ㄹ ⑤ ㄱ, ㄴ, ㄷ, ㄹ

3. 다음 중 사회복지서비스가 민간부문에서 제공되었을 때의 장점으로 맞는 것은? (제7회 기출문제)

① 보편성 ② 안정성
③ 융통성 ④ 공공재
⑤ 국민기초선 보장

4. 다음은 어떤 공사 역할분담론에 관한 설명인가?

19세기 후반 시작 사회복지의 성립기에 영국 「구빈법」의 전개와 관련하여 일어난 움직임으로 공과 사가 각각의 서비스를 제공한다.

① 확장사닥다리이론 ② 상호협조론 ③ 공사병행론
④ 평행봉이론 ⑤ 실용적 동반자 모델

5. 복지사회에 대한 설명으로 옳지 못한 것은?

① 넓은 의미에서 국민의 의식과 태도에 초점을 둔다.
② 인간의 존엄성을 보장한다.
③ 완전고용을 실현한다.
④ 사회복지 증진에 있어서 정부의 역할과 참여에 초점을 둔다.
⑤ 소득의 공정한 분배뿐만 아니라 개인의 자아를 실현할 수 있는 사회환경을 조성한다.

Chapter 04

누구를 위한 사회복지인가 (사회복지의 대상자와 객체)

사회복지의 대상과 객체는 사람일 수도 있고, 사람이 겪게 되는 생활상의 문제일 수도 있고, 사람이 느끼고 있는 욕구일 수도 있다. 사회복지의 대상이란 사회복지가 일차적으로 해결해야 할 문제이며, 사회복지대상자란 사회복지를 필요로 하는 사람이다. 따라서 이 장에서는 사회복지대상자인 클라이언트와 대상인 사회적 욕구와 사회적 위험을 중심으로 살펴보고자 한다.

Key Words

클라이언트, 고객, 선별주의, 보편주의, 낙인(stigma), 매슬로우의 욕구단계설, 규범적 욕구, 느낌욕구, 기본적 욕구, 사회적 욕구, 5대 사회악, 4D, 전통적 사회적 위험, 신사회적 위험, WEF, 상상이 현실이 되는 사회적 위험, ILO 102호 조약, 사회보장기본법, 사회복지급여, 현금급여, 현물급여, 증서, 바우처, 신용, 서비스, 권력, 사회투자정책

* 본 4장은 박경일(2019)의 『사회복지정책론』 제5장 1절, 제6장의 내용을 참조하여 요약 정리한 것임.

1. 사회복지의 대상자

사회복지에서 서비스를 받는 사람, 즉 대상자를 클라이언트(client)라고 부르고 있다. 이러한 클라이언트는 Webster 사전에 의하면, "다른 사람에게 의지하는 사람(one leaning on another)"이란 뜻이다. 초기 사회사업에서 클라이언트란 힘없는 자(powerlessness)나 의존자(the dependent)라는 뜻으로 사용되었지만, 점차 사회복지가 전문화되어 감에 따라 그 개념은 욕구가 있는 사람(needful person)이나 고객(customer)으로 변화되고 있다(Mendelsohn, 1980: 6). 특히 오늘날 사회복지사는 다른 사람의 이익을 위해 활동하도록 계약되어 있고 수요자 중심의 사회복지가 강조됨에 따라 클라이언트는 서비스를 선택하는 사람인 고객으로 간주되고 있다(client become a "customer", a selector of service). 따라서 향후 고객으로 간주되는 사회복지대상자에게 사회봉사자는 어떠한 방법과 자세로 사회복지서비스를 제공해야 될 것인가를 깊게 생각해 보아야 할 것이다.

한편 과거의 사회복지는 사회적으로 불행한 자(과부, 노인, 고아, 장애인 등)나 낙오자, 빈곤자, 병자 등을 주요 대상으로 하여 선별적 복지를 제공하였지만, 오늘날의 사회복지는 모든 사람에게 복지를 향유할 권리가 있다는 관점에서 보편적으로 복지를 제공하고 있다. 즉, 급여나 서비스의 수급 시에 자산조사(means test) 혹은 욕구조사(need test)를 받아야 하는 경우가 선별주의(selectivism)이고, 자산이나 욕구에 관계없이 특정한 범주(category)에 해당하는 모든 사람이 급여나 서비스를 받을 수 있는 경우가 보편주의

〈표 4-1〉 선별주의와 보편주의의 비교

구분	선별주의	보편주의
범위	특수 문제집단에 한정	전 주민에 확대
자격	제한 강화	제한 완화
급여수준	최저수준으로 인하	적절한 보상율로 인상
급여기간	단축	연장
자기부담	강화	경감
장점	유효성, 효율성이 높음, 경비가 적게 듦	공평성, 접근성, 편익성이 높음
단점	낙인(stigma)	경비가 많이 듦, 낭비가 많음

출처: 박경일(2016).

(universalism)이다. 그리하여 오늘날 사회복지의 대상자는 일반적으로 선별주의에서 보편주의로 변화되고 있다. 선별주의와 보편주의를 비교해 보면 〈표 4-1〉과 같다.

사회연결망 분석

사회연결망 분석(Social Network Analysis: SAN)은 사회적 관계(혹은 연결망)에 대한 분석을 통해 사회구조를 연구하는 방법을 말한다. 즉, 다양한 연령, 지역, 계층의 사람들이 몇 명을 거치면 특정 인물과 연결되는지를 실험하는 것이다. 중앙일보와 연세대 사회발전연구소가 한국 사회의 연결망(네트워크)조사를 한 결과, 사회과학적으로 실증된 '3.6'이란 수치를 얻었다. 즉, 전혀 모르던 사이끼리라도 세 사람 또는 네 사람만 거치면 다 알게 된다는 것이다. 1967년에 미국에서 처음으로 이와 같은 조사가 있었는데 결론은 '6.5단계'라는 답이 나와 한국은 미국보다 한결 '좁은 세상(small world)'으로 나타났다(중앙일보, 2004. 1. 9.). 사회복지공급자로서 사회복지대상자로서 예비 사회복지사들이여! 이처럼 한국사회는 한 다리 건너면 다 아는 사회이고 우리 모두가 사회복지대상자이니, 이 땅에 모든 사람들과 좋은 인간관계를 맺어 사회적 연결망을 잘 형성해 나가도록…….

2. 사회복지의 대상으로서 욕구

사회복지는 인간의 욕구(need)에 대응하기 위한 사회제도라고 말할 수 있다. 욕구는 대부분 인간의 생존과 성장·발전을 위해 필요한 것, 필수적인 것이 미충족되거나 결핍된 상태를 지칭한다. 인간의 욕구는 자신의 정신현상이나 생활체계 가운데서 균형을 지키는 것이지만, 그 균형이 깨어지고 소위 긴장상태가 될 때에 욕구불만이 일어난다. 그리하여 사회복지는 인간의 욕구불만상태를 해결하거나 충족시켜 주기 위한 사회제도이다.

욕구가 없는 상태의 인간을 상상할 수 없을 정도로 인간의 욕구는 다양하고 무한하다. 따라서 욕구를 그 내용에 따라 분류하여 개념화하는 것이 필요한데, 여기서는 매슬로우와 브래드쇼(Maslow & Bradshaw)의 욕구분류를 살펴보고자 한다. 매슬로우는 인간의 욕구를, ① 생리적 욕구(의식주로부터의 보호), ② 안전의 욕구(위협 또는 궁핍으로부터의 보호), ③ 소속감과 애정의 욕구(단체나 집단에의 소속, 사랑, 우정 등), ④ 존경의 욕구(자신감, 존중, 사회적

인정 등), ⑤ 자아실현의 욕구(창조성, 잠재력 실현, 자기계발)의 5단계로 구분하고 인간은 저차원의 욕구를 충족하고 나면 점차 단계적으로 고차원의 욕구를 충족시키기를 원한다고 하였다. 그러나 매슬로우는 후일 자신의 욕구단계설을 수정하여 인간은 반드시 저차원의 욕구가 충족되고 나서 고차원의 욕구로 이행하는 것이 아니라, 인간은 저차원의 욕구가 충족되지 않아도 고차원의 욕구를 충족하기를 원하는 사람(예를 들어, 종교인이나 예술가의 경우)도 있다고 하였다([그림 4-1]).

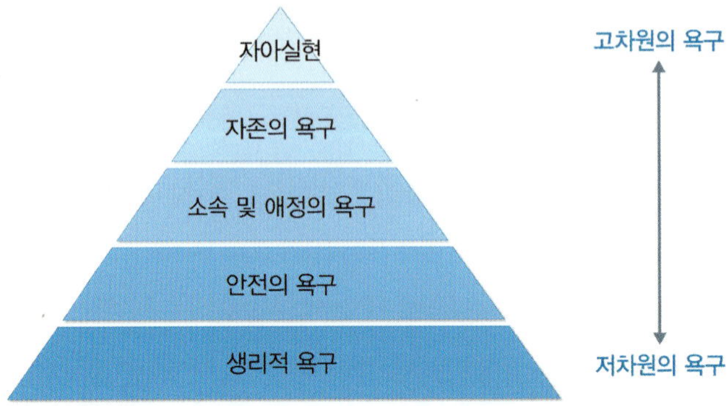

[그림 4-1] 매슬로우의 욕구단계설

출처: Maslow(1954).

브래드쇼는 욕구인식의 기준에 따라 욕구를 네 가지로 구분하고 있다. 즉, ① 전문가나 사회과학자 등이 어떤 상황에서 규정한 규범적 욕구(normative need), ② 개인이 결핍에 의하여 인식하는 느낌욕구(felt need), ③ 느낌욕구가 실제의 욕구충족 추구행위로 나타난 표현된 욕구(expressed need), ④ 어떤 서비스를 받고 있는 사람들과 비슷한 특성을 갖고 있으면서도 서비스를 받지 않고 있는 사람들을 욕구의 상태에 있는 것으로 규정하는 비교욕구(comparative need)의 네 가지가 있다고 한다. ①은 전문가가 어떠한 상황에서 규정한 욕구이고, ②는 개인이 결핍에 의하여 느낀 욕구이고, ③은 수요(demand)가 되는 욕구이며, ④는 지역적 정의에 기초하고 있는 원칙의 욕구를 말한다(Brown & Bradshaw, 1978: 30). 이러한 욕구의 형태 중에서 사회복지의 주된 대상은 규범적 욕구와

제와 사회적 선택(급여)의 내용을 살펴보면 〈표 4-2〉와 같다.

〈표 4-2〉 사회보험제도의 대상으로서 사회적 위험과 발생문제 및 사회적 선택(급여)

사회보험제도	사회적 위험	발생문제	사회적 선택(급여)
연금보험제도	노령 · 장애 · 사망 · 황혼이혼	• 소득의 단절문제 • 장애, 사망으로 소득능력의 영구적 상실문제	• 노령연금 · 장애연금 · 유족연금 · 일시금 · 분할연금
국민건강 보험제도	질병 · 부상 · 사망	• 치료비용 • 소득의 단절문제	• 요양급여, 건강검진(현물급여) · 요양비(현금급여) • 상병급여(현금급여)*
산재보험제도	산업재해로 인한 부상 · 폐질 · 사망	• 치료비용의 부담문제 • 소득의 일시적 단절문제 • 장애, 사망으로 인한 소득능력의 영구적 상실문제	• 요양급여 • 휴업급여 • 장해급여 · 유족급여 · 상병보상연금
고용보험제도	재취업 · 직업능력부족 · 실업	• 고용의 불안정 문제 • 직업능력의 부족문제 • 소득의 단절문제	• 고용안정 · 직업능력개발사업 (고용창출지원, 고용조정지원, 고용촉진지원, 근로자지원 등) • 실업급여(구직급여, 취직촉진수당, 육아휴직급여)
노인장기요양 보험제도	노인성 질병 (치매, 뇌혈관 질환 등), 장기요양케어	• 가족의 정신적 · 심리적 부담문제 • 요양서비스(보호, 수발) 비용의 부담문제	• 재가급여(방문요양, 방문목욕, 방문간호, 주 · 야간보호, 단기보호, 기타 재가급여) • 시설급여(노인요양시설, 노인요양 공동생활 가정) • 특별현금급여

* 현재 한국 국민건강보험제도에서 제공되고 있지 않는 급여임. 출처: 박경일(2016: 120).

한편 사회적 위험은 크게 전통적 사회적 위험(Old Social Risk)과 새로운 사회적 위험(New Social Risk)으로 구분할 수 있다. 이 둘에 대한 구분은 기존 복지국가의 사회구조에 큰 변화를 불러일으킨 탈산업사회의 도래를 기점으로 이루어질 수 있다(Taylor-Gooby, 2004). 전통적 사회적 위험은 사회체제의 변화로 인한 제조업 중심의 고용과 남성 부양사회의 산업사회를 기반으로 전개되는 산업재해, 실업, 질병, 노령, 폐질 등으로 인한 소득의 중단 및 감소 상황으로, 이 시기 위험의 주요 담당자는 당시 사회의 남성 산업노동자로 볼 수 있다(김철주 · 박보영, 2006). 전통적 사회적 위험이 2차 산업혁명의 시기까지 전개되었다면, 산업사회에서 탈산업사회로 이행되는 과정에서 사람들은 '새로운 사회적 위험(New Social Risks)'에 직면하게 되었다.

그리하여 20세기 전통적 사회적 위험(Old Social Risk)은 사회보험, 공공부조 등 복지국가의 사회보장제도를 확립시켰다면, 21세기 초반 새로운 사회적 위험(New Social Risk)은 개인과 사회의 능력을 향상시키기 위해 삶의 다양한 영역으로의 사회서비스 확대, 인적 자본 향상 및 사회 참여 기회 확대 방안[1]을 모색하고 있다.

한편 새로운 사회문제로 인해 또 다른 새로운 사회적 위험이 증가할 것이라고 한다(WEF, 2017). 즉, 기계의 급격한 노동 대체로 인한 대량실업과 대량빈곤이 발생할 가능성이 크고 이로 인한 소득양극화와 빈부격차의 심화는 우리 생활을 위협하게 될 가능성이 높다. WEF(World Economic Forum)의 The Global Risks 보고서(2017)에 의하면 이러한 지능정보사회의 사회적 가치 변화와 4차 산업혁명 시대에 인공지능과 빅데이터에 기반을 둔 지능정보기술의 활용으로 인해 나타날 수 있는 다양한 사회경제적 변화는 '상상이 현실이 되는 사회적 위험(Imaginary Social Risk)'을 초래할 수 있을 것으로 예측하고 있다.

그러나 이와 같은 사회적 위험은 위기이면서 동시에 인간 중심의 지능정보사회 실현을 가능하게 하는 새로운 기회를 제공할 수 있을 것으로 예측한다. 이러한 상상이 현실이 되는 사회적 위험에 대비하여 향후 사회복지정책은 부의 양극화 해소정책과 인간과 자연이 함께 공존하고 상생해 나갈 수 있는 생태복지, 그리고 인간성 회복을 위한 정책들이 개발될 것으로 생각된다[2].

1) 이러한 자본주의 경제사회구조의 변화와 새로운 사회적 위험의 출현에 대응하여 나타난 유럽의 정책은 사회투자정책이다. 사회투자정책은 인적 자본과 사회자본에 대한 투자확대를 통해 시민의 경제활동 참여기회를 극대화시켜 빈곤예방과 기회의 평등을 제공함으로써 경제성장과 사회발전을 동시에 추구하는 정책을 의미한다.

2) 상상이 현실이 되는 사회적 위험에 대처하기 위한 사회복지정책에 대해서는 본 저서의 25장 제4차 산업혁명과 사회복지, 생태복지를 참조하기 바람

〈표 4-3〉 사회적 위험의 변화와 대응

전통적 사회적 위험 (Old Social Risk)	새로운 사회적 위험 (New Social Risk)	상상이 현실이 되는 사회적 위험(Imaginary Social Risk)
20C	21C 초	21C 초반 이후~
• 실업, 노령, 질병, 산업재해 등으로 인한 소득 중단과 빈곤, 예외적 지출 부담 발생에 따른 위험	• 가족 구조 변화: 저출산 · 고령화, 여성의 경제활동 참여 증가, 노동시장의 구조적 변화와 불안정, 1인 가구 증가 • 일 · 가족 양립의 어려움: 노동력 부족과 잠재성장률 감소, 양육 · 돌봄 부담 증가 • 다차원적 빈곤: 장기 실업과 근로빈곤, 청년 실업, 주거비 부담 등 • 사회적 배제	• 양극화: 노동시장 영역별 일자리 양극화, 개인별 소득과 부의 양극화 • 일 · 가족 양립 환경 변화: 시간 · 공간적으로 유연한 근로 형태 증가 • 노사 관계의 변화: 비정형 일자리와 1인 기업의 증가 • 자본주의 생산 분배소비체계의 변화: 공유경제로의 전환 • 가상현실(VR) 사회의 윤리적 문제
• 남성 가장 모델을 기반으로 사회보험, 공공부조 등 복지국가의 사회보장제도가 확립	• 전통적인 사회안전망 개편: 사회보험의 사각지대 해소, 근로 연계복지와 적극적 노동시장정책, 자산형성 접근을 통한 공공부조 개편 등 • 개인과 사회의 능력 향상: 사회서비스 확대, 가족친화정책 및 사회 참여 기회 확대, 포용적 복지정책 • 사회투자정책: 인적자본과 사회자본의 투자확대, 기회의 재분배, 효율성 및 지속 가능성 제고를 위한 개편, 노동시장의 유연화, 사전 예방적 복지정책, 경제성장과 사회발전의 선순환적 구조	• 다양한 사회경제적 변화는 '상상이 현실이 되는 사회적 위험'을 초래할 수 있으나 이와 같은 사회적 위험은 위기이면서 동시에 인간 중심의 지능정보사회 실현을 가능하게 하는 새로운 기회를 제공할 수 있음 • 양극화 해소정책 • 생태복지 강조 • 인간성 회복정책

출처: 최현수 · 오미애(2017). 4차 산업혁명 및 지능정보사회의 사회적 위험과 복지 패러다임 전환 필요성. 보건 · 복지 Issue & Focus 333호, 한국보건사회연구원, pp. 1-8 참조하여 재작성.

4. 사회복지급여

사회복지급여란 사회복지정책의 선택 결과 무엇을 사회복지대상자에게 전달할 것인가 하는 문제에 관한 것이다. 사회복지급여란 사회복지정책 결정의 결과물(산출물, product)이며, 이는 사회복지정책을 통하여 달성하려는 정책목표에 따라 급여내용과 형태, 그리고 수준이 달라진다.

급여(benefit)란 사회복지정책을 통해 제공되는 물질적 · 비물질적 자원이다. 전통적으로 현금급여와 현물급여의 논쟁이 있어 왔으나 그 후 급여형태를 확장하여 기회, 서비스, 신용, 권력 등과 같은 다양한 형태의 급여가 제시되고 있다. 이에 대하여 길버트와 스펙트(1973; Gilbert & Terrell, 2005: 134-146)는 급여형태를 다음과 같이 기회, 서비스, 현물, 신용, 현금, 권력 등 여섯 가지로 제시하고 있다.

1) 기회

기회(opportunity)란 의도한 목표를 달성하기 위해 취해지는 인센티브와 제재(sanctions) 등과 같은 환경을 의미한다. 기회는 직접적인 사회적 급여의 형태와 비교하여 가장 애매하고 추상적인 것이다. 예컨대, 소수민족 출신 학생에게 입학정원을 따로 배정하는 것 등이 여기에 속한다. 한국의 경우 장애인이나 노인에 대한 의무고용제를 채택함으로써 장애인이나 노인에게 상대적인 예외적 기회를 제공하는 것이라든지 농촌 출신에게 대학입학의 특례를 규정하는 것 등이 이러한 급여에 속한다.

2) 서비스

서비스(service)란 클라이언트를 위해 교육, 상담, 계획 및 훈련 등과 같이 어떤 기능을 제공하는 것을 말한다. 서비스는 수혜자에게 즉각적 시장가치를 부여하지 않는다. 서비스급여는 기회와 마찬가지로 사회복지대상자의 자립과 자활을 가능하게 하는 중요한 급여로 평가되며, 특히 다른 공공정책과는 달리 사회복지정책의 정체성(identity)이라고 볼 수 있는 독특한 심리사회적 속성을 드러내는 급여의 유형으로 손꼽을 수 있다.

3) 현물

현물(goods, in-kind)급여란 식품, 의복 및 주택 등의 구체적 상품을 말한다. 현물급여는 사회복지대상자가 직면하고 있는 기본적 욕구를 직접적으로 충족시킬 수 있는 급여

이지만, 특정의 목표에 맞추려는 정책적 의도에 따라 제공되는 경향을 띤다. 따라서 목표효율성이 높기 때문에 욕구충족에 효과적으로 대처할 수 있는 기능을 가진다. 동시에 현물급여는 이러한 관점에서 사회복지대상자를 특정한 방향으로 몰고 가는 사회통제적 의미를 동시에 가진다고 생각할 수 있다.

4) 신용(바우처와 세금공제)

세금공제(tax credits)나 물품 및 서비스를 구매할 수 있는 증서(vouchers) 등의 형태로 제공되는 급여를 길버트와 스펙트(1973)는 두 가지로 구분하지 않고 신용(credit)이라고 하였다. 여기서 세금공제는 의료비용이나 학생 등록금, 노인이나 장애인 등 부양가족 등이 있을 때 연말 정산 시 세금 감면을 통하여 소득을 보충하는 데 이용된다.

티트머스(Titmuss)는 『복지의 사회적 분화』라는 저서에서 사회정책의 3가지 구성으로서 사회보장과 비영리대인서비스를 포함하는 사회복지뿐만 아니라 재정복지(fiscal welfare), 기업복지를 포함한다고 하였다. 여기서 재정복지란 어떤 집단에게 급여를 제공하기 위해 조세제도를 사용하는 것으로서, 예를 들어 티트머스는 가족 중에 노인이나 장애인이 있는 경우 소득세 감면 혜택을 받는 것도 복지의 한 부분으로 간주한 것이다(박경일, 2019: 48-49).

한편 증서(바우처)를 국가가 지급하면 국가바우처라고 하는데, 즉 국가에서는 노인, 장애인, 임산부, 아동, 경제적 취약계층 등 도움을 필요로 하는 사람들이 사회서비스를 받을 수 있도록 다양한 종류의 사회서비스 이용권, 즉 국가바우처를 발급하고 있다. 관련 법에서 사용되는 국가바우처의 정식 명칭은 사회서비스 이용권(social services voucher)이라고 부른다. 국가바우처는 쿠폰 형태로 사용할 수 있는 이용권과 지정된 금액이 포인트로 충전된 현금카드 형태 등으로 지급되고 있다.

이들 급여는 구조화된 교환가치를 가지며 제한된 범위 내에서 자원 사이의 선택을 위해 통용된다. 즉, 국가바우처의 경우 국가가 지정한 곳에서 정해진 비용의 서비스를 받거나 또는 지정된 물품 등을 구매할 수 있다. 이를테면 식품증서(food stamps)는 다양한 식료품과 교환할 수 있고, 교육증서(educational vouchers)는 자신이 선택한 기관에서 교육서비스를 구매할 수 있다. 하지만 이들 급여는 제한된 범위의 외부에서는 통용 가치가 없다. 길버트와 테렐(2005: 142-145)은 증서(바우처) 형태의 사회적 급여는 특별한 매력을 가지고 있는데 그것은 소비자 선택[3]을 보장하는 반면에 어느 정도 사회적 통제(social control)를 제공하기 때문에 집합주의자와 개인주의자 사이에 광범위하게 선호되고 있다고 하였다.

2019년 현재 우리나라 국가바우처사업은 사회서비스사업 8종(노인돌봄종합서비스, 장애인활동지원사업, 산모 · 신생아 건강관리지원사업, 가사간병방문지원사업, 지역사회서비스투자사업[4], 발달재활서비스, 언어발달지원사업, 발달장애인 부모상담지원사업)을 비롯하여 건강보험 임신 · 출산 진료비 지원, 에너지바우처 지원, 아이돌봄 서비스 지원 등이 있다. 과거에는 바우처마다 별도의 카드를 사용했지만 2015년부터 국민행복카드로 이용자의 편의(보육료 지원의 아이행복카드는 호환 가능함)를 도모하고 있다[5].

증서(바우처)의 특징

- 현물급여에 따르는 관리, 행정비용을 줄일 수 있다.
- 수급자에 대한 사회적 통제의 효과를 어느 정도 거둘 수 있다.
- 수급자의 선택 자유, 다시 말하면 소비자 주권을 어느 정도 존중할 수 있다.

5) 현금

현금급여(cash benefit)는 수급자에게 현금으로 지급하는 급여이다. 현금급여의 특징은 ① 현물급여에 비하여 프로그램의 운영비용이 적게 든다는 것이다. 하지만 규모의 경

3) 소비자 선택의 왜곡: 사회복지정책의 급여 중 현물이나 의료교환권과 같은 서비스 형태로 이루어질 때 소비자 선택에 왜곡현상을 일으킬 수 있다. 즉, 시장기제에서 소비자에게 적정하게 배분되는 양 이상으로 불필요하게 많이 배분되는 자원낭비가 발생할 수 있다(Lampman, 1984). 대표적 사례가 food stamp로서 저소득층 사람은 자신들의 효용을 극대화하기 위해 이 쿠폰의 일부를 식료품 이외의 다른 용도로 사용하기를 원한다.

4) 지역사회서비스투자사업에서 사용가능한 바우처의 종류로서 아동청소년심리지원서비스, 아동청소년비전형성지원서비스, 노인보행보조기지원서비스, 행복가득백년청춘, 성인심리지원서비스, 정신건강토탈케어서비스, 청년마음건강지원사업 등이 있다.

5) 자세한 내용은 박경일(2019)의 『사회복지정책론』 제14장 5절 사회서비스 바우처 사업 참조.

제원리를 전문적 사회복지서비스에 적용시키기는 어렵다. ② 현금급여는 사용하기에 편리하고 현물급여에 비해 관리나 행정적으로 처리하기에 수월하고 비용도 적게 든다. 그리고 ③ 소비자 주권과 개인의 선택의 자유를 극대화한다. 그러나 현금급여에 대한 비판은 현금이 수급자의 욕구충족에 필요한 재화의 구입에 사용되지 않고 다른 곳에 오용될 위험이 있어 현금이 욕구 충족에 효과적으로 사용되었는지 아닌지 확인하기 어렵다는 것이다.

기본소득(Unconditional Basic Income, Universal Basic Income, Universal Demogrant)

최근에는 현금급여의 한 형태로서 기본소득이 있다. 기본소득은 재산이나 소득의 많고 적음, 노동 여부나 노동 의사와 상관없이 개별적으로 모든 사회 구성원에게 균등하게 지급되는 소득이다. 이 개념은 토머스 모어의 소설 『유토피아』에서 처음 등장하였으며 1970년대 유럽에서 논의가 시작되어 2000년대에 들어 논의가 급속히 확산되었다.

2017년을 지나면서 기본소득 실험은 전 세계로 확산되었다. 핀란드의 경우 세계 최초로 기본소득 보장제를 실시한 국가로서 기본소득 월 560유로(약 700,000원)를 2017년 1월 1일부터 지급하기 시작했다. 우리나라에서도 현금성 복지가 점차 늘어나고 있고 경기도의 청년기본소득 정책으로 곧 기본소득 실험에 대한 논의가 본격화될 전망이다(박경일, 2019. 『사회복지정책론』 제6장 5절 기본소득 참조).

6) 권력

권력(power)급여는 물품과 자원에 대한 통제력을 재분배하는 것과 연관된다. 종종 영향력의 재분배는 빈민, 클라이언트 및 다른 사회적 약자 집단의 대표자들을 사회복지 관련 기관의 이사로 선임하는 정책을 통하여 추구된다.

〈표 4-4〉 현물급여와 현금급여, 증서의 장단점

구분	현물급여	현금급여	증서
장점	• 정책의 목표효율성을 높일 수 있다. • 현금급여에 비하여 정치적 측면에서 선호된다. • 대량생산과 대량소비로 인한 규모의 경제효과를 꾀할 수 있기 때문에 프로그램 비용이 감소된다. • 사용가치가 높다.	• 수급자의 효용이 극대화된다. • 현금으로 급여할 때 사회적 자원의 효율적 배분이 이루어진다. • 수급자 선택의 자유와 소비자 주권이 보장된다. • 인간의 존엄성을 유지시키는 데 현물급여보다 우월하다. • 프로그램의 운영비용이 적게 든다. • 교환가치가 높다.	• 정책의 목표효율성을 살릴 수 있다. • 현물급여보다 수급자의 효용을 증가시킬 수 있다. • 운영비용도 적게 든다.
단점	• 급여 소비단계에서 수급자에게 낙인을 준다. • 받는 사람에게는 사생활의 간섭이 될 가능성이 높다. • 서비스의 속성상 규모의 경제효과가 나타나기 어려울 수 있다(서비스가 질의 변화가 없는 획일적인 제공일 경우).	• '개인' 효용의 극대화의 경우 '사회 전체'의 효용에 의하여 제한받을 수도 있다. • 소비자 선택의 자유가 생산자에 의하여 광고 등의 방법으로 왜곡될 수도 있다. • 욕구충족에 효과적으로 사용되었는지 아닌지를 확인하기 어렵다.	• 이상적 속성을 갖는데도 불구하고 대부분의 복지국가에서 주요한 급여형태로 사용되지 않는다(바우처의 '중간적 성격' 때문에 정치적 지지세력이 크지 않음). • 시행과정에서 오용과 남용의 문제가 발생하여 현물급여보다 목표효율성이 크게 낮아질 수 있다.

출처: 박경일(2008: 181).

연구문제

1. 급여 할당의 원칙으로서 선별주의와 보편주의에 관한 설명으로 옳은 것을 모두 고른 것은? (2011 제9회 기출문제)

ㄱ. 선별주의는 목표효율성을 강조한다.
ㄴ. 선별주의는 욕구를 스스로의 능력으로 해결할 수 없는 사람으로 정책대상을 제한한다.
ㄷ. 일반적으로 선별주의 자격 기준에 비해 보편주의 자격 기준의 설정이 용이하다.
ㄹ. 보편주의는 재분배 기능을 중요하게 고려하지만 효과성은 고려하지 않는다.

① ㄱ, ㄴ, ㄷ ② ㄱ, ㄷ ③ ㄴ, ㄹ ④ ㄹ ⑤ ㄱ, ㄴ, ㄷ, ㄹ

2. 브래드쇼가 구분하고 있는 욕구 가운데 어떠한 상황에서 전문가가 규정한 욕구는?

① 규범적 욕구 ② 느낌욕구 ③ 표현된 욕구
④ 비교욕구 ⑤ 바람욕구

3. 한국의 사회보장기본법에서 규정하고 있는 사회적 위험의 종류로 볼 수 없는 것은?

① 질병 ② 장애 ③ 노령
④ 실업 ⑤ 결핍

4. 사회복지급여 형태인 증서(voucher)에 관한 설명으로 옳은 것은? (2013 제11회 기출문제)

① 현물급여에 비해 오·남용의 문제가 발생할 가능성이 낮다.
② 현물급여에 비해 서비스 제공자 간 서비스 질 경쟁 유도에 유리하다.
③ 서비스 제공자가 소비자를 선택 또는 회피하는 현상이 발생하지 않는다.
④ 현금급여에 비해 소비자의 선택권이 높다.
⑤ 현물급여에 비해 관리운영비가 많이 든다.

5. 현금급여와 현물급여의 장단점에 관한 설명으로 옳지 않은 것은? (2017 제15회 기출문제)

① 현금급여는 복지상품이나 서비스의 선택권을 보장할 수 있다.
② 현금급여는 사회복지기관 관리운영비의 절감과 행정적 편의를 가져다줄 수 있다.
③ 현물급여는 현금급여에 비해 오남용의 위험이 크다.
④ 현물급여는 정책의 목표효율성을 높일 수 있다.
⑤ 현물급여는 개인들의 복지욕구와 괴리가 나타날 수 있다.

6. 세계경제포럼 WEF(World Economic Forum, 2017)에서 제시한 4차 산업혁명 시대에 인공지능과 빅데이터에 기반을 둔 지능정보기술의 활용으로 인해 나타날 수 있는 지구적 위험(The Global Risks)은 무엇인가?

① 전통적 사회적 위험
② 신사회적 위험
③ 상상이 현실이 되는 사회적 위험
④ 권위주위적 사회적 위험
⑤ 생태적 위험

7. 사회투자전략에 관한 설명으로 옳은 것은? (2022 제20회 기출문제)

① 인적자원에 대한 투자는 결과의 평등을 목적으로 한다.
② 사회적 약자 집단에 대한 현금이전을 중시한다.
③ 현재 아동세대에 대한 선제적 투자를 중시한다.
④ 사회정책과 경제정책을 분리한 전략이다.
⑤ 소득재분배와 소비 지원을 강조한다.

Chapter 05

사회복지재원과 그 수준은

사회복지재정은 모든 국민에게 인간다운 생활을 보장하기 위하여 사회복지의 급여와 서비스 제공을 하는 데 필요한 지출과 이것을 위한 재원조달로 이루어진다. 사회복지지출은 2018년 223조 8천 억 원(OECD, 2020.11.)이며, GDP 대비 10.51%를 차지하고 있다. 2008년 이후 사회복지예산의 증가는 사회보험의 성숙과 경제위기에 대응한 취약계층 지원, 일자리창출사업 증가와 저출산 대응 보육지원의 확대, 고령화에 대비한 기초노령연금 및 장기요양보험의 신규 도입 등에 기인한다. 한국 공공 사회복지지출은 2016년도 10.36%(GDP 대비)로 OECD 평균 21.0%에 비하면 매우 낮은 수준이다. 이처럼 낮은 사회복지지출은 삶의 질을 저하시키는 중요한 요인으로 작용하고 있다.

일반적으로 재정이란 중앙정부와 지방자치단체의 경제라고 정의할 수 있다. 사회복지재정을 논의하면서 복지의 공급주체 중에서 국가에 비중이 주어지는 것은 국민의 생활수준 및 복지수준에 대한 국가의 책임이 그만큼 증대하였다는 것을 뜻한다(김성한, 1998: 21). 그러나 오늘날 피용자가 부담하는 사회보험기여금과 고용주 부담의 사회보험부담금은 국가의 사회복지예산을 능가하고 있으며, 공동모금이나 기부금 등과 같이 민간에서 조달하는 민간 사회복지재정은 비록 금액이 적을지라도 그 존재 의의를 무시할 수 없을 것이다.

이 장에서는 사회복지재정을 사회복지지출과 재원조달(수입)로 각각 나누어 살펴보고, 한국의 사회복지지출 수준이 외국과 비교하여 어느 정도인지를 알아본다.

Key Words

사회복지재정, 사회복지재원조달, 사회보험방식, 조세에 의한 방식, OECD 사회지출, 더 나은 삶 지수

1. 사회복지재원의 종류와 조달방법

사회복지정책과 서비스의 계획과 집행에는 지속적인 재원의 확보가 필요하다. 사회복지재정은 재원의 확보와 지출을 맞추어 가는 정치경제학이라 할 수 있다. 사회복지재원의 종류는 다양한다. 그 구성을 살펴보면, 크게 공공부문에는 사회보험기여금(피용자 기여금 및 사용자 부담금), 정부예산(공공부조, 사회서비스), 공기업사회서비스가 있으며, 민간부문에는 법정퇴직금, 수익자 부담금(건강보험의 경우 진료비용의 본인 일부부담, 보육료 등 사회서비스 수익자 부담), 공동모금 등의 자발적 기부금 등으로 구분된다.

첫째로 사회보험방식은, ① 급여의 인상이 기여금의 인상으로 이어지므로 무책임한 급여인상의 요구를 억제할 수 있으며, ② 급여는 갹출에 따른 권리이므로 자산조사가 필요 없는 보편주의 방식이다. ③ 가입자는 사회보험 운영에 참가할 수 있으며, ④ 보험료는 임금에 부과되므로 사업주에게 위험발생 예방에 대한 인센티브를 주게 되어 부담증대를 억제할 수 있다. ⑤ 보험료 징수비용이 저렴하고 간편하며, ⑥ 보험료는 목적세적 성격을 가지고 있으므로 피보험자의 납부의지가 조세의 경우에 비해 높다. ⑦ 보험료가 적립된 경우에는 공공투자의 재원으로 사용될 수 있다(地主重美, 1994: 21-22).

둘째로 일반예산을 통한 재원의 확보는 사회보험 기여금을 갹출할 수 없는 자-근로능력이 없는 자, 실업자 등-에 대한 사회복지정책을 실시할 수 있게 되는 장점을 가지고 있다(송근원 · 김태성, 1995: 323-324). 또한 이 방식은 ① 지불능력이 없는 저소득층에 대하여 생존권을 보장하는 데 필요한 최저수준의 급여와 서비스를 정부가 책임진다. ② 사회보장의 대상이 되는 위험은 대부분 개인적으로 대응할 수 없는 사회적 위험이므로 그것의 감소는 사회 전체 성원의 이익을 향상시킨다. ③ 조세가 누진세 중심으로 징수될 경우 재분배효과를 높일 수 있는 장점을 가지고 있다.

셋째로 민간사회복지는 기업의 법정 외 복리비, 기업의 사회공헌활동, 사회복지공동모금회 등을 통한 자발적인 모금과 후원금, 직역 공제회의 공제급여 등을 포함하고 있다(고경환 외, 2013: 28-31).

사회복지비 지출은 사회적 위험을 기준으로 하는 OECD 방식, 사회보험, 공공부조, 사회서비스 등 제도별 구분 방식, 보건복지부 예산을 기준으로 항목별 구분방식 등으로 제시될 수 있다. OECD 사회복지지출(Social Expenditure)은 노령, 질병, 실업, 재해 등 사회적 위험에 놓인 개인에 대한 공공제도에 의한 사회적 급여나 재정적 지원이다. 우리나라는 2009년부터 국내에 공포하고 OECD에 제출한다. OECD 사회복지지출은 공공(부문) 사회복지 지출과 법정민간(부문) 사회복지 지출로 구분된다. 〈표 5-1〉와 같이 사회적 위험에 따라 노령, 유족, 근로무능력 관련 급여, 보건, 가족, 적극적 노동시장프로그램, 실업, 주거, 기타로 구분된다.

사회복지지출에 있어서 정부(중앙정부와 지방자치단체)가 사회보험, 공공부조, 사회서비스 부문을 관장하므로 사회복지재정에 있어서 정부의 역할은 매우 중요하다. 사회복지재정은 사회복지 사무를 둘러싸고 중앙정부와 지방자치단체 간에 재정분담 및 사무분담과 관련되어 있다. 사회복지지출은 보건복지부, 여성가족부, 고용노동부, 국가보훈처 등 여러 소관 부처가 관련되어 있지만 재정운용 규모로 볼 때 보건복지부가 중심적 역할을 한다. 보건복지부는 지방자치단체와 사회복지사무를 분담하고 있다. 사회복지사무 중 사회보험은 국가책임으로 시행하고, 공공부조와 사회서비스는 중앙정부와 지방자치단체의 책임으로 시행하는 것을 원칙으로 한다. 공공부조의 경우, 지방자치단체의 재정 형편을 고려하여 중앙정부는 국고보조금 제공 방식으로 분담하고 있다. 사회서비스의 실시 여부는 지방자치단체의 재정능력, 단체장의 의지 등에 따라 좌우되지만, 서비스제공기준, 지급방법 등 제도의 실제적인 내용은 시행령이나 시행규칙에 위임되어 있으므로 사실상 중앙정부의 통제하에 놓여 있다(고제이 외, 2013: 130).

2. 사회복지비 지출의 현황

한국 사회복지비 지출규모는 OECD 2020.11. 통계에 따르면, 2003년 45조 9천 억, 2010년 111조 4천 억, 2015년 174억 8천 억, 2018년 223억 8천 억으로 추계되어 지난 30년간 4배 이상 지속적으로 증가하고 있다(통계청 e-나라지표, 국회예산정책처, 2021). 그러나 국제비교를 통해서 본다면, 2018년 지출의 경우 GDP 대비 10.8%로 OECD 평균 19.8%에 비해 여전히 낮은 편에 속한다(김태일, 2022).

사회복지제도별 사회복지지출은 제도의 동향을 파악하는 데 도움이 된다. 먼저 정부재원의 제도는 공공부조, 사회보상, 사회서비스로 구분할 수 있다. 공공부조의 세부제도는 국민기초생활보장제도와 기초연금과 장애인연금이 있다. 사회보상제도는 국가보훈제도와 긴급지원제도와 같이 특정한 집단에 대한 특별보상을 제공하는 제도이다.

법정민간사회복지제도는 교통통신비 감면, 고용주의 법정급여(법정퇴직금, 퇴직연금), 시장부문의 자동차책임보험이 있다. 공기업 교통통신요금 감면은 저소득층에게 TV 시청료, 노인에게 고속철도와 지하철 요금 감면, 장애인과 국가유공자에게 교통통신요금감면을 제공하고 있다. 시장부문은 자동차책임보험과 같이 개별적 위험에 대처하기 위해 가입한 사보험을 통해 이전된 보험금이다(고경환, 2016: 80-100). 참고로 제도별 사회복지비 지출현황을 살펴보면 다음 〈표 5-1〉과 같다. 사회보험이 60.7%를 차지하며 사회서비스가 22.2%, 공공부조가 14.8%, 사회보상이 2.3%를 차지한다.

〈표 5-1〉 제도별 공공사회복지지출(잠정) 산출결과 (단위: 십억 원, %)

정책영역	구성비	계	공공부조	사회보상	사회보험	사회서비스
노령	26.0	54,129	12,020	–	38,825	3,284
유족	3.1	6,405	–	1,827	4,495	84
근로무능력 관련급여	5.7	11,849	1,147	1,480	3,779	5,443
보건	40.4	–	9,199	–	69,293	5,766
가족	11.6	355	–	–	1,104	23,139
적극적노동시장 프로그램	2.7	315	–	–	2,304	3,369
실업	3.2	6,685	–	–	6,685	–
주거	0.8	1,582	1,582	–	–	–
기타	6.5	13,617	6,944	1,487	0	5,187
계	100.0	208,442	30,892	4,793	124,484	46,272
구성비		100.0	14.8	2.3	60.7	22.2

출처: 한국보건사회연구원(2019). 사회복지지출(SOCX) 산출 최종보고회. p.7.

3. 사회복지비 지출수준의 국제비교

공공부문 사회복지지출 수준은 조세와 사회보험료 등 국민부담율과 국가채무비율, 노령화 정도에 의해서 영향을 받는다. 북유럽의 경우 프랑스를 제외하고는 국가채무비율이 높지 않고, 〈표 5-2〉에서 보듯이 우리나라 공공사회복지지출은 다른 선진국의 절반 정도이고 아울러 국민부담률과 국가채무비율 또한 낮은 편이다. OECD 국가와 비교(2018년 기준)해 볼 때 한국의 공공사회복지 지출은 GDP 대비 12.2%인데, OECD 국가 평균인 21.5%보다 9.9% 정도 낮다. 북유럽의 경우 프랑스를 제외하면 조세와 사회보험 기여금 등 국민부담률이 38%에서 46% 정도이며 국가 채무비율은 49%에서 73% 정도이다. 남유럽의 경우 국민부담률은 34%에서 42% 정도이며 국가채무비율은 145%에서 175%로 높은 편이다. 사회복지비 지출 수준은 매년 물가상승율과 평균수명 증가에 따른 추가지출에 영향을 받는다. 예를 들어, 사회복지지출을 5% 인상하더라도 물가상승률 4%와 평균수명 증가에 따른 추가 지출이 3% 정도라고 가정하고 이를 반영한다면 실제로 급여 수준을 유지하지 못하는 경우가 발생할 수 있다.

〈표 5-2〉 OECD 국가의 공공 사회복지지출 관련 지표 비교 (단위: GDP 대비 비중 %)

	한국	일본	포르투갈	스웨덴	독일	이탈리아	덴마크	핀란드	프랑스
공공사회복지 지출(2019)	12.2	22.3 (2017)	22.6	25.5	25.9	28.2	28.3	29.1	31.0
국민부담률 (2020)	27.3	31.4	34.8	42.6	38.3	42.9	46.5	41.9	45.4
국가채부비율 (2021)	47.9	240.5	145.6	49.3	78.0	175.0	50.3	78.6	137.9

출처: 박소은(2022). 인구고령화와 사회보장재정 현황 및 전망. 보건복지포럼. 12월호. p.9.

국가 간 사회복지비 지출수준의 차이는 국가 간 삶의 질 차이를 가져올 것이다. OECD에서는 삶의 질을 파악하고 이를 비교하기 위한 더 나은 삶의 질 지수(Better Life Index)를 산출하였다. 이 지수는 사회의 상황을 보고하고, 정책과 프로그램의 개발과 집행을 모니터링함으로써 정책결정권자들의 책임성 유지와 정책 우선순위 설정 등의 도구로 활용할 수 있을 것이다. 이 지수는 11개 영역과 24개 하위지표로 구성된다. 주거, 소득과 자산, 일과 직업의 질, 사회적 관계, 지식과 역량, 환경의 질, 시민참여, 건강, 생활만족도, 안전, 일과 삶의 균형이 포함되어 있다. 통상 항목별 가중치 없이 평균값으로 계산된다.

2017년 우리나라는 OECD 더 나은 삶의 지수 순위에서 조사대상 38개국 중 29위로 나타났다. 2018년에는 OECD 40개국 중 30위로 나타났다. 2020년의 경우 OECD 평균인 6.20에 비해 한국은 4.69점으로 38개국 중 28위이다. 하위 영역별로 보면 시민참여(7.66), 주거(7.38), 안전(7.34), 지식과 역량(7.26), 일과 직업의 질(6.98)은 평균 이상인데, 지역사회(0), 환경(1.62), 생활만족도(2.27), 소득(2.55), 건강(4.10), 일과 삶의 균형(4.4)은 평균에 비해 매우 낮은 편이다. 특히 2017년부터 2019년 사이에 확인되는 한국인의 1인당 GDP 평균이 41,875달러 수준이고, 38개 OECD 가입국 중 경제순위로 18위인 점을 볼 때, 동일한 시기에 한국인의 행복이 기대하는 것보다 낮은 수준임을 알 수 있다(이태진 외, 2021: 34).

결국 우리 사회가 고령화, 저출산, 양극화 등의 사회적 위험에 대하여 사회복지비 지출을 적극적으로 대응하지 못할 경우에는 삶의 질이 황폐화되고 또한 다음과 같은 사회적 위기를 맞을 수 있을 것으로 예상된다. 구체적으로 고령화의 급진전에 따른 노후 사회보장제도를 충실히 구축하지 못하였을 경우 노후에 빈곤과 질병의 질곡에 빠질 것이며, 가장의 사망으로 인한 유가족의 생계문제는 사회보장의 사각지대로 남아 있으며, 가족해체의 발생으로 사회의 근간이 위협을 받는다. 40~50대 남성 사망자 중 유족연금수급자를 제외한 나머지 유족의 생계문제는 심각하며, 배우자의 취업이 어렵거나 일용직에 머물 경우 빈곤의 늪으로 빠져들 것이다. 자활시스템이 갖추어지지 않을 경우 빈곤의 늪에서 헤어나지 못하고, 취약한 교육시스템은 자녀에게도 빈곤이 세습되도록 구조화될 것이며, 노동시장에서의 일자리 양극화의 방치로 인하여 발생된 소외계층은 빈곤층으로 전락할 우려가 크다. 여성의 출산과 육아로 인한 비용부담과 사회활동 기회의 박탈은 저출산의 주요 원인이며, 이는 결과적으로 국가경쟁력과 미래 성장동력을 위협하는 요인으로 작용할 것이다(보건복지부 · 한국보건사회연구원, 2006: 33-35).

한국의 더 나은 삶 지수가 선진국보다 낮은 원인

이태진 등(2021)은 그 원인으로 부정부패 인식, 가족구성원들의 낮은 사회적 지지, 삶에 대한 선택의 자유가 부족한 상황 등 사회정치적 환경의 취약을 들고 있다.

첫째, 한국 성인의 78%로 OECD 평균인 61% 보다 높은 수준인데, 이는 정부나 기업에 대한 부패인식을 가지고 있다. 국제투명성기구에서 발표하는 2020년도 부패인식지수와 일치하는 결과이다. 한국의 부패인식지수는 61로 뉴질랜드(88), 덴마크(88), 싱가포르(85) 등 상위권 국가보다 훨씬 낮다. 이는 부패인식지수 점수가 낮을수록 부패정도가 높은 것을 의미한다.

둘째, 사회적 지지가 취약할 경우, 경제적 기회의 제한, 감정적 지지의 부족, 고립감과 연결될 수 있다. 특히 15세 이상 한국인의 80%가 어려운 시기에 의지할 수 있는 누군가를 알고 있다고 믿고 있다. 하지만 이러한 결과도 같은 기간 동안 조사된 OECD의 평균 91%에 비하면 낮은 수준이라 할 수 있다.

셋째, 한국 성인의 61%만 자신의 삶에 선택의 자유를 가지고 있다고 느끼고 있었는데, 이는 OECD 국가들보다 낮은 수준을 보여, 삶에 선택의 자유가 다른 국가들에 비해 매우 뒤쳐져 있다고 할 수 있다. 이것은 양질의 일자리는 양극화가 심각하여 경쟁이 치열하게 되고 대다수는 낮은 임금에 고용안정과 제한적인 미래 전망을 가진 직장을 선택하는 상황에 놓이게 된다.

출처: 이태진 외(2021).

연구문제

1. 사회복지 재정에 관한 설명으로 옳은 것은? (2021 제19회 기출문제)

① 한국의 사회복지정책의 재원은 주로 민간기부금에 의존한다.
② 사회복지지재정이 수행하는 기능 가운데 하나는 소득재분배이다.
③ 조세가 역진적일수록 소득재분배의 기능이 크다.
④ 한국의 조세부담률은 OECD 회원국가의 평균보다 높다.
⑤ 사회복지재원으로서 이용료는 연동제보다 정액제일 때 소득재분해 효과가 크다.

2. 사회보험료와 조세에 대한 설명으로 옳은 것을 모두 고른 것은? (2020 제18회 기출문제)

① ㄱ, ㄴ ② ㄱ, ㄷ ③ ㄴ, ㄹ ④ ㄱ, ㄴ, ㄷ ⑤ ㄱ, ㄴ, ㄷ, ㄹ

ㄱ. 정률의 사회보험료는 소득세에 비해 역진적이다.
ㄴ. 사회보험료는 조세에 비해 징수에 대한 저항이 적다.
ㄷ. 소득세와 사회보험료 모두 소득이 높은 사람이 더 많이 부담한다.
ㄹ. 조세는 지불능력과 관련되어 있다.

3. 사회복지 재원에 관한 설명으로 옳지 않은 것은? (2020 제18회 기출문제)

① 일반세 중 재산세의 계층 간 소득재분배 효과가 가장 크다.
② 목적세는 사용목적이 정해져 있어 재원 안정성이 높다.
③ 이용료는 저소득층의 서비스 이용을 저해할 수 있다.
④ 고용주가 부담하는 사회보험료는 수직적 소득재분배 성격을 지닌다.
⑤ 기업이 직원들에게 제공하는 기업복지는 소득역진적 성격이 강하다.

4. 사회복지정책의 재원 중 사용자 부담에 대한 설명으로 틀린 것은?

① 소득재분배 효과가 높다.
② 사회복지서비스의 질을 높일 수 있다.
③ 불필요한 서비스의 이용을 줄일 수 있다.
④ 자기존중감을 높일 수 있다.
⑤ 낙인감이 없다.

Chapter 06

사회복지는 언제부터인가 (사회복지의 역사)

카(Carr, 1988: 28; 210)는 역사는 본질적으로 현재의 눈을 통하여 현재 문제의 관점에서 과거를 본다는 데에서 성립되는 것이며, 역사가의 주 임무는 기록에 있는 것이 아니라 가치의 재평가에 있다는 것이라고 했다. 역사는 인간이 의식적으로 관여하고 또한 인간이 의식적으로 영향을 줄 수 있는 특수한 사건의 연속이라고 생각할 때 시작되는 것이라고 했다. 사회복지역사는 단선적이고 순차적인 발달경로를 거친 것이 아니라 자선, 상호부조, 진휼, 「구빈법」, 협동조합, 사회보험, 공공부조, 사회사업, 복지국가 등 다양한 제도의 병행적이고 복선적인 궤적을 그려 갔다. 자선제도는 낯선 얼굴의 타자에 대한 지원으로 자선, 자비, 자카트라는 이름으로 종교조직에 의한 시스템이었고, 오늘날에도 지속되고 있다. 우리나라는 흉년과 재난 등 위기상황에 대비하여 국가에서 곡물을 춘궁기에 대여했다가 추수 후에 상환받는 방식으로 환곡제도를 운영했다. 이는 고구려에서 194년 진대법으로 시작하여 조선시대 환곡제도로 운영되다가 일제강점기를 전후해 폐지되었다(최화인). 민간에서는 촌락 단위로 촌락 내 길흉사의 상호부조와 공동작업을 협동하는 주민들의 자치적인 동계와 이와 유사하게 양반들이 서로 도우며 살아가자는 약속으로 양반 자치활동과 하층민을 통제하기 위한 향약을 실시되었다. 1920년대 일제의 경제적 수탈정책에 맞선 경제자립운동으로 전개된 물산장려운동은 상품판매의 통로로 협동조합과 소비조합의 조직화를 활성화시켰다(김정원, 2019). 가톨릭과 기독교 등 구한말 선교사들은 아동양육시설 등 서구식 복지시설을 가져왔다.

Key Words

자선사업, 구빈법, 엘리자베스 구빈법, 열등처우의 원칙, 작업장제도의 원칙, 통일의 원칙, 자선조직협회, 대학사회복지관운동, 바넷, 부스, 라운트리, 사회보장법, 자비, 환과고독, 부랑인복지, 사회복지관, 보건복지사무소, 사회복지전문요원

1. 서구 사회복지의 역사

1) 중세 구빈사업

구빈사업의 대표적 법령은 1601년에 제정된 「엘리자베스 구빈법」인데, 여기에서는 빈민을 노동능력의 소유 여부를 기준으로, ① 노동능력이 있는 빈민, ② 노동능력이 없는 빈민, ③ 보호자가 없는 아동으로 분류했다. 건강하고 노동능력이 있는 빈민에게는 작업장(workhouse)에서 강제취로를 하게 했는데, 이곳에서 도망쳐서 구걸하거나 일하기를 싫어하는 게으른 자에 대해서는 교정원(house of correction)에 1년간 감금하여 중노동을 시켰다. 노동능력이 없는 빈곤자(노인, 만성질환자, 시각장애인, 정신장애인)는 구빈원(poorhouse)이나 의료원(almshouse)에 입소되었다. 보호자가 없는 아동은 남자의 경우 24세까지, 여자의 경우 21세 또는 결혼할 때까지 양모공장 등에 도제로 보냈다.

1601년에 집대성된 「구빈법」은 1948년 「국가부조법」의 제정으로 그 효력을 상실할 때까지 약 350년간 지속되었으며, 사회복지제도에 커다란 영향을 미쳤다.

구빈사업은 「구빈법」의 거듭되는 개정 속에서도 구빈비용의 증대와 비인도적 처우 때문에 비판의 대상이 되었다. 「구빈법」은 1834년 대대적 개정이 이루어졌는데, 이것을 기점으로 그 이후의 「구빈법」을 「신구빈법」이라 한다. 「신구빈법」도 여전히 노동능력이 있는 빈민의 구제를 적극적으로 억압하려는 의도가 함축되어 있는데, 이러한 의도를 관철하기 위해 열등처우의 원칙(less eligibility), 작업장제도의 원칙, 전국적 통일의 원칙하에 구빈사업을 실시하고자 했다.

첫째로, 열등처우의 원칙은 「구빈법」으로부터 구제받는 빈민의 상태는 구제받지 않는 최하층 노동자보다 낮은 수준이어야 한다는 것이다. 그 근거는 구제받는 빈민의 생활수준이 상대적으로 더 높을 경우 임금노동자가 구제를 받는 쪽을 선택하여 태만과 악덕을 초래한다는 것이다. 열등처우의 원칙은 작업장(workhouse)에서 적용되었다. 이곳은 노동능력자를 가족별로 수용하는 시설로서 설치되었으나 실제로는 가족의 존엄이 지켜지지 않고 가족 자체를 파괴하는 방식으로 운영되었다. 수용된 부부는 격리되었으며, 재가구제에서도 과부의 경우에는 부양 가능한 2~3명의 자녀 이외는 작업장에 입소시켜야 했다. 가족 전체가 입소할 경우에는 가재도구는 모두 처분되지만, 퇴소 시에 재구입이 보증되지 않았다(高野史郎, 1985: 60-62).

둘째로, 작업장제도의 원칙은 노동능력이 있는 빈민에 대한 재가구호를 폐지하고 구제를 작업장 내에서의 구제로 제한하는 것이다. 그러므로 작업장은 열등처우의 원칙이 적용되는 유일한 장소라 할 수 있다.

셋째로, 전국적 통일의 원칙은 각 교구에 따라 상이하게 시행되고 있는 구빈행정을 전국적으로 통일시키는 것이다.

「신구빈법」의 원칙은 영국뿐만 아니라 세계 각국의 사회보장제도의 발달에 큰 영향을 미쳤다. 열등처우의 원칙은 생활보호의 수준을 설정하는 하나의 원칙이 되었다. 작업장제도의 원칙은 사회복지서비스가 재가보호 위주가 아니라 수용시설보호 위주의 서비스로 실시되는 데 기여했다. 전국적 통일의 원칙은 오늘날에 이르기까지 중앙정부 중심의 사회복지행정의 근간을 이루고 있는 원칙이다.

2) 근대 사회사업

「신구빈법」의 개정에 의해 구빈비용의 지출은 감소했지만, 빈민은 계속해서 늘어나고 런던의 슬럼이 확대되어 빈민에 대한 「구빈법」으로는 대처하기가 불가능해졌다. 새롭게 나타난 시도는, 첫째, 자선을 조직화하는 것이고, 둘째, 빈민 속으로 들어가 살면서 그들의 의식을 개선하려는 것이고, 셋째, 얼마나 많은 사람이 어느 정도까지 왜 빈곤한가를 과학적으로 조사하여 대책을 강구하자는 것이었다. 이러한 시도는 도덕적 빈곤관을 타파하고 빈곤의 사회적 원인을 규명하여 뒤이은 사회보험의 도입에 영향을 미쳤으며, 케이스워크, 지역사회조직, 사회조사 등의 사회사업실천방법을 낳게 하는 토양을 마련하였다.

(1) 자선조직협회

「구빈법」이 제대로 빈민구제를 하지 못하는 상황 속에서 중산층은 자선사업에 참여하는 것이 자신의 사회적 지위를 상승시키는 방편이며 또한 일종의 패션으로 간주되는 풍조가 만연하였다. 1861년 당시 런던에는 640개의 자선단체가 있었는데 서로 단절된 채 공동의 원칙 없이 활동하여 단체 간의 경합이 있거나 대립하게 되었다. 무차별적 구제로 인한 폐해가 늘어나고 훈련받지 않은 일반인이 선의만으로 구제사업에 참여하고 있었다(김동국, 1994: 231-232). 무차별적으로 이루어지는 자선을 보다 조직화하기 위한 노력은 1869년 '자선적 구제의 조직화 및 걸식억압을 위한 협회'(이듬해 4월부터 '자선조직협회'라는 약칭을 사용함)의 결성으로 이어졌다.

자선조직협회(Charity Organization Society) 활동의 주요 목적은 자선과 「구빈법」 간의 구분, 자선단체 간의 협력, 모든 사례에 대하여 조사와 타당한 활동, 걸식의 억제였다.

첫째, 자선과 「구빈법」 간의 구분은 동 협회의 원조대상 구분에서 나타난다. 협회는 원조대상을 구제할 만한 가치가 있는 빈민(the deserving poor)에 한정하였다. 가치 있는 빈민이란 장애인, 고아, 비자발적 실업자 등과 같이 어려울 때를 대비하여 모든 노력을 기울였지만 여전히 불행에 빠져 있는 자를 말한다. 반면 구제할 가치가 없는 빈민(the undeserving poor)이란 돕는 것이 불가능한 자, 즉 게으른 자, 타락한 자, 주벽이 있는 자 등을 말하는데, 이들에 대해서는 민간자선의 제공을 거부하고 「구빈법」의 열등처우의 원칙에 맡겨야 한다(김동국, 1994: 236-237).

둘째, 자선단체 간의 협력은 지구위원회(District Commitee)를 통해서 이루어졌다. 지구위원회는 각 자선협회와 개인에게 정보교환의 수단을 제공하고, 구제가 중복되는 것을 방지하고, 원조에 적절한 기관에 신청서를 전달하기 위하여 각 사례에 대한 조사를 명확히 하고 걸식을 억제하는 것으로 하고 있다(高野史郎, 1985: 260).

셋째, 신청사례의 면접과 조사는 훈련된 자가 아니라 지구위원회에서 고용한 유급사무직원(처음에는 자원봉사자였으나 뒤에 유급 우애방문원을 두었다)에 의해서 실시되었다. 신청자의 진술을 입증하기 위하여 신청자 가정에서의 조사와 관계자의 증언 등을 청취하였다. 이는 지구위원회에 정보를 제공하기 위한 것이며, 허위 신청을 방지하고 부정한 걸식을 제거하기 위한 것이다. 지구위원회는 도움을 주어야 할 사례에 대해 매주 소액의 음식물이나 금전을 주는 방식을 취하지 않고 반환보증이 있는 임대료를 제공하는 것을 원했다.

자선조직협회는 지구위원회에 의한 지역사회조직활동, 조사에 의거한 처우방침의 결정, 공사역할의 분담, 유급 케이스워커의 배치 등 근대적 사회복지의 기틀을 마련하는 데 기여했다. 그러나 빈곤은 개인적 노력을 통해 제거될 수 있으며, 국가개입이 아닌 민간부문의 노력을 통해 해결될 수 있다는 생각이 자선조직협회의 한계점이라 할 수 있다. 이 협회는 공공사업이나 노령연금은 자조의 정신을 손상시킬 위험이 있으며, 또 학령아동에 대한 급식은 그들의 부모를 태만하게 한다는 이유로 반대했다(김동국, 1994: 240).

자선조직협회는 1877년 이후 미국의 주요 도시에서 채택되었다(Thane, 1996: 94-95). 미국은 영국에 비해 「구빈법」과 같은 국가 중심의 복지가 발전되지 않은 상황에서 자선조직협회를 중심으로 전문직으로서 사회복지사 교육을 강화함으로써 1950년대까지 국제적으로 서구식 사회사업을 주도적으로 이끌어 가게 되었다(Payne, 2005: 36).

(2) 대학사회복지관운동

대학사회복지관(universities settlement)이 1884년 바넷(Barnett) 목사에 의해 최초로 설립되었다. 바넷 목사(1844~1913)는 1873년 런던 동부의 가장 빈민촌이었던 화이트채플(Whitechapel)의 세인트 주드(St. Jude's) 교회의 목사로 부임하여 20년간 재임했다. 그는 1875년 화이트채플 지구의 구빈위원이 되었고, 당시 이 지구빈민위원회는 자선조직협회와 협력하여 원외(재가)구제금지운동을 강력하게 추진하였다. 그러나 바넷 목사는 화이트채플 지구에 있어서 목회활동과 빈민의 구제활동을 통하여 직접 그들의 생활과 인간성의 실태를 파악하게 되었는데, 이 지역의 빈곤문제는 노동자의 심신을 파괴하고 있는 불규칙적 임금노동의 문제라는 것을 인식하게 되었다. 노동자들이 저임금과 빈곤 상태에 있는 것을 인정하고 국가개입에 의한 생활조건 개선이 불가피하다는 것을 인정했다.

그는 같은 11월 옥스퍼드 대학에서 '대도시에 있어서 대학인의 정착(The Settlement of University men in great town)'이라는 제목의 강연을 했는데, 이 강연에서 동런던(East London, 빈곤지역) 노동자계급의 물질적 및 정신적 비참을 호소하면서 국가개입에 역점을 두지 않고 대학인이 직접적으로 담당해야 할 역할로서 동런던에 머물면서 그들에게 주어야 할 최선의 자산인 지식과 교육의 힘에 의해서 노동자계급에 봉사하는 것을 요구했다(高

野史郎, 1985: 538–541). 토인비 홀(Toynbee Hall)에 정착한 사람(settler)은 옥스퍼드와 케임브리지의 지식층이었는데, 토인비(Toynbee, 1852~1883), 토니(Tawney)도 있었다(阿部志郎, 1987). 토인비 홀은 부스(Booth)의 빈곤조사, 베버리지의 실업자 조사 등 각종 사회조사활동을 할 수 있게 하였고, 영국의 복지국가를 건설하는 데 앞장섰던 관리와 학자에게는 현장경험을 쌓는 장소가 되었다. 베버리지 보고서의 작성자인 베버리지(1879~1963)는 1903년 부관장에 임명되어 1907년까지 재임했다.

[그림 6–1] 1894년 토인비 홀

토인비 홀은 미국의 사회복지관 창시자들에게 모델이 되었다.

제인 애덤스(Jane Addams)와 엘렌 게이츠 스타(Ellen Gate Starr) 또한 토인비 홀에서의 경험을 바탕으로 1889년 시카고에 헐 하우스(Hull House)를 설립했다. 사회복지관은 그 후 증가하여 1910년경에는 400여 개가 설립되었다.

[그림 6–2] 시카고의 헐 하우스 전경

미국의 복지관은 영국과는 다른 사회문제를 다루었다. 당시 미국은 유럽으로부터의 이민으로 인하여 뉴욕의 인구는 1860년에서 1910년 사이 4배가 증가했고, 시카고는 이 기간 동안 20배가 증가하였다. 이민의 증가로 인한 도시의 급성장은 위생문제, 저임금, 노동조건 악화 등의 사회문제를 유발시켰다. 사회복지관은 새로운 꿈을 안고 이민자의 사회경제적 개선을 촉진하여 이들의 상황을 개선시키려고 했다(Trattner, 1974).

(3) 빈곤조사활동

선박과 피혁사업에 성공한 사업가인 부스(1840~1916)는 자선조직협회를 한 축으로 하여 빈곤의 원인을 개인의 능력 · 덕성에 의한 것으로 간주하고 자조의 원리를 강조하는 개인책임론과 사회민주연맹(Social Democratic Federation) 등 사회주의 단체를 또 다른 축으로 하여 빈곤의 원인을 사회구조상의 문제에서 찾는 사회책임론의 대립을 둘러싼 논쟁 속에서 빈곤의 대상과 그 실태를 파악하여 그 해결의 방향을 찾으려는 의도로 조사를 시작했다. 1886년에 시작된 조사는 1902년 『런던 시민의 생활과 노동(The Life and Labour of the People in London)』(1886~1902)이란 제목으로 출판되었다. 런던 인구의 30.7%(시설수용자를 포함한 수정비율로는 32.1%)가 빈곤상태에 있었고, 또한 빈곤에 빠지게 된 원인은 임시노동, 불규칙노동, 저임금 등 고용상의 불안이 62.5%, 질병, 허약, 대가족 등 환경의 문제가 22.5%, 음주, 주정 및 아내의 낭비벽 등 습관의 문제가 13.6%, 부랑자가 1.5%로 나타나, 개인이 일을 하기 싫어하거나 음주와 낭비벽으로 탕진하는 개인적 책임의 부분은 15% 정도에 지나지 않는 것으로 나타났다.

[그림 6-3] 런던의 빈곤조사를 주도한 부스

라운트리(Rowntree, 1871~1954)도 1899년 요크 시를 조사하여 『빈곤-지방도시의 연구(Poverty-A Study of Town Life)』를 발간했는데, 부스와 같은 결론에 도달했다.

요컨대, 대학사회복지관의 설립으로 빈민 속으로 들어가서 빈곤조사 등 각종 조사를 통해서 빈민의 문제를 보다 객관적으로 파악함으로써 빈곤의 도덕적 견해를 탈피하고 「구빈법」과 자선만으로 빈곤의 문제를 해결할 수 없다는 결론에 도달하였다.

3) 사회보장의 시대

19세기 중반 이후에 북미의 국가들은 실업, 불안전고용, 저임금, 질병, 열악한 주택 등의 유사한 사회문제를 겪고 있었다. 이러한 문제에 대한 새로운 해결책은 사회보험이었다. 1884년 독일의 비스마르크(Bismarck) 재상은 최초의 사회보험인 질병보험제도를 도입했다. 이어 1884년 「재해보험법」과 1889년 「노령폐질보험법」 등 일련의 사회보험을 도입했다.

[그림 6-4] 비스마르크

사회보험은 1891년 덴마크가 65세 이상 빈곤노인에게 비기여

[그림 6-5] 루스벨트

노령연금을 도입했고, 이어 1898년 뉴질랜드가 이와 비슷한 제도를 도입했다. 그러나 미국의 경우 사회보험의 도입은 북미국가 중에서 가장 늦어졌다. 1929년 이후 대공황을 맞이하여 루스벨트(Roosevelt) 대통령의 뉴딜정책의 일환으로 1935년 「사회보장법(Social Security Act)」이 제정되고 나서 본격적 사회보장시대를 맞이하였다.

유럽의 사회보험 도입은 영국에도 영향을 미쳤다. 영국은 1907년 「산업재해보상보험법(Worker's Compensation)」을 도입했다. 1908년 8월 로이드 조지(Lloyd George) 수상(1863-1945)은 사회보험제도를 조사하기 위해 독일을 방문했으며, 1909년 「노령연금법」을 제정하였다. 이 법에 의해 자산조사(means test)와 도덕성 조사(moral test)를 거쳐 70세 이상 노인 모두에게 무기여연금을 제공했다. 습관적 음주벽이 있거나 지난 10년간 교도소에서 복역한 경력이 있는 경우, 빈민구호를 이미 받고 있거나 자활하려는 노력을 보이지 않는 사람은 도덕성 조사에 의하여 제외되었다. 노령연금의 수급으로 많은 노인은 구빈원 작업장 입소의 위협으로부터 벗어날 수 있었다(이영찬, 2000: 88-89). 1911년 「국민보험법」에 의해 실업보험과 의료보험이 도입되었다.

[그림 6-6] 베버리지

영국은 여러 정부 부서가 독립적으로 소득보장을 실시하고 있어 이를 통합하기 위하여 1941년 베버리지를 위원장으로 하는 사회보험 및 관련 서비스에 관한 위원회가 설치되었고, 1942년 '베버리지 보고서'가 간행되었다. 전후 영국의 사회보장제도는 베버리지의 권고를 기초로 하여 성립되었는데, 「가족수당법」(1945), 「산업재해보상법」(1946), 「국민보험법」(1946), 「국민부조법 2」, 「국민보건서비스법」(1948)이 잇달아 제정되었다.

4) 복지국가의 시대

카츠(Katz, 2008)는 복지국가란 인간의 삶에 내재된 위험(실업, 빈곤, 질병, 노령)에 대해 경제적 안정을 증진하고 모든 시민의 기본적인 생활 필수품을 보장하기 위한 정부 프로그램, 기업 제공 급여 및 준민간조직의 복잡한 웹(2008)이라고 정의했다. 사회보험제도가 사회적 위험에 대비하는 제도로서 막대한 역할과 비중을 차지하고 있지만, 복지국가는 사회보험, 공공부조, 사회복지서비스, 그리고 적극적 노동시장 등 노동정책이 사회적 위험을 구조적으로 예방하거나 완화하는 단계에 이른 것이 복지국가의 시대이라 할 수 있다.

제2차 세계대전은 태평양과 아시아에서는 일본과의 1942년 미드웨이해전과 과달카날 전투에서 연합군이 승리하고, 1945년 히로시마, 나가사키 원폭으로 마침내 일제의 항복에 이어 독일의 항복으로 종전되었다. 정부, 자본, 노동이 총동원되는 전면전이었던 만큼 전후 노동계급 및 노동조합과 사민당의 영향력이 발휘되었고 정당 및 계급간 복지국가에 대한 합의를 이루었고 사회적 위험이 국가에 의해 관리되는 체제를 구성하게 되었다. 전쟁수행과정에서 포드주의 대량생산은 대량소비로 연결되어 '풍요 사회'로 나아갔다. 사회(복지)지출은 GDP 대비 1970년 14.5%, 1980년 18.8%로 증가했다.

영국의 경우 1976년 IMF 구제금융을 받게 되고 1979년 총선에서 보수당이 승리하여 집권하면서 복지국가를 해체하려는 시도를 하게 된다. 보수당은 1980년 「사회보장법」에서 국가기초연금 급여의 인상조정방식을 물가와 소득 중 더 높은 쪽에 맞추던 방식에서 물가연동방식으로 변경했다. 소득연동방식은 연금수령자들이 경제성장의 혜택을 공유한다는 뜻이며 이것이 물가연동보다 유리하였다. 급여를 물가 연동으로 제한시킨 결과 기혼 연금수급자들은 주당 79.90 파운드가 아니라 65.90 파운드의 연금을 수령하게 되었다. 제도의 폐지가 아니더라도 급여방식의 변화는 노년기 삶에 영향을 미치는 생활비의 감소를 초래하게 된다(Pierson, 1994; 박시종 역, 2006).

복지국가를 해체하고 불평등을 확산시킨 또 다른 사건은 공영주택을 세입자에게 매각하는 1980년 「주택법」의 시행이었다. 적어도 3년 이상 공영주택에 거주한 세입자라면 24년 거치의 근저당 설정을 전제로 자신이 거주하고 있는 공영주택을 시장가격보다 할인된 가격으로 매입할 권리를 갖게 되었다. 그러나 주택매입권은 정치적 슬로건으로서 성공을 거두었지만 그 혜택은 불평등을 초래했다. 즉, 80년대에 노년층의 노동계급과 중하위계급 사람들이 공영주택을 구입하여 큰 자산을 얻은 반면, 대부분의 젊은 사람들 수백만 명은 이제 불안정하고 형편없는 민간임대주택으로 내몰렸고, 공공임대주택 대기자는 160만 명에 이르게 되었다(Hanley, 2022).

1965년 여성 고용률은 스웨덴 53%, 덴마크 49%이었고 아동양육은 새로운 사회적 위험으로 등장했다. 아동양육을 비롯하여 새로운 사회적 위험에는 불안정한 고용, 장기 실업, 근로빈곤층, 편부모, 일과 가정생활의 양립 불가능 등이 포함된다. 북유럽복지국가는 신사회적 위험 구조의 변화에 적극적으로 대응하여 스웨덴은 1975년 「취학전학교법」을 제정하여 취학전 무상보육을 실시하고 1974년 육아휴직제도 그리고 탄력근무제를 도입했다(Bonoli, 2016).

복지국가의 웨라벨정책은 기혼여성을 고용으로 이끌게 되었으며 이러한 북유럽복지국가들의 전략은 타국으로 정책어젠다를 수출하게 되었다. 영국은 복지국가의 새로운 전략으로 아동 중심의 사회적 투자로서 양질의 보육을 제공하게 되었다(Hemerijck, 2012).

2. 한국 사회복지의 역사

1) 근대 이전의 사회복지사업

조선시대 빈곤구제에 대한 지방관의 책임을 규정한 것은 성종 16년(서기 1486년)에 완성된 경국대전이었다. 경국대전의 호전에는 빈민규휼의 책임이 지방관에 있음이 명기되어 있다. 그렇지만 경국대전에는 구휼대상자 선정방법과 재원조달의 방법에 대하여 규정하지 않았다(박광준, 2013: 256–258). 자연재해로 인한 흉년과 기근이 발생하였을 때 농민들을 구제하는 책임은 지방관인 감사와 수령에게 맡겨졌다. 중앙정부에서는 중종 6년(1511년) 진휼청이 임시관서로 설치되어 평상시는 상설기구인 상평청이, 흉년 시에는 진휼청으로 전환되었다. 17세기 이후 점차 상설기구화가 되어 인조 26년(1648년)에는 상설화되었다(원재영, 2015: 163). 17세기 조선사회에 가장 큰 피해를 준 사건은 현종 11~12년(1670~1671)에 발생한 경신대기근이었다. 제주도에서 함경도까지 전국에 재해와 전염병이 만연하여 식량이 부족했다. 4개월 동안 500만 명 이상이 각지 진휼소에서 죽을 먹었는데 조선사람 전체가 죽을 얻어먹은 셈이라고 김덕진이 보고하고 있다. 진휼청이

상설화하여 전국의 진휼업무를 지휘하는 시스템이 정착되어 기근피해를 줄이는 데 기여했을 것으로 본다(조낙영, 2009: 165-167).

2) 근대 선교단체 중심의 자선사업

조선은 1876년 강화도조약으로 개항의 시대가 열렸다. 개항 이후 한국에 들어온 선교단체들이 전개한 사회사업은 당시 서구 국가에서 이루어지던 자선사업과 박애사업을 조선에 소개한 것이었다. 선교단체들은 종교활동이 중심이었는데, 종교활동을 지원하기 위한 부수적 사업으로서 사회사업을 도입했다. 선교단체가 전개한 교육사업과 의료사업은 사회사업과 밀접한 관련을 맺고 있었다. 선교사들이 세운 교육기관은 고아원 겸 학교였고, 그들이 전개한 의료사업은 빈궁민에 대한 무상의 의료를 제공한 자선사업이었다. 선교사에 의한 사회사업은 고아, 거지, 노인, 장애인문제 등에 대한 시설수용사업과 구호사업, 사회복지관 사업, 나환자 치료, 결핵퇴치 및 농촌개발사업이었다.

선교단체들은 고아와 노인 등에 대한 시설보호사업을 한국에 소개하였다. 고아원과 양로원 그리고 장애아동에 대한 수용시설의 설립은 당시 선교단체 본국에서 종교기관에 의해 이루어지던 시설보호의 아이디어였다.

가톨릭 선교단체인 조선영해회는 1888년 종현에 수녀원을 마련하면서 그 부속건물로 고아원을 설립, 145명의 고아를 양육하였다. 1888년 천주교 블랑(Blanc) 주교가 의지할 곳 없는 노인을 수용하는 양로원 사업을 처음으로 시작했다(심흥보, 2001: 51-54).

선교단체가 세운 서구식 사회사업은 우리의 전통사회에서는 찾아보기 힘든 새로운 원조방법이었다. 그런데 이들 시설은 교회를 중심으로 한 소규모 지역사회의 고아, 노인, 장애인 등에 대한 보호시설이었다. 종교적 자선에 입각한 이들 시설은 조선사회에서 현저한 양태로 나타났던 요보호인구집단에 대한 선별적 보호체계였다. 선교단체가 설립한 최초의 사회복지관은 1920년대 9월 감리교 태화여자관이었다. 여기서 이루어진 사회사업은 진찰소, 아동보건사업, 우량아선발대회, 각종 클럽활동 등이었다(최원규, 1996: 99-110).

구한말에서 일제강점기까지 한국에서 한국인에 의한 사회복지시설과 일제의 조선구호령, 방면제도 등 일제에 의한 복지활동은 있었으나 외국으로부터 들어온 선교단체들이 행한 사회사업이 주축이었다고 생각된다. 이들이 소개한 서구의 사회사업은 고아원, 양로원 등의 시설중심의 자선사업이었고, 이러한 사회사업은 자선사업 또는 박애사업이라는 인식을 전파하는 데 기여하였다.

3) 현대: 광복, 미군정, 한국전쟁과 응급구호사업

광복 이후 해외에서 귀환하는 동포와 한국전쟁으로 인한 피난민, 전쟁고아 등에 대한 적절한 대책은 응급구호와 시설구호사업밖에 없었고 이것을 담당한 것은 외국원조단체이었다. 외원단체들은 본국에서 일반 시민을 대상으로 한 모금행사를 통하여 자선금품을 마련했다. 구호용으로 도입된 금품 가운데 현금보다는 물품이 많았고 그중에서도 양곡이 90% 가까이 차지하고 있다. 도입물품은 양곡, 헌옷, 의약품 및 기타 생필품 등 소비재 중심으로 되어 있다. 이들 물적 자원은 전쟁기간과 전후 응급복구시기에 시설구호를 중심으로 한 구호사업의 물적 토대가 되었다.

한국전쟁 이후 아동복지시설의 수와 수용아동의 수가 증가한 데에는 전쟁으로 부모를 잃은 전쟁고아, 전쟁의 소용돌이 속에서 부모와 이산한 미아, 그리고 생활고로 버린 기아 등이 크게 증가한 데 따른 것이다. 기아 가운데에는 광복 이후 미군의 진주와 한국전쟁 참전에 따른 혼혈아동도 적지 않았다.

외원단체들은 다른 인구집단에 비해 고아, 미망인 자녀 또는 빈곤가정 자녀 등 아동에 대한 큰 관심을 보였고 응급구호에서도 우선적으로 자원을 투입했다. 미망인은 노동력 있는 요보호자이었기 때문에 외원단체들은 이들의 자활을 위한 사업을 지원하였다. 구체적으로 미망인이 뜨개질, 편물, 편직 등의 기술을 습득하고, 이를 기반으로 하여 자활할 수 있도록 재료를 제공하거나 재봉틀과 같은 설비를 제공하기도 했다.

광복 후 1950년대 말까지 사회사업은 전재민에 대한 응급구호가 활발하게 실천되었다. 외원단체들은 무차별적이고 비조직적으로 구호활동을 전개하였다. 그 결과로 사회사업은 구호물자를 원칙 없이 나누어 주는 것으로 인식하게 하였으며(최원규, 1996), 또한 사회사업이라는 명칭을 사용한 외원기관의 현물공급과 시설중심의 보호사업은 사회사업이 자선사업이라는 생각을 갖도록 하는 데 일조한 부정적 측면도 없지 않다.

외원단체는 사회사업이라는 학문과 사회사업 전문기술의 도입에 기여했다. 1947년에 이화여자대학교 기독교 사회사업학과, 1953년 중앙신학교(현 강남대학교의 전신), 서울대학교 등에 사회사업학과가 설치되는 데 영향을 끼쳤으며, 외원기관의 직원들이 교수진으로 함께 참여하기도 했다. 개별사회사업, 집단사회사업 등 사회사업 초기 전문기술이 외원기관을 통해 도입되었고, 실제적으로 외원기관의 사회사업가에 의해 실행되고 가르쳐졌다. 외원기관이 사회사업가들이 일하고 훈련받는 장으로 활용되었다. 한국의 사회사업계 초기 인사들이 외원기관의 직원으로 일하며 실무경험을 쌓았고 이 경험을 바탕으로 새로운 기관을 설립하기도 하였다(김경희 외, 1996: 95).

개별사회사업은 도시 빈곤지역에서의 가정복지사업 및 병원에서의 의료사회사업의 시작과 더불어 실무에 도입·적용되었다. 1957년 이후 사회사업가는 문제가정을 방문하여 상담, 의뢰, 물질적 원조 등을 행하였으며, 종종 의료인들과 가정방문에 동행하였다. 캐나다 유니테리언봉사회는 1958년 7월 가정봉사사업을 전개하면서 개별사회사업을 적용하기 시작했다(최원규, 1996). 태화사회관의 경우 1961년 가정상담사업을 시작했는데 개별 차원에서 대상자에게 상담과 봉사를 하는 것인데, 일반적으로 경제원조, 소액대부 및 의료지원을 포함하였다(이덕주, 1993: 394).

개별사회사업과 마찬가지로 집단사회사업도 시도되었는데, 태화사회관은 1954년 이후 문인숙을 비롯한 한국인 사회사업가를 채용하여 종교교육, 계몽사업, 각종 클럽, 운동부, 보건부 등을 담당하도록 하였다(이덕주, 1993: 373). 또한 1960년대 들어서서 YMCA, YWCA 등에서 클럽활동이 활발하게 이루어졌다.

4) 권위주의 시대의 사회복지: 사회보험의 도입과 생활보호중심의 사회복지사업(1961~1987)

5·16으로 군사정권이 들어서고 나서 공무원, 군인 등 일부 계층에 대한 사회보험방식이 도입되었다. 소득보장의 핵심인 연금보험의 경우 1960년 「공무원연금법」, 1963년 「군인연금법」이 제정되었다. 1963년에는 「산업재해보상보험법」을 제정하여 이듬해부터 실시되었다. 의료보험은 1963년 「의료보험법」이 제정되었으나 임의가입규정으로 인하여 제대로 실시되지 못하다가, 1976년 개정을 통해 500인 이상 사업장에 적용되기 시작했다. 1977년 「공무원 및 사립학교교직원 의료보험법」이 제정되었다.

1961년 「생활보호법」이 제정되었으나 시행령은 1969년에 제정되었다. 생활보호제도를 위한 예산이 따로 책정된 것은 1969년부터였다. 1977년 「의료보호법」 제정으로 의료부조사업이 실시되었다.

사회복지서비스에서는 복지대상자를 범주로 하는 복지분야가 형성되기 시작했다. 1961년 「아동복리법」이 제정(1981년 「아동복지법」으로 개정)되어 아동복지서비스가 성립하였고, 1981년 「심신장애자복지법」과 「노인복지법」이 제정되어 장애인과 노인에 대한 사회복지서비스가 제도적으로 마련되었다. 아동에 대한 시설보호 및 입양, 위탁보호, 결연사업을 중심으로 이루어졌다. 1983년 이후 사회복지관이 본격적으로 설치되기 시작했으며, 1987년에는 가정봉사위원파견사업이 시작되는 등 재가복지서비스가 도입되었다. 또한 저소득 사회취약계층에 대한 전문적 사회복지서비스를 제공하기 위해 1987년부터 사회복지전담공무원을 저소득 밀집지역 읍·면·동사무소에 배치하였다. 그러나 아동, 노인, 장애인에 대한 사회복지서비스는 「생활보호법」에 의한 시설수용보호와 분리되지 못한 채로 전개되었다.

이 당시의 사회복지서비스가 「구빈법」적 특징을 그대로 가지고 있다는 것을 단적으로 보여 주는 것은 부랑인복지였다. 부랑인을 단속하고 수용하는 근거는 1975년에 만들어진 내무부 훈령 410호 「부랑인의 신고, 단속, 수용, 보호와 귀향 및 사후관리에 관한 사무처리지침」이었다. 여기에는 '일정한 주거가 없이 관광업소, 접객업소, 역, 버스정류소 등 많은 사람이 모이거나 통행하는 곳과 주택가를 배회하거나 좌정하여 구걸 또는 물품을 강매함으로써 통행인을 괴롭히는 걸인, 껌팔이, 앵벌이 등 건전한 사회 및 도시질서를 해하는 모든 부랑인'이 그 대상이었다.

1981년 부랑인에 대한 정부의 조사에 의하면, 부랑인의 전직은 무직자가 63.0%로 가장 많았으며, 비장애인은 40%에 불과하고, 장애인이 60%(정신장애 28.9%, 지체장애 18.2% 등)를 차지하고 있고, 주거실태는 69%가 일정한 주거 없이 부랑생활을 하는 것으로 나타났다. 생활보호대상자로 책정된 자는 14.2%에 불과했으며 이 중 72%는 생계수단으로 구걸을 해 왔으며, 91%는 이전에 시설수용의 경험이 없는 것으로 조사되었다.

1984년 보건사회부의 「부랑인보호대책사업 세부시행지침」에서는 시설수용자에 대한 폭행, 자유억압 및 강제노역으로 인하여 불편한 원내분위기를 조래하는 일이 없도록 하였으나, 시설운영의 실태를 살펴보면 군대식의 조직을 편성하여 강제적 훈련을 시키고 노력동원을 하는 등 억압적 방식을 채택하는 경우가 대부분이었다. 수용인원 1,000명 이상 넘는 시설이 5개소(총 36개소), 가장 수용인원이 많은 곳은 3,164명이나 되는 인원을 수용했다. 시설에는 여러 종류의 부랑인을 혼합수용하고 있었다. 건강한 사람과 질병이 있는 환자, 비장애인과 장애인, 장애인도 정신장애인, 지적장애인, 지체장애인, 시각장애인, 청각 · 언어장애인 등이 모두 구분되지 않고 동일한 시설에 혼합되어 있었다(차흥봉, 1987). 이 시기의 사회복지서비스는 부랑인보호사업에서 보듯이 공공부조와 사회복지서비스가 분리되지 못한 채 시설보호중심으로 운영되었다.

5) 민주정부시대의 사회복지: 사회보험의 보편화와 사회복지서비스의 확대(1988년 이후)

(1) 노태우 정부(1988~1993년)

이 시기에는 보편적 성격인 국민연금제도의 실시와 의료보험의 전국 확대실시가 이루어졌다. 1986년에 제정된 「국민연금법」이 1988년부터 본격적으로 실시되었으며, 의료보험은 1988년부터 5인 이상의 상시근로자를 고용하는 사업장까지 확대실시되고, 1989년부터는 도시 자영업자에게도 의료보험이 확대적용됨으로써 전 국민이 의료보험의 적용을 받을 수 있게 되었다. 사회복지서비스 부문에서는 1991년 「영유아보육법」에서 개인이나 단체도 신고를 하고 보육서비스를 제공할 수 있도록 하였으며, 1993년 개정된 「노인복지법」에서는 재가노인복지사업과 유료노인복지시설의 운영을 개인과 기업이 운영할 수 있도록 하여 복지공급의 다원화와 시장원리를 도입하였다.

(2) 문민정부(1993~1998년)

이 시기는 고용보험제도가 1995년(1993년 「고용보험법」 제정)에 시행됨으로써 4대 사회보험의 체계가 완성되었다. 국민연금은 1995년에 농어민에게까지 확대실시되었으며, 공무원 · 교원 의료보험과 지역의료보험의 통합을 위한 「국민의료보험법」(1997년)이 제정되었다. 사회복지서비스에 있어서는 지방자치단체 수준에서 공공부문의 사회복지서비스의 전달체계를 마련하기 위하여 보건복지사무소 시범사업(1995년)이 이루어졌으며 민간 사회복지자원 동원을 위한 「사회복지공동모금법」(1997년)이 제정되었다. 또한 「성폭력범죄의 처벌 및 피해자보호 등에 관한 법률」(1994년)과 「가정폭력방지 및 피해자보호 등에 관한 법률」(1997년)이 제정되었으며, 「정신보건법」 제정(1995년)으로 정신보건사회복지사 제도가 확립되었다.

6) 경제위기 이후의 사회복지: 사회보험의 보편화와 사회복지서비스의 확대(1998년 이후)

(1) 국민의 정부(1998~2003년)

1997년 11월부터 시작된 IMF 외환위기 중에 출범한 국민의 정부에서는 사회보험 적용의 보편화가 이루어졌다. 국민연금은 1999년 4월부터 5인 미만 사업장 근로자, 도시 자영업자, 임시직, 일용직근로자 등 도시 자영업자에게까지 국민연금 적용대상을 확대하여 전국민연금제도를 완료하였다. 1999년 1인 사업장까지 고용보험을 확대하였고, 2000년 5인 미만 사업장에도 산업재해보상보험을 확대적용하였다. 의료보험은 「국민건강보험법」의 제정(1999년)에 따라 2000년 7월부터 직장의료보험까지 포함한 모든 조합이 국민건강보험공단으로 완전통합되었다.

공공부조제도에서는 1999년 9월 「국민기초생활보장법」이 제정(2000년 10월 실시)되어 공공부조가 근로능력의 유무와 관계없이 소득이 최저생계비에 미달하는 모든 국민에게 사회적 권리로서 인정받게 되었다. 공공부조제도의 새로운 정책변화와 더불어 사회복지서비스 제공체제의 변화가 모색되었다. 정부는 2001년부터 1년여간 지역복지협의체 시범사업을 통하여 각 지방자치단체 단위에서 실시할 수 있는 모형의 개발을 시도했다. 「사회복지사업법」 개정(1998년)으로 3년마다 1회 이상 의무적으로 사회복지시설의 전문성, 시설환경, 서비스의 만족도 등에 대한 평가가 이루어지도록 1999년부터 법적 근거를 마련하고 있다. 또한 2001년 4월부터 노인요양·전문요양시설, 아동양육시설, 장애인생활시설 등 일부 시설에 대해 생활보조원의 2교대 근무제도를 시행하고 있다.

(2) 참여정부(2003~2008년)

참여정부는 성장과 분배의 선순환론과 사회투자국가론을 기조로 내세웠다. 사회보장부문에서는 확대보다는 복지와 성장의 선순환을 정착시키기 위한 제도 재편성을 시도하였는데, 2007년 공적 연금 개혁(급여축소)과 4대 사회보험 통합추진을 통한 사회보험의 효율화를 추진하였다. 또한 2007년 「노인장기요양보험법」을 제정하여 2008년 7월부터 고령이나 노인성 질병 등의 사유로 일상생활을 혼자서 수행하기 어려운 노인에게 장기요양보호서비스를 제공하였다. 공공부조부문에서는 2004년 법정 최저생계비를 도입하고, 2005년 「긴급복지지원법」을 제정했으며, 2007년 기초노령연금을 도입하였다. 사회복지서비스 부문에서는 2005년 사회복지사업의 지방이양, 지역사회복지협의체 신설, 지역사회복지계획수립, 주민생활지원서비스 체계 개편 등이 이루어졌으며, 2007년 「장애인차별금지법」 제정과 장애인 대상 활동보조서비스가 도입되었다. 고용 및 노동시장정책에서는 사회투자국가론에 입각하여 2004년 「장애인고용촉진 및 직업재활법」 제정, 2007년 「사회적 기업 육성법」 제정 등을 추진하였다.

(3) 이명박 정부(2008~2013년)

2008년 희망복지전달체계가 시도되었으나 경제위기로 본격적으로 실시되지 못하고 2009년 사회복지통합관리망 구축과 2011년 희망복지지원단으로 분리되어 추진되었다.

2011년부터 사회보험 징수통합에 따라 고용·산재보험의 보험료 징수업무(고지·수납 및 체납관리)를 국민건강보험공단에서 수행하게 되었다. 국민연금관리공단은 2012년 장애인 활동지원제도의 관리운영을 맡게 되었고, 이어 장애인등록심사업무의 일부를 담당하게 되었다. 이로서 사회보험공단이 사회서비스 공급에 참여하게 되었다(남찬섭, 2012).

(4) 박근혜 정부(2013~2016년)

2014년 「기초연금법」을 제정하여 노후를 대비하지 못해 생활이 어렵게 된 노인들의 생활 안정에 도움을 주기 위해 65세 이상의 전체 노인 중 소득과 재산이 적은 70%의 노인에게 매달 일정액의 연금을 지급하게 되었다.

(5) 문재인 정부(2017~2022년)

공공부조부문에서 「구직자 취업촉진 및 생활안정지원에 관한 법률」(2020.6.9.)을 제정하여 이른바 한국형 실업부조제도의 도입을 통해 근로능력과 구직의사가 있음에도 불구하고 취업에 어려움을 겪고 있는 국민에게 통합적인 취업지원서비스를 제공했다. 국민기초생활보장제도에서 부양의무자기준을 완화하여 2021년 10월 생계급여 부양의무자기준을 폐지하였다. 「재난적 의료비 지원에 관한 법률」(2018.1.16.)의 제정으로 소득수준에 비하여 과도한 의료비 지출로 경제적 어려움을 겪는 국민들에게 의료비의 일부를 지원하여 의료이용의 접근성을 향상시키는 데 기여했다. 「아동수당법」(2018.3.27.) 제정으로 아동 양육에 따른 경제적 부담을 경감하고 건강한 성장 환경을 조성함으로써 아동의 기본적 권리와 복지를 증진하는 데 이바지했다.

연구문제

1. 자선조직협회 우애방문자의 활동에 해당하는 사회복지실천의 이념을 모두 고른 것은? (2022 제20회 기출문제)

ㄱ. 인도주의　　ㄴ. 이타주의　　ㄷ. 사회개혁　　ㄹ. 사회진화론

① ㄱ　② ㄴ, ㄷ　③ ㄷ, ㄹ　④ ㄱ, ㄴ, ㄹ　⑤ ㄱ, ㄴ, ㄷ, ㄹ

2. 사회복지역사에 관한 내용 중 연결이 옳은 것은? (2020 제18회 기출문제)

① 엘리자베스 구빈법(1601) - 열등처우의 원칙
② 길버트법(1782) - 원외구제 허용
③ 비스마르크 3대 사회보험 – 질병보험, 실업보험, 노령폐질보험
④ 미국 사회보장법(1935) - 보편적 의료보험제도 도입
⑤ 베버리지 보고서(1942) - 소득비례방식의 사회보험 도입

3. 인보관운동에 관한 내용으로 옳지 않은 것은? (2022 제20회 기출문제)

① 빈민을 통제하는 사회통제적 기능을 담당함
② 인보관에서 일하는 사람은 지역사회에서 함께 살면서 활동함
③ 지역사회 문제에 관한 연구와 조사를 실시함
④ 빈민지역의 주택 개선, 공중보건 향상 등에 관심을 둠
⑤ 사회문제에 대한 집합적이고 개혁적인 해결을 강조함

4. 사회복지 역사에 관한 설명으로 옳은 것을 모두 고른 것은? (2022 제20회 기출문제)

ㄱ. 길버트법은 작업장 노동의 비인도적인 문제에 대응하여 원외구제를 실시하였다.
ㄴ. 신빈민법은 특권적 지주계급을 위한 법으로 구빈업무를 전국적으로 통일하였다.
ㄷ. 미국의 사회보장법(1935)은 연방정부의 책임을 축소하고 지방정부의 책임을 확대하였다.
ㄹ. 비스마르크는 독일제국의 사회통합을 위해 사회보험을 도입하였다

① ㄱ, ㄴ　② ㄱ, ㄷ　③ ㄱ, ㄹ　④ ㄴ, ㄷ　⑤ ㄷ, ㄹ

PART 2

사회복지방법론

Chapter 07

사회복지실천론

사회복지실천이란 서비스 대상, 실천방법 및 범위에 따라 개별사회사업, 집단사회사업, 지역사회조직론 등의 모든 분야를 통합, 포함하는 개념이다. 실제로 사회복지실천현장에서 이루어지는 각종 실천활동은 개별, 집단, 지역사회를 서로 보완적, 통합적으로 사용하고 있다. 또한 한국사회복지교육협의회에서는 이러한 통합방법론 쪽으로 변화를 인정하여 사회복지실천방법과 관련된 교과목을 '사회복지실천론'과 '사회복지실천기술론'으로 통합, 구분하였다. 그리고 이 교과목들은 1998년 「사회복지사업법 시행령」 및 「사회복지사업법 시행규칙」의 개정에 따라 2003년부터 실시되는 사회복지사 국가자격시험 및 사회복지 전공 필수과목으로 규정됨으로써 하나의 공식 인정과목이 되었다.

사회복지실천론의 범위가 현재 사회복지분야에서 강의되고 있는 가족치료라든가 사례관리, 지역사회조직론, 지도감독론 등의 각론과 중복되기 때문이다. 그러므로 사회복지실천론이 이러한 분야와 그 경계를 명확히 하기 위해서는 '포괄적 의미에서의 사회복지실천'이 아니라 '하나의 독립된 교과목으로서의 사회복지실천'이 될 수 있도록 그 범위와 한계에 대한 규정이 있어야 하며, 이에 대한 학계의 합의가 빠른 시일 내에 노출되어야 할 것이다.

Key Words

데치능력, 인간존엄, 사회정의, 개별화, 의도적 감정표현, 통제된 정서적 관여, 수용, 비심판적 태도, 클라이언트의 자기결정, 비밀보장, 집단비밀, 사회복지실천 면접, 언어적 · 비언어적 커뮤니케이션, 경청, 인테이크, 사정, 진단, 목표설정 및 계약, 기술요약형 기록, 문제중심기록, SOAP 기록, 행동수정, 집단역동, 가족치료, 사례관리, informed consent

1. 사회복지실천의 정의와 목표

사회복지실천이란 용어는 협의의 사회복지 또는 사회사업의 의미로 이해하는 것이 바람직하다. NASW에서는 사회사업을 "개인, 집단, 또는 지역사회로 하여금 그들의 문제해결 및 능력을 향상 또는 회복시키고, 그들의 목표에 바람직한 사회적 상황을 만들어 가도록 돕는 전문적 원조활동이다"라고 정의하고 있다(Zastrow, 1992: 6). 사회복지실천은 인간과 자원체계 간의 연결과 상호작용 및 개인과 체계들이 기능하는 데 주안점을 두고 있다. 따라서 사회복지실천은 인간과 사회환경(그들이 자신들의 생활과업을 성취하고, 고통을 경감시키며, 그들이 바라는 것과 가치들을 실현하기 위한 그들의 능력에 영향을 미치는) 사이의 상호작용과 관련된 문제들을 완화 또는 경감시키고, 이에 대처할 수 있는 능력을 강화시키는 것을 돕는 일련의 원조과정을 말한다.

이러한 사회복지실천의 목표는, ① 클라이언트의 문제해결 및 대처능력을 강화시키는 것, ② 클라이언트에게 자원, 서비스, 기회를 제공하는 체계와 그들을 연결시키는 것, ③ 이러한 체계들의 효과적이고 인간적인 운용을 증진시키는 것, ④ 사회정책의 발달과 증진에 기여하는 것 등을 지향하고 있다(Pincus & Minahan, 1990: 9).

사회복지실천은 이러한 목표를 성취하기 위해 그 자체의 가치, 원칙, 기술을 전문적으로 적용시키며, 인간발달 및 행동에 관한 지식, 사회적 · 경제적 · 문화적 제도에 관한 지식, 그리고 이러한 모든 요소의 상호작용에 관한 지식을 활용한다. 이때 사회복지사는 클라이언트가 문제해결능력을 강화할 수 있도록 돕고, 목표달성을 위해 정확하게 나아갈 수 있도록 지도하며, 이를 위한 적절한 자원을 연결해 주는 역할을 하기 위해 그가 가진 전문지식과 기술을 적절히 구사할 수 있어야 한다.

2. 사회복지실천의 가치와 지식기반

사회복지실천은 인간존엄과 사회정의의 실현에 그 기본가치를 두고 있다. 가치란 어떤 행동이 좋고 나쁜지, 옳고 틀린지 또한 바람직한 것인지의 도덕적 판단기준이 되기 때문에 인간을 대상으로 하는 학문에서는 매우 중요시되고 있다.

자스트로(Zastrow)는 사회복지실천에서 중시되는 주요 가치를, ① 인간의 존엄성과 개인의 독특함 존중, ② 자기결정권에 대한 클라이언트의 권리존중, ③ 비밀보장, ④ 클라이언트의 변화가능성에 대한 인정, ⑤ 잠재능력실현의 기회제공으로 제시하고 있다(엄명용 외, 2000: 59-60 재인용).

사회복지사는 언제나 그가 일하고 있는 사회의 보편적 가치체계 및 사회복지의 전문적 가치체계를 인지하고 있어야 하며, 또 자신이 어떤 가치체계를 가지고 있는지를 주의 깊게 성찰해야 한다. 사회복지실천의 가치기준은 사회복지사 윤리강령에 잘 나타나 있다(제2장 참고).

사회복지실천에 있어서 사회복지사는 가치갈등에 빠지는 경우가 빈번하다. 이러한 경우는 실천상황에서, ① 두 가지 이상의 경쟁적 가치와 직면하게 될 때, ② 자신이 속한 기관의 정책과 클라이언트의 이익이 상충하게 될 때, ③ 문제를 가진 클라이언트 체계가 복잡하여 누구에게 가장 우선적인 주안점을 두어야 할지 모호할 때, ④ 자신이 내린 윤리적 결정의 결과를 장담할 수 없을 때, 그리고 ⑤ 사회복지사와 클라이언트 관계에서 원천적으로 권력의 불균형이 존재하기 때문에 생길 수 있다. 사회복지실천의 성패는 이러한 가치갈등을 어떻게 해결하는지에 달려 있다고 해도 과언은 아닐 것이다.

콤튼과 갤러웨이(Compton & Galaway)는 사회복지실천에서 필요한 지식을, ① 인간행동과 발달에 관한 지식, ② 의사소통에 관한 지식, ③ 집단과정에 관한 지식, ④ 개인, 집단, 지역사회에 영향을 미치는 문화적 요인에 관한 지식, ⑤ 인간관계에 관한 시식, ⑥ 지역사회에 관한 지식, ⑦ 자기 자신에 관하 객관적 통찰, ⑧ 개입과정에 관한 지식, ⑨ 조직 행위와 기관의 행정적 과성에 관한 지식, ⑩ 일빈적 조시방법 및 프로그램 평가에 관한 지식 등을 들고 있다(Compton & Galaway, 1989: 97-98).

이러한 사회복지실천의 발달과정을 살펴보면 다음과 같다(엄명용 외, 2000: 34-44 재구성).

1) 자선조직협회의 활동

18세기 중엽 영국에서 산업화, 도시화가 진전되면서 도시빈민이 발생하여 이들의 문제를 해결하기 위한 수많은 자선단체가 출현하였다. 이들의 활동은 주로 종교적 · 자선적 기반에서 산발적으로 이루어졌기 때문에 도움이 꼭 필요한 대상이 구제의 대상에서 제외되거나 필요 이상으로 구제가 중복되는 등의 폐해가 나타났다. 이에 따라 1869년 민간기관의 활동을 조정하기 위해 영국에서 자선조직협회(Charity Organization Society)가 결성되었고 이 협회의 활동방식이 미국에도 영향을 미치게 되었다. 자선조직협회는 주로 중산층 부인들로 구성된 우애방문원(friendly visitor)을 활용하여 빈민층을 교화하는 활동을 했으며, 빈민가정의 조사 및 등록을 통한 조직 간의 활동 조정과 협력을 추구했다.

2) 인보관 운동

인보관 운동(settlement house movement)은 빈민의 문제를 해결하기 위해 지역사회 내에서 빈민과 함께 거주하면서 환경의 개선과 빈민을 도덕적으로 교화하려는 사람들의 활동으로 이루어졌다. 1884년 영국에서 최초의 인보관인 토인비 홀이 세워졌으며, 1889년에는 미국의 시카고에 대표적인 인보관인 헐 하우스가 설립되었다. 인보관 운동 참여자들(settlers)은 주택개선, 공중보건 향상, 고용주의 빈민착취방지를 위한 활동 등 갖가지 사회문제에 대한 해결을 강조하였다. 또한 기술훈련, 교육 및 환경개선운동 등 빈민의 자립환경 구축을 위한 집단적 노력을 실천하였다. 오늘날 이 운동은 집단사회사업, 사회행동 및 지역사회조직활동의 원조라고 평가되고 있다.

3) 전문교육기관의 등장

자선조직협회 등의 활동이 점차 전문화, 조직화되어 감에 따라 자원봉사자 교육 및 조직 · 관리과정에서 일정한 기준과 지침서가 요구됨에 따라 사회복지실천교육의 필요성이 대두되었다. 리치몬드(Richmond) 등의 활약에 힘입어 1898년 미국 최초의 사회복지 전문인력 양성과정이 뉴욕자선학교의 후원하에 개설되었는데, 이는 이후 뉴욕사회복지대학으로 발전되었다. 1919년에는 미국 내 사회복지대학이 17개로 늘어났으며, 1920년대에 들어서면서 연중 전일제 수업을 규정한 석사과정이 생겨나기 시작했다. 이 시기에는 개입방법이 주로 개별사회사업을 중심으로 구성되었으며 이와 관련된 전문서적이 등장하기 시작했는데, 사회복지 최초의 전문서적이라 할 수 있는 리치몬드의 『Social Diagnosis』가 1917년에, 『What is Social Case Work?』가 1922년에 출간되었다.

4) 정신분석학의 영향

프로이트(Freud)의 정신분석이론은 인간의 성격발달과 문제행동을 체계적으로 설명해 주었다. 이에 환경의 변화를 통한 인간의 성장 · 발달 및 변화와 적응을 강조했던 초기 사회복지실천가들은 이 정신분석학적 개념과 설명에 매료되기 시작했다. 따라서 사회복지실천의 초점이 환경에서 개인 내부 문제로 옮겨 가기 시작하여 이후 약 30년간 사회복지실천은 정신의학적 관점을 지니게 된다.

5) 진단주의와 기능주의의 갈등

1930년대 프로이트의 이론을 중심으로 한 진단주의 학파와 랭크(Rank)의 이론을 중심으로 한 기능주의 학파 사이의 논쟁은 1950년대까지 계속되었다. 대표적 기능주의 학파로는 태프트(Taft), 로빈슨(Robinson), 스몰리(Smalley) 등을 들 수 있는데, 이들은 모든 개인의 내부에 건전한 성장을 위한 의지(will)가 있음을 강조하였고, 또한 현재의 경험과 주변 여건에 대한 이해가 중요하다고 역설하였다. 이러한 기능주의적 관점은 진단주의에 영향을 미쳐서 진단주의가 개인의 내적 진단을 중시한 프로이트의 영향에서 다소 벗어나 '환경 속의 개인'을 이해하는 방향으로 나아가게 했다.

6) 집단사회사업의 발달

집단사회사업이 사회복지실천방법에 도입되기 시작한 것은 1930년대이다. 어떤 사람들은 인보관을 집단사회사업의 근원이라 보고 있지만, 인보관에서의 활동은 사회복지실천의 한 방법으로서의 집단사회사업과는 달리 조직적이고 체계적인 면이 다소 결여되어 있었다. 1935년에 National Conference of Social Work에 집단사회사업 부분이 생겨났고, 1936년에는 집단사회사업연구전국협회가 결성되었으며, 이것이 1946년 American Association of Group Work로 발전되었다. 집단사회사업은 제2차 세계대전 참전용사나 아동, 정신질환자 등 유사한 문제를 가진 사람들을 대상으로 활용되었으며, 1960년대에 이르러 가족에 대한 개입에서도 이를 활용하는 경향이 많아졌다.

7) 사회복지실천 초점의 이동 및 실천모델의 개발

1960년대에 들어서면서 사회복지실천 개입의 방향이 사회변화 및 사회적 개입으로 회귀하기 시작했다. 이는 대공황 등의 여파로 개인에 초점을 두는 사회복지실천방법으로는 근본적 문제해결이 어려우며, 보다 구체적인 서비스가 필요하다는 인식에서 출발하였다. 1970년부터는 사회복지실천분야에 많은 모델이 등장하였고, 1979년 및 1980년에는 NASW를 중심으로 하여 공통적 지식기반, 실천방법, 실천현장, 가치와 기술 등에 대한 합의를 도출하려는 노력이 행해졌다. 또한 개별, 가족, 집단 및 지역사회 등에 대한 전문화된 접근이 약화되었고, 이에 따라 사회복지사가 가지고 있는 지식과 기술이 광범위한 영역에 걸쳐 사용될 수 있고 포괄적 사정과 해결모색을 강조하는 일반적 실천(generalist practice)이 나타나게 되었다.

3. 사회복지실천의 원칙

사회복지실천의 과정은 기본적으로 사회복지사와 클라이언트의 관계에서 이루어진다. 사회복지실천에서의 관계는 클라이언트와 그 환경 간의 보다 나은 적응을 가져오도록 하기 위하여 개인의 능력과 지역사회자원을 적절히 동원하고 활용할 수 있도록 돕는 관계를 의미한다. 사회복지사와 클라이언트와의 원조관계에서 사회복지사 능력에 관한 신념, 변화에 합일하는 클라이언트 능력에 대한 신념, 클라이언트의 존엄성에 관한 신념이 기반이 되어야 한다. 이러한 원조관계 기반 위에서 사회복지실천의 성공적 결과를 위해서는 다음과 같은 원칙으로 이루어지는 것이 바람직하다(Biestek, 1957: 23-133).

1) 개별화

개별화(individualization)란 인간은 개별적 존재이며 한 사람의 불특정한 인간으로서가 아니라 다른 사람들과 똑같지 않은 그 나름대로의 차이를 지닌 특정한 개인으로서 처우되고 싶은 욕구가 있다는 것을 중요한 원칙으로 하고 있다. 개별화를 위해서 사회복지사는 편견이나 선입관에서 벗어나야 하며, 인간행동에 관한 지식에 정통해야 한다. 또한 클라이언트가 하는 말을 경청할 수 있는 관찰할 수 있는 능력을 지녀야 하고, 인간의 감정을 꿰뚫어 볼 수 있는 직관력과 장래를 예측할 수 있는 혜안이 필요하다.

2) 의도적 감정표현

의도적 감정표현은 사회복지사가 클라이언트를 원조함에 있어서 클라이언트가 자신의 감정, 특히 부정적 감정을 자유로이 표현하고 싶은 욕구를 가지고 있다는 인식을 하고 이를 존중하며, 자유로이 표현할 수 있도록 해야 한다는 것이다. 따라서 사회복지사는 이러한 감정표현을 의도적으로 경청하고, 이를 방해하거나 비난하지 않아야 한다.

의도적 감정표현(purposeful expression of feeling)은 사회복지사가 클라이언트를 원조하는 데 있어서 클라이언트를 압력이나 긴장에서 완화시켜 주고, 클라이인드의 문제나 그 사람 자체를 이해하는 데 도움이 되며, 문제에 대한 처리방법과 대책을 강구할 수 있게 함은 물론 그러한 감정표현을 경청하는 것만으로도 심리사회적 지지가 되기 때문에 사회복지사와 클라이언트의 관계를 더욱 돈독하게 하는 이점이 있다.

3) 통제된 정서적 관여

통제된 정서적 관여(controlled emotional involvement)는 사회복지사가 클라이언트의 감정에 민감하게 대처하고, 그 감정의 의미를 이해하며, 클라이언트의 감정에 의도적 목적을 가지고 적절히 반응하는 것을 말한다. 그러나 이때 사회복지사는 클라이언트의 감정 흐름에 휩쓸려서는 곤란하며, 그 사례의 전체적인 목적과 클라이언트의 변화욕구, 그리고 진단적 사고(思考)에 따라 방향을 설정하고 그에 맞춰 적절히 통제된 정서적 관여를 해야 한다. 이를 위해서 사회복지사는 클라이언트가 나타내는 언어적 · 비언어적 모든 차원에서 그 사람의 감정을 알아챌 수 있는 민감성과 클라이언트 및 그의 문제와 관련된 감정의 의미를 이해하는 능력, 그리고 클라이언트의 감정에 대해 적절하고 개별화된 반응을 할 수 있어야 한다.

4) 수용

사회복지사가 클라이언트의 강점과 약점, 바람직한 성격과 그렇지 못한 성격, 긍정적 감정과 부정적 감정, 건설적 행동과 태도 및 파괴적 행동과 태도 등 그 사람의 있는 그대로를 이해하고 다루어 나가는 하나의 행동상의 원칙을 말한다. 수용(acceptance)은 클라이언트의 잘못된 태도나 행동을 옳은 것으로 시인하는 것이 아니라 하나의 실체로서 있는 그대로의 클라이언트 현실을 받아들이는 것이다. 사회복지사가 인간행동에 관한 충분한 지식을 가지고 있지 못하거나 편견 및 선입관에 사로잡혀 있을 때, 또 클라이언트를 존중하는 마음이 없을 때 반응적 수용은 이루어질 수 없다.

5) 비심판적 태도

사회복지사는 클라이언트에게 비심판적 태도(the nonjudgemental attitude)를 지니는 것이 필요하다. 클라이언트의 문제나 욕구발생의 원인에 대해서 클라이언트는 대부분 심판을 받지나 않을까 하는 두려움을 가지고 있는 경우가 많기 때문에 비판에 대해 극도로 민감하다. 이처럼 민감한 상태에 있을 경우 대부분의 클라이언트는 자기방어적 태도를 취하는 수가 많다. 비판을 받을 위험을 느끼지 않을 때 클라이언트는 사회복지사에게 신뢰감과 자존심을 갖고 자기 자신을 있는 그대로 표현할 수 있으며, 진정한 자신의 욕구와 문제를 자유로이 토의할 수 있다. 그러나 사회복지사가 클라이언트의 태도, 행동, 가치기준 등에 대해 평가적 판단을 내리는 것도 필요하다. 사회복지사가 클라이언트에 대해 비심판적 태도를 지니고 있음을 전달하는 것은 매우 중요한데, 이를 위해서 사회복지사는 선입관이나 성급한 결론 유도 등을 배제해야 한다.

6) 클라이언트의 자기결정

클라이언트의 자기결정(client self-determination) 원칙은 사회복지실천의 원조과정에서 클라이언트가 자기선택 및 결정을 내릴 수 있는 자유를 누릴 권리와 욕구를 실제로 인식하는 것을 말한다. 이 원칙에 따르면 사회복지사의 임무는 클라이언트가 가진 문제를 직접 해결해 주는 것이 아니라 클라이언트가 지역사회 및 자신의 인성에서 잠재적으로 활용 가능한 자원을 발견 · 활용할 수 있도록 원조하는 것이다. 또한 자기가 나아갈 방향을 자기 스스로 결정하려는 클라이언트의 권리와 욕구를 존중하는 것이다. 왜냐하면 대부분의 클라이언트가 바라는 것은 자신의 주체성을 회복하기 위해 도움을 받고자 하는 것이지 주체성을 포기하고 사회복지사에게 그것을 양도하는 것은 아니기 때문이다. 그러나 이 원리는 적극적 · 건설적 결정을 내릴 수 있는 클라이언트의 능력 및 법률, 도덕의 테두리, 그리고 사회복지사가 일하고 있는 기관의 테두리에 따라 제한받는다.

7) 비밀보장

자신의 비밀이 지켜지기를 원하는 것은 모든 사람의 근본적 바람이며 기본권리이다. 따라서 사회복지사는 자신을 믿고 도움을 구하는 클라이언트의 비밀을 보장할 윤리적 의무가 있다. 만일 비밀보장(confidentiality)에 대한 믿음이 없다면 사회복지사와 클라이언트 사이에 신뢰관계가 형성될 수 없으며, 또한 효과적 결과를 기대할 수도 없다.

그러나 상황에 따라서는 사회복지사가 클라이언트의 비밀에 대해 절대적으로 보장할 수 없는 경우도 있다. 예컨대, 클라이언트의 문제해결을 위해 다른 전문가나 관련자에게 협조 또는 지원을 요청해야 할 때(집단비밀, 이 경우에도 비밀을 공유하는 모든 사람에게 비밀보장의 의무가 주어진다), 비밀유지에 대해 클라이언트 자신에게 내부적 갈등이 있을 때, 비밀을 보장함으로써 다른 사람, 또는 사회복지사 자신, 그가 속한 기관, 사회 등의 권리와 충돌하게 될 때 등을 들 수 있다. 이 경우 사회복지사는 어떤 편이 더 중요한지 상황판단을 명확히 하여 대처해야 한다.

4. 사회복지실천의 과정

1) 사회복지실천의 면접

사회복지실천에서 면접은 클라이언트에 대한 정보를 얻기 위한 목적에서 행해지거나 클라이언트가 문제를 해결하는 데 도움을 주기 위한 목적에서 행해진다. 면접에 있어서 사회복지사는 관찰, 경청, 질문, 통솔, 해석 등의 능력이 요구된다. 다시 말하면, 사회복지사는 면접 시에 클라이언트가 이야기하는 것 외에도 그가 이야기하지 않는 면, 이야기 내용에 있어서 일치되지 않는 면 등에 대해서도 주의를 기울여야 한다. 이를 위해서 사회복지사는 클라이언트의 태도나 표정, 어조나 억양 등을 주도면밀하게 관찰할 수 있는 기술, 클라이언트가 하는 이야기를 성실하게 듣고 클라이언트의 진술을 자극·격려하는 경청기술, 문제와 관련된 적절한 정보를 이끌어 내고 면접을 원활하게 진행시키는 데 필요한 질문기술, 클라이언트로 하여금 자신의 문제나 감정을 표현하게 하고 문제해결의 방향으로 클라이언트를 이끌어 갈 수 있는 통솔기술, 그리고 문제를 명료화하고 이와 관련한 클라이언트의 행동형태를 자각하게 하는 해석기술 등을 무리 없이 구사할 수 있는 능력을 갖추어야 한다.

2) 사회복지실천의 과정

사회복지실천의 과정은 대체로 세 단계로 구분한다. 펄만(Perlman)은 시간에 따라서,

① 개시기, ② 중간기, ③ 종료기로 나누었으며, 홀리스(Hollis)는 문제의 성격에 따라서, ① 조사, ② 진단, ③ 치료의 단계로, 콤튼과 갤러웨이는 인간의 논리적 사고구조에 따라서, ① 관여, ② 사정평가, ③ 행동단계로 구분했다(장인협, 1998: 161). 이 장에서는 사회복지실천 과정을 초기단계, 중간단계, 종결단계로 구분해서 설명하고자 한다.

(1) 초기단계

이 단계에는 인테이크(intake), 사정(assessment), 목표설정 및 계약 등이 포함된다. 인테이크에서는 사회복지기관을 찾아온 사람이 그 기관의 서비스를 받을 자격이 있는지를 판단하고 결정한다. 여기서 그 사람의 상황이나 관련된 문제에 대한 기본적 정보수집이 행해진다.

'사정'은 학자에 따라서 '진단'이라는 용어와 혼용되기도 하지만, 의료적 모델을 지양하는 사회복지실천가들은 '사정'이라는 용어를 보다 더 선호한다. 사정과정에서 사회복지사는 클라이언트의 문제에 대해 보다 구체적이고 다차원적인 조사가 행해지게 된다. 클라이언트의 욕구, 대처능력, 장점 및 한계, 문제에 영향을 미치는 제반 요인, 문제해결에 대한 동기, 문제에 대한 인지 형태, 문제해결에 대한 노력의 정도와 형태, 클라이언트가 처해 있는 상황 및 환경요소, 가족이나 직장 등 관련 체계들과의 관계, 문제에 관한 분석, 즉 문제의 지속기간, 심각성, 변화가능성에 대한 판단 등을 탐구한다.

클라이언트와 관련된 정보들은 가계도(genogram)와 생태도(eco-map)라는 도구를 사용하여 정리할 수 있다. 가계도는 클라이언트의 가족관계를 간단히 도식화함으로써 가족상황을 보다 일목요연하게 파악할 수 있게 한다. 생태도는 클라이언트를 둘러싸고 있는 환경 속의 체계들과 클라이언트의 가족이 어떤 관계를 맺고 있는지를 보여 줄 수 있다. 가계도와 생태도는 클라이언트와의 면접내용을 근거로 해서 사회복지사와 클라이언트가 함께 작성하는 것이 원칙이다.

가계도에서 □는 남자를, ○는 여자를 나타낸다. 그 속에 숫자가 쓰여 있다면 그 사람의 나이를 알 수 있다. 사망한 남성의 경우는 ⊠를 하거나 ■로 표기한다. 남과 여를 잇는 가로선은 부부임을 나타내고 세로선은 자녀를 나타낸다. 자녀들은 왼쪽에서 오른쪽으로 서열화하며, 쌍둥이는 세로선을 다시 이분하여 표시한다. 점선으로 이루어진원은 동거가족의 범위를 나타내며, 이혼의 경우는 가로선 중간에 두 개의 짧은 사선을 긋는다.

생태도에서는 주위 체계들과의 관계를 선으로 나타내는데, 굵은 실선은 밀접한 관계, 실선은 보통관계, 점선은 소원한 관계, 파선(波線, 물결선)은 갈등관계를 나타낸다. 그 선들을 따라 그려진 화살표는 자원의 흐름을 나타내는데, 물질적인 것만이 아니라 정서적인 면도 포함한다. [그림 7-1]과 [그림 7-2]는 다음의 사례에 근거하여 가계도와 생태도를 그린 것이다.

사례 첫 결혼에 실패했던 미애 씨(34세)는 딸 영은이(14세)를 데리고 혼자 살고 있는 철한 씨(40세)와 5년 전 1999년에 결혼하여 아들 쌍둥이 영식(4세)과 영민이, 그리고 딸 영화(2세)를 낳았다. 철한 씨는 1990년 전 부인과 사별했다. 미애 씨의 친정에서는 처음부터 미애 씨의 재혼을 반대했으며, 지금도 철한 씨에 대해 못마땅하게 생각하고 있다. 아이들 양육 때문에 미애 씨는 이웃과 거의 접촉 없이 집 안에서만 지내고 있으나, 주일마다 교회에 나가 마음의 위안을 얻고 있다. 시댁과는 떨어져 살고 있으나 시부모님은 아들을 한꺼번에 둘씩이나 낳아 준 며느리가 예뻐서 물심양면으로 도움을 주고 있다. 철한 씨는 평범한 샐러리맨이며 다소 소극적인 성격이다. 새어머니인 미애 씨가 별로 관심을 갖지 않아서인지 영은이는 학교생활에 적응하지 못하며 친구도 별로 없다.

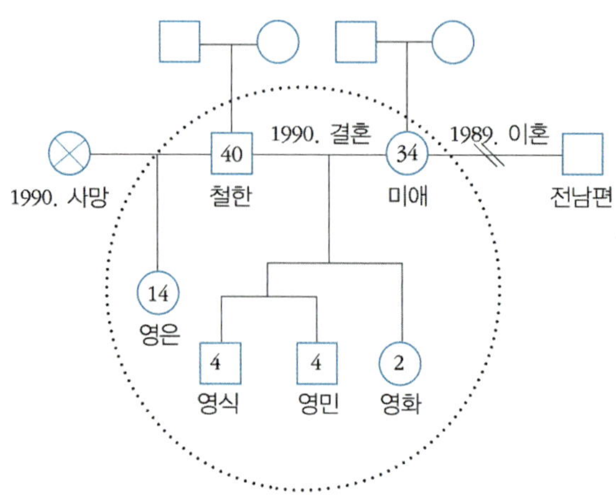

[그림 7-1] 미애 씨 가족의 가계도

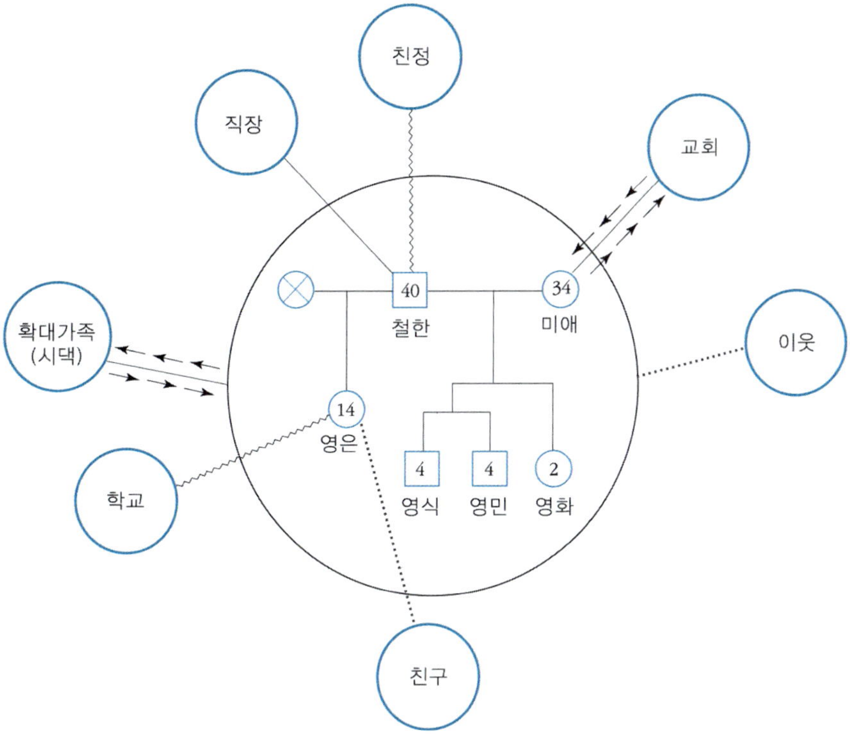

[그림 7-2] 미애 씨 가족의 생태도

사정은 대체로 사회복지실천개입의 전 과정에 걸쳐 행해진다. 다음으로 사회복지사는 클라이언트와 함께 문제에 대해 우선순위를 결정하고, 이에 근거하여 문제해결을 위한 목표설정을 하게 된다. 목표는 클라이언트의 능력을 충분히 고려하여 현실적이고 구체적인 것이어야 한다. 또한 목표는 장기적인 것과 단기적인 것이 있다. 목표설정 후에는 계약서를 작성하는데, 여기에는 문제의 정의, 목표, 사회복지사와 클라이언트의 역할, 사회복지사와 클라이언트가 만날 시간, 장소, 횟수, 기간, 비용 등의 내용이 포함된다.

(2) 중간단계

이 단계에서는 사회복지사와 클라이언트가 앞서 설정한 목표를 달성하기 위한 활동을 수행한다. 이 과정에서 명심해야 할 것은 문제해결을 위해 요구되는 과업의 상당 부분이 클라이언트의 몫이라는 사실이다. 그러므로 클라이언트의 능력으로 충분히 수행할 수 있을 만한 과업에 대해서는 클라이언트 스스로 책임지도록 해야 하며, 그 능력을 넘어서는 과업에 대해서는 사회복지사가 도움을 줄 수 있다. 이것은 무엇이든 사회복지사가 해결해 주리라고 믿는 의존심이 클라이언트에게 생기는 것을 방지하고, 또 과업의 성취를 통해 클라이언트의 개인적 성장을 도모할 수 있기 때문이다.

사회복지사는 개입과정을 통해 클라이언트를 지도, 자극, 지지하며, 문제해결을 위한 클라이언트의 노력에 대해 정기적으로 피드백을 제공한다. 과업수행과정 중에 앞 단계에서 설정했던 목표나 방법 등이 적절하지 못하다고 판단될 경우에는 이를 수정할 수 있다.

(3) 종결단계

사회복지실천의 과정에서 종결이란 원조관계의 해제를 위한 체계적 절차를 말한다. 종결이 어떤 이유에서 이루어져야 하는지, 또는 계획된 것인지, 계획되지 않은 것인지에 따라 클라이언트와 사회복지사의 종결반응은 달라진다.

종결반응으로 흔히 거론되는 것은 기쁨, 슬픔, 분노, 두려움, 상실감, 죄의식 등이 있다. 사회복지사는 종결과 관련하여 클라이언트가 어떤 감정을 가지고, 어떤 반응을 나타내고 있는지를 주의 깊게 파악하여 클라이언트로 하여금 이러한 감정을 표현하고 처리할 수 있도록 돕는다. 또 종결에 대한 사회복지사 자신의 감정에 대해서도 검토해 보는 것이 중요하다.

종결이 원만하게 이루어지지 않으면 지금까지 성취되었던 좋은 결과들이 상실되거나 감소될 수도 있으며, 장차 좋지 않은 결과를 가져올 수도 있다. 그러나 성공적 종결은 클라이언트에게 보다 나은 적응과 성장의 기회가 될 수도 있기 때문에 사회복지사는 원조를 시작할 때부터 종결을 염두에 두고 전체적 원조과정을 구성해야 한다.

성공적 종결을 위해서 다음과 같은 배려가 필요하다(조휘일 · 이윤로, 1999: 190-191).

① 클라이언트가 종결에 대한 마음의 준비를 할 수 있도록 초기단계에서부터 종결시기를 명백하게 해 둔다.

② 클라이언트의 진전사항에 대해 정규적으로 검토하고, 종결이 임박하기 몇 주 전에 종결에 대해 다시 인식하게 한다.
③ 종결이 가까울수록 만나는 빈도수와 회합의 길이를 짧게 하는 것도 좋다.
④ 간단한 파티 등 종결을 실감하게 할 수 있는 종결의식을 행한다.
⑤ 클라이언트의 변화를 확인하고 이를 유지할 수 있는 방법을 모색한다.
⑥ 평가를 행하여 성공과 실패의 원인을 검토하고, 해결되지 않은 문제 또는 초기 계약 시에 제시되지 않은 문제 등에 대해 논의한다.

〈표 7-1〉 **사회복지실천과정**

단계	주요 활동	비고
초기 단계	인테이크 자료수집 및 사정 목표설정 및 계약	• 라포 형성 • 클라이언트 개인 및 환경과 관련한 각종 정보수집 • 문제의 규정 및 개입방법 모색 • informed consent(서비스 제공에 대한 동의)
중간 단계	개입(목표달성을 위한 활동) 점검	• 클라이언트의 능력을 최대한 개발 · 활용 • 클라이언트에 대한 사회복지사의 충분한 피드백 제공 • 목표 또는 방법의 수정
종결 단계	평가 종결 사후관리 의뢰	• 개입의 효과성 · 효율성 측정(클라이언트, 참여자, 사회복지사): 각종 측정도구 활용 가능 • 종결시기의 결정 • 종결반응에 유의: 클라이언트 및 사회복지사 자신의 종결에 대한 감정 검토 · 해결 • 개입을 통해 획득한 문제해결능력 및 성장의 유지를 위한 대책 • 일정 기간 후의 사후관리에 대한 언급 필요 • 사회복지사가 소속한 기관의 자원이나 서비스로 충족 불가능한 욕구가 있을 때 다른 기관이나 외부자원과 클라이언트 연결

3) 사회복지실천의 기록

사회복지실천에서 기록은 정보를 보존하고, 서비스 전달을 촉진하며, 관련 전문가 간의 정보교환 및 의사소통을 가능하게 하고, 교육 및 지도 · 감독, 조사 · 연구 등을 돕는 데 사용된다. 기록의 유형은 기술요약형, 문제중심기록, SOAP(S: 주관적 정보, O: 객관적 정보, A: 사정, P: 계획)기록방법 등 여러 가지가 있는데, 기관의 요구, 사회복지사의 스타일, 개입의 유형에 따라 적절한 것이 사용된다.

다음은 병원에서의 사회복지실천기록 중 기술요약형의 예로서 제시한 것이다.

사례 인테이크 면접의 요약

면접은 클라이언트와 사회복지사 둘이서 면담을 실시했다. 자발적, 주체적으로 온 것이 아니라 G의사의 추천으로 어머니가 끌고 왔다는 느낌이 들었다.

약 1시간의 면접을 통해서 사례의 전체상을 파악하기 위해 필요한 정보를 클라이언트에게서 수집함과 동시에, 거부적 클라이언트를 수용하고 신뢰관계를 형성하는 것을 목적으로 하였다. 사회복지사가 말을 거는 데 대해서, 클라이언트는 처음에는 부정적 반응을 보였으나 사고발생 경위 및 금후의 불안 등에 대해서 사회복지사가 공감적으로 이해를 나타내고, 지지적 태도를 보이자 조금씩 감정을 표출하게 되었다.

클라이언트는 교통사고 후에 하반신 마비가 되었다고 선고받은 이래, 그 충격에서 벗어나지 못하고 모든 것에 거부적이고 무기력하다. 주치의는 일상생활에 복귀하기 위해서는 환부의 치료와 휠체어 등의 훈련이 필요하다고 했지만, 본인은 꿈쩍하려고도 하지 않았다. 면접 후반에, "매사에 의욕이 없고 이후 어떻게 하면 좋을지 모르겠어요."라고 눈물을 흘리며 작은 소리로 말했다.

그 후, 장애 및 장래의 일에 대해서 계속적으로 얘기를 나누고 상담실 및 사회복지사의 역할을 설명하며, 다음 면접시간을 약속하고 종료하였다.

인테이크 면접 · 계획

(1) 사례목표
- 장애의 수용을 중심으로 한 심리적 원조
- 퇴원을 위한 환경조정

(2) 면담 후 계획: 주 1회 병원 내 상담실에서 면접을 중심으로 대처할 것. 클라이언트의 부정적 감정을 포함하여 있는 그대로를 수용하면서 장애수용의 과정을 진행시켜 나갈 것. 의사, 간호사, 물리치료사와도 연계하여 협조함과 동시에, 한편으로는 퇴원 · 복귀를 위한 환경조정을 클라이언트 및 그 어머니와 더불어서 추진해 갈 것

(3) 사례기간: 퇴원까지의 약 1년. 입원기간에 포함시켜 조정할 것

출처: 大塚達雄 外(1994).

5. 사회복지실천의 접근방법

1) 개인을 중심으로 한 접근방법

(1) 심리사회적 접근방법

홀리스 이론을 중심으로 발전한 이 접근방법은 개인의 내적 요소와 사회적 요소를 모두 중시한다. 실천의 초점은 개인의 심리적 상태, 개인을 둘러싼 사회환경, 그리고 개인과 환경과의 상호작용에 두고 있다. 이 접근방법에서는 가족, 개인 및 가족의 환경, 상황 속의 인간을 철저히 조사하는 진단 또는 사정이 강조된다. 또한 개인이 가진 현재의 기능은 현재는 물론 과거의 사건에 영향을 받는다는 입장을 고수하고 있다.

(2) 클라이언트 중심적 접근방법

1940년대 로저스(Rogers)가 개발한 '인간성장과 변화에 대한 접근법'을 근거로 하는 이 접근법의 핵심사항은 사회복지사가 클라이언트에게 감정이입적 반응, 무조건적인 긍정적 관심, 수용 및 진정한 존중 등을 표현하면 클라이언트에게 긍정적이고 건설적인 변화가 발생한다는 것이다. 이 접근방법에서는 모든 인간은 자기성찰을 이룰 수 있다고 보고 모든 클라이언트는 스스로를 이해하고 싶은 욕구를 가진 상태에서 전문가에게 도움을 요청한다는 관점을 갖는다. 따라서 사회복지사는 원조과정을 통하여 클라이언트의 자신에 대한 이해의 수준을 끌어올려서 보다 새롭고 건설적인 행동을 해 나갈 수 있도록 하는 것을 원조의 목적으로 한다.

(3) 인지행동적 접근방법

감정이나 행동을 사고의 산물로 보는 인지이론에 과제 내 주기, 강화, 보상, 반복, 행동기술의 교육 등의 행동주의적 요소가 결합된 것을 인지행동적 접근방법이라 한다. 이 접근방법의 전제는 대부분의 사회적 · 행동적 역기능이 자기 자신, 타인, 그리고 삶의 상황들에 대해 가지고 있는 잘못된 생각, 즉 인지체계에서 비롯된다고 보는 관점이다. 따라서 이 접근방법은 인지재구성을 통해 클라이언트의 문제를 해결하고자 하는 데, 이 인지재구성은, ① 외부세계에 대해서 가지고 있는 잘못된 개념, 비현실적 기대 및 잘못된 생각을 변화시킴, ② 자기 자신에 대한 비합리적 서술을 수정함, ③ 문제해결능력 및 의사결정능력을 배양함, ④ 자기통제 및 자기관리능력을 함양시킴 등을 기본전략으로 하고 있다.

(4) 과제중심적 접근방법

이 접근방법은 리드(Reid)와 엡스타인(Epstein)이 발전시킨 것으로서, 심리사회적 접근방법에 비해 단기적 접근이 효율적이라는 전제하에서 개발된 단기치료모델이다. 이 접근방법의 특징은, ① 시간제한적인 단기치료라는 것, ② 구체적 문제에 개입의 초점을 둔다는 것, ③ 클라이언트의 문제해결활동은 과제를 중심으로 수행된다는 것, ④ 이론보다는 조사에 근거한 경험적 자료를 중심으로 진행된다는 것이다.

(5) 행동수정적 접근방법

이 접근방법은 현재의 문제행동을 변화시켜서 바람직하지 못한 행동은 감소 · 제거하고 바람직한 행동은 조장하려는 행동수정원리에 근거하고 있다. 행동수정은, ① 정상적이든 비정상적이든 행동은 모두 같은 원칙하에서 발달된다는 것, ② 모든 행동은 학습원리에 의해 수정 · 변화될 수 있다는 것을 기본원칙으로 하고 있다.

이 접근방법에서는 정적 강화, 부적 강화, 처벌, 소거, 차별적 자극, 조건화, 리허설, 모델링, 행동형성 등의 기법을 개입과정에서 활용한다. 이 접근방법은 특히 아동의 문제행동이나 정신질환자, 약물남용자, 자살시도자 등에 효과적이며 비교적 단기간에 효과를 볼 수 있다는 점에서 많이 활용되고 있다.

(6) 임파워먼트 접근방법

임파워먼트 접근방법은 개인이 지니는 고통이 사회경제적 지위, 성역할, 나이, 성정체성, 신체 혹은 정신적 기능 등의 차별성에 근거한 외부적 억압에서 비롯되는 것으로 이해하고자 하며 이러한 차별성으로 인한 장벽에 개인이 직면하도록 하는 데 원조의 초점을 둔다(김기태 외, 2002: 446).

이 접근방법에서는 같은 문제에 처한 무력감을 가진 개인의 집합성을 중시하는 바, 사회복지사는 교육자 및 훈련자, 자원에 대한 자문가의 역할을 통하여 클라이언트 자신이 현재 어떤 상황에 처해 있는지, 이를 해결하는 데 무엇이 필요한지에 대해 인식하게 하고 연계시키는 역할을 하게 된다. 주로, 사회적 약자들이 자신의 권익을 찾기 위해 자신의 잠재력 개발과 변화를 통하여 역량을 강화하고, 또한 이것을 정치적 · 사회적 측면에서의 변화로 연결시키게 함으로써 개인과 환경의 조화를 이루는 것을 목적으로 한다.

2) 가족을 중심으로 한 접근방법: 가족치료

가족치료는 문제의 원인을 개인적 요인보다는 가족성원 간 관계의 문제로 보기 때문에 개인의 내면세계에 접근하기보다는 개인이 가족 내 다른 사람들과 상호작용하는 방식을 변화시키는 데 주안점을 둔다. 이 접근법에서 가족체계는 하나의 단위로서 전체성(wholeness), 비합산성(nonsummativity), 항상성(homeostasis) 등의 특성을 지닌다. 따라서 가족치료는 한 개인에게서 나타나는 문제나 증상을 가족성원 간의 역기능적 상호작용 산물로 간주하여 개입의 초점을 가족에 두고 있다.

가족치료의 접근방법에는 정신역동적 접근방법, 구조적 접근방법, 전략적 접근방법, 경험적 접근방법, 상황적 접근방법, 보웬(Bowen)의 접근방법, 기능적 접근방법, 통합적 접근방법, 해결중심적 접근방법, 통합적 접근방법 등이 있다.

3) 집단을 중심으로 한 접근방법: 집단사회사업

(1) 집단사회사업의 개념 및 집단의 유형

집단사회사업에서는 집단역동성(group dynamics)을 중시하고 있는데, 이것은 집단 내에서 일어나고 있는 복합적이고 상호 의존적인 힘들의 작용을 말한다. 집단역동성은 집단 상호작용의 성격과 집단의 발달에 관한 지식, 집단성원 간의 관계 및 다른 체계와의 상호 관련 법칙에 대한 지식을 향상시키는 데 기여한다. 집단역동성은 성원 간의 상호작용 유형과 질에 따라 결정되며, 이를 구성하는 요인으로서는 사회적 상호작용과 의사소통, 집단 및 집단성원이 추구하는 목적, 정서적 유대, 지위와 역할, 가치와 규범, 참여유형, 하위집단, 분위기, 응집력, 지도력 등이 있다.

집단사회사업에서 활용될 수 있는 집단의 유형에는 자조집단, 치료집단, 참만남집단, 교육집단, 문제해결 및 의사소통집단 등이 있다.

(2) 집단의 발달단계

집단 발달단계에 대해서는 많은 구분이 있지만, 일반적으로 사전준비단계, 초기단계, 중간단계, 종결단계의 네 단계로 구분되고 있다.

① 사전준비단계

이 단계에서 집단성원은 기대와 불안감, 긴장감을 경험한다. 집단사회사업가는 이 단계에서 집단에 참여할 사람들의 동질성 여부, 이들의 인구사회학적 특성 및 집단의 크기와 형태에 대해 고려하고 회합장소, 좌석 수, 집단의 분위기 등을 세심하게 점검한다. 집단사회사업가는 첫 모임을 시작하기 전에 참여자의 욕구와 기대에 근거한 집단목표를 설정하고 집단참여에 대한 합의를 도출해야 한다.

② 초기단계

집단의 목표가 명확해지고 목표지향적 활동이 활발해지면서 성원들은 적응 및 역할수행과 관련한 경험을 하게 된다. 성원 간의 탐색과 갈등이 나타나고 성원은 집단사회사업가의 반응에 대한 시험을 하게 되며, 하위집단이 형성된다. 집단의 가치와 규범이 발달하기 시작하고, 초기와는 다른 특성을 지닌 리더의 교체가 있을 수 있다.

③ 중간단계

이 단계는 문제해결 및 목적달성의 단계라고 할 수 있다. 성원 간의 초기 갈등은 해소되고 상호 의존성과 응집력이 높아지며, 협동 및 문제해결능력이 극대화된다. 성원 간의 의사소통이 활발하게 이루어지고 집단에 대한 동일시 경향도 증대한다. 이 단계에서는 목표의 수정도 있을 수 있다.

④ 종결단계

종결에 대한 성원의 반응은 다양하다. 만족을 표시하거나 좌절을 나타내는 성원도 있고, 종결에 대한 상실감으로 인해 종결을 거부하거나 집단의 계속을 고집하는 성원도 있을 수 있다. 이 단계에서 집단사회사업가는 성원이 과업을 마무리하도록 돕고, 성취한 것과 남겨진 문제 등을 파악하도록 하며, 집단경험의 평가 및 종결 후의 향후 계획에 대한 도움을 주어야 한다. 또한 집단사회사업가는 종결에 대한 성원의 반응에 적절히 반응할 수 있어야 한다.

4) 지역사회조직

지역사회조직(Community Organization)은 자선조직협회의 과학적 자선을 위한 지역사회 자원의 조직화와 인보관 운동이 그 기원이 되었으며, 20세기에 들어 보건과 복지 관련 각종 위원회의 조직, 공동모금의 확충, 복지서비스의 계획과 조정 등 다양한 자원봉사 조직의 활동에서 선구적 역할을 했다. 또한 1930년대 말부터 사회복지실천의 한 방법론으로 자리 잡기 시작하면서, 지역의 사회복지협의회를 중심으로 지역사회의 자원과 욕구를 일치시키기 위한 지역의 계획과 조정활동이 강조되었다.

지역사회조직에서 사회복지사는 개인, 집단, 공통의 이익 또는 동일지역에 거주하는 사람들의 공동체를 돕는 활동으로서 계획된 집단행동을 통해 지역사회에 보건의료, 사회복지, 레크리에이션이 제공되도록 하는 노력을 평가, 계획, 조정하는 역할을 하고 있다.

오늘날 지역사회조직은 다음과 같은 일을 한다(Dolgoff & Feldstein, 2000: 316–318; 원석조, 2009: 170–171 재인용).

① 지역 차원에서 삶의 질을 개선하는 데 필요한 지역주민의 역량을 개발하기 위한 지역사회조직

② 지역사회, 국가 또는 국제적 차원에서 특정한 쟁점이나 특정한 집단을 대변하기 위한 지역사회조직

③ 소득, 자원 및 사회적 지원책을 개선하기 위한 지역사회개발

④ 정부의 사회복지조직에 대한 시 또는 지역사회 차원의 사회계획
⑤ 복지서비스의 효과를 개선하고 새로운 복지서비스를 조직하기 위한 프로그램과 서비스의 개발과 특정 집단의 지역사회 연결
⑥ 시민의 정치적 파워를 조직해 정책이나 정책입안자를 변화시킴으로써 제도를 변화시키는 정치사회적 행동
⑦ 프로그램의 방향에 영향을 주기 위한 협력활동과 특정한 쟁점, 사회적 욕구 또는 관심에 관련된 자원을 획득하기 위한 노력
⑧ 특정한 인구집단 또는 쟁점과 연관된 사회정의를 위한 사회운동과 행동

연구문제

1. 다음의 질문 중 폐쇄형 질문에 해당하는 것은? (2016 제13회 국가고시출제문제)

① "결혼하셨습니까?"
② "무엇이 가장 힘드십니까?"
③ "남편의 성격은 어떤가요?"
④ "지난 일주일은 어떻게 지내셨습니까?"
⑤ "무슨 일로 남편과 다투셨나요?"

2. 다음 중 비어스텍(Biestek)이 제시한 사회복지실천의 7대 원칙이 아닌 것은?

① 비밀보장
② 비심판적 태도
③ 경청
④ 통제된 정서적 관여
⑤ 클라이언트의 자기결정

3. 다음은 사정(assessment)에 관한 설명이다. 옳지 않은 것은?

① '사정'은 학자에 따라서 '진단'이라는 용어와 혼용되기도 한다.
② 의료적 모델을 지향하는 사회복지실천가들은 '진단'이라는 용어보다도 '사정'이라는 용어를 더 선호한다.
③ 사정과정에서는 클라이언트의 문제에 대해 보다 구체적이고 다차원적인 조사가 행해지게 된다.
④ 클라이언트의 욕구, 대처능력, 장점 및 한계만이 아니라 클라이언트가 처해 있는 상황이나 환경적 요소들도 사정의 대상이 될 수 있다.
⑤ 사정은 문제파악을 위한 초기단계에서 많이 사용되긴 하지만 사회복지실천개입의 전 과정에 결쳐 다양한 지점에서 빈번하게 행해진다.

4. 사회복지실천의 목적과 기능으로 옳지 않은 것은? (2019 제17회 기출문제)

① 사회정의의 증진
② 클라이언트의 삶의 질 증진
③ 클라이언트의 가능성과 잠재력 개발
④ 개인과 사회 간 상호유익한 관계증진
⑤ 개인이 조직에게 효과적으로 순응하도록 원조

5. 성공적 종결을 위한 사회복지사의 태도 중 옳지 않은 것은?

① 클라이언트가 종결을 의식하게 되면, 개입과정에서 활발히 활동하려는 의욕이 떨어지기 때문이 종결시기가 임박할 때까지는 종결에 대해 일체 언급하지 않는다.
② 클라이언트의 진전사항에 대해 정규적으로 검토하고, 종결이 임박하기 몇 주 전에 미리 종결에 대해 다시 인식하게 한다.
③ 종결이 가까울수록 만나는 빈도수와 회합의 길이를 짧게 한다.
④ 간단한 파티 등 종결을 실감케 할 수 있는 종결의식을 행하는 것도 좋다.
⑤ 클라이언트의 변화를 확인하고 이를 유지할 수 있는 방법을 모색한다.

6. 다음 사례에서 사회복지사가 활용한 개입기술은? (2016 제13회 국가고시출제문제)

> 45세 남성 A는 음주문제로 사회복지사와 상담을 진행 중이다. A는 술을 그만 마시겠다고 가족들과 약속하였으나 여전히 술을 자제하기 어려움을 사회복지사에게 호소하고 있다.
> 사회복지사 : "당신은 가족들과의 관계를 발전시키고 싶어 하면서도, 여전히 술을 마시고 있군요!"

① 격려(encouragement)
② 일반화(universalization)
③ 재보증(reassurance)
④ 환기(ventilation)
⑤ 직면(confrontation)

Chapter 08

사회복지실천기술론

최근 한국 대부분의 대학이 사회복지학과를 설치하거나 사회복지강좌 개설을 통해서 사회복지분야에서 필요한 전문가인 사회복지사를 많이 배출하고 있다. 이미 사회복지사 자격을 취득하여 사회복지실천현장에 종사하고 있던 사람들도 2009년부터 실시된 사회복지사 보수교육 또는 대학원 등에서 재교육을 받음으로써 전문지식과 기술을 지닌 사회복지사의 수는 증가하고 있다. 그러나 오늘날 현대사회에 있어서 사회복지에 대한 욕구의 분출과 클라이언트 욕구의 다양성 등에 대응하기 위한 사회복지실천을 능숙하게 구사할 수 있는 새로운 사회복지사들이 많이 요구되는 현실이다.

이에 사회복지사가 당면한 과제는 다양한 이론들로부터 도출된 개념을 통합함으로써 실제로 클라이언트로서의 개인, 부부, 가족, 집단 내지 지역사회와 일하는 데 요청되는 기본기술을 이끌어 내는 것이므로 사회복지를 전공하는 대학생이나 현재 이 분야에서 일하고 있는 사회복지사가 보다 관심을 가지고 다양한 실천기술을 익히고 연마함으로써 오늘날 복잡하고 다양한 사회복지요구에 부응할 수 있을 것이다.

Key Words

관찰기술, 언어적 · 비언어적 의사소통, 경청기술, 삼정의 징화(chatharsis), 질문기술, 개방형 · 폐쇄형 질문, 요약 · 해석기술, 퇴행적 행동, 분위기 조성 기술, 환기법, 의사소통기술, 행동변화기술, 재보증, 격려, 일반화, 관심의 구체적 표현, 직면, 조언, 강화, 처벌, 소거, 모델링, 행동형성, 자연적 지지체계, 자조집단, 역량강화

1. 사회복지실천기술의 정의

사회복지실천은 사회복지사가 클라이언트의 욕구와 문제해결을 돕기 위해 일정한 실천 목표와 과정을 통해 활동하는 것이다. 사회복지사는 클라이언트를 돕는 상황에서 클라이언트에 대한 지식의 체계, 일련의 가치관, 그리고 사용 가능한 기법 내지 기술의 체계로부터 가장 효과적이라고 확신하는 도움의 방법이나 개입전략을 신중하게 선택해서 도와야 할 것이다.

바커(Barker, 1991)는 사회복지실천기술을 "대화나 클라이언트의 문제, 욕구, 능력 등에 대한 사정, 자원개발과 사회구조를 변화시키는 데 있어서의 숙련성"이라고 정의하고 있다. 이러한 사회복지실천기술은 개략적으로 면담기술, 사정기술, 개입기술, 팀워크 기술, 지지망구축기술, 협상기술, 평가 및 종결기술 등으로 구분될 수 있다. 이러한 기술들은 상황에 따라 별도로 활용되기도 하지만, 통합 또는 혼합되어 사용되는 경우도 많다.

일반적으로 기술(skill)의 의미는 능력, 솜씨나 지식, 재능, 성격 또는 자원을 능숙하게 활용하는 것으로 사회복지실천기술은 사회복지실천현장에서 사회복지사가 클라이언트의 문제해결을 돕기 위해서 전문지식과 사회자원을 활용하여 전개되는 전문기술이라 말할 수 있다.

사회복지실천기술은 클라이언트가 도움을 요청하기 위해 사회복지사가 소속한 기관과 접촉한 순간부터 사회복지사와 클라이언트가 만나 문제해결을 위한 노력을 하고 그 사례가 종결될 때까지의 모든 과정에서 사용된다. 사회복지실천의 과정은 개인에 대한 실천이든, 집단에 대한 실천이든, 지역에 대한 실천이든, 또는 가족치료나 사례관리이든 간에 대부분 대면관계, 즉 면접을 통해 이루어진다. 면접은 단순히 클라이언트와 대화를 나누는 것이 아니라 그 이상의 것들을 포함하지 않으면 안 된다. 면접은 문제가 있는 클라이언트를 돕기 위해 사용되는 목표지향적 활동이므로 이에 임하는 사회복지사에게는 클라이언트와 의사소통을 하는 동안 면접의 전문적 목적을 유지시킬 책임이 있다. 일반적으로 그 목적은 클라이언트의 욕구를 충족시키거나 문제를 풀기 위한 작업에 필요한 정보를 얻고, 문제해결 및 클라이언트의 역량을 강화시킬 수 있는 정보를 제공하는 것이다. 그러므로 사회복지사는 다양한 이론들로부터 도출된 개념을 통합함으로써 실제로 클라이언트로서의 개인, 부부, 가족, 집단 내지 지역사회와 일하는 데 필요한 기본기술을 도출하고 이를 적절히 구사할 수 있어야 한다(이경희, 2007: 161-162).

2. 사회복지실천기술의 내용

1) 사회복지사의 실천지식

지식의 종류를 사회복지실천에 관한 관점이나 이론적 이해를 돕는 기초지식과 사회복지실천과정에 직접적으로 도움이 되는 전문지식으로 나누어 살펴본다(이영호, 2008: 17-21).

(1) 기초지식

개인으로부터 환경에 이르는 폭넓은 삶의 문제를 다루는 학문의 특성상 사회복지실천분야에서 활용되는 지식은 대부분의 사회과학 및 인접학문의 지식을 포함한다. 이와 관련하여 실천지식을 학문적 배경에 따라 인접분야로부터 가져온 지식과 사회복지실천분야에서 사회복지사의 경험과 연구로부터 비롯된 지식으로 나누기도 하는데, 기초지식은 인간의 인지, 정서, 행동과 관련된 기초심리이론이 사회복지실천의 주요 이론으로 활용되기도 한다.

사회복지사의 실천지식에서 기초지식과 관련하여 미국사회복지교육협의회(The Council on Social Work Education, 1992)는 사회복지실천의 맥락과 대상자를 이해하는 데 도움이 되는 교과내용에 사회, 문학, 과학, 역사, 예술, 철학 등의 기초교양(liberal arts) 과목을 폭넓게 포함시키고 있다. 특히 사회의 소외계층이 겪는 문제가 발생하는 사회적 맥락과 바람직한 사회변화에 관한 다양한 관점과 시각을 기르기 위해서는 심리학을 비롯하여 사회학, 정치학, 경제학, 문화인류학 등 기초사회과학으로부터 얻어지는 지식이 포괄적으로 요구된다.

(2) 전문지식

시포린(Siporin, 1975)은 사회복지실천에서 사용되는 지식을 기능적으로 사정에 필요한 지식(assessment skill)과 개입에 필요한 지식(intervention knowledge)으로 나눈다. 전자는 상황 속의 개인이 갖는 욕구와 문제, 영향을 미치는 환경 등을 이해하기 위한 지식이다. 이는 사회복지사가 개입 이전에 클라이언트의 심리적 · 사회적 · 문화적 · 환경적 특징들을 이해하고 클라이언트의 문제가 발생하는 상황적 맥락을 분석하는 데 필요하다. 후자는 사회복지사가 개인이나 집단, 지역사회를 사정한 다음 이들을 돕기 위한 실천과정에서 활용하는 실천이론과 개입방법에 관한 지식을 포함한다.

사회복지사에게 필요한 전문지식은 사회복지대상자에 관한 이해로부터 실천과정, 사회정책에 이르기까지 다양하다. 이를 구체적으로 살펴보면 다음과 같다(Johnson et al., 1997; 김혜란 외, 2006: 24 재인용).

① 인간행동과 발달에 관한 지식: 인간의 행동적 특성을 이해하고 환경의 상호적 영향력을 파악하기 위해서는 인간의 정서적 · 심리적 · 사회적 발달단계와 환경의 물리적 · 사회적 · 문화적 특성 등과 관련된 지식이 필요하다.

② 인간관계와 상호작용에 관한 지식: 개인, 가족, 집단, 지역사회 내 조직이나 기관들 간의 관계와 상호작용을 촉진시키며 효과적 의사소통에 필요한 지식이다.

③ 실천이론과 모델에 관한 지식: 다양한 실천상황에 적합한 전문적 원조관계와 실천과정의 개입방법과 전략 등을 선택하는 데 필요한 지식이다. 예를 들면, 아동의 비적응적 행동을 수정하고자 개입할 때에는 행동수정이론을, 적응에 어려움을 겪는 여성결혼이민자나 새터민의 안정적 정착과 조손가정의 안정적 기능을 지속적으로 원조하고자 할 때에는 사례관리모델을, 알코올중독을 앓고 있는 아버지와 청소년 자녀 간의 갈등과 가정적 문제를 원조하기 위해서 심리사회모델을 선택하여 개입할 수 있다.

④ 특정 분야나 대상집단에 관한 지식: 최근 군사회복지, 새터민지원사업, 다문화가족지원사업 같은 경우는 이들 분야의 클라이언트 집단이나 실천상황, 기관 등에 관한 지식을 갖춤으로써 사회복지사는 보다 효율적인 원조를 할 수 있을 것이다.

⑤ 사회정책과 서비스에 관한 지식: 도움을 필요로 하는 대상자(여성, 장애인, 노인, 다양한 가족유형, 아동 · 청소년 등)에게 서비스를 제공하는 전문가와 기관을 포함하여 사회복

지서비스 전달체계에 관한 지식이 필요하다. 또한 사회정책이 변화해 온 역사적 맥락과 개인의 기능에 대한 사회정책의 영향력, 사회정책을 발전시키기 위한 사회복지사의 역할 등에 관한 지식도 필요하다.

⑥ 사회복지사 자신에 관한 지식: 사회복지사 자신에 관한 지식은 클라이언트 체계(개인, 가족, 집단, 지역사회)와의 실천에 영향을 미치는 전문직으로서 사회복지사 자신의 감정이나 가치, 태도, 행동 등을 인식하고 책임감을 갖도록 돕는다.

2) 사회복지사의 실천기술

사회복지실천기술과 관련하여 미국사회복지사협회는 사회복지실천에 필요한 열두 가지 필수기술을 바탕으로 사회복지사가 갖추어야 할 열네 가지 능력을 제안하였다.

① 명확히 말하고 기록하는 능력
② 다른 사람을 교육하는 능력
③ 소진되었거나 위기상황에서 지지적으로 반응하는 능력
④ 전문적 관계에서 역할모델이 되는 능력
⑤ 복잡한 심리사회적 현상을 해석하는 능력
⑥ 주어진 책임에 따른 업무량을 적절히 조절하고 조직하는 능력
⑦ 타인을 돕는 데 필요한 자원을 파악하고 확보하는 능력
⑧ 타인의 능력이나 정서상태를 파악하고 도움이나 자문을 주는 능력
⑨ 집단활동에 참여하고 집단을 지도하는 능력
⑩ 스트레스하에서도 객관성을 유지하며 업무를 수행하는 능력
⑪ 갈등적 상황이나 논쟁적 성격을 다루는 능력
⑫ 사회이론이나 심리이론을 실천상황에 적용하는 능력
⑬ 문제해결에 필요한 정보를 파악하는 능력
⑭ 기관이나 자신의 실무에 관해 조사연구를 수행하는 능력

이렇듯 사회복지사가 갖추어야 할 열네 가지 능력에 대한 논의와 더불어 교육당사자들은 학생에게 이러한 능력을 개발하기 위한 실천교과목을 채택하기 시작하였다. 미

국사회복지사협회(1981)는 이러한 실천능력을 갖추기 위해서는 이를 수행하는 데 필요한 구체적 실천가로서의 업무수행기술의 필요성을 강조하였고 사회복지실천을 위한 필수실천기술 열두 가지를 제시하였다.

① 전문가적 목적과 이해를 기초로 타인의 말을 경청하는 기술
② 자료를 찾아 의미 있게 조합하는 능력
③ 전문적 원조관계를 형성, 발전시키며, 자신을 도구로 활용하는 기술
④ 언어적 · 비언어적 행동을 관찰, 해석하며, 성격이론이나 사정방법을 활용하는 기술
⑤ 클라이언트와의 초기관계를 맺고 신뢰감을 획득하는 기술
⑥ 민감한 정서적 주제를 지지적 방식으로 다루는 기술
⑦ 클라이언트를 위한 창의적 해결책을 찾는 기술
⑧ 치료적 관계의 종결 여부를 결정하고 실행하는 기술
⑨ 조사연구의 결과나 전문적 자료를 해석하는 기술
⑩ 갈등적 관계에 놓인 양측을 중재하고 협상하는 기술
⑪ 조직 간에 연계와 협조서비스를 제공하는 기술
⑫ 후원자, 시민 또는 입법자에게 사회적 욕구를 해석하고 전달하는 기술

사회복지사에게 필요한 주요 실천기술을 종합해서 정리하면, 클라이언트와의 관계형성이나 의사소통, 물리적 자원이나 정서적 지지를 제공하는 활동에 필요한 기술과 기관의 서비스나 자원활용을 위한 기술 등을 포함하는 실천능력과 스트레스 관리, 업무량 · 시간관리, 조사, 기록, 문제분석과 해결능력 등의 업무수행기술이 포괄적으로 포함된다.

이러한 사회복지사의 실천기술은 개인적 자질과 학습경험 모두를 통해 얻어진다(Johnson, 1986). 클라이언트와의 대면접촉뿐 아니라 비공식적 · 공식적 지원체계와의 조정활동이나 기관업무를 진행하는 과정에는 타인에 대한 배려나 존경, 이타심, 공감력, 자기통제력과 같은 개인의 가치적 태도와 성격적 특성이 중요한 영향을 미친다. 또한 개인이 가진 전문가로서의 동기와 열의에 따라 클라이언트의 욕구나 사회문제에 진정한 관심을 가지고 책임성 있게 자신을 통제하며 업무에 임해야 함을 알 수 있다.

사회복지사가 전문가로서 소양과 자질을 향상시키는 방법으로 교육과 훈련이 있다. 사회복지교육협의회에서는 사회복지교육을 통해 습득해야 하는 기본기술을 교과과정 지침에 명시하여 학부와 석사과정에서 교육하도록 하고 있다. 아울러 문제를 인식하고 분석하며 적절한 지식과 기법을 선택하여 활용하는 실천과정의 기술은 다양한 현장에서의 훈련과 슈퍼비전, 재교육, 지속적인 전문적 자문을 통해 향상될 수 있다.

3. 사회복지실천기술의 유형

사회복지실천기술에는 기초기술로서 의사소통기술과 상담면접기술로 구분할 수 있으며, 한편으로는 대상별로 개인대상 실천기술, 집단과 가족대상 실천기술, 사회복지실천 기록기술 등으로 나누어 볼 수 있다. 여기에서는 기초기술로서 의사소통기술과 상담면접기술을 중심으로 살펴보고자 한다.

1) 의사소통기술

의사소통기술이란 사회복지사와 클라이언트의 대면관계 속에서 각종 의사소통을 통하여 클라이언트의 감정 및 사고체계에 개입함으로써 사회복지사와 클라이언트의 관계에 변화를 유도하는 기술이다. 다시 말하면, 클라이언트의 정서적 안정과 인지구조의 변화, 클라이언트 자신과 문제상황, 자원 등에 대한 상황인식능력의 향상을 위해 이 기술이 사용될 수 있다(이경희, 2007: 169-171).

(1) 재보증 기술

재보증(reassurance) 기술은 자신의 상황이나 능력에 대해 회의하고 있는 클라이언트에게 사회복지사가 신뢰를 전달함으로써 클라이언트의 자신감을 회복, 향상시키는 기술이다. 예를 들면, 전처 딸의 반항으로 어려움을 겪고 있는 새어머니에게 "당신의 사랑을 깨달으면 그 아이는 조만간 좋아질 수 있을 겁니다"라고 하는 것은 그 어머니에게 딸과의 관계개선을 위해 다시 도전할 수 있는 자신감을 불어넣어 줄 수 있다. 그렇지만 지나치게 많은 재보증이나 비현실적 재보증은 사회복지사에 대한 클라이언트의 신뢰를 감소시킬 수 있기 때문에 삼가야 한다.

(2) 격려기술

아동을 치료하는 데 있어서 중요한 방법일 뿐만 아니라 어려운 과업에 직면해 있다든지 자신감이 결여되어 있고 불안한 상황에 처해 있는 성인, 즉 위기에 처해 있는 클라이언트에게도 유용하게 활용할 수 있는 기술이다. 특히 클라이언트가 위기에 직면하여 무력감과 절망감을 가지고 있을 때에 잘 활용될 수 있는 기술이다. 격려(encouragement)기술은 클라이언트의 행동이나 태도를 인정해 주고 칭찬해 주는 등의 방법을 주로 사용한다. 예를 들면, 좋지 않은 친구들과 거리에서 배회하며 말썽을 피우는 고등학생에게 "지난 면접 이후 한 번도 그 친구들을 만나지 않았다니 그 결단력이 대단해"라며 칭찬하는 것은 클라이언트인 그 학생에게 생활태도 개선을 위한 보다 큰 동기를 부여한다. 그러나 이 기술을 사용할 때에는 정직한 평가와 거짓칭찬이나 아첨 등을 구별하도록 유의해야 한다. 이 기술은 수용이나 재보증 등의 다른 지지적 기술과 함께 사용되는 경우가 많다.

(3) 일반화 기술

일반화(universalization) 기술은 자신의 문제를 지나치게 심각하게 생각하고 있는 클라이언트에게 비슷한 상황에 있는 경우라면 누구라도 그런 문제를 가질 수 있으므로 보편적 현상이라는 것을 지적해 줌으로써 클라이언트의 죄의식이나 불안 또는 일탈감을 감소시켜 줄 수 있는 기술이다. 예를 들면, 폭력적 남편에 대해 살의를 느끼고 있는 반면 이러한 살의에 대해 지나친 죄의식을 가지고 있는 클라이언트에게 "어떤 여자라도 그런 폭행을 당하는 순간에는 상대방에 대해 살의를 느낄 수 있지요. 남편이 아니라 아버지라 할지라도"라고 하는 것은 마음속의 남편 살해에 대한 클라이언트의 지나친 죄의식을 감소시켜 줄 수 있다. 그러나 지나친 일반화는 클라이언트의 문제행동을 조장하는 결과를 초래할 수 있으므로 그 수위를 조절해야 한다.

(4) 환기법

환기법(ventilation)은 클라이언트의 억압되어 있는 감정, 특히 부정적 감정인 분노, 증오, 슬픔, 죄의식, 불안 등이 문제해결을 방해하거나 감정 자체가 문제가 되는 경우 이를 표출하도록 함으로써 감정의 강도를 약화시키거나 해소시키려는 기법이다. 정서적 정화는 위기를 적극적으로 처리하는 중요한 수단이 되므로 사회복지사는 종종 억제된 감정을 환기하도록 클라이언트를 격려해야 한다. 자발적이든 격려를 해서든 이 표현은 그 자체가 안도감을 가져올 수 있다. 언어적 표현은 감정을 감소시키는 하나의 중요한 방법이다. 이 기술을 활용하는 주된 목적은 클라이언트가 내면적으로 강한 감정을 가지고 있는 경우, 그것에 관하여 이야기하도록 하고, 감정을 발산하도록 돕는 데 있다.

이 기술을 적용할 수 없는 경우는 자기통제가 불가능한 클라이언트이다. 이런 클라이언트는 감정표현을 너무 많이 함으로써 그로 인해 더욱더 불안해지거나 불안정해질 수 있으므로 어느 정도 통제하는 것이 바람직하다.

(5) 관심의 구체적 표현기술

지지에 대한 클라이언트의 욕구가 강하거나 불신이나 불안이 심한 클라이언트의 경우 사회복지사의 관심과 호의를 표시하기 위해서는 말보다는 어떤 구체적 서비스가 필요하다. 이 기술은 특히 아동에게 효과적이다. 작은 선물은 아동, 특히 유아와 사회복지사의 긍정적 관계를 맺는 수단이 된다. 어린이에게 과자를 주거나 무릎에 앉히며 안아 주는 것 등이 도움이 될 경우가 있다. 이와 비슷한 과정은 성인에게도 필요한 경우가 있다. 접근하기 어려운 클라이언트에게 적절한 호의를 베푸는 것, 예를 들면 병원에 함께 가 주는 것, 면접시간을 연장하는 것 등과 같은 구체적인 일을 해 줌으로써 클라이언트의 신뢰를 획득할 수 있다.

(6) 직면기술

직면(confrontation)기술은 자신의 문제를 부정하거나 회피하고 합리화하여 변화를 거부하고 개입을 피하려고 하는 클라이언트에게 주로 사용된다. 예를 들면, 자신의 성적이 나쁜 것은 다른 학생들이 모두 하고 있는 커닝을 하지 않았기 때문이라고 말하는

⑤ **어떤 한 가지 문제에 대해 클라이언트가 앞에 한 말과 뒤에 한 말이 일치하지 않을 경우**: 면접 중 클라이언트가 한 진술들이 일치하지 않는다면 그것은 면접내용이 클라이언트 자신에게 매우 위협적인 것이거나 밝히기를 꺼리고 있는 부분일 수도 있고, 또 그가 비자발적으로 의뢰된 클라이언트라면 거짓진술을 하고 있는 것일 수도 있다.

(2) 경청기술

면접상황에서 클라이언트가 말하는 것과 질문에 대해 응답하는 것을 듣는 것은 가장 중요한 기술이다. 경청이란 단순한 듣기가 아니라 상대방의 말을 귀 기울여 들음으로써 그가 가진 생각, 사고방식, 감정 등을 이해하고 이에 공감하며 적절한 반응을 해 가는 적극적 청취활동이라 할 수 있다.

이러한 경청을 통하여 클라이언트가 지금 무엇을 표현하고 있는지, 그가 어떤 감정을 가지고 있고 어떤 생각을 하고 있는지 감정이입적 이해를 통하여 파악해 가는 것이 중요하다. 사회복지사가 자신의 말을 경청하고 있다는 것을 확인하는 것만으로도 클라이언트는 안도감을 느끼며, 감정의 정화(catharsis)를 경험할 수 있다.

경험이 적은 사회복지사는 클라이언트의 문제에 보다 빨리 다가서기 위해 성급하게 해석을 내리거나 조언을 하는 경향이 있다. 또 클라이언트가 충분히 얘기를 하기 전에 다른 주제로 옮겨 가는 경우도 있다. 이것은 사회복지실천에서의 전문적 관계인 사회복지사–클라이언트 관계를 공고히 하는 데 방해가 되며, 사회복지사에 대한 클라이언트의 신뢰감을 감소시킬 수 있다.

사회복지사는 자신이 경청하고 있다는 것을 클라이언트에게 전달하기 위해서, 또 클라이언트의 진술이 주제에서 벗어나지 않도록 하여 보다 많은, 그리고 정확한 정보를 얻기 위해 클라이언트가 한 얘기를 다시 반복해 주는 기술(paraphrasing)이나 간단히 요약해 주는 기술(summarizing)을 사용하기도 한다. 또 클라이언트가 표현한 감정에 대해 반응하는 기술(reflection)은 클라이언트가 자신의 감정을 더 표현하도록 고무시킬 수도 있다. 간단히 고개를 끄덕이거나 눈을 마주치고, 앞쪽으로 다가서는 비언어적 행동도 사회복지사의 관심과 수용을 클라이언트에게 전달할 수 있다.

경청에서 주의해야 할 것은 침묵을 다루는 방법이다. 면접에 서툰 사회복지사일수록 침묵을 부담스러워 한다. 클라이언트의 침묵이 사회복지사 자신의 잘못 때문인 것으로 받아들여서 클라이언트를 재촉하거나 자신이 서둘러서 얘기를 해 버리는 경우가 종종 있다. 그러나 면접에서의 침묵은 클라이언트가 할 말이 없어서일 수도 있지만, 격해진 감정을 추스르기 위해서일 수도 있고, 생각을 정리하기 위해서일 수도 있다. 클라이언트가 말하는 것을 제대로 경청하고 있었다면, 대부분의 경우 그 침묵의 의미를 파악할 수 있다. 클라이언트가 침묵할 때 그것이 의미하는 바가 무엇인지 제대로 파악하여 이에 대해 적절히 대응하는 것이야말로 경청기술의 가장 중요한 부분이라 할 수 있을 것이다.

(3) 질문기술

이 기술은 클라이언트로부터 필요한 정보를 끌어내기 위해 사용되는 경우가 많다. 또 질문은 말하기 곤란한 주제에 대해 머뭇거리는 클라이언트를 돕기 위해, 산만해진 대화의 초점을 바로잡기 위해, 토론의 주제를 좁혀 나가기 위해서도 행해질 수 있다. 적절한 시점에서 적절한 양의 질문을 적절한 형태를 통해 행하는 것은 면접의 질을 최대한 높이는 데 있어 매우 중요한 일이 된다. 질문은 클라이언트의 속도에 맞춰 행해져야 한다. 너무 많은 질문을 하면 클라이언트는 혼란을 느끼며, 질문을 너무 적게 할 경우에는 클라이언트가 면접의 부담을 느낀다.

질문에는 개방형 및 폐쇄형이 있다. 개방형 질문이 보다 많은 사실을 알게 해 주므로 사회복지실천의 장에서는 이것을 일반적으로 권장한다. 예를 들면, 가족으로부터 떨어져 나와서 혼자 살아 보려는 신체장애인에게 "가정봉사원을 파견해 달라는 것인가요?"(폐쇄형 질문 → 예, 아니요)라고 하기보다는 "어떤 도움이 필요하십니까?"(개방형 질문)라고 질문함으로써 그가 가진 문제와 욕구를 훨씬 더 많이, 정확하게 파악할 수 있다.

질문을 할 때 힐난하는 듯한 뉘앙스를 주는 추궁형 질문이나(예를 들면, "왜 아이들을 학교에 보내지 않았나요?") 클라이언트의 응답을 사회복지사가 원하는 방향으로 이끄는 유도형 질문(예를 들면, "집으로 들어가는 것이 훨씬 낫지 않았을까요?"), 그리고 한꺼번에 여러 가지 답을 해야 하는 중첩형 질문(예를 들면, "집에서 나와 있는 동안 자고 먹는 건 어떻게 했고, 기분은 어땠나요?") 등은 클라이언트로 하여금 방어적 태도를 갖게 하거나 질문의 초점을 흐려서 건성으로 대답하게 하는 부정적 결과를 가져올 수 있으므로 주의해야 한다. 또 질문을 한 후에는 클라이언트가 대답할 시간을 충분히 준다. 너무 서두르는 것은 위협적 인상을 주며, 무조건 사회복지사가 좋아하는 대답을 해 버리는 상황을 낳는다.

(4) 요약 · 해석기술

이 기술은 클라이언트가 얘기한 것을 사회복지사의 언어로 간단히 정리해 주며, 클라이언트가 미처 깨닫지 못한 사실을 지적해 주는 것이다.

요약은 클라이언트의 생각, 행동 및 감정을 사회복지사가 몇 마디 말로 정확하게 정리해 줌으로써 클라이언트가 하는 말을 사회복지사가 경청하고 있었음을 보여 주는 동시에 사회복지사가 잘못 이해하고 있는 부분이 없는지를 확인하는 수단이 된다.

해석은 클라이언트가 제대로 인지하지 못했던 부분을 클라이언트로 하여금 이해할 수 있도록 도와주는 방법이다. 이를 위해 사회복지사는 클라이언트의 행동과 대화를 통해 제시된 다양한 실마리를 가지고 해석을 해야 한다. 클라이언트는 자신의 문제를 제대로 파악하지 못하고 있거나 그 문제의 근본원인에 대해 직접적 정보를 주지 못하는 경우가 많다. 사회복지사는 클라이언트 문제의 근원을 발견하기 위해 지속적으로 다양한 가설을 구성하고 재구성해야 하지만 자신이 세운 초기 가설에 대해서는 가능한 한 클라이언트에게 섣불리 얘기하지 않는 것이 좋다. 왜냐하면 클라이언트로부터 계속해서 쏟아지는 정보들은 초기 가설에 대해 상당한 수정을 요하는 경우가 많으므로, 빈번한 가설의 수정으로 자칫하면 사회복지사에 대한 클라이언트의 신뢰를 감소시킬 우려가 있기 때문이다.

예를 들면, 최근 들어 오줌을 싸는 퇴행행동을 보이는 아동에 대해 대부분의 사회복지사는 '동생을 보게 되어서 그런 건 아닐까?'라는 생각을 먼저 하게 된다. 그러나 계속된 정보에 의하면 현재 이 아동의 부모는 냉전 중으로 서로 별다른 대화를 하지 않고 지내지만, 아이가 오줌을 쌀 때에 한해서만 의기투합해서 야단을 쳤으므로 이 아동의 퇴행행동은 부모의 갈등을 우회시키기 위한 방편이었음을 깨닫게 되었다. 물론 그 어머니가 임신을 하고 있었지만, 매우 초기단계이므로 어머니의 임신은 이 아동의 행동에 그다지 영향을 미치지 않은 것으로 고려되어 사회복지사는 초기 가설을 수정해야 했다.

일반적으로 해석은 신뢰관계가 충분히 수립된 후에 해야 하며, 너무 많은 해석이나 노련하지 못한 해석은 오히려 하지 않은 것보다 못한 결과를 초래할 수 있으므로 주의를 요한다.

(5) 분위기 조성 기술

이 기술은 원활한 면접을 위해 심리적으로 편안한 분위기를 만드는 기술이다. 크게 보면 사회복지사가 면접을 위해 행하는 다양한 준비도 이에 속할 수 있다. 조용하고 집중이 가능한 면접실의 환경이나 클라이언트의 심리적 부담을 줄여 줄 수 있도록 신경을 쓴 면접실의 집기 배치, 안온한 분위기를 연출하는 조명 등에 대한 배려는 분위기 조성을 위한 간접적 기술이라고 할 수 있다.

성공적 면접을 위해서는 무엇보다도 클라이언트가 편하고 자연스럽게 자신의 관심사를 이야기할 수 있는 분위기를 조성하는 것이 중요하다. 특히 초기면접의 경우 클라이언트가 처음 보는 사회복지사에게 자신의 문제를 부담 없이 얘기할 수 있을 것이라고는 아무도 생각하지 않는다. 이 경우 사회복지사도 부담스럽기는 역시 마찬가지이다. 이런 부담을 덜기 위해서 자기소개를 통해 인사를 나눈 후 날씨나 교통 등 일상과 관련한 가벼운 대화를 나누는 것은 면접의 분위기 조성을 위해 사회복지사들이 많이 활용하고 있는 방법이다. 예를 들면, "요즘 많이 따뜻해졌지요? 나들이하기에 좋은 날씨라서 그런지 가는 곳마다 차가 밀리더군요. 오시는 데 어려움은 없었는지요?"라고 물으면서 클라이언트에게 앉기를 권하는 것이 좋다. 클라이언트가 지쳐 있거나 더워하는 것 같으면 간단한 음료를 권한 후 잠시 클라이언트가 숨을 돌릴 수 있는 시간적 여유를 갖도록 한다. 이것은 클라이언트로 하여금 일상적 대화에서 점차 자신의 문제로 대화의 초점을 변화시키도록 하는 데 시간이 필요하기 때문이다.

대화의 초점을 이동시켜서 클라이언트의 관심과 문제에 관해 들어갈 때 특히 첫마디를 주의해야 하는 바, '문제'라든가 '도움'이라는 용어의 사용은 가급적 피하는 것이 좋다. 왜냐하면 "무슨 문제로 오셨습니까?"라며 첫마디를 꺼냈을 때, 자칫하면 클라이언트에게 '이 사회복지사는 나를 문제인물로 보고 있구나'라는 느낌을 가지게 해서 방어적 태도를 유발할 수 있기 때문이다. 또 "무엇을 도와드릴까요?"라고 한다면, 이는 문제해결의 책임이 자칫 사회복지사에게 있다는 느낌을 받아 클라이언트의 지나친 의존성을 초래할 수도 있으므로 주의하는 것이 좋다.

면접을 마치는 것과 관련해서도 이 기술이 요구되는데, 면접진행시간을 미리 알려줌으로써 클라이언트로 하여금 시간을 효과적으로 사용할 수 있게 해 준다든지, 정해진 면접시간이 다 되기 전에 남은 시간을 알려 줘서 클라이언트로 하여금 마무리를 위한 준비를 시킨다. 그리고 이번 면접에서 다룬 내용을 요약해 주고 다음 면접에서 다룰 주제를 미리 정하면서 면접을 끝내는 것은 클라이언트로 하여금 보다 적극적으로 참여할 수 있는 동기를 부여할 수 있다. 면접을 끝낼 때에도 역시 가벼운 대화를 도입하여 클라이언트가 다시 면접의 주제에서 벗어나 일상으로 돌아올 수 있도록 도와주는 것도 좋다. 예를 들면, "이제 교통이 좀 한산할 시간이네요. 오실 때보다는 시간이 덜 걸릴 것 같아요"라고 하면, 클라이언트는 면접 시의 무거운 주제에서 벗어나서 귀갓길의 거리나 귀가해서 할 일에 대해 생각하는 등 일상으로 돌아가는 데 보다 수월해질 것이다.

4. 사회복지실천기술의 적용에서 사회복지사의 과제

사회복지실천기술을 적용함에 있어서 사회복지사는 다음에서 말하는 자기인식을 통한 자신의 이해와 동시에 자신의 가치체계에 대한 이해가 선행되어야 한다(이영호, 2008: 22-28).

1) 사회복지사 자기인식과 성장

사회복지실천에서 사회복지사는 자신(self)을 무엇보다도 중요한 도구로 활용한다. 사회복지사는 원조과정에서 바람직한 변화를 가능케 하는 가장 중요한 변화매개체

(change agent)이다. 사회복지사의 '자기인식(self-awareness)' 과정이 사회복지사에게 사회복지직을 수행하는 동안 자신과 클라이언트를 위해서 끊임없이 수행해야 할 과제인 이유도 바로 여기에 있다. 따라서 사회복지사의 자기인식(self-awareness)은 사회복지실천의 교육 및 실습과 훈련과정에 있어 중요한 부분을 차지하고 있다.

다양한 클라이언트를 대하는 사회복지사는 각각의 클라이언트가 보이는 성격과 특성, 문제에 대한 민감성, 유연성, 적절성, 직관력을 가지고 반응해야 한다. 자기인식은 사회복지사의 선입견이나 편견, 자신의 경험 등을 이해하고, 이것이 클라이언트에게 서비스를 제공하는 데 있어 어떤 방해가 되는지 이해하는 것이다. 따라서 자기인식은 자신에 대한 이해와 함께 사회복지 관련 기술, 지식, 가치 및 개인적 경험을 의도적으로 활용하여 자신의 업무를 효과적으로 진행, 향상시키는 원동력이 됨을 의미한다(Trevithick, 2000). 결국 충분한 자기인식을 통해 사회복지사는 필요 이상으로 클라이언트에게 개입하는 것을 예방할 수 있으며, 클라이언트와 전문적 관계를 형성할 수 있다.

2) 사회복지사의 가치와 성장

(1) 사회복지사의 가치

사회복지실천의 본질적 3대 요소는 사회복지전문직의 가치, 전문직 활동에 필요한 지식 그리고 이러한 가치와 지식을 현장에 옮기는 과정에서 필요한 기술 또는 기법이라고 할 수 있다. 이들 3대 요소를 갖추기 위해 노력하는 것이 사회복지전문직의 훈련과정이다(엄명용 외, 2005). 이러한 훈련과정 중에서 가장 먼저 점검해 보아야 할 것이 사회복지사 개인의 가치다. 일반적으로 가치는 '어떤 사회현상이나 관계가 어떠해야 한다.'라는 주관적 생각이자 무엇이 좋고 바람직한 것인가에 대한 신념, 선호, 가정을 말한다. 개인이 소지하고 있는 가치는 오랜 시간에 걸쳐 가족, 집단, 사회, 문화 등의 영향을 받아 형성된 것이기 때문에 쉽게 변하지 않는 속성을 갖고 있다. 아울러 사회복지사가 지니는 개인적 가치관은 클라이언트를 돕는 실천과정에서 많은 영향을 미치게 된다. 따라서 사회복지사 자신의 가치, 사회복지전문직의 가치, 사회복지사와 클라이언트 간의 합의된 목표를 가지고 원조과정에서 강조되는 핵심가치 등이 조화를 이루도록 하기 위해서는 무엇보다도 사회복지사 자신의 가치체계에 대한 이해가 선행되어야 한다.

현재 우리 사회는 가치의 혼돈 속에 놓여 있다고 해도 과언이 아니다. 급속한 경제성장과 정보통신의 혁명으로 인하여 기존의 사회적 위계 및 가치가 더 이상 인정받지 못하는 사회가 되었다. 예를 들면, 노인공경, 연장자 우선, 사회적 정의보다 경제가 우선이라는 것, 두레, 품앗이 등의 전통적 미풍양속이 점차 사라져 가고 지나친 이기주의, 가족지상주의에 대한 가치가 만연하여 우리 사회가 매우 삭막해져 가고 있는 현상이 그것이다.

뿐만 아니라 국제화의 급속한 진전으로 외국의 문물이 국내에 급속하게 진입하면서 서구의 가치와 이웃 국가의 가치 등이 뒤섞여 우리 사회에 대부분의 사람들이 합의하는 가치를 찾아내기가 힘들어졌다. 이러한 현상의 결과로 우리 사회는 이미 다양한 가치를 지닌 다양한 사람들이 함께 어울려 사는 사회가 된 것이다. 이러한 현상을 반영하듯 최근 우리 사회와 사회복지영역에서도 많은 관심의 대상이 되고 있는 다문화가족, 새터민가족, 다양한 형태의 가족유형, 외국인 노동력의 증가와 관련된 인권침해, 심각한 양극화 현상에서 파생된 신빈곤층에 대한 지원과 제도, 개입 등에서 사회복지사는 두 가지 이상의 상충되는 가치문제를 만나서 딜레마를 겪는다. 예를 들면, 여성결혼이민자나 외국인 노동자와 내국인 남편이나 사업주 간의 폭력이나 임금과 관련된 갈등문제와 의료, 법률적 문제 등과 관련하여 개입할 때, 국적을 떠나 클라이언트 보호와 원조에 최선을 다하는 것과 법률과 인권문제에 휘말리는 것을 별로 탐탁해하지 않는 기관이 추구하는 정책과 상충될 때 사회복지사는 자신이 지니는 가치로 갈등과 딜레마에 봉착할 수 있다.

(2) 사회복지사로서 개인적 성장

사회복지사가 실천현장에서 다양한 클라이언트를 원조할 때 자신의 지식, 기술에 부가하여 자신에 대한 정직한 성찰을 할 수 있는 것은 바로 사회복지사 개인을 위해서뿐만 아니라 클라이언트를 위해서도 갖추어야 할 자질이며 의무이기도 하다. 이는 곧 사회복지사로서 개인적 성장과 밀접한 관련이 있다.

다음은 사회복지사로서 자기성찰의 중요성을 인식하여 자신의 가치에 대한 인식증진을 도모하기 위하여 활용할 수 있는 '가치명료화 및 자기개방훈련활동'이다.

① 가치명료화

가치명료화 과정은 현재 사회복지사로서 자신이 살고 있는 현 시대와 자신에게 보다 적합한 가치를 스스로 발달시켜 나가는 과정이다. 가치란 "극히 개인적인 것으로서 그 개인의 행동에 영향을 끼치고 그의 생각을 구체화하며, 그의 감정을 조절토록 하는 인간존재의 가장 중심에 있는 어떤 실체"를 의미한다(Hall, 1973). 더 나아가 사회복지사로서 '참된 가치'란 신념, 목적, 태도 등의 수준에서 머무르지 않고, 개인이 그의 실생활에서 행동화하는 과정에까지 이르러야 한다는 것이다.

가치명료화 과정접근은, 첫째, 가치는 상대적, 주관적, 상황적이며, 둘째, 인간은 생래적으로 선하며 도덕적으로 완전을 지향하는 지향성을 지니는 동시에, 자기결정 및 선택의 자유를 위한 능력과 권리를 지닌 존재임을 전제로 한다. 그러므로 개인은 가치명료화의 과정을 통하여 그가 성장과정 동안 자신도 모르게 가지게 된 가치를 발견하는 한편, 자신과 현 시대에 보다 적합한 가치를 지속적으로 발달시킬 필요가 있다. 이를 위해서는 가치화의 과정을 학습하여 활용하는 것이 필요하다.

이러한 가치화의 과정은, 첫째, 스스로 선택하고, 둘째, 존중하며, 셋째, 실행하는 세 가지 과정적 단계를 기초로 하는데, 이를 토대로 사이먼과 하우 등(Simon & Howe et al., 1993)은 가치발달의 7단계를 다음과 같이 설명하고 있다.

- 선택함(choising): ㉠ 자유롭게 선택함, ㉡ 여러 가지 방향 혹은 대안 중에서 선택함, ㉢ 선택하기 전에 일어날 결과에 대하여 심사숙고한 다음에 선택함
- 존중함(prizing): ㉣ 자기가 선택한 바를 자랑스럽게 여기고 존중함, ㉤ 그 선택한 바를 공개적으로 확언함
- 실행함(acting): ㉥ 선택한 바를 행동으로 나타냄, ㉦ 이를 반복함으로써 생활화함

② 자기개방 체크리스트를 통한 가치명료화

가치발달의 7단계를 근간으로 '자기개방 체크리스트 실시를 통한 가치명료화 활동'을 사회복지사로서 개인적 성장을 위해 적용할 수 있는 방법으로 제시하였다. 이 활동

은 두 사람씩 짝이 되어 수행할 수 있다. 이 활동은 다섯 영역, 즉 ㉠ 일반성(generalities), ㉡ 가치 및 태도(value and attitude), ㉢ 감정(affect), ㉣ 정체감(identity), ㉤ 강점(strengths)과 약점(weakness)에서 각 해당 주제를 가지고, 두 사람이 각 주제에 대한 자신의 생각 및 느낌을 표현하는 것이다. 각 주제의 내용은 각자가 가지는 관심영역에 따라 다른 내용으로 융통성 있게 작성하여 사용할 수 있다.

체크리스트를 작성한 후 각 주제에 대해서, 먼저 한 사람이 묻고, 상대가 대답하는 형식을 취한다. 질문을 하는 역할과 대답을 하는 역할은 서로 번갈아 진행한다. 자신의 장점 및 잠재적 능력을 강조하면서 자신이 살 만한 가치가 있다는 것을 설명하고 각자 자신이 쓴 내용을 바탕으로 자기주장을 발표한다. 이때 상대방은 발표하는 사람에게 지지적으로 반응해야 하며, 덧붙여야 할 긍정적인 면이 있다고 생각하면 말해 준다. 이 활동에 참여한 학생들이 작성하여 제출한 체크리스트 자료를 통하여 학생들의 가치가 명확해지고 이것이 구체적으로 생활에서 실천될 수 있도록 사이먼과 하우의 가치발달의 7단계의 행동화를 격려하는 것이 중요하다.

연구문제

1. 해결중심모델에 관한 설명으로 옳지 않은 것은? (2015 제13회 기출문제)

① 이론적이고 규범적이다.
② 변화를 불가피한 것으로 인식한다.
③ 현재와 미래를 지향한다.
④ 클라이언트와의 협동작업을 중시한다.
⑤ 사회복지사는 변화촉진을 위한 질문자 역할을 수행한다.

2. 부부상담에서 부인이 성장기에 겪었던 주요 생애경험을 파악할 때 사용하는 도구는? (2014 제12회 기출문제)

① 생태도
② 원가족척도
③ 관계평가척도
④ 가족생활력표
⑤ 가족관계망지도

3. 자신의 상황이나 능력에 대해 회의하고 있는 클라이언트에게 사회복지사가 신뢰를 전달함으로써 클라이언트의 자신감을 회복, 향상시키는 의사소통기술은?

① 격려기술
② 재보증 기술
③ 일반화 기술
④ 환기법
⑤ 조언기술

4. 가계도를 통해서 파악할 수 없는 것은? (2013 제11회 기출문제)

① 가족 내 삼각관계
② 가족 내 하위체계 간 경계의 속성
③ 종단 · 횡단, 종합 · 통합적인 가족의 속성
④ 가족구성원 역할과 기능의 균형상태
⑤ 개인 및 가족의 환경과의 교류

5. 다음 중 관찰기술에서 파악해야 할 내용이 아닌 것은?

① 클라이언트의 언어적 표현과 비언어적 표현의 일치 여부
② 사고방식이 건전한지 유무
③ 특이한 몸짓이나 표정, 음성의 변화 유무
④ 어떤 주제의 반복적 제시 유무
⑤ 어떤 한 가지 문제에 대해 전후 진술의 일치 유무

Chapter 09

지역사회복지

우리나라는 1995년 동시 지방선거로 지방자치단체장을 민선으로 뽑으면서 본격적인 지방자치시대가 시작되었다. 2003년 지방분권의 비전과 청사진을 담은 "지방분권 로드맵"을 발표하고, 지방분권 3대 특별법의 하나인 「지방분권특별법」을 제정하였다. 2003년 「사회복지사업법」 개정을 통해서 지역사회중심의 지역사회복지계획의 수립과 지역사회복지협의체 구성 그리고 사회복지사업비의 지방이양 등 다양한 변화를 모색해 오고 있다. 이와 같이 사회복지실천을 구현하고, 추구하기 위해서는 중앙집권적 접근보다는 지방분권적 접근이 중요하고 필요하다고 하는 것은 피할 수 없는 사실이다.

그리고 신사회적 위험인 아동, 장애인, 노인 등의 돌봄의 문제가 사회복지의 주요한 화두로 대두되면서, 정부는 2018년부터 지역사회와 지역 커뮤니티를 기반으로 한 지역사회 통합돌봄(커뮤니티케어) 기본계획을 수립하여 추진하고 있다. 이처럼 지역사회복지는 지역사회의 복지향상을 위한 포괄적 접근방법으로서 전문 또는 비전문 인력이 지역사회 수준에서 개입하여 각종 제도에 영향을 주고, 활동을 통하여 지역사회의 문제를 예방하고 해결하기 위한 사회적 노력이라고 이해할 수 있다.

이 장에서는 지역사회복지의 정의, 지역사회복지의 목표, 지역사회복지의 실천유형, 지역사회복지의 추진방법, 지역사회복지실천 기관에 관해 살펴보고자 한다.

Key Words

지역사회조직화, 지역사회복지의 목표, 주민참여, 통합적 접근, 지역사회 통합돌봄(커뮤니티케어), 지역사회보장계획, 지역사회개발, 사회복지운동, 재가복지, 지역사회개입, 지역사회복지실천, 사회복지관, 사회복지협의회, 사회복지공동모금회, 지역사회보장협의체

* 본 장은 박경일 외(2017)의 『사회복지학 강의』 교재 9장(사지역사회복지 – 전광현)의 내용을 중심으로 일부 내용을 수정 보완하였음.

1. 지역사회복지의 정의

1) 지역사회복지의 개념과 이해

지역사회복지란 주민이 지역사회에 있어서 자립된 생활을 할 수 있도록 하기 위해 필요한 서비스의 통합 · 조정, 복지의 증진과 예방활동, 복지환경의 증진, 주민참여활동의 지원 등을 통하여 복지커뮤니티 형성을 지향하는 복지활동의 총체를 말한다. 이는 지역사회의 복지를 증진시키기 위한 사회복지의 한 실천방법이기 때문에 지역사회복지의 초점은 지역사회(community)에 있다.

사회복지에서 지역사회 혹은 지역의 문제에 관심을 가져야 하는 이유는 무엇보다도 '환경 속의 개인'이라는 관점이 사회복지실천과정에서는 중요하기 때문이다. 즉, 지역사회는 상당수의 사람들이 사는 곳이고, 문제들이 존재하며, 동시에 문제해결에 활용될 수 있는 자원들이 존재하는 곳이다. 또 지역사회 수준에서 변화가 일어나도록 하기 위해서는 지역사회의 역사와 전개과정뿐 아니라 현 상황에 대한 이해도 필요하다. 마지막으로, 지역사회는 끊임없이 변화하는 곳이라는 것이다. 즉, 지역의 권력구조, 경제구조, 주민의 문제 및 역할 등에 따라 변하기 때문에 지역사회에 대한 이해는 이러한 변화를 인식하고 해석하는 데 도움이 된다.

지역사회는 보는 관점에 따라 다양하게 규정될 수 있지만(Anderson & Carter, 1990: 95-96), 기본관점은 물리적 장소를 강조하는 정도에 따라 크게 두 가지로 구분된다. 먼저 지역사회를 장소(as place)로 이해하는 경우가 있다. 이 경우 지역사회는 "주거와 생계를 위해 제한된 영역상의 공간을 공유하며, 이러한 공간 속의 공유과정에서 생겨나는 특징적인 사회적 행동양식을 마련함으로써 공통의 욕구를 충족시키기 위한 기능을 수행하는 곳"이다. 반면에 지역사회의 비장소성(as nonplace)을 강조하기도 한다. 지역사회는 "주요한 사회기능(즉, 재화와 서비스의 생산-분배-소비, 사회화, 사회통제, 사회참여, 상호부조 등)을 수행하는 사회적 단위체와 체계의 결합"이기도 하고, 또는 "장소와는 직접적 관계없이 다른 구성원과 나누고 있는 연대의식이나 정체감"을 중심으로 지역사회가 형성되기도 한다. 즉, 지역사회는 지리적 영역과 기능적 요소뿐 아니라 심리적 측면까지도 포함하는 사회조직체로서 이해할 수 있다.

2) 지역사회복지 개념화의 역사적 변천

지역사회복지에 대해서 어떻게 인식할 것인지는 어떠한 인식의 틀을 가지고 있는지에 따라 그 개념과 실체도 달라진다. 지역사회와 커뮤니티가 그러함과 같이 입장과 목적과 방법에 따라서 달라짐이 유사하다. 예를 들면, 역사적인 어떤 사실과 현상을 지역사회복지라고 할 것인지에 대해서 인식함에 있어서도, 현대사회가 과제로 인식함에 있어 그것을 보는 방법과 생각의 영향을 받는다는 것을 굳이 말로 표현할 필요조차 없을 것이다.

지역사회복지의 교과서에서는 그 역사적 사실로서 반드시 COS(Charity Organization Society) 운동과 인보관(settlement) 운동도 그 예로 들고 있다. community chest와 community development도 지역사회복지에 대한 역사가 논하여질 때 항상 언급되곤 한다. 그러나 이러한 활동과 조직은 어떠한 이유로 지역사회복지의 범위에 속한 것일까? 이런 역사적 사실로 인식되는 그 본질은 어떻게 설명될 수 있는 것일까?

지역사회복지의 개념화를 ① 활동(분야)적 접근, ② 방법(기술)적 접근, ③ 정책적 접근, ④ 사상(이념)적 접근으로 설정해서 생각해 보면, 다음과 같이 이해할 수 있을 것이다.

즉, 역사상에 나타난 인보관 운동과 community chest(공동모금) 또는 민간복지협의회(사회복지협의회)는, 지역사회복지를 하나의 활동과 분야로 취급하고 있는 것으로, 초기단계의 형태로는 거의 활동(분야)에 포함된다.

방법(기술)적 예로는, community organization과 community work를 들을 수 있다. 최근에는 community social work와 community practice라고 하는 새로운 방법도 제기되고 있다. 이러한 것들은, 대개 기술과 방법으로 인식되고 있었지만, 실제로는 조직화활동과 단체 간의 조정활동 그 자체로서 이해되었고, 기술과 방법이 연결되어 이해되고 있었다. 또는 조사법, 소집단활동(group work), 홍보기법, 집회 · 회의의 기술, 계획기술 등의 각종 기법 · 기술의 복합화와 social work의 통합화 속에서 정리되어 왔다고 해도 좋을 것이다. 즉, 지역사회에서 발생한 여러 생활문제를 주민과의 연대와 협동으로 해결하는 수법과 활동, 과정이라는 용어로 바꾸어서 불러도 좋을 것이다. 발전된 이러한 기술도, 사실은 settlement movement와 공동모금활동, 시민복지활동(볼런티어활동) 속에서 태어난 것으로, 그 역사는 자선조직화 운동까지 되돌아갈 수 있다.

지역사회복지활동의 확대와 조직화 기술의 혁신과 보급의 결과로, 정책에 반영되었던 것이 community development이고 나중에 영국에서 정책화된 것이 community care이다. 주로 민간단체, 시민단체 사이에서 활용되었던 community organization의 기술과 실천방법은 중앙정부, 지방정부의 지역정책으로서도 도입된다. 이러한 것들이 정책적 접근에서의 유사 개념이 될 것이다. 특히 community development는 공적 재정 · 기술 그리고 주민의 제안에 의해 전개된 공사협동의 지역정책이라고도 말할 수 있지만, 대상인 지역주민의 생활문제의 공동적 해결을 공적 기관이 재정적 · 기술적으로 지원한 것이다. 한편 community development를 직역하면 지역개발이 되지만, 산업개발 우선의 지역개발이 아닌, 사회생활의 개선과 향상 또는 주민의 인간관계의 회복 등 생활우선의 지역개발, 마을 만들기이기 때문에 사회개발 또는 공동사회개발이라고 표현해야 좋을 것이다.

마지막으로 사상(이념)적 접근으로서의 지역사회복지에는 정상화(normalization)의 이념과 복지커뮤니티의 사상, 장애인의 자립생활사상 등이 해당될 것이다. 정상화의 이념은 반드시 지역사회복지의 이념에 포함시킬 수 있는 것은 아니지만, 광의의 사회복지의 궁극적 이념이라고 말할 수 있으므로, 그 실현에 있어서는 바로 지역사회 내에서 구체적으로 실현될 수 있는 것이다. 이런 의미에서 무엇보다 더 지역사회복지에 가까운 이념이라고도 말할 수 있을 것이다. 개략적으로 말하면, 장애인을 일반시민으로서 인정하지 않는 사회는 취약한 사회이며, 정상적 사회라고 말할 수 없을 것이고, 장애인에게 있어서도 일반시민과 같은 생활을 영위하는 것은 정상적 생활이라는 사상이다. 지역사회에서의 통합화 환경 만들기와 연대가 있는 인간환경 만들기야말로 그 사상을 실천하는 그 자체라고 말할 수 있을 것이다. 복지커뮤니티에 대한 생각도 거의 정상화 사상에 가깝지만, 커뮤니티가 가지고 있는 자연적 치료력과 복지력을 주민운동과 사업 만들기에 활용하려고 하는 것으로서 명확하게 개념화되어 있지는 않다. 복지커뮤니티는 성별의 차이와 세대 간, 장애와 계층을 초월해서 형성된 지역사회 차원에서는 '다원적 사회'라고도 말할 수 있으며, 주민 각자에게 있어서는 주체형성의 장, 복지생활권이라고도 말할 수 있을 것이다(전광현 · 마끼사또 쯔네지 편저, 2010: 2-9). 지역사회복지 개념화를 몇 개의 차원으로 설정해서 살펴보는 것도 지역사회복지의 범위와 내용을 확정해 가는 방법이다.

이상에서 살펴본 바와 같이 지역사회복지는 지역사회의 문제를 해결하거나 지역주민의 문제해결능력을 고취시켜서 이들의 삶의 질과 복지를 증진시키기 위해 전개되는 사회복지의 조직적이고 전문적인 실천과정이며 활동노력인 것이다.

이 개념을 범주화시킨 것이 [그림 9-1]의 지역사회복지의 개념 구성이다.

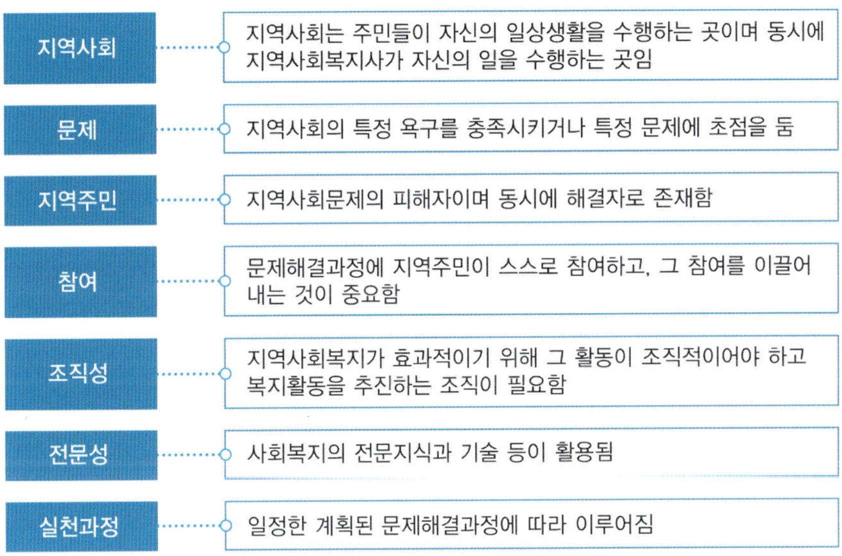

[그림 9-1] **지역사회복지의 개념 구성**

2. 지역사회복지의 목표

지역사회복지가 사회복지의 중요한 실천방법으로 추구하고자 하는 목표는 무엇일까? 그것은 이상적 지역사회(ideal community), 혹은 능력 있는 지역사회(competent community)를 형성하는 것이다. 지역사회의 능력을 "문제를 성공적으로 해결하기 위해 노력할 수 있는 힘"이라고 한다면, 능력 있는 지역사회란 "지역사회에 존재하는 다양한 구성요소들이 지역사회의 욕구와 문제를 밝혀내기 위해 협력할 수 있고, 목표와 우선순위에 대한 잠정적 합의를 이끌어 낼 수 있으며, 합의된 목표를 달성하기 위한 수단과 방법에 동의할 수 있고, 필요한 조치를 협력하에 취할 수 있는 것"(Cottrell, 1976: 403)이다.

이러한 능력 있는 지역사회가 되기 위해서는, 첫째, 지역주민이 자신의 지역사회에 대해 관심을 가지고 있어야 하고, 둘째, 지역사회 관련 이슈에 관해 효과적으로 의사를 표현할 수 있어야 하며, 셋째, 주민이 목표를 달성하고 이를 달성하는 과정에 참여할 수 있어야 하며, 마지막으로는 지역 내 다양한 집단 사이에서 비롯될 수 있는 갈등을 처리할 수 있는 절차가 마련되어 있어야 한다.

이러한 목표 이외에도 여러 학자들이 지역사회복지의 목표를 제시하고 있다(〈표 9-1〉).

〈표 9-1〉 학자별 지역사회복지의 목표

학자	목표	내용
Dunham (1970)	과업중심의 목표	지역사회의 특정 요구를 충족시키거나 특정 문제를 해결하기 위해서 취하는 구체적 과업완수에 역점을 둠
	과정중심의 목표	지역주민이 문제를 해결할 수 있는 능력을 갖도록 해 줌
	관계중심의 목표	지역사회 구성요소 간의 사회관계에 있어서 변화를 시도하는 데 역점을 둠
Rothman (1974)	과업중심의 목표	지역사회에 한정된 문제해결 자체에 초점을 둠
	과정중심의 목표	지역사회의 일반적 능력향상에 관심을 둠
Perlman & Gurin (1972)	지역사회참여와 통합의 강화	집단과 조직 간의 적응과 협동적 관계
	문제대처능력의 고양	의사소통과 상호작용의 수단 향상
	사회조건과 서비스의 향상	욕구충족과 문제해결을 위한 서비스와 방법 개발
	불익집단의 이익 증대	역량과 참여강화를 통한 이익증대
Weil & Gamble (1995)	지역주민의 삶의 질 향상	철도 건널목 설치, 장애인을 위한 교육기회 확보 등
	지역사회의 이익 대변	장애아동, 여성 등의 사회적·정치적 권리 확보
	인간중심의 사회경제적 개발	의사결정과정에 주민참여보장과 풀뿌리 지도력 구축
Weil & Gamble (1995)	서비스와 프로그램 계획	학대당하는 여성을 위한 서비스 개발 등
	서비스의 통합	기존의 서비스를 지방, 전국적 차원에서 통합
	정치 및 사회행동	평등실현을 위한 제도변화 노력
	사회정의의 실현	일본군 위안부에 대한 지원책 마련 등

출처: 최일섭·류진석(1997: 40-44) 재구성.

3. 지역사회복지의 실천유형

1) 지역사회복지의 세 가지 실천유형

지역사회복지 증진을 위한 지역사회 변화의 실천방법 중 포괄적이며, 전통적으로 강조되고 있는 것은 로스만(Rothman)이 1964년 처음으로 제시한 후 계속해서 수정, 보완해 오고 있는, ① 지역사회개발(locality development), ② 사회계획(social planning), ③ 사회행동(social action)의 세 가지 유형이다(1995: 26-63).

① **지역사회개발**은 지역사회의 변화를 위해 목표설정과 실천행동 등에 주민참여를 강조하는 방법으로서, 인구구성이 동질적이고 목표에 대한 합의를 쉽게 달성할 수 있는 지역사회에서 적절한 기능을 수행한다. 이 유형은 자조와 지역사회 내 여러 집단 간의 전체적인 조화를 목표로 한다.

② **사회계획**은 지역사회의 문제해결을 위한 기술적이고 계획적인 과정이 강조되는 유형으로서, 문제해결을 위한 합리적 계획수립과 통제된 변화가 중시된다. 이 유형은 일정한 사회자원이 존재하고 있어도 주민 간의 욕구와 이해가 복잡하게 얽혀 있는 상황에 유효하게 적용된다. 사회계획에서는 지역사회개발에서 강조하는 주민참여를 촉진시키는 기법보다는 문제해결방안과 객관적 최선책을 계획하는 전문적 능력이 중시된다.

③ **사회행동**은 지역사회 내에서 불이익을 당하고 있는 주민이 조직화를 도모하여 발언권과 의사결정권을 획득하고 사회자원을 개선, 개발하거나 권력기구를 변혁시키는 활동이다. 즉, 사회자원의 불평등 배분 등의 원인으로 주민 간 이해가 대립되어 주민 간 합의도출이 유효하게 대응하지 못하는 경우에 사용된다. 〈표 9-2〉는 세 가지 실천유형을 열두 가지 실천변수에 따라 정리한 것이다.

〈표 9-2〉 **지역사회복지의 세 가지 실천유형**

구분	모델 A 지역사회개발	모델 B 사회계획	모델 C 사회행동
1. 지역사회활동의 목표	지역사회의 활동능력과 전체적 조화; 자조(과정목표)	지역사회의 기본적 문제해결(과업목표)	권력관계와 자원 및 기본적 제도 변화(과업 혹은 과정목표)
2. 지역사회의 구조와 문제상황에 관한 전제	지역사회의 상실, 아노미; 관계와 민주적 문제해결능력의 결여; 정태적인 전통적 지역사회	기본적 사회문제; 정신 및 신체상의 건강문제, 주택문제, 레크리에이션 등	사회적 고통을 당하고 있는 사람; 사회의 부정의, 박탈, 불평등
3. 기본적 변화전략	자신의 문제규정과 해결에 있어서 광범위한 사람들이 참여하는 것	문제에 대한 사실수집과 가장 합리적인 행동조치에 대해 결정하는 것	쟁점사항을 구체화시키고 대항 표적에 대해 조치를 취할 수 있도록 사람을 동원하는 것
4. 특징적 변화전술과 기술	합의; 지역사회의 여러 집단과 여러 이익 간의 상호 교류; 집단토의	합의 혹은 갈등	갈등, 대결, 직접적 행동, 협상
5. 실천가의 대표적 역할	촉매적 조력자, 조정자; 문제해결기술과 윤리적 가치관에 대한 교육자	사실수집자와 분석자; 프로그램 추진자, 촉진자	행동적 옹호자; 선동자, 중개자, 협상자, 파당
6. 변화의 수단	과업지향의 소집단 활용	공식적 조직과 객관적 자료의 활용	대중조직과 정치과정의 활용
7. 권력구조에 관한 지향성	권력구조의 구성원은 공동사업을 해 나가는 협력자	권력구조는 고용주와 후원자	권력구조는 활동 외부에 있는 표적물; 공격당하고 파괴되어야 하는 압제자
8. 대상 지역사회의 범위	지리적 측면의 지역사회 전체	지역사회 전체 혹은 지역사회의 일부	지역사회의 일부
9. 지역사회구성원 간의 이해관계에 관한 전제	공통되는 이해 혹은 조정 가능한 차이로 봄	조정 가능하거나 갈등상황으로 봄	쉽게 조정할 수 없는 힘든 갈등상황으로 봄; 자원의 희소성
10. 수익집단의 개념	시민	소비자	희생자
11. 수익자의 역할	상호작용적 문제해결 과정에 대한 참가자	소비자 혹은 수혜자	고용주, 임명자, 동료
12. 임파워먼트의 활용	협동적이고 능숙한 의사결정을 내릴 수 있는 지역사회 능력 구축; 주민의 개인적 승리감 증진	소비자의 서비스 욕구 규명; 자신들의 서비스 선택사항을 이해함	수익자를 위한 실재적 권력을 획득함-지역 의사결정에 영향을 미칠 수 있는 권리와 수단; 참여자의 승리감 증진

* 로스만은 지역사회조직화의 대상자를 규정하면서, 클라이언트의 개념을 사용하지 않고 제5판(1995)에서는 수익자(beneficiareis)라는 개념으로 표현하고 있다.

출처: Rothman(1995: 44-45).

2) 지역사회 통합돌봄(커뮤니티케어)

1950년대 말 영국에서 태동한 지역사회 통합돌봄(community care)은 정신질환자의 탈시설화(deinstitutionalization) 그리고 정상화(normalization)의 차원에서 진행되었다. 하지만 커뮤니티케어가 발전과정에서 정신보건뿐 아니라 노인, 장애인 등 다양한 영역에 확대 · 적용이 이루어지게 되었다(박성준, 2019: 6).

지역사회와 지역 커뮤니티를 핵심 개념으로 하는 지역사회 통합돌봄은 노인과 장애인 등 돌봄(care)이 필요한 지역주민들이 자기 집이나 그룹홈 등 지역사회(community)에 거주하면서 개개인의 욕구에 맞는 서비스들을 누리고, 지역사회와 함께 어울려서 살아갈 수 있도록 보건의료, 요양, 돌봄, 주거, 독립생활 지원 등의 서비스가 통합적으로 제공되는 지역주도형 사회서비스 정책을 의미한다(보건복지부, 2018). 또한, 돌봄서비스가 부족하여 요양병원 및 요양시설 등 입원 · 수용되어 있는 환자들이 퇴원 후에 지역사회에서 살아갈 수 있도록 개개인의 욕구에 맞는 복지, 보건의료, 생활 지원 등의 서비스가 제공되는 체계라 할 수 있다(보건복지부, 2018). 이처럼 지역사회 통합돌봄은 시설이나 병원이 아닌, 자신의 집이나 지역사회에서 인간의 존엄성과 최대한의 독립성을 유지하며, 사회적으로 고립 및 단절되지 않고 일상생활을 할 수 있도록 적극적으로 지원하는 것을 목적으로 하고 있다(최종현, 2022: 17).

정부는 2018년 지역사회 통합돌봄 기본계획을 발표하였고, 제2기 사회보장기본계획에 사회보장체계의 포용성 강화를 위한 한 전략으로 지역사회 중심의 통합적 서비스 이용체계 구축(지역사회 통합 돌봄 서비스)을 제시하였다. 지역사회 통합 돌봄 체계의 범주는 [그림 9-2]와 같다.

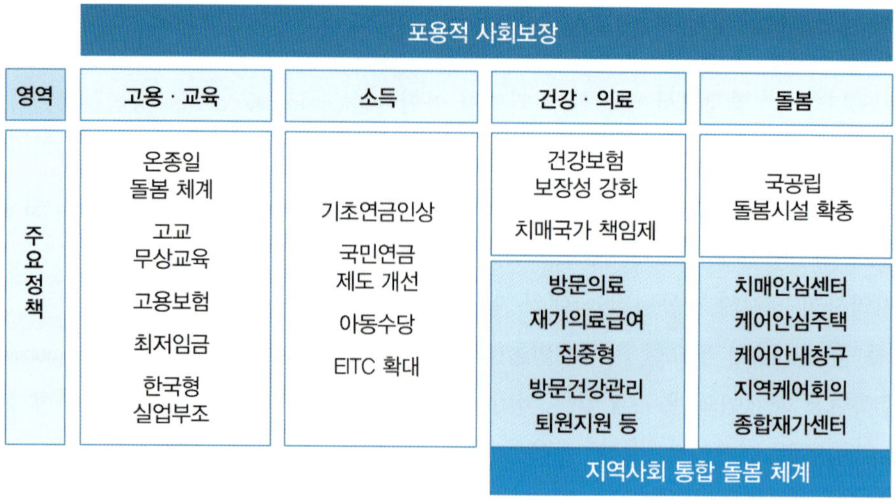

[그림 9-2] 지역사회 통합 돌봄 체계의 범주

출처: 보건복지부(2019). 제2차 사회보장기본계획(2019-2023). p.14.

커뮤니티케어 사업의 비전은 누구나 살던 곳에서 건강한 삶을 보낼 수 있는 포용국가로 2025년까지 커뮤니티케어 제공 기반의 구축을 목적으로 하며 핵심중점과제는 주거 · 건강의료 · 요양돌봄 · 서비스 연계로 구분되며 2026년까지 통합돌봄의 보편적 실행을 목적으로 추진되고 있다. 보건복지부는 커뮤니티케어 선도사업 추진계획을 수립하여 커뮤니티케어 사업 선정 및 추진을 위한 기준을 제시하였고, 2019년 4월 8개의 선도사업과 8개의 노인 예비형 선도사업을 선정하였다. 또한 6월부터 전국의 16개 지자체에서 지역주도성과 민관협력에 기반하여 커뮤니티케어 사업을 실시하였다(보건복지부, 2019: 장유미 외, 2022: 32).

4. 지역사회복지의 추진방법

지역사회복지의 증진을 위한 구체적 실천방법은 다양하게 제기되고 있으나 여기서는 대표적인 것을 중심으로 제시하고자 한다(上野谷加代子 · 山縣文治 · 松端克文 編, 2004: 117– 118).

1) 지역사회복지의 추진원칙

첫째로, 지역의 복지욕구에 따른 원칙이다. 지역의 복지욕구에는 긴급하게 대응해야 할 필요가 있는 욕구와 현행 제도나 서비스로서는 대응할 수 없는 것, 제도적 · 재정적으로 대응하기 곤란한 것 등이 존재한다. 따라서 지역주민의 문제가 복잡하게 연계되어 있으므로 현재 필요한 것을 중심으로 접근해야 한다.

둘째로, 지역주체의 원칙이다. 지역사회복지를 추진하는 데 있어서 이를 해결하기 위한 주체는 주민조직이나 관계기관(시설) 등이 있다. 한편 각 지역은 환경, 역사, 문화적 배경이 다르게 나타나고 있고, 문제해결을 위해서도 활동의 방법이나 조직의 운영이 다르게 나타나고 있다. 따라서 지역주민의 생활습관이나 가치관을 중시해야 하며, 돕는 자는 측면적 원조가 되어야 한다.

셋째로, 조직화의 원칙이다. 지역에서의 모든 활동은 조직에 의하여 실행되고 있다. 따라서 한 사람에 의존하는 것이 아니라 조직에 의거하여 움직여야 한다.

넷째로, 협동활동의 원칙이다. 목적이 다른 각종의 주민조직이나 관계기관 · 시설 등이 지역에서 공통의 복지과제를 해결하는 데 있어서 역할을 분담하여 활동하도록 원조하는 것이다. 이로 인하여 지역의 문제해결능력을 높일 수 있다.

다섯째로, 공사협동 · 분담의 원칙이다. 지역사회의 복지문제를 해결하기 위해서는 공사의 책임분담을 확실히 하고 문제해결을 위하여 파트너로서 협력 · 협동하는 것이 중요하다.

여섯째로, 사회자원 활용 · 개발의 원칙이다. 지역의 복지문제를 해결하기 위해서는 복지 · 보건 · 의료 등 여러 영역의 사회자원을 최대한 활용하거나 개발하여 서비스가 경직되지 않도록 할 뿐만 아니라 주민의 변화하는 욕구에 따라 적절히 자원을 개발하여야 한다.

2) 지역사회복지의 추진과 욕구파악

지역사회복지를 추진하기 위해서는 해당 지역의 실정에 맞게 전개될 필요가 있다. 이를 위해 주민의 생활실태나 복지과제 등 복지욕구를 파악하기 위해 노력하여 복지욕구에 의거하여 지역사회복지를 추진하는 것이 지역사회복지의 출발점이다.

지역사회복지욕구의 파악은 크게 세 가지로 나눌 수 있다. 우선, 지역의 공통적인 사회적 복지욕구를 분명히 하여 그 해결을 위하여 필요한 사회자원을 동원, 개발하여 서비스의 양적 부분과 질적 부분, 또는 환경개선을 위하여 실시하는 것이다. 둘째는 주민 개인의 구체적 생활욕구로부터 출발하고 이를 해결하기 위한 하나의 접근으로 지역사회를 염두에 두고 서비스 계획을 수립하고, 아울러 욕구를 보편화하여 이를 해결할 수 있는 활동을 전개하는 것이다. 셋째는 지역주민은 물론 관계자의 의식 · 태도 문제를 분명히 하여 이를 개선하고 욕구를 자각하여 더 나아가 문제해결을 위한 동기를 부여하는 것이다.

주민의 생활과 가까운 기초지방자치단체를 중심으로 재가에서 생활이 가능하도록 복지가 전개되고 제도화되어야 한다(福祉士養成講座編集委員會 編, 1999: 100–101).

3) 사회지원 네트워크 구축

사회지원 네트워크란 개인을 둘러싼 가족, 친구, 이웃, 자원봉사 등에 의한 원조(비공식지원)와 공적 기관이나 전문가에 의한 원조(공적 지원)에 기초한 원조관계의 총체를 말한다. 이것의 기초개념에는 사회 네트워크, 사회지원 등이 있다. 사회 네트워크란 개인을 중심으로 하는 가변적이고 유기적인 인간관계 구조를 지향하여 서로 간의 관계성에 의거하여 개인을 이해하는 것을 말한다. 한편 사회지원이란 인간관계에서의 개인을 지지하는 기능을 지향하여 구체적 애정이나 신뢰와 같은 정서적 지원, 인적 · 물적 자원이나 정보와 같은 수단적 지원의 교환으로 개인을 이해한다.

사회지원 네트워크를 만든다는 것은 개인을 중심으로 한 비공식지원과 공식지원을 통하여 통합적 지원관계를 형성해 가는 것을 말한다. 이는 이용자인 개인을 대상으로 하여 지역사회에 존재하는 원조자원을 동원하는 것뿐만 아니라 생활자인 개인과 개인을 둘러싼 가족, 친구, 이웃, 자원봉사, 자조집단 등이 주체성을 갖고 이러한 원조관계를 형성하고 통합을 가능하게 하는 복지커뮤니티를 지향하는 과정이다(日本地域福祉學會 編, 2006: 422).

4) 주민참여

지역사회복지에서의 주민참여는 생활자인 주민이 그 생활을 영위하는 데 발생하는 여러 가지 문제를 협력받아 스스로 해결하기 위해 필요하다. 지역사회복지에서의 참여에는 두 가지 측면이 있다. 즉, 이용자 자신의 참여와 또 하나는 지역주민 입장에서의 참여이다. 이를 강조하는 이유에는 여러 가지가 있으나 중요한 것은 당사자와 주민문제에 이들이 배제된 가운데 서비스나 제도가 실시됨으로써 비효율적 문제 등이 발생할 수 있다는 것이다. 또한 제삼자에 의한 문제해결로 인하여 문제발생의 악순환이 나타날 수 있기에 이를 최소화하기 위한 방안이라고 할 수 있다.

지역사회복지에서의 참여는 여러 가지가 있을 수 있으나 자원봉사활동에의 참여와 지역사회복지계획수립에의 참여, 복지서비스 평가에의 참여, 복지정책수립에의 참여 등 다양한 형태의 참여가 있을 수 있다.

5) 지역사회보장계획

정부는 시 · 도가 처해 있는 복지환경과 활용가능한 복지자원을 고려하여 시 · 군 · 구 지역복지계획의 적절한 시행을 지원함으로써 시 · 도 전체적 복지수준을 높여 나가기 위하여 「사회복지사업법」에 근거하여 2006년부터 지역사회복지계획수립을 의무화하였다(보건복지부, 2006: 1). 제1기 지역사회복지계획은 2006년~2010년, 제2기 지역사회복지계획은 2011년~2014년, 제3기 지역사회복지계획은 2015년~2018년이다. 2015년 「사회보장급여법」(사회보장급여의 이용 · 제공 및 수급권자 발굴에 관한 법률)이 개정됨에 따라 2019년도에 수립되는 제4기 지역사회복지계획은 지역사회보장계획으로 명칭이 변경되었다.

지역사회보장계획 수립 및 시행의 취지는 4가지로 요약해 볼 수 있다. 첫째, 계획안을 통해 지자체 단위의 사회보장 수준과 변화 목표를 지역 주민을 비롯한 모든 관계자가 확인하여 지자체의 주도성을 향상시키다. 둘째, 지역에서 필요로 하는 복지를 창출하기 위하여, 공공, 민간, 지역사회 주민이 함께하는 작업의 토대 마련하여 합리적 사회보장 사업 운영 기반을 마련한다. 셋째, 지자체의 특수성을 기초로 하되 국가 정책의 보편적 방향을 반영하는 지역 정책을 설계하여 국가 사회보장사업 운영의 효율화를 도모한다.

넷째, 계획안의 기본 틀을 공유함으로써, 지자체 간의 상호 사회보장사업 이해와 벤치마킹, 상승 작용을 기대하여 전국의 균형적 사회보장을 추진한다(보건복지부, 2018: 4).

제4기 지역사회보장계획(2019년~2022년)은 「사회보장급여법」 제35조에 의거한 법정계획으로 지자체장은 지역사회보장에 관한 계획을 4년마다 수립하고, 매년 지역사회보장계획에 따라 "연차별 시행계획"을 수립하여야 한다. 제4기 지역사회보장계획의 수립 방향은 지자체의 재량 영역 확대 및 상향식(bottom-up) 의사반영 구조 강화, 「사회보장급여법」 시행에 따른 '지역사회보장' 계획의 취지 반영, 계획 구성의 간소화–합리화, 실효성 제고, 지역사회보장지표 및 통계 관리 체계의 합리화이다.

리빙랩(Living Lab)과 지역사회복지실천

리빙랩이란 Living과 Laboratory의 의미가 합쳐져 만들어진 단어로 일상생활 실험실, 살아 있는 실험실을 의미한다(성지은, 박인용, 2016). 리빙랩 방식은 사용자 주도(User-centered)의 문제해결 방식으로써 일상생활을 맥락(Real life context)으로 욕구를 도출하고 이를 토대로 이해관계자들이 공동으로 창조하는(Co-creation) 혁신적인 문제해결방식이다. 리빙랩은 최근 사회문제해결을 위한 과정에 적용되고 있는데, 기존 방식들에 비해 보다 실생활을 기반으로 한 당사자의 욕구 도출이 용이하고 이해관계자들의 참여를 통해 공동창조과정이 가능하도록 함으로써 당사자에게 더 적합한 해결방안을 찾는 데 매우 유용하다는 점을 강조하고 있다(박수경 외, 2020: 31).

이러한 맥락에서 최근 지역에서 유일한 시니어전용 영화관인 예비사회적기업과 대학교가 상호 협력하여 「예비사회적기업의 사회적 경제활동의 마케팅 지원과 노인들의 여가 및 문화생활 지원」을 위한 리빙랩을 실천하였다. 해당 프로젝트는 코로나19 전염병 펜더믹 상황에서 문을 닫게 될 위기에 처한, 영세 예비사회적기업의 사회적 경제활동을 돕고 무엇보다 지역 내 거주하는 노인들의 의미 있는 여가 및 문화생활을 지원하고자 실시되었다. 특히 지역 내 대학교 사회복지학과와 예비사회적 기업, 그리고 지역의 시니어클럽이 협업하여 다양한 형태로 예비사회적기업의 마케팅을 돕고 고전영화관을 지역의 노인복지 관련 시설들과 노인들에게 홍보하기 위한 활동을 펼쳤다(출처: 동명대학교, 2021, 2021학년도 TU-Living Lab. 결과보고서)

또한 지역사회복지관과 지역 대학교가 「재난 취약 계층 밀집 지역인 영구임대아파트 지역의 재난 전달체계 모델 구축」을 위한 리빙랩를 적용한 사례가 있다. 리빙랩을 시행한 배경은 국민기초생활수급자와 독거노인, 장애인세대, 노인부부세대, 한부모 가정 등 사회 취약계층이 밀집되어 있는 영구임대아파트 입주민들의 80% 이상이 응급구조 및 재난 관련 행동요령에 대한 교육 경험이 없어서 재난에 취약한 것을 발견하였다. 이에 재난 전달체계 구축을 통한 국민안전의식 향상을 위한 교재 개발과 영구임대아파트 입주민의 국민안전의식 변화를 이끌어 내기 위해서였다(출처: 동서대학교 2021학년도 DSU-Living Lab. 결과보고서).

5. 지역사회복지실천 기관

지역사회복지을 실천하는 대표적인 기관은 사회복지관, 사회복지협의회, 사회복지공동모금회, 지역사회보장협의체 등이 있다(김인숙 · 윤기혁 · 박선희, 2020: 105-110).

1) 사회복지관

사회복지관이란 지역사회를 기반으로 일정한 시설과 전문 인력을 갖추고 지역주민의 참여와 협력을 통하여 지역사회복지문제를 예방하고 해결하기 위하여 종합적인 복지서비스를 제공하는 시설을 말한다. 지역사회복지란 주민의 복지증진과 삶의 질 향상을 위하여 지역사회차원에서 전개하는 사회복지를 말한다. 사회복지관은 사회복지서비스 욕구를 가지고 있는 모든 지역사회주민을 대상으로 보호서비스, 재가복지서비스, 자립능력 배양을 위한 교육훈련 등 그들이 필요로 하는 복지서비스를 제공하고, 가족기능 강화 및 주민 상호 간 연대감 조성을 통한 각종 지역사회문제를 예방 · 치료하는 종합적인 복지서비스 전달기구로서 지역사회주민의 복지증진을 위한 중심적 역할을 수행하여야 한다.

2) 사회복지협의회

사회복지협의회는 직접적 서비스를 목적으로 하는 조직은 아니다. 각종 사회복지서비스를 목적으로 설립된 법인의 대표, 사회복지서비스의 외곽에 속하는 각계 대표, 협의회나 연합회와 같은 권역별 협의 조직의 대표, 사회복지 전문가 등이 참여하여 지방 혹은 전문 단위의 민간차원 사회복지를 협의 · 조정하는 2차적 조직이다. 민간부문을 대표하는 기구로서 전문 혹은 지방단위에서 대내 및 대외 관계에서 막중한 역할을 담당하고 있다. 「사회복지사업법」 제33조에 의거하여 사회복지에 관한 조사연구와 각종 복지사업을 조성한다. 또한 협의회 정관에 따라 사회복지에 관한 조사연구와 각종 복지사업을 조성하고, 사회복지사업과 활동을 조직적으로 협의 조정하며, 사회복지에 대한 국민의 참여를 촉진시킴으로써 우리나라의 사회복지 증진 발전에 기여한다.

3) 사회복지공동모금회

사회복지공동모금회는 기부문화의 정착과 확산, 배분사업을 통한 민간복지의 발전을 위해 「사회복지공동모금회법」에 의해 설립된 법정 민간모금 및 배분전문기관이다. 일반적 측면에서 공동모금이 갖는 의의라면 민간재원에 의한 공공재원의 보완, 지역사회의 참여를 통한 사회적 책임의 공유, 모금의 조직화에 의한 기부자 부담의 중복성 해소, 민간부문의 자율성 확대 등을 들 수 있고, 현행공동모금회의 구체적 의미로는 지역사회모금을 민간주도로 전환시키게 된 점과 사회복지에 대한 민간부문의 역할을 재설정할 계기를 마련했다는 점을 들 수 있다.

일반적으로 공동모금이 갖는 목적은 지역주민의 욕구를 충족시키기 위하여 기부금을 통한 민간사회복지의 재원을 조성하는 것이며, 기부금을 통해 민간사회복지기관 재정운영의 안정성을 부여하여 사회복지서비스 프로그램의 전문화 및 질적 수준을 제고시킬 수 있는 기회를 제공한다.

4) 지역사회보장협의체

지역사회협의회가 민간사회복지기관의 협의조정기관이라 한다면 지역사회보장협의회체는 민·관 네트워크의 상설적인 체계라고 할 수 있다. 지역사회복지의 대표적인 네크워크 조직으로 부상한 지역사회보장협의체는 2003년 7월 30일 개정된 「사회복지사업법」에서 설치근거를 마련하였으며 본격적인 시행은 2005년 7월 31일부터이다. 그리고 2014년도 「사회보장급여의 이용·제공 및 수급권자 발굴에 관한 법률」(이하 「사회보장급여법」으로 약칭) 제정으로 중앙부처와 유기적 연계를 통한 지역단위의 종합적 사회보장, 지역 간 사회보장의 균형발전을 위한 지원체계가 정비되면서 지역사회보장협의체의 기능 확대 및 활성화의 전기가 마련되었다.

〈표 9-3〉 **지역사회보장협의체 성격 및 기능변화 추이**

구분	'05.7.31. 이전	'05.7.31.~'15.6.30.	'15.7.1. 이후
명칭	사회복지위원회	지역사회복지협의체	지역사회보장협의체
법적 근거	「사회복지사업법」 제7조	「사회복지사업법」 제7조의2	「사회보장급여법」 제41조
목적	• 사회복지사업에 관한 중요 사항을 심의 또는 건의	• 관할 지역의 사회복지사업에 관한 중요사항과 지역사회복지 계획 심의/건의 • 사회복지서비스 및 보건 의료 서비스 연계 · 협력 강화	• 지역사회보장계획, 지역사회보장조사 및 지표, 사회보장급여, 사회보장 추진 사항 등 심의 · 자문 • 지역의 사회보장 증진 • 사회보장 관련 기관 등과 연계 · 협력 강화
기타	시 · 도 및 시 · 군 · 구에 설치 · 운영	공공과 민간의 네트워크 강화를 통한 지역복지 거버넌스의 구조와 기능 확대	사회복지에서 사회보장으로 범주 확대

출처: 보건복지부(2022). 지역사회보장협의체 운영안내. p. 5.

지역사회보장협의체 운영 목적은, 첫째, 민 · 관 협력의 구심점으로서 지역사회보호체계 구축 · 운영, 둘째, 수요자 중심의 통합적 사회보장급여 제공 기반 마련, 셋째, 지역사회 내 사회보장급여 제공기관 · 법인 · 단체 · 시설 간 연계 · 협력으로 지역복지자원의 효율적 활용체계를 조성, 넷째, 민 · 관 협력을 통해 사각지대 발굴 및 지원 강화를 위해 읍 · 면 · 동 단위에 주민네트워크를 조직하는 것이다.

연구문제

1. 지역사회복지 개념화의 접근과는 거리가 먼 것은?

① 활동적 접근 ② 방법적 접근 ③ 경영적 접근 ④ 정책적 접근 ⑤ 사상적 접근

2. 지역사회복지의 추진원칙이 아닌 것은?

① 국가문제해결의 원칙 ② 지역주체의 원칙 ③ 협동활동의 원칙
④ 공사협동 · 분담의 원칙 ⑤ 조직화의 원칙

3. 다음 중 지역사회보장계획의 의의가 아닌 것은?

① 민 · 관 파트너십 형성 ② 종합행정으로서의 계획 ③ 자원조달과 적정배분
④ 공급주체의 다양화 ⑤ 공사의 개성적 접근

4. 사회복지협의회에 관한 설명으로 옳지 않은 것은? (2021 제19회 기출문제)

① 사회복지사업법에 근거를 둔 법정단체이다.
② 민 · 관 협력을 위해 시 · 군 · 구에 설치된 공공기관이다.
③ 한국사회복지협의회는 기타 공공기관으로 지정되었다.
④ 사회복지기관 간 연계 · 협력 · 조정 등의 업무를 수행한다.
⑤ 광역 및 지역 단위 사회복지협의회는 독립적인 사회복지법인이다.

5. 지역사회보장협의체에 관한 설명으로 옳은 것은? (2021 제19회 기출문제)

① 사회복지사업법에 법적 근거를 두고 있다.
② 10명 이상 25명 이하의 위원으로 구성하고, 임기는 2년이다.
③ 관할 지역의 사회복지사업에 관한 중요사항을 심의 · 건의한다.
④ 민 · 관 네트워크를 통한 지역복지 거버넌스 구조와 기능을 축소시킨다.
⑤ 실무협의체, 실무분과, 읍 · 면 · 동 협의체 간 수평적 네트워크 관계를 형성한다.

6. 지역사회복지실천의 원칙으로 옳지 않은 것은? (2022 제20회 기출문제)

① 지역사회 특성과 문제의 일반화 ② 지역주민 간의 상생협력화
③ 지역사회 특징을 반영한 실천 ④ 지역사회 구성원 관점의 목표 형성
⑤ 지역사회 문제의 구조적 요인을 고려한 개입

Chapter 10

사회복지조사

우리는 지식을 탐구할 때 경험을 통해 지식을 습득하기도 하지만(경험적 지식), 다수의 사람들이 사실이라고 믿고 있는 것을 지식으로 받아들이는 경우가 많다(합의적 지식). 사회복지현장에서도 과학적 절차를 통해 지식을 습득하는 과정이 필요하고 이를 '사회복지조사'라 할 수 있다.

- 지역주민들의 주요 욕구는 무엇이고, 그들이 원하는 사회복지서비스는 무엇인가?
- 청소년의 지위비행과 가족 내 사회적 자본은 어떠한 인과성을 가지는가?
- 사회복지관에서 실시하는 프로그램들에 참여한 아동들은 프로그램 참여 이전과 비교하여 어떠한 변화가 있었는가? 등은 사회복지실천현장에서 쉽게 제시할 수 있는 질문들이다. 즉, 우리가 사회복지실천에서 제기하는 질문이나 의문에 대하여 과학적 절차를 통해 그 해답을 구하는 과정이 사회복지조사이고, 이를 통해 사회복지서비스의 효과성, 이론화에 기여할 수 있다.

Key Words

과학, 조사, 사회복지조사, 가설, 독립변수, 종속변수, 연구설계, 표본, 모집단, 관찰법, 면접법, 질문지법, 내용분석법, 서베이, 개방형 질문, 폐쇄형 질문, 자료측정, 척도, 자료분석, 통계

* 본 장은 박경일 외(2017)의 『사회복지학 강의』 교재 10장(사회복지조사-이명현)의 내용을 중심으로 일부 내용을 수정 보완하였음.

1. 사회복지조사의 정의[1)]

사회복지라는 용어에 대한 일반인의 인식이 보편화되어 감에 따라 현대사회에 있어 사회복지실천은 용어 자체가 내포하고 있는 일반성에도 불구하고 단순한 개인적 차원의 선행과 구별되는 전문적 지위를 확보하고 있다고 한다. 이러한 지위를 확보하기 위해서는 사회복지만이 갖고 있는 독특하고 다양한 지식 및 기술의 체계가 필요한데, 이는 과학적 방법의 사용을 통해 이루어지는 조사에 의해 획득된다고 볼 수 있다.

1) 과학

과학(science)이란 지식을 습득하고 탐구하는 방법으로서 사물과 현상에 대한 지식을 객관적이며 과학적인 절차를 통해 얻는 과정과 절차라 할 수 있다. 그리고 이를 통해 얻은 지식을 응용하는 체계적 학문이라 할 수 있다. 과학은 대상영역에 따라 자연과학과 사회과학으로 분류할 수 있다. 자연과학이란 자연에 속한 여러 대상을 연구하여 상호 연관성을 밝히는 학문으로, 연구자의 개성이나 사회적 지위에 영향을 받지 않고 수학적 공식과 같은 분석방법에 의해 사고의 도식화가 강조된다. 반면 사회과학이란 실증적 연구방법에 의하여 사회현상을 다루는 과학을 통틀어 일컫는 말로서 사회문화적 특성에 영향을 받고 연구자의 가치관이나 세계관에 영향을 받는다. 그 밖에 인문과학이란 정치나 경제, 사회, 역사, 문예 등의 인류 문화에 관한 학문을 통틀어 일컬으며, 좁은 뜻으로는 자연과학이나 사회과학에 대하여 언어나 문화, 그리고 역사 등에 관한 학문을 일컫는다.

이렇게 다양한 특성을 지닌 과학은 경험적 사실의 관찰 및 조사를 통해서 논리성(logicalness)과 합리성(rationality)이 확보되어야 비로소 지식으로서의 가치를 인정받게 된다고 볼 수 있다.

1) 이하 내용은 김희년의 "사회복지조사"(박경일 외, 2009)를 참고하여 재구성하였다.

2) 조사

조사(research)란 진리추구의 한 방법으로서 지식탐구의 목적을 가지고 질문에 대한 해답을 찾고, 사실이나 원리를 규명하기 위한 체계화되고 표준화된 과학적 절차를 통해 지식을 얻는 것을 말하며, 사물 속에 있는 부분 간에 존재하는 논리적 관계, 즉 논리적 완전성(logical completeness)이 실제로 존재하는지를 경험적으로 입증하는 역할을 수행한다. 구체적으로 조사란 기존의 유용한 지식에서 부족한 부분을 보완하거나 경험적 증거를 통한 그릇된 개념(definition)을 반증하며 또한 새로운 관계나 일반화를 제시함으로써 기존의 지식형성에 기여하려는 목적이 있다. 그리고 주어진 현상에 대한 기술 및 설명을 통하여 그것을 예측하고 응용하며 통제할 수 있는 보편타당한 지식이나 이론의 발견에 의의가 있다고 하겠다. 조사의 종류로는 지적 이해와 지식 자체의 획득을 목적으로 하는 순수조사(pure research)와 실제 문제의 해결에 필요한 지식의 획득이 목적인 응용조사(applied research)로 구분할 수 있다.

3) 사회복지조사

사회복지조사(social welfare research)는 과학적 조사방법을 사용하여 클라이언트의 문제해결을 위한 지식의 축적과 효과적 실천기법을 개발하고 사회복지사의 개입 및 서비스 효과를 입증하기 위해서 필요하다. 구체적 특징으로는, 첫째, 사회적 약자의 문제를 다루는 개량적 특성이 강하고, 둘째, 계획적 서비스 제공과 서비스 효과성과 효율성을 평가하기 위한 도구, 셋째, 프로그램이나 대안이 복지욕구에 적합한 것인지 판단하는 시험적 특성, 넷째, 연구에 사용되는 용어들이 상세히 규정되고 연구절차가 명확히 설명되어 다른 연구자에 의한 반복적 조사가 가능하도록 조사의 공공성(公共性)을 확보하는 특성을 들 수 있다.

2. 사회복지조사의 필요성

사회복지가 사회구성원 모두가 빈곤이나 불행 없이 자유롭고 평등한 생활을 영위할 수 있는 사회를 이루기 위한 노력이라고 정의된다면, 복지사회를 이루기 위해서는 사회의 각종 문제, 즉 개인이나, 가족, 집단, 지역사회, 국가의 차원에서 나타나는 빈곤이나 소외, 장애, 불평등, 범죄 등의 다양한 문제를 해결하기 위한 사회적 차원의 노력이 도모되어야 한다. 그렇기 때문에 사회복지분야에 종사하는 인력은 사회에서 발생하는 문제의 본질을 정확히 이해할 수 있는 지식의 습득이 필요하고, 동시에 사회복지전문직의 실천적 속성상, 문제해결을 위해 실제로 필요한 실천지식도 요구된다.

1) 사회복지조사의 의의

사회복지조사는 사회 혹은 사회집단 내의 사회현상이나 실태를 주로 현장에 나가서 직접 관찰한 후에 기술하고 거기서 얻은 자료를 분석하여 필요한 자료를 획득하는 일련의 과정을 말하는데, 이는 중요한 사회적 의미를 지닌 사회적 욕구나 조건, 사회문제의 특성 등을 파악하고 이들을 개선 내지 해결하기 위한 계획수립에 필요한 자료를 과학적인, 즉 논리적이고 합리적인 방법을 사용한 수집을 통하여 궁극적으로 사회문제의 해결과 사회개혁을 추구하는 데 그 의의가 있다.

2) 사회복지조사의 목적

사회복지조사의 구체적 목적은, 첫째, 개인이나 가족, 집단 및 지역사회를 포함하는 사회사업대상에 대해 적절한 도움을 제공하기 위한 사회사업 프로그램을 계획하고 수행해 나감에 활용될 수 있는 지식을 산출하는 것이고, 둘째, 사회복지실천활동을 위한 기초적이고 실증적인 자료를 제공하고, 클라이언트 상황의 변화 및 실천활동에 대한 효과를 조사하여 과학적 검증을 통해서 사회복지의 과학성과 전문성 및 책임성을 향상시킬 수 있는 수단과 방법을 제공하는 것이다. 즉, 과학적 방법의 활용을 통해서만 사회복지의 효과적 실천이 가능하다고 할 수 있다.

3) 사회복지조사의 성격

사회복지조사는 다음과 같은 기준으로 그 성격을 규명해 볼 수 있다.

첫째, 사회복지조사를 통해 사회의 모순이나 병리를 해명하여 사회개혁이나 사회개량을 시도하기 위한 사회개량적 성격을 들 수 있다. 둘째, 일반적이고 현재적 형태의 사회적 필요성은 일반 사회조사에서 이해될 수 있지만 잠재적 형태의 사회적 필요성은 사회복지조사를 통하지 않고서는 이해가 불가능하기 때문에 필요하다는 사회적 필요성 이해의 성격을 들 수 있다. 셋째, 개별사회사업이나 집단사회사업 및 지역사회사업의 기초가 되는 인간이나 인간관계의 이해를 위해서 필요한 사회복지의 기초적 방법으로서의 성격을 들 수 있다. 넷째, 사회사업이 소기의 목적을 어느 정도 달성하였으며 효과를 어느 정도 거두었는가를 측정하기 위한 결과평가적 성격을 들 수 있다. 그리고 다섯째, 사회사업의 과학화를 추구하기 위한 성격으로 종래의 사회복지활동은 개개의 사회적 욕구에 따라 사업이나 활동이 수행되었으므로 사업이나 활동의 체계화나 그 과학성에 결함이 많았기 때문에 체계적 정리나 사회과학적 해명을 위해서는 사회복지조사의 선행이 필요하다.

3. 사회복지조사의 과정

1) 문제설정

사회복지조사를 시작할 때에는 먼저 연구문제를 정립해야 한다. 이는 조사에서 다루려는 주제나 목적 및 중요성과 이론적 의의 등에 관해서 명백한 구상을 갖고 이를 논리적으로 정립하는 단계라 할 수 있다. 문헌이나 토론 등을 통해 연구문제가 생기며 주로 연역적 또는 귀납적 방법을 통해 연구질문이 제시된다. 사회복지 연구질문은 해결해야 할 클라이언트나 사회문제에서 유래하며 대략적 연구질문이 정해지면 구체적 질문으로 다시 진술되어야 한다.

조사과정에서 연구질문 외에 조사가설이 설정되는 경우도 많다. 가설이란 연구할 현상들이 어떻게 관련될 것인지를 예측하는 것이다. 조사자들은 조사연구를 진행하면서 초기에 세운 가설을 검증하게 된다. 가설은 크게 두 가지로 구분할 수 있는데, '연구가설'이란 변수 사이에 기대되는 관계의 진술, 즉 연구결과에 의해 발견하기를 기대하는 가설이고, '통계적 가설'은 영가설(null hyhpothesis)이라고도 하며, 독립변수와 종속변수 사이에 관계가 없다고 진술하는 것으로 주로 통계처리 시에 영가설을 부인함으로써 가설이 존재함을 증명하는 방식을 취한다. 가설은 어떤 현상에 대한 설명을 요하는 설명적 연구에서는 반드시 필요하며 조사질문과 마찬가지로 이론, 문헌고찰, 동료나 클라이언트와의 상호작용으로 도출할 수 있다.

조사질문이 제기되고 나면 질문이나 가설을 기존 이론과 연결하기 위해 관련 문헌을 검토해야 한다. 즉, 연구주제와 관련된 이론에 관한 정보와 연구방법론적 정보 등의 선행 연구결과에 관한 정보를 획득함으로써 기존 지식의 확장 및 새로운 지식의 획득을 위한 기초를 제공받을 수 있으며, 더 나아가서는 특정 분야와 관련하여 어떤 연구가 필요한지를 알게 된다. 구체적 방법으로는 도서관에 있는 단행본이나 보고서를 이용하거나, 조사 주제에 관한 전문적이고 구체적인 저널, 데이터베이스를 통한 논문요약 및 원문 서비스를 이용한다.

2) 조사의 설계

조사의 설계는 건축의 설계도를 만드는 일과 같다. 즉, 연구문제에 대한 해답을 얻기 위하여 실제로 어떠한 방법을 사용할 것인가를 결정하는 것이다. 연구방법은 연구설계와 표본선정 및 표본선정방법 결정 등의 내용을 담는 것이다. 첫째, 연구설계란 연구문제에 대한 해답을 얻기 위하여, 즉 가설을 평가하기 위하여 어떠한 논리적 구조로서 자료를 수집할 것인가에 관한 설명을 하는 것을 말한다. 둘째, 표본선정 및 표본선정방법의 결정이란 조사대상, 즉 모집단을 선정하고, 표본선정을 위한 전략을 수립하고, 자료수집의 방법을 결정하고, 측정방법을 결정하는 일련의 과정으로 이루어진다.

3) 자료수집

자료(data)란 조사과정에서 수집되어 아직 분석되지 않은 정보이다. 자료수집은 문제의 성격과 연구범위에 따라 최대한 객관성을 높일 수 있는 방법을 사용해야 한다. 자료수집의 방법은 크게 1차적 자료수집과 2차적 자료수집으로 구분할 수 있다. 1차적 자료수집은 조사자가 직접 자료를 준비하는 것으로 실험, 개입, 관찰, 면접, 설문지 등을 통해 수집한다. 이에 비해 2차적 자료수집은 연구자가 직접 자료를 수집하는 것이 아니라 다른 연구자가 이미 수집한 자료를 활용하는 것으로 내용분석법 등이 사용된다.

관찰(observation)이란 사회적 상황에서 일어나고 있는 사건이나 현상 등을 목격하는 대로 그에 관한 정보를 기록하는 방법으로, 연구문제가 생소한 경우에 기본적 자료를 획득하기 위하여 문제형성이나 가설을 찾기 위한 탐색적 조사에 많이 사용된다. 면접(interview)이란 조사자가 알고자 하는 주제에 관한 정보나 의견, 신념, 태도 등의 자료를 수집하기 위하여 면접자가 응답자를 대면하거나 또는 전화를 통한 질문을 통하여 자료를 수집하는 방법이다. 설문지(questionnaire)는 질문에 대해 응답자 스스로 자신의 의견을 기입할 수 있도록 작성된 필답용 조사도구인 질문지를 사용하는 방법으로, 사회과학 분야에서 가장 보편적으로 사용되는 방법이다. 내용분석(content analysis)은 개인이나 사회의 의사소통기록물인 신문이나 서적, 잡지, 텔레비전, 라디오, 영화, 연설, 편지, 일기, 상담기록서, 녹음테이프 등을 통하여 연구대상자 또는 연구대상물에 대한 자료를 간접적으로 수집하는 방법으로, 인간의 의사소통기록물의 현재적 및 잠재적 내용을 객관적이고 계량적이며 체계적으로 분석하여 누가, 왜, 무엇을, 어떻게, 누구에게 전달해서 어떠한 효과를 가져왔는지를 추리하는 방법이다.

4) 자료분석

자료분석은 자료가 수집된 이후에 수집된 자료를 분석하고 해석(data analysis and inter-pretation)하는 일인데, 이는 이론 또는 실제적 목적과 관련해서 수집된 자료를 일반적으로 통계적 방법을 사용하여 분석하고 분석결과의 의미를 해석하는 과정이다. 이때 분석단위의 적용상 오류가 발생할 수 있는데, 예를 들면 '생태학적 오류(ecological fallacy)'의 경우 집단 또는 집합체에게 발견된 내용을 개인에게 적용할 때 발생된다. 즉, 특정 지역 노령화 비율이 높고, 그 지역에 특정 정당 지지율도 높다고 해서 해당 지역의 노인이 그 정당을 더 지지한다고 결론을 내리는 오류이다(황성동, 2006).

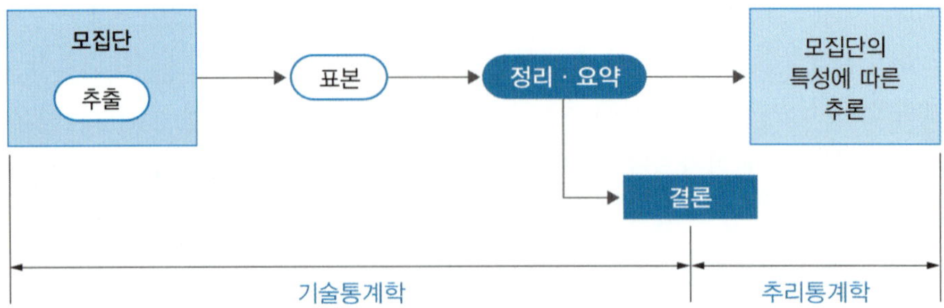

[그림 10-1] **기술통계와 추리통계의 비교**

통계기법은 통계의 목적에 따라 기술통계기법(descriptive statistics)과 추리통계기법(inferential statistics)으로 구분된다. 기술통계기법은 주어진 원자료(raw data)를 있는 그대로 의미 있는 형태로 정리하여 자료의 특징을 설명하는 것이고, 추리통계기법은 모집단에서 추출한 표본을 분석하여 모집단의 특성을 추론하는 것이다(김희년, 2004).

5) 조사보고서 작성

조사의 마지막 과정으로 보고서를 작성하게 된다. 조사의 시작부터 경험적 결론의 제시까지 조사연구의 전 과정을 일목요연하게 정리하는 것이다. 조사보고서는 연구결과뿐만 아니라 연구주제나 결과에 관심이 있는 사람들과의 자료공유와 의사소통도 목적으로 한다. 조사보고서에는, 첫째, 문제제기 및 연구필요성, 둘째, 조사방법에 대한 설명, 셋째 연구결과로 밝혀진 사실, 넷째, 연구 제한점과 후속 연구 제안 등이 포함되어야 한다.

4. 설문지의 구성과 작성

설문조사는 사회과학에서 단일정보수집도구로서 가장 널리 사용되는 방법이다. 사회복지사도 널리 사용하는 조사방법 중 하나며 사회복지기관에서 프로그램을 기획할 때나 수행된 프로그램에 대한 평가를 위하여 다양하게 활용할 수 있다. 자료수집방법으로서 설문조사는 우편, 면접, 전화 등을 통하여 응답자로 하여금 연구주제와 관련된 질문에 답하게 함으로써 체계적이고 계획적으로 실증적 자료를 수집하고 분석하는 방법이다. 설문조사는 모집단 전체를 대상으로 하지만 시간과 비용 등의 제약으로 인하여 모집단에서 추출된 표본을 대상으로 분석한 후 그것을 기초로 전체 모집단에 대하여 추론할 수도 있다.

1) 설문지의 구성요소

설문지의 구성요소로는, 첫째, 응답자에 대해 협조를 요청하는 부분으로, 이는 조사자나 조사기관의 소개, 조사의 취지에 대한 설명과 개인적인 응답항목에 대한 비밀보장에 대한 확신감을 갖게 해 줌으로써 조사의 응답률을 높이고 응답을 보다 쉽게 얻어내기 위한 부분이다. 둘째, 식별자료란 각각의 개별 설문지를 구분하기 위한 일련번호와 추후의 확인조사를 위해 응답자의 이름이나 조사 또는 조사를 실시한 면접자의 이름과 면접일시를 기록하는 부분이다. 셋째, 지시사항이란 각 항목마다의 응답방법이나 응답순서 등 응답자가 설문지의 모든 항목을 어려움 없이 완성하고 이를 조사기관이 회수하기까지의 모든 과정에 대한 상세한 지시사항이 수록되는 부분이다. 넷째, 필요한 정보의 획득을 위한 문항은 연구목적에 필요한 대부분의 자료, 즉 연구주제와 관련한 모든 정보가 수집되는 부분이다. 그리고 다섯째, 응답자의 분류를 위한 자료는 성별이나 나이, 교육수준 등의 응답자 특성을 파악하기 위한 자료이다.

2) 설문지 작성과정

설문지 작성의 전체 과정은 다음과 같다. 첫째는 설문조사를 통해 측정하려는 개념의 결정으로, 연구목적을 달성하기 위해서 필요한 개념을 결정하는 부분과 이런 개념을 어떻게 조작하고 측정할 것인가를 결정하는 두 부분으로 구성된다. 둘째는 자료수집방법의 결정으로, 예를 들면 우편이나 전화에 의한 조사, 또는 조사자에 의한 직접 면접조사 중에서 어느 방법을 선택할 것인지를 결정하는 단계이다. 자료수집을 위해 사용되는 방법은 대인면접법, 전화면접법, 그리고 우편조사법으로 구분할 수 있다.

(1) 설문지 작성목적과 범위 확정

설문조사를 통해 측정하려는 개념을 결정하고 연구목적의 가장 효과적이고 효율적인 달성을 위해 사전에 충분히 검토한다.

(2) 질문내용의 결정

질문내용은 조사목적달성에 충분히 부응하는 유형을 선택해야 한다. 첫째, 사실을 알아내기 위한 질문으로 인구통계학적 자료와 사회경제적 상태에 대한 내용, 즉 학력, 성별, 주거, 종교, 직업 등에 대한 내용이다. 둘째, 의견과 태도에 관한 질문으로 다음과 같이 구분할 수 있다. ① 경향, 신념, 편견, 두려움 등의 태도, ② 태도를 말로 나타낸 의견, ③ 공포, 불신, 혐오, 동정, 열망 등의 감정이나 느낌, ④ 다양한 사회적 상황에서 어떤 행위가 적절한 것인가에 대한 문항, ⑤ 과거 행위에 대한 정보를 토대로 미래 행위를 예측하는 문항, ⑥ 믿음, 감정, 행동방침에 대한 의식적 이유 등이다.

(3) 질문의 형태

개방형 질문과 폐쇄형 질문을 적절히 선택하여 활용한다. 개방형 질문은 응답범주가 상세히 구체화되지 않은 채 질문만 던지는 형태로 어떤 상황에 대한 기본적 쟁점이 무엇인지 탐색할 수 있고, 응답자의 감정을 개인적으로 진술하는 데 압력을 가하지 않는 장점이 있다. 반면 응답률이 낮을 수 있고 외적 타당성이 감소하며 설문지가 길어져 응답을 위축시키는 단점이 있다. 또한 글로써 표현해야 하므로 심리적 부담감을 주고 하나의 질문에 여러 가지 답이 포함될 수 있으므로 오류발생 가능성을 배제할 수 없다는 단점도 지적할 수 있다.

폐쇄형 질문은 질문문항과 미리 범주화된 일정한 수의 응답 카테고리를 제시하여 응답자로 하여금 선택하도록 하는 질문이다. 즉, 예, 아니요 또는 찬성의 정도, 응답범주목록에서 선택하는 형식을 취한다. 이 방법은 신뢰성 있는 응답을 얻을 수 있고 소득수준과 같이 구체적으로 밝히기 어려워하는 질문에 유용하다. 그리고 짧은 시간에 많은 질문의 응답이 가능하고 언어적으로 표현능력이 부족한 사람으로부터의 자료수집이 쉽고 자료분석이 용이하다. 반면 응답이 피상적이 될 가능성이 있고, 중요한 선택지가 빠질 가능성이 있어서 현상에 대한 부적절한 이해와 편견을 유도할 가능성이 있으며, 응답자에게 해당되는 선택지가 주어지지 않을 경우에 응답자가 자신의 의견과는 다른 반응을 선택할 가능성이 있다.

(4) 응답범주의 형식

① **이분형 질문과 이분형 응답방식**이다. 이 범주는 폐쇄형 질문의 한 형태로서 '예'-'아니요', '찬성'-'반대'와 같이 간단한 찬반양론을 묻는 질문에 적당한 방식으로 '모르겠다'와 같은 중간응답을 제공할 수도 있다.

② **선다형 질문과 선다형 응답방식**이다. 세 개 이상의 응답 카테고리 가운데 하나를 선택하도록 하는 질문으로 보통 3~5개의 항목으로 구성된다. 이때 '기타'라는 범주도 포함시켜야 하는데, '기타' 난에도 구체적으로 답을 기입하도록 한다. 예를 들어, "빈곤을 해소하기 위한 책임은 누구에게 있습니까?"와 같은 질문에 "정부, 종교기관, 기업, 지역사회, 기타"와 같은 응답항목을 배치하는 것이다.

③ **척도법**이다. 양적이고 영속성을 가진 내용으로 구성된 선다형 응답방식으로 가능한 한 동일한 영역에서 연속성을 갖도록 한다. 높은 것에서 낮은 것으로, 좋은 것에서 나쁜 것으로, 또는 그와 반대로 질서 있게 문항을 열거한다. 예를 들어, "귀회사의 장애인 편의시설에 대하여 어느 정도 만족하고 계십니까?"라는 질문에 "크게 만족, 만족, 모르겠다, 불만, 크게 불만"과 같은 응답항목을 배치하는 것이다.

④ **서열형 질문방식**이다. 일련의 응답 카테고리에 대한 중요성이나 선호, 우선순위에 따른 순서에 따라 응답하도록 유도하는 방식이다. 예를 들어, "종교시설의 사명 가운데 가장 중요하다고 생각하는 내용에 우선순위(1=가장 중요, 2=보통, 3=가장 중요하지 않음)를 표시하시오"와 같은 질문에 "선교나 포교( ), 예배나 의식( ), 교육( ), 봉사( ), 사교( )" 등의 응답항목을 배열하는 것이다.

⑤ **평정형 질문방식**이다. 강도를 달리하여 서열화된 응답 카테고리 중 하나를 선택하는 방식이다. 예를 들면, "건강보험을 민영화하는 데 대해 어떻게 생각하십니까?"와 같은 질문에 "적극 찬성, 중립, 절대 반대"와 같은 응답항목을 배치하는 것이다.

⑥ **행렬식 질문방식**이다. 동일한 응답항목을 가진 질문을 체계적으로 묶어서 하나의 질문세트를 만드는 방식이다. 예를 들어, "귀하가 근무하는 직장의 만족도는 어떻습니까?"와 같은 질문에 〈표 10-1〉과 같은 응답방식을 제시하는 것이다.

〈표 10-1〉 **행렬식 질문방식 예**

문항	매우 그렇다	그렇다	보통이다	그렇지 않다	전혀 그렇지 않다
1. 일한 만큼 합당한 임금을 지급한다.					
2. 상급자는 직장에서의 고충을 잘 해결해 준다.					
3. 직장의 후생복리시설이 잘 갖추어져 있다.					

⑦ **여과질문과 부수질문방식**이다. 조사대상자의 일부를 거르는 질문으로 일부 응답자에게만 해당되는 질문을 제시하고 추가적으로 질문을 부가하여 제시하는 방식이다. 예를 들어, "남성 육아휴직제도에 대해 어떻게 생각하십니까?"와 같은 질문을 제시하고 "찬성, 반대"의 응답항목을 배열한 후, 추가로 "반대하신다면 그 이유가 무엇입니까?"와 같은 질문을 배치하는 방식이다.

(5) 질문의 어구구성

질문문항은 명확히 제시되어야 하고 가급적 간결한 내용으로 언어구성을 적절한 수준에서 유지해야 한다. 또한 부정적 문항은 피하는 것이 좋고 사실적 질문이 제기되어야 한다. 유도질문에 유의하고 직접질문과 간접질문을 적절히 사용해야 한다.

(6) 질문의 문항배열

응답하기 쉬운 질문을 먼저 하고 민감한 질문이나 개방형 질문은 뒷부분에 배치하는 것이 좋다. 또는 논리적으로 질문을 배열하고 일정한 유형의 응답경향이 조성되지 않도록 문항을 배치해야 하며 신뢰도를 검사하는 질문은 서로 떨어져 있어야 한다. 아울러 일반적인 내용의 질문을 먼저 하고 특수한 내용을 뒤에 질문해야 한다.

(7) 사전검사

본 조사를 수행하기 전에 동일한 절차와 방법으로 일정한 수의 사람을 대상으로 질문지가 잘 구성되었는지 시험해야 한다. 사전검사(pre-test)는 반드시 한 번 이상 해야 하고 연구할 표집대상을 제외한 다른 사람으로 구성하되 20~50명 정도가 적절하다.

5. 연구보고서의 작성

조사연구의 전 과정이 끝나면 해당 목적에 따라 적절하게 활용되어야 하는데, 활용을 위한 일차 과정은 연구자가 자신의 연구결과를 문서의 형태로 보고하는 것이다. 조사보고서는 조사주제에 관심이 있거나 조사결과가 필요한 사람에게 조사의 경험적 결론을 제시하고 조사결과에 대한 의사소통을 위해 결과를 제시하거나 반복조사 수행 가능성을 보여 주고 후속조사를 제시하는 데 있다.

이상에서 살펴본 바와 같이 사회복지조사는 사회복지사업 수행상의 필요한 지식을 논리적이고 체계적인 과정을 통하여 산출하는 방법이다. 사회복지는 사회적 상황하에서 발생하는 개인이나 집단 또는 지역사회의 충족되지 않은 욕구와 다양한 문제점을 파악하여 이를 근거로 현상의 개선을 추구하는 학문영역이라고 할 수 있다.

연구문제

1. 사회과학의 특성에 관한 설명으로 옳지 않은 것은? (2021 제19회 기출문제)

① 자연과학에 비해 인과관계에 대한 명확한 결론을 내리기 어렵다.
② 끊임없이 변화하는 사회현상을 규명한다.
③ 관찰대상물과 관찰자가 분명히 구분된다.
④ 인간의 행위를 연구대상으로 한다.
⑤ 사회문화적 특성의 영향을 받는다.

2. 영가설(null hypothesis)에 관한 설명으로 옳은 것은? (2020 제18회 기출문제)

① 변수 간의 관계가 존재한다는 가설이다. ② 변수 간 관계없음이 검증된 가설이다.
③ 조사자가 검증하고자 하는 가설이다. ④ 영가설에 대한 반증가설이 연구가설이다.
⑤ 변수 간 관계가 우연임을 말하는 가설이다.

3. 측정 시 나타날 수 있는 체계적 오류에 관한 설명으로 옳지 않은 것은? (2020 제18회 기출문제)

① 코딩 왜곡은 체계적 오류를 발생시킨다.
② 익명의 응답은 체계적 오류를 최소화한다.
③ 편견 없는 단어는 체계적 오류를 최소화한다.
④ 척도구성 과정의 실수는 체계적 오류를 발생시킨다.
⑤ 비관여적 관찰은 체계적 오류를 최소화한다.

4. 질적조사에서 일반적으로 사용되는 표본추출방법으로 옳지 않은 것은? (2021 제19회 기출문제)

① 이론적(theoretical) 표본추출 ② 집락(cluster)표본추출
③ 눈덩이(snowball)표본추출 ④ 극단적 사례(extreme) 표본추출
⑤ 최대변이(maximum variation) 표본추출

5. 설문지 작성 시 질문의 문항배열 방법으로 옳지 않은 것은?

① 응답하기 쉬운 질문을 먼저 한다.
② 질문을 논리적으로 배열한다.
③ 일정한 유형의 응답경향이 조성되지 않도록 문항을 배치한다.
④ 특수한 것을 먼저 묻고 일반적인 것을 뒤에 묻는다.
⑤ 설문지에 표지, 응답지침 등이 포함된다.

Chapter 11

사회복지법

복지국가는 모든 국민의 인간다운 생활을 보장하고, 사회보장을 실현할 것을 내용으로 명시한 것이 사회복지법이다. 따라서 사회복지법은 국가의 사회복지에 관한 정책을 반영하는 것이고 국가 및 사회의 복지방향을 제시하는 것이다. 또한 사회복지법은 정책형성과정을 통해서 제정 또는 개정되며 사회복지법은 사회복지제도의 뼈대를 구성하는 요소이고 사회복지행정은 이러한 사회복지법을 토대로 집행된다. 사회복지사는 클라이언트의 문제를 해결하는 데 필요한 전문지식을 바탕으로 기술을 사용하게 되는데, 이를 미시적 접근이라고 하며, 각종 사회복지법률이나 제도는 거시적 접근이라고 할 수 있다. 사회복지를 이해함에 있어 미시적 접근과 거시적 접근을 활용한 통합적 접근으로 사회복지를 이해하는 것이 중요하다.

이 장에서는 사회복지사가 알아야 할 사회복지법의 체계와 사회복지법의 법원, 사회복지법의 이념과 목적, 각 사회복지법률의 목적, 한국의 사회복지법령 제정의 연혁에 관해 살펴보고자 한다. 각 법률의 구체적 내용은 사회복지법제론 교재를 참고하길 바란다.

Key Words

사회복지법, 넓은 의미의 사회복지법, 좁은 의미의 사회복지법, 사회복지법의 체계, 사회복지법의 법원, 성문법원(헌법, 법률, 명령, 조례, 규칙, 국제조약), 불문법원(관습법, 판례법, 조리) 사회복지법의 이념 및 목석, 생존권, 시회복지사업법, 사회복지법령 제정연혁

* 본 장은 박경일 외(2017)의 『사회복지학 강의』 교재 11장(사회복지법−이상주)의 내용을 중심으로 일부 내용을 수정 보완하였음.

1. 사회복지법의 정의

사회복지법은 법의 역사에 있어서 최근에 출현하였지만, 급속하게 변화하고 있는 법 규정이며 그 내용이 다른 법과는 달리 추상적이고 전문기술적인 사회복지의 성격을 지니고 있어 개념 규정이 쉽지 않다. 제1절에서는 사회복지법에 관한 정의를 넓은 의미와 좁은 의미로 알아보고자 한다.

1) 사회복지법의 개념

사회복지 입법은 자본주의 사회의 발전과 함께 이루어졌으며 그 내용과 범위는 자본주의에서 나타난 사회적 욕구, 사회문제, 특히 그중에서도 사회적 약자의 생활문제를 해결하려는 데서 출발하였다. 이는 자본주의에서 나타난 사회적 위험–질병, 노령, 장애, 실업, 출산, 사망 등–이 그것 자체로 또는 부차적으로 야기되는 의료, 교육, 주택 및 심리사회적 문제를 해결하는 필요한 제도적 장치를 마련하기 위함이 그 이유라고 할 수 있다. 따라서 사회복지법의 내용에는 사회보장과 보건 및 의료, 교육, 주택, 사회복지서비스로 표현되는 제반 사회서비스가 포함된다. 사회복지법은 법적 내용이 포괄하는 범위에 따라 '넓은 의미의 사회복지법'과 '좁은 의미의 사회복지법'으로 나눌 수 있다(임안나, 2015).

첫째, 넓은 의미의 사회복지법이란, 사회복지정책 또는 사회정책의 실현과 관련된 각종 법률을 의미하며 사회복지 개념과 연관성이 있다. 다시 말해서, 사회복지 개념과 법률의 복합어로 정의할 수 있다. 여기서 말하는 사회복지법은 전 국민의 물질적 · 정신적 · 사회적 기본욕구를 해결함으로써 인간다운 생활을 영위하도록 하는 공공과 민간의 제반 사회서비스와 관련된 법률을 말한다. 물론 이러한 제반 사회서비스는 사회복지정책이나 사회정책이라는 추상적 정책으로 지침과 기준이 설정되어 이에 대한 구체적 모습이 사회복지법으로 표현되며 사회복지법의 규정내용에 따라 사회복지서비스와 실천이 이루어진다.

결론적으로, 넓은 의미의 사회복지법이란 사회복지의 넓은 개념, 즉 현대사회에서 인간다운 생활을 유지하기 위해 필요한 물질적 · 비물질적 사회서비스를 제공하는 공공과 민간의 노력을 총체적으로 규율하는 법 규정이라고 할 수 있다. 사회복지법의 내용상 사회서비스의 공급주체는 궁극적으로 국가이기 때문에 국가는 국민의 인간다운 생활을 보장하는 구체적 · 정책적 표현으로서 사회복지 입법을 발전시켜 오는 가운데 넓은 의미의 사회복지법이 제정된 것이다(홍봉수 외, 2016).

둘째, 좁은 의미의 사회복지법이란 현대사회에서 개인이 스스로의 생활을 영위하지 못하는 사회적 약자에 대해서 제한적으로 도움을 제공하는 노력의 총체적 내용과 관련된 법규범이며, 임시적이고 다른 사회제도의 기능을 보완하는 기능을 지닌다. 윌렌스키와 르보(1979: 122-128)에 의하면, 좁은 의미의 사회복지란 보충적 또는 잔여적 개념과 연관성이 있고 넓은 의미의 사회복지란 제도적 개념과 관련성이 있다고 설명하고 있다.

결론적으로, 좁은 의미의 사회복지란 현실 생활에서 어려움을 겪는 사회적 약자 또는 요보호대상자를 위한 한정적 측면의 사회복지정책 및 사회정책을 의미한다.

한국의 경우 사회복지법의 학문적 개념 측면은 넓은 의미의 사회복지법을 선호하는 경향이 있지만, 실정법상으로는 좁은 의미의 사회복지법을 선호하는 측면이 강하다.

예를 들어, 사회복지법으로 표현되는 법률과 연관된 각종 사회복지입법은 후자, 즉 좁은 의미의 사회복지법의 견해에 입각하고 있다. 이러한 좁은 의미의 사회복지적 개념 측면이 현실의 행정적 · 제도적 편의성을 지니고는 있다 할지라도 인간다운 생활보장이라는 현대 복지국가의 이상을 실현하는 데 있어서 적극성을 상실하고 있을 뿐만 아니라, 점차 복잡하고 다양해지고 있는 사회복지법의 체계적 실천과 수행에 장애요소가 될 수 있다는 문제를 제기할 수 있다(홍봉수 외, 2016).

2) 사회복지법의 체계

사회복지법의 체계는 실정법의 사회법으로서 사회복지에 관한 법의 위계구조이며, 실정법, 성문법, 사회법(실체법)에 속한다. 국내법과 국제법(협약, 권고, 선언) 등에서 존재하는 법이다. 1995년의 제정된 「사회보장기본법」(제3조)의 정의에 따르고 있다. 따라서 우리나라 사회복지법의 체계는 실정법상 분류로 보면 '헌법 - 사회법 - 사회복지법(사회보장기본법– 사회보험법 · 공공부조법 · 사회서비스법)' 등으로 구성되어 있다(노기남 외, 2021: 31–32).

첫째, 「사회보험법」(보험방식: 건강, 소득, 고용 지원)은 국가가 국민에게 발생하는 사회적 위험을 보험방식(기술)에 의하여 대처함으로써 건강과 소득 및 고용을 보장하는 법을 말한다. 5대 「사회보험법」은 「국민연금법」, 「국민건강보험법」, 「고용보험법」, 「산업재해보상보험법」, 「노인장기요양보험법」이고, 「특수직역보험법」은 「군인연금법」, 「공무원연금법」, 「사립학교교직원 연금법」, 「별정우체국직원의 연금법」이 해당된다.

둘째, 「공공부조법」(일반조세: 생활 빈곤자 지원)은 국가 및 지자체의 책임하에 생활유지능력이 없거나 생활이 어려운 국민의 최저생활을 보장하고 자립을 지원하는 제도이다. 「국민기초생활 보장법」, 「의료급여법」, 「기초연금법」, 「긴급복지지원법」, 「재해구호법」, 「장애인연금법」 등이 해당된다.

셋째, 「사회서비스법」(본인부담 및 보조: 생활 빈곤자 및 대상자 지원)은 국가 · 지자체 및 민간부문(사회복지법인 및 개인)의 도움이 필요한 모든 국민에게 복지, 보건의료, 교육, 고용, 주거, 문화, 환경 등의 분야에서 인간다운 생활을 보장하고 상담, 재활, 돌봄, 정보의 제공, 관련 시설의 이용, 역량 개발, 사회참여 지원 등을 통하여 국민의 삶의 질이 향상되도록 지원하는 법이다. 「사회복지사업법」이 규정하고 있고 있는 27개의 법률(아동복지법, 노인복지법, 장애인복지법 등)과 동법 시행령이 규정하고 있는 4개의 법률(건강가정기본법, 북한이탈주민의 보호 및 정착지원에 관한 법률 등)로 총 31법이 해당된다. 「사회보장기본법」 제3조와 「사회복지사업법」 제2조에 따라 분류한 사회복지법의 체계는 〈표 11-1〉과 같다(노기남 외, 2021: 32).

〈표 11-1〉 사회복지법의 체계

분류	해당법령
기본법	사회보장기본법(사회복지법의 일반법)
사회 보험법	국민연금법, 국민건강보험법, 고용보험법, 산업재해보상보험법, 노인장기요양보험법, 군인연금법, 공무원연금법, 사립학교교직원 연금법, 별정우체국법 • 고용보험 및 산업재해보상보험의 보험료징수 등에 관한 법률관장: 공단
공공 부조법	국민기초생활 보장법, 의료급여법, 긴급복지지원법, 재해구호법, 기초연금법, 장애인연금법 • 관장: 지방자치단체
사회 서비스법	[사회복지사업법] – 법률과 시행령에 규정한 31법률 국민기초생활 보장법, 아동복지법, 노인복지법, 장애인복지법, 한부모가족지원법, 영유아보육법, 성매매방지 및 피해자 보호 등에 관한 법, 정신보건증진 및 정신질환자 복지서비스 지원에 관한 법률, 성폭력방지 및 피해자보호 등에 관한 법률, 입양특례법, 일제하 일본군위안부 피해자에 대한 생활안정지원 및 기념사업에 관한 법, 사회복지공동모금회법, 장애인 · 노인 · 임산부 등의 편의증진에 관한 법, 가정폭력방지 및 피해자보호 등에 관한 법, 농어촌주민의 보건복지증진을 위한 특별법, 식품등 기부 활성화에 관한 법률, 의료급여법, 기초연금법, 긴급복지지원법, 다문화가족지원법, 장애인연금법, 장애인활동 지원에 관한 법, 노숙인 등의 복지 및 자립지원에 관한 법, 보호관찰 등에 관한 법률, 장애아동복지지원법, 발달장애인 권리보장 및 지원에 관한 법률, 청소년복지지원법, 그 밖에 대통령령으로 정하는 법률 [사회복지사업 관련 4법률(시행령 제1조의2)] 건강가정기본법, 북한이탈주민의 보호 및 정착지원에 관한 법률, 자살예방 및 생명존중문화 조성을 위한 법률, 장애인 · 노인 등을 위한 보조기기 지원 및 활용촉진에 관한 법률 • 국민기초생활 보장법, 의료급여법, 기초연금법, 긴급복지지원법, 장애인연금법 등은 공공부조에도 속한다. 관장: 지방자치단체

출처: 노기남 외(2021). 사회복지법제와 실천. p.32. 일부 수정.

2. 사회복지법의 법원

사회복지법의 법원(法源)이란 사회복지와 관련하여 급여서비스의 내용, 서비스를 제공하기 위한 조직과 관리, 감독의 기준이 법률 등에 의하여 어떠한 형식으로 표현되는가를 의미하는 사회복지법의 원천과 존재양식을 의미한다. 사회복지법의 법원은 성문법원과 불문법원으로 구성되어 있다.

1) 성문법원

성문법원(成文法原)은 문장으로 표현되어 일정한 형식과 절차에 따라서 공포된 법으로, 제정법 또는 실정법이라고도 한다. 성문법원은 헌법, 법률(국제 조약), 명령(시행령, 시행규칙), 자치법규(조례, 규칙), 행정규칙(훈령, 예규, 지침, 고시 등) 등의 순으로 되어 있다(조원탁 외, 2021: 55).

(1) 헌법

헌법이란 본래 국가의 기본조직에 관한 법, 즉 영토의 범위, 국민의 자격요건 및 국가 통치기관의 조직과 기능 등을 정하는 법이다. 「대한민국 헌법」은 전문을 비롯하여 제10조 행복추구권, 제31조 교육을 받을 권리, 제32조 근로의 권리, 제33조 노동기본 3권, 제34조 인간다운 생활을 할 권리, 제35조 쾌적한 환경에서 생활할 권리, 제36조 혼인과 가족생활, 모성의 보호 및 조건 등이며, 헌법 규정은 사회복지와 긴밀하게 연관된 조항이다. 특히 제31조에서 제36조의 규정은 소위 '복지권' 또는 '생존권'(넓은 의미의 복지권은 헌법 제31조에서 제36조가 해당되며 좁은 의미의 복지권은 헌법 제34조가 해당된다) 규정으로서 사회복지법의 기본방향이자 기본근거이다.

(2) 법률

법률(法律)은 입법부의 심의와 의결을 거치고 국가 원수가 서명·공포하여 효력이 발생하는 법의 한 형식이다. 일반적으로 헌법의 효력 아래에 위치한다. 법률은 헌법보다는 구체적이지만, 원칙적으로 일반적이고 추상적이어야 한다. 일반적이라는 의미는 불특정 다수, 즉 적용대상이 모든 사람임을 말한다. 또한 추상적이라는 의미는 법률이 모든 사건에 적용되어야 한다는 것을 뜻한다(김정훈, 2016). 다시 말해서, 법률은 국회에서 의결되어 대통령이 공포한 법을 의미하며, 법률은 헌법을 제외하면 가장 큰 법 형식을 갖는다. 따라서 그러한 법률이 실질적으로 사회복지법의 구체적 내용을 이루고 있다고 볼 수 있다.

(3) 명령

법원(法源)으로서의 명령은 국회의 의결을 거쳐 제정되는 법률에 반대되는 개념으로, 국가의 법령으로서 국회의 의결을 거치지 않고 행정기관에 의하여 제정되는 것이다(대한민국 헌법 제75조, 제95조). 명령은 법률보다 하위의 법이므로, 법률에 위배되는 명령이나 상위명령에 위배되는 명령은 인정되지 아니한다. 형태로는 시행령(대통령령), 시행규칙(총리령, 부령) 등이 있다. 우리 법률은 대륙법계에 속하기 때문에 영 · 미 법계의 법률과는 달리, 법률이 제정 또는 개정되어 현실적으로 실효성을 갖기 위해서는 법률의 하위규범인 시행령과 시행규칙이 제정된다(성시한, 2016). 사회복지법의 법원으로서 명령은 보통 개별 법률의 시행령 및 시행규칙이라는 존재양식으로 표현되며 여기서는 개별 법률의 실행을 위한 보다 구체적인 사항이 규정되어 행정적 지침으로 삼게 된다. 예로는, 「아동복지법 시행령」 및 「아동복지법 시행규칙」 등을 들 수 있다.

(4) 자치법규

자치법규(조례와 규칙)란 지방자치단체(서울특별시 · 광역시 · 도, 시 · 군 · 구)가 법령의 범위 안에서 제정하는 자치에 관한 규정을 말한다. 자치법규에는 조례와 규칙이 있는데 조례는 지방의회의 의결을 거쳐 제정되고, 규칙은 자치단체의 장이 제정한다. 다시 말해서, 조례나 규칙은 지방자치단체가 법률에 의하여 인정되는 자치권의 범위 안에서 자기사무나 주민의 권리의무에 관하여 제정한 자치에 관한 법규를 말한다. 자치법규는 그 지방자치단체의 지역 내에서만 효력을 발생한다. 지방자치단체가 제정하는 조례와 규칙이 사회복지에 관한 내용을 규정한 것이라면 마땅히 사회복지법의 법원성이 인정된다(임현진, 2016).

(5) 국제조약 및 국제법규

국제조약은 법규범처럼 강제력이 있고, 국제법규는 도덕처럼 국제사회에서 지켜야 하는 규범이지만 이를 지키지 않았을 때 강제력은 없다. 국제조약은 조약, 협정, 협약 등 그 명칭을 다양하게 사용하며 국가와 국가 간, 국가와 국제기관 사이에 법적 효력이 있는 합의이다. 다시 말해서, 국제법 주체 간에 국제법률관계를 설정하기 위한 명시적

(문서에 의한) 합의를 의미한다. 국제법규는 한국이 당사국이 아닌 조약으로서 국제사회에서 일반적으로 규범성이 승인된 것(예: 유엔헌장, 아동의 권리에 관한 협약 등)과 국제 관습법을 말한다. 「대한민국 헌법」은 국제주의를 표방하고 있어 헌법에 의해 비준, 공포된 국제조약과 일반적으로 승인된 국제법규는 국내법과 동일한 효력을 가지는 것으로 인정하기 때문에 국제조약과 국제법규의 내용이 사회복지와 관련이 있다면 사회복지법의 법원이 된다(김정훈, 2015).

2) 불문법원

불문법원(不文法原)은 성문법 이외의 법으로 성문법과 같이 입법기관에 의하여 문서로 제정 · 공포되지 아니한 법을 말한다. 불문법원은 관습법, 판례법, 조리가 있다(조원탁 외, 2021: 60).

(1) 관습법

관습법(customary law)이란 입법기관이 제정한 법이 아니고 사회에서 어떠한 사항에 대하여 상당히 오랜 기간 동안 동일한 행위가 반복되어 생긴 관행이 법적 확신 내지는 법적 인식을 얻어서 다수인에게 법처럼 지켜지는 것을 말한다. 이러한 관습법은 사회에 있어서 가장 직접적이고 근원적인 법의 발현형식이다. 아무리 성문법을 완비하였더라도 관습법의 생성을 막지 못한다. 이는 사회생활의 유동성에서 오는 필연적인 결과이다. 관습법이 성립하기 위해서는, 첫째, 관습(관행)이 존재해야 하고, 둘째, 관습이 법률로서의 확신을 가지게 될 것, 셋째, 관습이 사회질서에 위반되지 않을 것, 넷째, 관습이 법령의 규정에 의하여 인정되는 것이거나 또는 법령에 규정이 없는 사항에 관한 것이어야 한다. 이러한 관습법은 일반적으로 성문법의 규정이 없거나 충분하지 못한 경우에 성문법을 보충하는 보충적 효력을 갖는다. 사회복지법에서도 성문법규가 없는 경우 관습법의 내용이 사회복지법을 보충하는 것이라면 마땅히 사회복지법의 법원으로 인정되어야 한다(조원탁 외, 2021: 58).

(2) 판례

판례법(case law)이란 구체적 법률문제에 대한 법원의 판결이 그 후 동종 또는 유사한 사건에 계속 반복하여 적용됨으로써 성문화되지는 않았지만 일반적 법규범으로 인정될 수 있는 정도의 추상적 이론 내지 법칙을 말한다. 판례라 함은 재판에서 판결의 선결례(先)를 말하는데 이것이 후일에 동일하거나 유사한 사건의 판결을 내림에 있어서 그 선례로서 구속성을 가지고 적용되어 판결되었을 때 이것을 판례법이라 한다. 즉, 재판의 선례인 판례가 그 후의 재판을 구속할 때 판례는 법원으로 되며, 이를 판례법이라고 한다. 판례법의 형성은 최고법원인 대법원의 판례가 하급심을 구속하므로 주로 대법원의 판례에 의하여 형성된다(조원탁 외, 2021: 59).

우리나라의 경우 성문법주의 국가로서 판례의 법원성을 부정하고 있다. 이의 근거가 되는 법원조직법에 따르면 "상급법원의 재판에 있어서의 판단은 당해 사건에 관하여 하급심을 구속한다"고 규정(법원조직법 제8조)되어 있어 상급법원의 판단은 오직 당해 사건에 한정될 뿐이므로 일반적으로 하급심을 구속하는 효력이 없다는 것을 의미한다. 그러나 판례의 법률적 구속력이 인정되지 않는다고 하지만 상급법원의 판례가 사실상의 구속력을 가진다는 점은 부인할 수 없는 사실이며, 이 사실상의 힘을 통해서 대륙법계 여러 국가에서도 사실상 많은 판례법이 생기는 것이다. 그 이유는 무엇보다도 법적 안정성을 기하기 위해서이다. 그리하여 자연히 하급법원은 상급법원의 판례에 따르게 되며, 판례는 사실상의 구속력을 가지는 것이 된다. 이러한 의미에서 판례는 법원으로 인정될 수 있고, 사회복지에 관한 판례가 있다면 판례법으로서 법원성을 인정받게 될 것이다(조원탁 외, 2021: 59).

(3) 조리

조리(理, nature of law)란 사물의 합리성, 사물의 본질적 법칙, 사물의 이치를 의미하며, 인간의 이성과 사물의 본성에 기하여 인정된 사회공동생활의 원리이다. 바꾸어 말하면 일반 사회인이 보통 인정한다고 생각되는 객관적 원리 또는 법칙이다. 모든 법생활은 조리에 적합하도록 해야 하는 것으로 조리는 실정법 계약의 내용을 해석·결정하는 데 표준이 될 뿐만 아니라 특히 법(성문법이나 관습법)이 흠결되었을 때 조리에 따라 재판해야 할 기준이 된다. 사회생활은 복잡하고 끊임없이 변화하고 있으므로 아무리 완벽한 성문법이 있고, 관습법이 발달하였더라도 모든 법률 사건을 완전히 망라할 수는 없다. 그런데 법원은 구체적 사건에 적용할 법규가 없다는 이유로 재판을 거부할 수 없다. 이 때문에 법원은 조리에 의한 재판을 행하여 법의 결함을 보충할 수 있다(조원탁 외, 2021: 60).

3. 사회복지법의 이념과 목적

사회복지법의 이념이란 사회복지법이 구현하고자 하는 규범 또는 가치의 총체라 할 수 있다. 오늘날 사회복지법의 이념이 국민의 기본권 중의 하나인 생존권의 보장이란 것은 누구도 부인할 수 없으며 모든 민주주의 국가에서는 공통으로 이것을 인정하고 있다. 인간의 문화적 생명을 존중 · 보장하는 의미에서의 생존권은 사회복지법이나 사회복지정책에 있어서 현실적으로 하나의 지도이념이 된다.

생존권이란 국민이 최저생활의 유지를 위하여 필요한 조건의 확보를 국가에 대하여 요구하는 권리이다. 그리하여 국가의 적극적 관여와 배려에 의하여 국민이 현실 생활에 필요한 조건의 보장을 요구하는 권리의 총체이며 국가의 부작위를 요구하는 자유권과는 질적으로 상이하다. 다시 말하면, 생존권이란 사람이 어떠한 상태에 봉착하더라도, 예컨대 소득이 부족하든지 또는 전혀 없더라도 생존을 유지할 수 있는 권리를 말한다. 인간이 살기 위한 기본조건은 의식주와 그 밖의 생활자원의 조달과 확보이다. 따라서 인간이 어떠한 상태에 처하더라도 의식주와 그 밖의 생활자원을 확보할 권리가 있는 것이다.

사회복지법의 실천이념으로는 인간다운 생활의 보장, 사회복지의 증진, 소득재분배, 사회통합, 자립 · 자활을 들 수 있다(조원탁 외, 2021: 51-53).

첫째, 인간다운 생활의 보장이란 국가나 사회가 개입하여 개인이 직면하게 되는 사회적 위험으로부터 개인을 보호하여 건강하고 문화적인 생활을 영위하게 하는 것을 말한다. 국가나 사회가 직접 개입하여 해결해야 하는 이유는 사회적 위험이 개인적 원인에 의해 발생한 것이 아니라 자본주의 사회의 형성과 발전에 기인하였다고 보는 사회성, 보편성의 원리에 근거하기 때문이다. 이러한 사회적 위험은 개인과 가족만의 능력으로서는 해결하기 어렵다는 것이다. 인간다운 생활의 보장에 대해서는 우리나라 「헌법」 제34조 제1항에서 "모든 국민은 인간다운 생활을 할 권리를 가진다"고 명시하고 있으며, 「사회보장기본법」 제10조에서는 '건강하고 문화적인 최저생활의 보장'과 같은 좀 더 구체적 실천적 표현을 사용하고 있다. 따라서 국가와 사회는 모든 국민이 인간다운 생활을 영위할 수 있도록 공적 보장을 해 주어야 하는 것이다.

둘째, 사회복지의 증진이다. 사회복지관련법에는 궁극적으로 사회적 약자인 보호대상자의 사회복지증진이라는 목표가 명시되어 있다. 「헌법」 제34조 제2항에서 "국가는 사회보장·사회복지의 증진에 노력할 의무를 진다"고 명시하고 있다. 사회복지증진은 현금급여나 현물급여 또는 서비스 형태로 제공되지만 현금이나 현물보다는 사회복지서비스가 좀 더 기본적이고 실질적인 형태이다. 즉, 사회복지서비스의 목적은 정상적 일반생활의 수준에서 탈락된 상태의 사회복지서비스 대상자에게 '회복·보전'하도록 도와주는 것을 말하며 이는 개별적, 집단적으로 보호 또는 서비스를 행하는 것이다.

셋째, 소득재분배이다. 사회복지법의 소득재분배 기능은 사회보험관련법과 공공부조관련법에서 잘 나타나고 있다. 장기적 보장에 속하는 국민연금의 설계와 운용은 말할 것도 없고 「국민건강보험법」에서도 소득재분배를 중요한 정책목표와 이념으로 표방하고 있다. 물론 공공부조관련법이나 사회서비스관련법의 경우도 마찬가지이다. 일반 조세를 통해 재원을 조달하여 사회적으로 곤란한 사람들에게 제공되는 이들 제도는 조세제도와 사회복지제도를 통해 소득재분배 효과를 가져온다.

넷째, 사회통합이다. 사회복지법은 부의 불평등 완화, 사회적 위험의 분산, 사회적 약자의 보호 등을 위해 서로 협력하고 책임짐으로써 사회를 통합시키는 기능을 한다. 예컨대, 사회보험의 원리는 사회적 위험의 분산과 공동대처를 통한 사회적 통합의 원리에 입각해 있으며, 공공부조관련법과 사회서비스관련법 역시 국민의 세금으로 일방적으로 지원하는 이론적 이념적 배경에 사회연대와 사회통합이 존재한다.

다섯째, 자립·자활이다. 국가로부터 사회복지급여를 받아서 생활하는 의존적 삶이 아니라, 스스로 자주적이고 독립적인 생활을 영위하도록 하는 것은 사회복지법의 또 다른 목적이다. 이러한 자립 · 자활의 원리는 사회적 자원의 효율적 배분이라는 경제적 · 사회적 정의를 위해서도 바람직하다. 특히, 사회복지법 중에서 공공부조관련법이나 사회서비스관련법 분야에서는 자립과 자활을 더욱 중시한다. 「사회보장기본법」 제7조에서는 "모든 국민은 자신의 능력을 최대한 발휘하여 자립 · 자활할 수 있도록 노력하고 국가의 사회보장정책에 협력하여야 한다"고 규정하여 자활 · 자립을 중요성을 강조하고 있다.

이러한 사회복지법의 실천이념에 대한 구체적 내용은 사회복지법의 목적에 잘 제시되고 있다. 사회복지와 관련된 중요한 법들의 목적을 살펴보면 다음과 같다.

1) **사회보장기본법**: 사회보장에 관한 국민의 권리와 국가 및 지방자치단체의 책임을 정하고 사회보장제도에 관한 기본사항을 규정함으로써 국민의 복지증진에 기여함을 목적으로 한다.

2) **국민연금법**: 국민의 노령, 장애 또는 사망에 대하여 연금급여를 실시함으로써 국민의 생활안정과 복지증진에 이바지하는 것을 목적으로 한다.

3) **국민건강보험법**: 국민의 질병 · 부상에 대한 예방 · 진단 · 치료 · 재활과 출산 · 사망 및 건강증진에 대하여 보험급여를 실시함으로써 국민보건을 향상시키고 사회보장을 증진함을 목적으로 한다.

4) **산업재해보상보험법**: 산업재해보상보험사업을 시행하여 근로자의 업무상 재해를 신속하고 공정하게 보상하며, 재해근로자의 재활 및 사회복귀를 촉진하기 위하여 이에 필요한 보험시설을 설치 · 운영하고, 재해예방과 그 밖에 근로자의 복지증진을 위한 사업을 시행하여 근로자 보호에 이바지한다.

5) **고용보험법**: 고용보험의 시행을 통하여 실업의 예방, 고용의 촉진 및 근로자의 직업능력 개발과 향상을 꾀하고, 국가의 직업지도와 직업소개기능을 강화하며, 근로자가 실직한 경우에 생활에 필요한 급여를 실시하여 근로자의 생활안정과 구직활동을 촉진함으로써 경제 · 사회발전에 이바지한다.

6) **노인장기요양보험법**: 고령이나 노인성 질병 등의 사유로 일상생활을 혼자서 수행하기 어려운 노인 등에게 제공하는 신체활동 또는 가사활동 지원 등의 장기요양급여에 관한 사항을 규정하여 노후의 건강증진 및 생활안정을 도모하고 그 가족의 부담을 덜어 줌으로써 국민의 삶의 질을 향상하도록 함을 목적으로 한다.

7) **국민기초생활보장법**: 생활이 어려운 자에게 필요한 급여를 행하여 이들의 최저생활을 보장하고 자활을 조성한다.

8) **기초연금법**: 노인에게 기초연금을 지급하여 안정적인 소득기반을 제공함으로써 노인의 생활안정을 지원하고 복지를 증진함을 목적으로 한다.

9) **의료급여법**: 생활이 어려운 자에게 의료급여를 실시함으로써 국민보건의 향상과 사회복지의 증진에 이바지한다.

10) **긴급복지지원법**: 생계곤란 등의 위기상황에 처하여 도움이 필요한 자를 신속하게 지원함으로써 이들이 위기상황에서 벗어나 건강하고 인간다운 생활을 영위하게 한다.

11) **사회복지사업법**: 사회복지사업에 관한 기본적 사항을 규정하여 사회복지를 필요로 하는 사람의 인간다운 생활을 할 권리를 보장하고 사회복지의 전문성을 높이며, 사회복지사업의 공정 · 투명 · 적정을 기하고, 지역사회복지의 체계를 구축함으로써 사회복지의 증진에 이바지함을 목적으로 한다.

12) **사회보장급여의 이용 · 제공 및 수급권자 발굴에 관한 법률**(약칭: 사회보장급여법): 사회보장급여의 이용 및 제공에 관한 기준과 절차 등 기본적 사항을 규정하고 지원을 받지 못하는 지원대상자를 발굴하여 지원함으로써 사회보장급여를 필요로 하는 사람의 인간다운 생활을 할 권리를 최대한 보장하고, 사회보장급여가 공정하고 효과적으로 제공되도록 하며, 사회보장제도가 지역사회에서 통합적으로 시행될 수 있도록 그 기반을 구축하는 것을 목적으로 한다.

4. 한국 사회복지법령의 연혁

한국의 1960년대부터 2000년대, 즉 2021년까지 제정된 사회복지법령을 연대별로 정리하면 〈표 11-2〉과 같다.

〈표 11-2〉 연대별 사회복지법

연대	제정 법률
1960년대	① 공무원연금법(1960), ② 윤락행위 등 방지법(1961), ③ 생활보호법(1961), ④ 아동복리법(1961), ⑤ 군인연금법(1963), ⑥ 산업재해보상보험법(1963. 11.), ⑦ 의료보험법(1963. 12.), ⑧ 사회보장에 관한 법률(1963), ⑨ 자활지도사업에 관한 임시조치법(1968)
1970년대	① 사회복지사업법(1970), ② 국민복지연금법(1973), ③ 사립학교교원 연금법(1973), ④ 입양특례법(1971), ⑤ 공무원 및 사립학교교직원 의료보험법(1977), ⑥ 의료보호법(1977)
1980년대	① 사회복지사업기금법(1980), ② 아동복지법(1981), ③ 심신장애자복지법(1981), ④ 노인복지법(1981), ⑤ 최저임금법(1986), ⑥ 국민연금법(1986), ⑦ 남녀고용평등법(1987), ⑧ 모자복지법(1989), ⑨ 장애인복지법(1989)
1990년대	① 장애인 고용촉진 등에 관한 법률(1990), ② 의사상자보호법(1990), ③ 고령자고용촉진법(1991), ④ 청소년기본법(1991), ⑤ 영유아보육법(1991), ⑥ 고용보험법(1993), ⑦ 성폭력범죄의 처벌 및 피해자보호 등에 관한 법률(1994), ⑧ 정신보건법(1995), ⑨ 여성발전기본법(1995), ⑩ 사회보장기본법(1995), ⑪ 입양촉진 및 절차에 관한 특례법(1995), ⑫ 사회복지공동모금법(1997), ⑬ 장애인 · 노인 · 임산부 등 편의증진보장에 관한 법률(1997), ⑭ 국민의료보험법(1997), ⑮ 가정폭력방지 및 피해자보호 등에 관한 법률(1997), ⑯ 청소년보호법(1997), ⑰ 국민건강보험법(1999), ⑱ 사회복지공동모금회법(1999), ⑲ 국민기초생활보장법(1999)
2000년	① 장애인고용촉진 및 직업재활법, ② 청소년의 성보호에 관한 법률
2001년	① 의료급여법
2002년	① 모 · 부자복지법
2004년	① 성매매방지 및 피해자보호 등에 관한 법률(윤락행위 등 방지법 폐지), ② 성매매알선 등 행위의 처벌에 관한 법률, ③ 건강가정기본법, ④ 청소년활동진흥법(수련시설 근거), ⑤ 청소년복지지원법(청소년쉼터 근거), ⑥ 농어촌주민의 보건복지증진에 관한 특별법
2005년	① 자원봉사활동기본법, ② 저출산 · 고령사회기본법
2006년	① 식품 등 기부활성화에 관한 법률
2007년	① 기초노령연금법, ② 노인장기요양보험법, ③ 한부모가족지원법, ④ 장애인 차별금지 및 권리구제 등에 관한 법률, ⑤ 남녀고용평등 및 일 · 가정 양립지원에 관한 법률, ⑥ 장애인에 대한 특수교육법
2008년	① 다문화가족지원법, ② 실종아동 등의 보호 및 지원에 관한 법률, ③ 고용상 연령차별금지 및 고령자고용촉진에 관한 법률, ④ 중증장애인생산품 우선구매 특별법

연대	제정 법률
2009년	① 국민연금 및 직역연금의 연계에 관한 법률, ② 아동 · 청소년 성보호에 관한 법률
2010년	① 성폭력방지 및 피해자보호 등에 관한 법률, ② 장애인연금법, ③ 국민영양관리법
2011년	① 치매관리법, ② 장애아동지원법, ③ 사회서비스 이용 및 이용권 관리에 관한 법률, ④ 아동의 빈곤 예방 및 지원 등에 관한 법률, ⑤ 노숙인 등의 복지 및 자립지원에 관한 법률, ⑥ 의료사고 피해구제 및 의료분쟁 조정 등에 관한 법률, ⑦ 자살예방 및 생명존중문화 조성을 위한 법률, ⑧ 사회복지사 등의 처우 및 지위 향상을 위한 법률, ⑨ 대한노인회 지원에 관한 법률, ⑩ 장애인활동 지원에 관한 법률
2012년	① 아이돌봄 지원법, ② 장애인 · 고령자 등 주거약자 지원에 관한 법률
2013년	① 어린이급식관리지원센터의 집단급식소 등록 관리 및 절차 등에 관한 규칙
2014년	① 기초연금법, ② 사회보장급여법(사회보장급여의 이용 · 제공 및 수급권자 발굴에 관한 법률), ③ 발달장애인 권리보장 및 지원에 관한 법률, ④ 학교 밖 청소년 지원에 관한 법률, ⑤ 아동학대범죄의 처벌 등에 관한 특례법
2015년	① 노후준비지원법, ② 희귀질환관리법, ③ 장애인 · 노인 등을 위한 보조기기 지원 및 활용촉진에 관한 법률, ④ 의료 해외진출 및 외국인환자 유치 지원에 관한 법률, ⑤ 환자안전법, ⑥ 양성평등기본법, ⑦ 장애인 건강권 및 의료접근성 보장에 관한 법률
2016년	① 한국인 원자폭탄 피해자 지원을 위한 특별법, ② 심뇌혈관질환의 예방 및 관리에 관한 법률, ③ 호스피스 · 완화의료 및 임종과정에 있는 환자의 연명의료결정에 관한 법률, ④ 정신건강증진 및 정신질환자 복지서비스 지원에 관한 법률
2018년	① 아동수당법, ② 주거급여법, ③ 여성폭력방지기본법, ④ 재난적의료비 지원에 관한 법률
2020년	① 고독사 예방 및 관리에 관한 법률, ② 어린이안전관리에 관한 법률
2021년	① 노인 · 장애인 등 사회복지시설의 급식안전 지원에 관한 법률

출처: 박경일 외(2017). 사회복지학 강의. p.186-187 일부 수정.

연구문제

1. 다음 중 가장 먼저 제정된 법률은?

① 고용보험법 ② 정신보건법 ③ 사회보장기본법
④ 노인장기요양보험법 ⑤ 국민기초생활 보장법

2. 법률과 그 제정연대의 연결이 옳은 것은?

① 산업재해보상보험법, 장애인복지법 - 1970년대
② 사회복지사업법, 국민기초생활 보장법 - 1980년대
③ 고용보험법, 사회복지공동모금회법 - 1990년대
④ 국민연금법, 노인복지법 - 2000년대
⑤ 아동복지법, 국민건강보험법 - 2010년대

3. 자치법규인 조례와 규칙에 관한 헌법과 법률의 내용으로 옳은 것을 모두 고른 것은?

ㄱ. 지방자치단체는 법령의 범위 안에서 그 사무에 관하여 조례를 제정할 수 있다.
ㄴ. 지방자치단체는 법령의 범위 안에서 자치에 관한 규정을 제정할 수 있다.
ㄷ. 시·군 및 자치구의 조례는 시·도의 조례를 위반하여서는 아니 된다.
ㄹ. 조례에서 주민의 권리 제한에 관한 사항을 정할 때에는 법률의 위임이 있어야 한다.

① ㄱ, ㄴ, ㄷ ② ㄱ, ㄷ ③ ㄴ, ㄹ ④ ㄹ ⑤ ㄱ, ㄴ, ㄷ, ㄹ

4. 헌법 제34조에서 규정하고 있지 않은 것은? (2016 제14회 기출문제)

① 국가는 사회보장·사회복지의 증진에 노력할 의무를 진다.
② 국가는 여자의 복지와 권익의 향상을 위하여 노력하여야 한다.
③ 국가는 노인과 청소년의 복지향상을 위한 정책을 실시할 의무를 진다.
④ 국가는 장애인 및 질병·연령의 사유로 근로능력이 없는 모든 국민을 경제적으로 보호할 의무를 진다.
⑤ 국가는 재해를 예방하고 그 위험으로부터 국민을 보호하기 위하여 노력하여야 한다.

5. 사회복지법의 성문법원에 해당하는 것끼리 묶은 것은? (2021 제19회 기출문제)

① 관습법, 판례법 ② 헌법, 판례법 ③ 법률, 조리
④ 관습법, 법률 ⑤ 헌법, 명령

Chapter 12

사회복지행정 및 프로그램

"무엇이 사회복지행정인가?"라고 묻는다면 그 답변은 간단하지 않다. 왜냐하면 각 국가의 사회복지제도와 발달상에 나타나는 방법과 내용이 서로 다르기 때문이다. 그러나 각 국가의 공통된 내용을 도출해 본다면, 사회복지행정이란 사회복지정책을 사회복지서비스로 옮기는 역동적 과정이라고 말할 수 있을 것이다. 이러한 과정에 나타나는 활동이 바로 사회복지행정의 내용이며 방법으로서 크게 사회복지조직과 관리에 관한 사항들이 될 것이다.

"비영리조직단체들은 전통적으로 그들의 경영성과에 대해 비교적 관심을 보이지 않았고, 대체로 그들은 의도가 좋다는 것만으로도 만족했지만 지금은 좋은 의도만으로는 부족한 세상이다. 맡은 과업의 진정한 성과를 위해서는 강력하고도 효율적이며 목적의식이 뚜렷한 운영이 요청된다."

피터 드러커(Peter Drucker)의 『비영리단체의 경영』에서.

Key Words

사회복지행정, 사회사업행정, 사회복지관리, 사회복지행정의 특성, 인간식별기술, 인간유시기술, 인간변화기술, TQM, 위험관리, PDCA 관리사이클, POSDCORBE, 사회복지행정 전달체계, 공적 전달체계, 사적 전달체계, 사회복지전담공무원, 전문성, 통합성, 수요자 중심

한 사회복지행정 영역에서 사회복지행정가의 직무내용은, ① 목표와 목적의 결정, ② 조직화된 직무환경의 제공, ③ 조직 내에서의 의사소통의 활용, ④ 상호 관계의 확립, ⑤ 기획과 협력, ⑥ 역동성과 변화, ⑦ 역동적 리더십과 역할 등을 내포하고 있다.

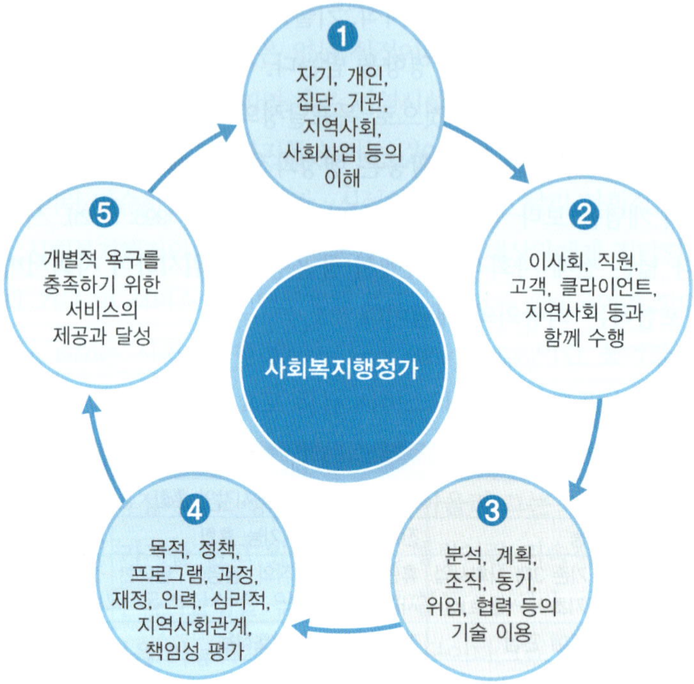

[그림 12-1] **사회복지행정가의 이해, 기술, 기능, 목표와의 상호 관계**

출처: Trecker(1977: 56).

2. 사회복지행정과 관리

1) 사회복지행정과 관리의 관계

역사적으로 사회복지 및 비영리 사회기관 분야에서 행정이라는 용어가 관리라는 용어보다 널리 사용되어 왔다. 1980년대까지 사회복지 관련 대부분의 서적들은 사회복지기관의 실무를 서술하는 주제에 대해 행정이라는 용어(Atwter, 1940; Spencer, 1959; Street, 1931; Trecker, 1977)를 사용해 왔다. 1970년대 후반부터 1980년대 초기까지 이런 용어 사용은 더욱 혼재되었지만, 다른 많은 곳에서는 관리(management)라는 용어를 쓰고 있다(Christian & Hannah, 1983; Crow & Odewahn, 1987; Keys & Ginsberg, 1988; Weiner, 1982). 1990년대에 들어와 사회복지관리는 사회복지실천을 묘사할 때 더욱 선호되어 대부분의 최근 서적들은 사회복지관리라는 용어를 사용하고 있다(Brody, 1993; Edwards, Yankey, & Altpeter, 1998; Weinbach, 1998).

그 이유는 1970년대에 사회복지기관의 크기와 영역이 확대되고 조직업무에 대한 책임성이 확대되면서 목표에 의한 관리(MBO), TQM[1], 비용산정, 마케팅, 전략과 같은 영역이 효과성에 대한 면밀한 검증 없이 무차별적으로 전파되었기 때문이다(Gregiore, Rapp, & Poertner, 1995; Patti, 1975). 하지만 사회복지기관 행정가들이 그들 스스로를 관리자로 여기면서 영리기관에서 활용되는 지식과 기술을 공유하는 데 거부감을 보이지 않았다.

이와 같이 행정과 관리는 최근 융합적 의미로 조합되고 있다. 최근 미국에서는 휴먼서비스라는 용어를 사용하고 있는데, 여기서 휴먼서비스는 보건 · 정신보건 · 교육 · 사회서비스 분야와 같은 광범위한 스펙트럼을 품고 있다. 휴먼서비스는 매우 다양한 형태로 서비스가 전달되는 세팅이라도, 다른 유형의 조직과 많은 유사한 특성을 공유한다. 특히 관리에 대한 최근의 많은 저서들은 휴먼서비스 관리라는 용어를 적용하고 있다(Brody, 1993; Crow & Odewahn, 1987; Martln, 1993; Wciner, 1982).

1) 신복기, 박경일, 이명현, 윤기혁, 권진아(2019)의 『사회복지행정론』 제11장 4절 "서비스 질 관리 기법으로서 총체적 품질관리" 참조.

한편 사회복지서비스의 효율적 관리방안으로 과거에는 조직이 능률적으로 유지되고 있는가에 주된 관심을 가졌지만, 최근에는 조직이 전체적으로 양질의 서비스를 제공하고 있는가에 관심의 초점을 두고 있다. 그리하여 최근 서비스 관리에서 관리자는, ① 사회복지가치의 수용을 통한 투철한 복지서비스 정신(mind)의 정립, ② 사회적 후원(재원)에 상응하는 사회적 책임성의 인식, ③ 사회복지실천지식과 기술의 발전에 공헌한다는 사명감, ④ 지역사회 다른 복지자원과의 연계를 강화하는 자세 등의 요건이 강조되고 있다. 2000년대에 들어와 노인요양시설이나 사회복지시설에서 다양한 사건, 사고가 발생됨으로써 법적 소송 등이 증대되고 있다. 그리하여 최근에는 사회복지시설의 위험관리, 안전관리라는 용어가 대두되고 있으며 예비사회복지사는 업무 중에 발생할 수 있는 다양한 사건, 사고에 대해 사전 예방적 활동으로서 위험관리에 대해 관심을 가져야 할 것이다[2].

2) 사회복지행정의 관리과정

사회복지행정에서 관리(management)란 서비스의 효과적이고 효율적인 제공과 서비스의 유지관리를 의미한다. 와인바흐(Weinbach)는 "사회복지에서의 관리란 환경에 긍정적 영향력을 발휘하고, 효과적 서비스 전달을 위한 보다 많은 지원자원을 조성하고, 효과적 서비스 전달을 어렵게 하는 제반 요소를 제거하거나 최소화하는 방법을 찾는 것이다"라고 하였다. 따라서 관리자로서의 사회복지사의 기능은 클라이언트에게 효과적 서비스의 효율적 전달에 유리한 최선의 내부적 작업환경을 조성하고 유지하는 것이다(박차상, 1999: 209). 이러한 사회복지행정의 관리내용으로는 프로그램 기획, 재정관리, 갈등관리, 인적 자원 관리, 홍보, 정보관리체계 등이 있다(신복기 · 박경일 · 장중탁 · 이명현, 2002).

일반적으로 경영학에서의 관리진행법은 크게 Plan(계획)－Do(실시)－Check(확인)－Action(조치)이란 PDCA 관리사이클로 칭해지고 있다. 실제 이러한 관리사이클은, 직장이나 사회복지기관에서 일상적으로 계획을 수립해서 일을 하고 있다고 생각되지만 현실적으

2) 신복기, 박경일, 이명현, 윤기혁, 권진아(2019)의 『사회복지행정론』 제11장 5절 "서비스 질 관리 기법으로서 위험관리" 참조.

로는 복합적으로 이루어지고 있기도 하다. 여기서는 귤릭과 어윅(Gulick & Urick, 1937: 3-45)의 행정가의 기능을 통하여 사회복지행정의 관리과정을 살펴보겠다.

① 기획(Planning): 행정가가 수행하여야 할 첫째 과정으로서 목표설정, 목표달성을 위한 과업 및 활동, 과업수행방법의 결정 등이 포함된다.

② 조직(Organization): 작업의 할당이 규정되고 조정되는 공식적 구조를 설정하며 기관의 구조는 인사 정관의 규정이나 운영지침서에 기술된다.

③ 인사(Staffing): 직원의 채용과 배치 및 승진 등의 활동이다.

④ 지시(Directing): 행정책임자는 기관을 효과적으로 지시하는 지도자로서 능력을 갖추어야 한다.

⑤ 조정(Coordinating): 기관이 수행하는 다양한 부분을 상호 관련시키는 기능으로서 행정가가 그의 조정기능을 유지하기 위하여 실시하는 가장 광범위한 방법은 위원회의 창설 및 활용 등이 있다.

⑥ 보고(Reporting): 대상자의 개별사례기록, 인사기록, 위원회 활동기록 등을 포함하는 기관활동의 보고이다.

⑦ 재정(Budgeting): 예결산서의 작성과 프로그램의 비용산출 및 후원금 관리 등의 내용이 포함된다.

⑧ 평가(Evaluation): 기관에서 설정한 목표에 비추어 전반적 활동결과를 사정하는 과정이다.

참고로 사회복지사가 근무하면서 기획을 하거나 보고를 할 때 사용하는 사회복지공동모금회의 기안문 작성 샘플을 보면 오른쪽 그림과 같이 작성한다. 특히 기안문을 작성할 때 사회복지사들은 기관에서 사용하는 공문서 작성지침을 참조하여 정확하게 작성하여야 한다.

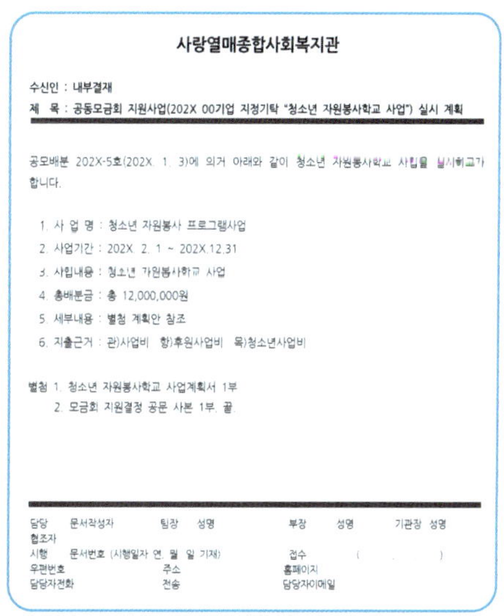

사랑열매종합사회복지관

수신인 : 내부결재
제 목 : 공동모금회 지원사업(202X 00기업 지정기탁 "청소년 자원봉사학교 사업") 실시 계획

공모배분 202X-5호(202X. 1. 3)에 의거 아래와 같이 청소년 자원봉사학교 사업을 실시하고자 합니다.

1. 사 업 명 : 청소년 자원봉사 프로그램사업
2. 사업기간 : 202X. 2. 1 ~ 202X.12.31
3. 사업내용 : 청소년 자원봉사학교 사업
4. 총배분금 : 총 12,000,000원
5. 세부내용 : 별첨 계획안 참조
6. 지출근거 : 관)사업비 항)후원사업비 목)청소년사업비

별첨 1. 청소년 자원봉사학교 사업계획서 1부
2. 모금회 지원결정 공문 사본 1부. 끝.

담당 문서작성자 팀장 성명 부장 성명 기관장 성명
협조자
시행 문서번호 (시행일자 연. 월. 일 기재) 접수 ( )
우편번호 주소 홈페이지
담당자전화 전송 담당자이메일

3. 사회복지행정의 전달체계

사회복지행정의 전달체계란 사회복지의 조직적 환경인 사회복지기관 및 시설과 중앙에서 지방 일선에 이르는 모든 공·사 조직 등 일체의 공적·사적 복지기관과 이들 기관의 서비스 전달망을 말한다(Friedlander & Apte, 1980: 4).

1) 사회복지행정 전달체계의 원칙

사회복지행정 전달체계에는 고려되어야 할 여러 가지 원칙이 있다. 최성재와 남기민(1995: 76-80)은 사회복지서비스 전달체계 구축의 주요 원칙으로서 여덟 가지를 제시한 바 있다. 즉, ① 사회복지서비스의 핵심업무는 반드시 전문가가 담당해야 한다는 전문성, ② 사회복지서비스의 양 및 질과 제공하는 기간이 클라이언트의 욕구충족(또는 문제해결)과 서비스 목표(자활 및 재활) 달성에 충분해야 한다는 적절성, ③ 다양한 욕구나 문제에 대해 다양한 서비스를 필요로 하는 포괄성, ④ 지역사회 내에서 다양한 서비스를 계속적으로 받을 수 있도록 서비스들이 상호 연계되어야 한다는 지속성, ⑤ 클라이언트의 문제해결을 위한 서비스들이 서로 연관되어야 한다는 통합성, ⑥ 성별, 나이, 소득, 지역, 종교, 지위에 관계없이 모든 국민에게 사회복지서비스를 제공해야 한다는 평등성, ⑦ 사회복지조직은 사회복지서비스를 전달하도록 위임받은 조직이므로 이에 대해 책임을 져야 한다는 책임성, ⑧ 사회복지서비스를 필요로 하는 사람들 누구나 쉽게 받을 수 있어야 한다는 접근용이성의 원칙 등이다.

한편 게이트(Gate, 1980: 52-54)는 사회복지서비스 전달체계의 원칙으로, ① 포괄성, ② 접근성, ③ 계속성, ④ 비단편성(통합성), ⑤ 책임성의 다섯 가지를 들고 있다. 즉, 포괄성은 충분한 양, 질, 충분한 기간에 걸친 일련의 서비스 제공이며, 접근성은 서비스를 필요로 하는 사람에게 서비스 이용에 있어서 일반적으로 장애요인이 없어야 한다는 것이며, 계속성은 전체적 프로그램과 조직 상호 간의 접근성의 관계이며, 비단편성은 이용 가능한 서비스 내에 프로그램 간의 격차나 프로그램에 대한 불확실성이 있을 때 발생하므로 서비스를 통합하여야 하며, 책임성은 종종 이용자의 유일한 문제나 욕구에 대해 책임을 지거나 이용자들이 그들의 불만이나 불평을 처리할 수 있는 일련의 과정이 있을 때라고 하고 있다. 덧붙여서 그는 이들 원칙요인 간에는 상충관계(trade-off)가 성립하는데, 예를 들어 접근성과 책임성을 증진시킨다면 단편성과 불일치성이 증대될 것이고, 역으로 조직의 중앙집중화를 통해서 비단편성과 계속성을 강조한다면 접근성과 책임성이 감소하는 위험을 겪게 될 것이라고 하였다.

2) 공 · 사 사회복지행정 전달체계

(1) 공적 사회복지행정의 구조

한국의 지방정부 차원에서 공적 사회복지 전달체계를 담당하는 조직은 행정안전부의 지방조직인 특별시(광역시) · 도 단위의 주민생활지원국이나 가정복지국 혹은 IMF 이후 지방자치단체의 구조조정에 따라 복지와 환경, 보건, 여성 관련 부서들을 통합하여 자치단체별로 그 명칭을 달리하여 운영되고 있다. 그리고 행정안전부의 지방 하위조직인 시 · 군 · 구 단위에는 주민생활지원국(시민국) 내에 사회(복지)과 혹은 주민생활지원과 산하에 사회(복지)계, 가정복지계, 부녀복지계, 청소년복지계 등이 설치되어 있으며 이 중 주민생활지원계가 보건복지부나 시 · 도의 가정복지국에서 시달된 업무지침을 받아 사업을 시행하고 필요한 업무는 다시 일선조직인 읍 · 면 · 동 단위의 행정(주민)복지센터 주민생활지원(사회복지) 담당이나 사회복지전담공무원으로 이어진다.

[그림 12-2] 공적 사회복지행정 구조

출처: 보건복지부 홈페이지(http://www.mohw.go.kr).

(2) 사적 사회복지행정의 구조

사적 사회복지행정(사적 사회복지서비스 전달체계)은 영리를 목적으로 하지 않는 주민조직과 사회복지법인, 재단법인 및 사단법인, 종교단체, 법정단체 및 기타 특수법인, 등록단체나 그 법인 또는 단체가 사회복지사업을 목적으로 운영하는 시설과 기관을 말한다. 한국의 사적 사회복지조직은 공적 사회복지조직처럼 특별한 상의하달식의 전달체계를 구축하지 않고 있다. 단지 사적 사회복지조직은 행정당국의 지도·감독을 받아 서비스를 전달하는 사회복지법인(사회복지기관 및 시설)[3]과 행정당국의 지도·감독을 받지 않고 독자적으로 운영되는 민간 사회단체나 기타 법인체 등에 의해 사회복지서비스가 전달되고 있다. 그러나 이들 법인체나 각종 단체들은 지역에 따라 지부가 설치되어 있거나, 시설 상호 간의 연락조정 및 조사건의를 위하여 협의체가 구성되어 있기도 하다(신복기·박경일·장중탁·이명현, 2002).

4. 사회복지 프로그램의 정의와 유형[4]

「사회복지사업법 시행령」 제6조에 의하면 사회복지사가 해야 할 일이 다음 박스에서 보듯이 크게 3가지임을 알 수 있고 그 역할 가운데 첫 번째가 사회복지 프로그램을 개발하고 운영하는 일임을 알 수 있다. 따라서 사회복지사는 개인 및 사회문제를 해결하거나 개인이나 사회의 욕구를 충족시켜 줄 수 있는 창의적이고 실천 가능한 사회복지 프로그램을 개발하고 운영하며 평가할 수 있는 역량을 겸비해 나가야 할 것이다.

3) 「사회복지사업법」 제2조(정의)에 의하면, "사회복지법인"이란 사회복지사업을 할 목적으로 설립된 법인을 말한다. "사회복지시설"이란 사회복지사업을 할 목적으로 설치된 시설을 말한다. "사회복지관"이란 지역사회를 기반으로 일정한 시설과 전문인력을 갖추고 지역주민의 참여와 협력을 통하여 지역사회의 복지문제를 예방하고 해결하기 위하여 종합적인 복지서비스를 제공하는 시설을 말한다. "사회복지서비스"란 국가·지방자치단체 및 민간부문의 도움을 필요로 하는 모든 국민에게 「사회보장기본법」 제3조제4호에 따른 사회서비스 중 사회복지사업을 통한 서비스를 제공하여 삶의 질이 향상되도록 제도적으로 지원하는 것을 말한다.[전문개정 2011. 8. 4.]

4) 본 장의 내용은 다음 박경일·박승기·조수경·오승환·권진아·김안나(2019)의 『사회복지 프로그램 개발과 평가』 서적을 참조하여 요약하였음.

따라서 사회복지 프로그램 개발과 평가는 사례관리와 마찬가지로 사회복지 방법론의 한 과목인데 본서의 지면의 제약상 사회복지행정에서 간략히 소개하고자 한다.

「사회복지사업법 시행령」 제6조에 의하면 ① 법 제13조 제1항 본문에 따라 사회복지법인 또는 사회복지시설을 설치 · 운영하는 자는 해당 법인 또는 시설에서 다음 각 호에 해당하는 업무에 종사하는 자를 사회복지사로 채용하여야 한다. 다만, 법 제2조 제1호 각 목의 법률에서 따로 정하고 있는 경우에는 그에 의한다.〈개정 1999.10.30. 2008.10.28. 2011.5.12〉

1. 사회복지 프로그램의 개발 및 운영 업무
2. 시설거주자의 생활지도 업무
3. 사회복지를 필요로 하는 사람에 대한 상담 업무

1) 사회복지 프로그램의 정의

사회복지 목적을 제도적으로 실현하기 위해 정책과 행정, 실천 영역이 필요하다. 사회복지정책은 사회복지의 목적 실현을 위해 특정하게 세분화된 목표들을 찾아내어 결정하는 과정이고 실천은 이러한 목표가 현장에서의 대인적 과정을 통해 수행되도록 하는 것이다. 일반적으로 정책적 목적이 실천에 이르는 과정을 매개하는 것을 행정이라 하는데 이를 위한 수단으로 전달체계, 조직, 프로그램이 사용된다. 사회복지행정을 조직을 통해 이루어지는 활동 혹은 노력이라고 할 때, 사회복지행정의 활동이 구체화되는 장(場)이 사회복지조직이 되며, 또한 사회복지행정의 실천을 위한 주요 수단이자 사회복지의 목적이나 목표를 구체적인 서비스로 전환시킬 수 있는 중요한 매개체가 사회복지 프로그램이기 때문에 사회복지행정에서 조직과 프로그램을 사회복지의 목표 달성을 위해 설계하고 기획하며, 이를 관리해 나가는 활동은 사회복지행정에서 중요할 수밖에 없다(박경일 외, 2008: 51).

사회복지 프로그램에 대해 로이세 등(Royse et al., 2001: 5)은 프로그램이란 특정 목표를 달성하기 위한 조직화된 활동의 집합으로 정의하고 이때 조직화된 활동은 임의적인 집합이 아니라 일부 문제를 해결하기 위해 설계된 연속적 · 계획적인 계획이라고 하였다. 사회복지공동모금회(2019: 7)에서는 프로그램사업으로서 "지역사회 변화와 지역주민의 삶의 질 향상을 중심으로 사회복지기관 등에서 계획하여 진행 예정인 사업"으로 사회복지 프로그램에 대한 정의를 하고 있다. 따라서 사회복지 프로그램이란 사회복지 문제해결의 목적달성을 위해 요구되는 사회복지실천의 체계적 계획 활동이라고 할 수 있다. 이러한 프로그램을 5가지의 구성 요소로 나타내면 [그림 12-3]과 같다(박경일 외, 2019).

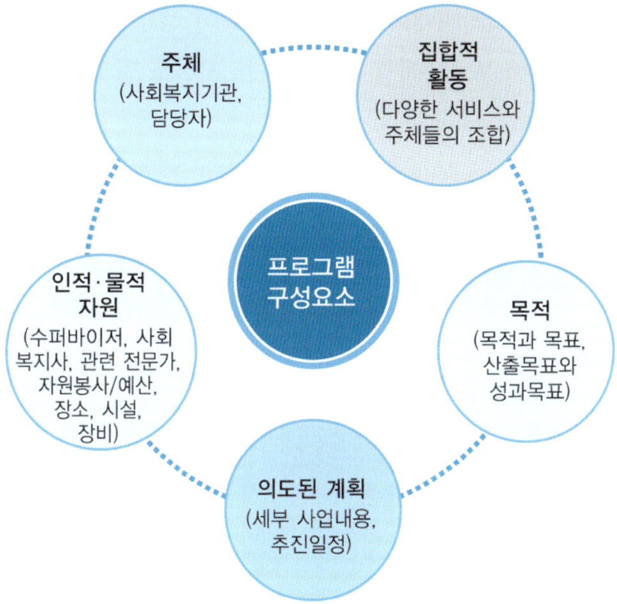

[그림 12-3] 프로그램의 구성요소

2) 사회복지 프로그램의 구성체계별 유형

사회복지 프로그램을 체계론적 관점에서 분석하면 상위 프로그램과 하위 프로그램으로 나눌 수 있는데 상위 프로그램을 기준으로 보면 하위 프로그램은 전체 프로그램의 한 구성단위로 단위 프로그램(unit program)이 된다. 만일 청소년복지 프로그램이 상위 프로그램이라 하면 자아성장 프로그램, 학교폭력 예방 프로그램은 각각 하위 프로그램이 된다. 이때 몇 개의 단위 프로그램이 연속적으로 일어나고 어느 한 개의 단위 프로그램이 종료된 다음 다른 단위 프로그램이 시작되는 형태로 구성된 프로그램을 연속 프로그램(continuous program)이라 한다. 연속 프로그램은 특히 교육이나 훈련 프로그램에서 사용되는 경우가 많은데 초기의 단위 프로그램은 초보적이고 단순한 활동의 형태로 진행되다가 점차 심층적이고 고난도의 문제나 과제가 주어지는 방향으로 연속적 또는 단계적으로 이루어지는 프로그램을 말한다.

[그림 12-4]는 저소득 취약계층 정서행동장애아동의 사회적응력 향상 프로그램이라는 종합 프로그램으로서 각각 3개의 단위 프로그램이 하위 프로그램과 유기적으로 결합되어 있으며, 각각 단위 프로그램의 내용에 따른 서비스 및 활동의 예가 잘 제시되어 있다(사회복지공동모금회, 2013: 24-30 참조).

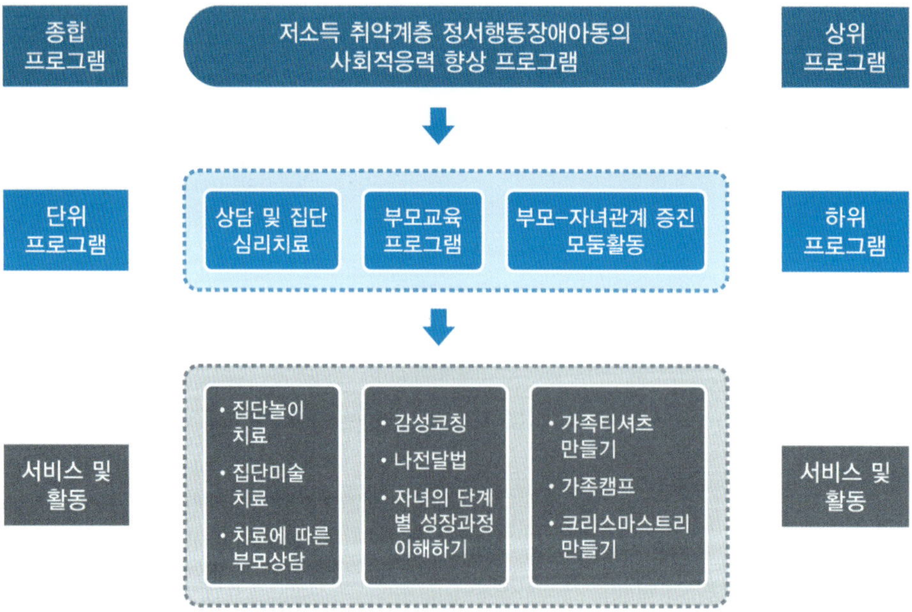

[그림 12-4] 구성체계별 프로그램의 유형 예시

5. 사회복지 프로그램 개발과 평가

1) 사회복지 프로그램의 개발

사회복지기관에서 효과적이고도 효율적인 서비스를 전달하기 위해서는 프로그램 개발이 반드시 필요하다. 프로그램 개발은 사회복지기관 외부의 영향이나 수혜자의 요구에 의해 만들어질 수도 있고, 사회복지기관의 의사결정권자나 관리자들에 의해 이루어질 수도 있고, 많은 경우 일선 현장의 사회복지사들의 아이디어나 필요에 의해 창출되기도 한다. 그런데 많은 사회복지기관이나 사회단체들이 프로그램 개발을 소홀히 함으로써 원래의 취지와 목적을 달성하지 못하고, 오히려 일회적이거나 가시적인 활동으로 끝나 버리는 경우가 많다. 따라서 훌륭한 프로그램의 개발은 만족스러운 서비스 활동을 전개해 나가는 데 있어서 필수적인 작업이다(신복기 외, 2008: 447-448).

사회복지 프로그램 개발에 대해서 최초로 체계적인 이론적 모형을 제시한 카머만(Kamerman, 1975)은 사회복지기관의 목적을 설정하고 나면 목적을 달성하기 위한 구체적 활동 과정을 프로그램으로 정의하였다. 그리고 프로그램의 진행 과정을 프로그램 기획, 프로그램 시작, 프로그램 실행의 3단계로 나누어 제시하였다. 국내 · 외 학자들은 프로그램 개발 과정을 문제발견과 욕구분석으로부터 시작하여 포괄적인 목적과 구체적인 목표를 조작 · 설정하고 이를 성취하기 위한 실행체계를 구성하는 과정으로서 단계별 과정으로 제시하고 있다. 예를 들어, 박경일 등(2019)은 PROGRAM의 머리글자를 활용한 7단계(문제와 욕구사정 – 자원체계의 확인 – 목적 및 목표 설정 – 자료수집과 대안선택 – 실천계획의 묘사(표현) – 실천 활동과 실행 – 측정과 평가)로 구분하고 있기도 한다.

사회복지공동모금회 프로포절 신청 및 선정기준

배분대상자는, ① 사회복지사업, 기타 사회복지 활동을 행하는 법인 · 기관 · 단체 및 시설(개인신고시설 포함) ② 사회복지서비스를 필요로 하는 개인

심사기준은 • 기관평가: 신뢰성, 사업수행능력 • 사업평가: 적합성, 실현가능성, 산출근거의 적절성, 투입요소 적절성, 투입비용 • 기타 평가: 홍보노력 및 지역자원 활용, 자구계획

*** <사회복지공동모금회 프로그램: 성과중심형 사업계획서 작성 표준 양식>**

1. 사업명: 대상 목적 방법

2. 사업 내용 및 추진 전략

1) 사업 참여자 모집 전략
2) 사업 내용 및 사업 집행 전략
3) 기관 연계협력 전략

3. 예산 편성

4. 문제 의식(사업 필요성)

1) 사업 계획 배경
2) 기존 유사사업과의 차별성
3) 신청기관의 강점

5. 목표 및 평가

1) 산출목표
2) 성과목표 및 평가 방법

6. 사업종료 후 지향점

1) 사업 수행으로 인한 기대 효과
2) 사업 결과의 활용 계획

* 예비사회복지사들은 프로그램 개발 및 평가 방법을 잘 학습하여 정부 및 지자체, 공사복지기관의 대학생 공모전에 출품하거나 사회복지공동모금회 사업계획서(프로포절)나 기업의 사회공헌 활동에 신청서를 응모하는 것도 자신에게 중요한 하나의 스펙이 될 것으로 생각합니다. 대학생으로서 꼭 도전해 보시길!

2) 사회복지 프로그램의 평가

프로그램의 평가는 프로그램 운영의 성공 여부를 판단하는 과정이며 프로그램의 중단, 지속, 확대 등의 의사결정을 하는 데 실질적인 도움을 주는 것이 그 목적이다. 즉,

욕구를 가진 사람들에게 제공된 서비스의 질이 적절했는지, 프로그램의 효과성과 효율성 측정을 통한 목표달성의 여부를 확인하는 것이다. 따라서 평가 목적을 달성하기 위해서는 프로그램이 추구하는 구체적인 목표가 무엇인지, 평가하고자 하는 목적과 상황에 맞게 평가를 실시하여야 한다.

이러한 평가의 목적을 구체적으로 살펴보면 다음과 같다.

첫째, 프로그램의 효과성과 효율성에 대한 평가를 통해 관리자로 하여금 프로그램의 유지 · 확대 또는 중단 · 축소에 대한 의사결정의 정보를 제공한다.

둘째, 프로그램 평가는 사회복지조직이 책임성을 발휘하고 있는지를 평가할 수 있는 중요한 자료가 된다. 이러한 평가는 사회복지조직의 이사회, 재정지원 기관뿐만 아니라 서비스 수혜자에게도 보고되어 그 기관이 어느 정도 책임성 있게 활동하고 있는지를 증명하는 주요한 근거가 된다.

셋째, 프로그램 평가는 사회복지이론의 형성에도 기여하는 목적을 갖는다.

참고로 성공하는 사업계획서와 실패하는 사업계획서를 살펴보면 다음과 같다.

성공하는 사업계획서

1. 프로포절 공모사업의 목적은 발명과 선정이 아닌, 발견과 변화
2. 명확한 사업의 필요성과 실현가능성
3. 기획 요소 간의 논리적 일관성
4. 간결함의 미학
5. 심사자처럼 생각

실패하는 사업계획서

1. 문제의 범위에 적합하지 않은 대처방법
2. 예산 쓰임새의 불명확성
3. 문제분야에서 기관의 경험 부족
4. 다룰 수 있는 것보다 복잡한 활동내용
5. 지역사회가 배제된 기획과정
6. 합리적이지 못한 일정표
7. 불명확한 평가계획
8. 명확하게 측정할 수 없는 목표

출처: https://m.blog.naver.com/

Chapter 13

사회복지정책

사회복지정책이란 무엇인가? 사회복지정책의 대상영역은 어디까지인가? 이 두 가지 질문은 사회복지정책을 논의할 때 가장 먼저 부딪히는 질문이다. 그리고 사회복지정책의 과정은 여러 개의 과정으로 구성되어 있는데, 이에 대한 이해를 함으로써 사회복지정책에 대한 이해를 높이고자 한다.

한국에서는 전문사회사업의 실무와 사회복지정책이 거의 유리된 것처럼, 한쪽을 택하면 다른 한쪽이 관련 없다고 생각하는 듯하다. 그렇지만 전문사회사업의 실천에만 관심이 있는 학생이라도 사회복지정책이나 제도를 모르면 대상자에게 국가나 지방자치단체가 제공하는 다양한 서비스나 프로그램을 제공해 줄 수가 없어 반쪽짜리의 도움밖에 줄 수 없다. 따라서 반드시 사회복지정책에 대해 알아 두어야 하며, 그런 의미에서 정책과 실무는 직접적으로 관련이 있다고 할 수 있다.

Key Words

사회복지정책, 사회정책, 사회복지정책의 목표, 사회복지정책의 영역, 사회복지정책의 형성과정, 이슈, 사회복지정책의 정책의제, 어젠다, 대안, 집행, 평가, 사회복지정책 분석틀, 사회적 할당, 사회적 공여, 전달전략, 재원충당방법, 사회투자정책

* 본 장의 내용은 박경일(2019)의 『사회복지정책론』 제1, 9, 10장을 참조하여 요약하였음.

1. 사회복지정책의 정의

사회복지정책이란 '사회복지'와 '정책'이 합성된 용어이다. 사회복지란 누구나 행복을 누릴 권리와 존엄성이 있다는 이상적 측면과 'fare', '살아가다'라는 동사가 말해 주듯이 그 이상을 지향하는 실천상태, 즉 구체적 제도나 서비스는 사회구성원의 집합적 활동으로 이루어져야 한다는 것을 함축하고 있다. 여기서의 행복은 경제적 풍요만을 뜻하는 것은 아니고 신체적 · 심리적 · 지적 · 정신적 발달의 기회를 누구나 가질 수 있는 상태를 의미하는 것이다. 정책(policy)이라는 의미는 'police'라는 그리스어에서 파생되었다. police의 원래 의미는 도시국가를 뜻한다. 이후 라틴어와 만나면서 'politia'라는 의미로 변화되었으며, 중세에 이르러 '공공문제의 처리' 또는 정부의 행정관리를 뜻하는 'police'라는 의미로 변화되었다(Dunn, 1981: 7–8).

여러 학자들의 정책에 관한 정의를 살펴보면 다음과 같다. 칸(Kahn, 1979)은 "정책이라는 것은 지속적 계획(a standing plan), 장래의 의사결정의 지침(guideline)이거나 결정의 연속선으로서 특수한 프로그램, 입법, 우선순위를 뒷받침하는 원리에 있어서 암시적이거나 명시적인 중핵"이라고 하였다. 미국의 프리그모어(Prigmore)는 사회복지정책이란 "사회복지 프로그램과 문제에 있어서 의사결정을 위해 사용되는 지침"이라고 하였고, 얀손(Jansson, 1994: 4)은 "사회정책은 사회문제에 대처하기 위한 집합적 전략"이라고 하였다. 협의적 의미로서 길버트와 스펙트(1986)는 "공사의 기관에 있어 행동의 방향이나 계획의 기초를 이루는 모든 결정과 선택(decision making & choice)"이라고 하였다. 결국 정책이란 정책목표를 달성하기 위한 일련의 행동원칙이며, 의사결정의 지침이거나 행동의 방향을 나타내는 선택이라고 볼 수 있다.

이에 따라 사회복지정책의 정의를 내린다면, 사회복지정책은 사회복지를 위한 행동의 원칙이며, 사회복지를 수행하기 위한 의사결정의 지침이고, 사회복지를 실천하는 행동의 방향이라고 볼 수 있다. 따라서 사회복지정책은 사회복지적 문제를 개선시키려는 정책목표를 향한 정부, 지방자치단체, 사회복지기관의 정책의지의 원칙이며 실천행동의 수단이라고 할 수 있다.

결국 사회복지정책은 '사회복지'와 '정책'의 합성어이므로 각 학자들이 제시한 사회복지정책의 개념을 참고하여 이를 몇 가지 개념으로 정리하면 다음과 같다(박경일, 2019).

① 사회복지정책은 인간의 기본적 · 사회적 욕구를 충족시키거나 사회문제를 해결하기 위해 중앙정부나 지방정부가 일차적 정책주체가 되어 행하는 국가의 정책이다.
② 사회복지정책은 사회문제의 해결 또는 욕구충족과 같은 주요한 기능들을 수행하는 사회제도의 하나이다.
③ 사회복지정책은 인간다운 생활의 보장과 삶의 질을 향상시키기 위한 국가의 행동지침이나 지속적 계획이다.
④ 사회복지정책은 인간다운 생활의 보장이나 삶의 질을 향상시키기 위해 다양한 정책수단을 선택하는 의사결정과정이다.
⑤ 협의의 의미로서 사회복지정책은 사회적 약자나 저소득층에게 소득이나 의료 및 서비스를 제공하기 위한 사회적 노력 혹은 집합적 활동으로 볼 수 있다.
⑥ 사회복지정책은 모든 사람의 행복을 추구하기 위해 주택, 교육, 노동, 조세 및 환경정책까지 포함하는 광의의 개념으로 볼 수 있다.

사회복지정책은 종종 사회정책과 혼용되기도 한다. 그러나 사회정책은 사회복지정책의 활동영역보다 더 광범위하기 때문에 사회복지정책은 사회정책의 하위범주에 속한다고 할 수 있다. 길(Gil, 1992: 9)은 사회복지정책을 빈곤, 아동학대, 주택 등과 같은 특수한 욕구나 문제에 대한 사회적 대응과 관계되는 것으로 보고 있으며, 사회정책은 사회에서 전반적인 삶의 질과 사회구성원의 삶의 상태, 인간과 인간의 인간관계, 인간과 전체 사회의 관계를 형성하는 노력과 관련되는 것으로 포괄적이고 추상적인 개념으로 보고 있다.

〈표 13-1〉 **사회정책과 사회복지정책의 차이점**

사회정책(social policy)	사회복지정책(social welfare policy)
• 獨(권위수의적) / 英(달권위주의적) • 사회복지정책의 상위개념(질서유지정책) • 사회가 공인한 사회행동으로서 인간사의 공식적 · 체계적 질서유지를 위한 정책	• 美(强 탈권위주의적) • 사회정책의 하위체계(욕구충족정책) • 고용, 소득, 음식, 주택, 보건의료, 사회관계 등 기본적 욕구충족을 위한 급여를 제공하는 것

출처: 원석조(2004: 255-256).

사회복지정책은 워낙 많은 제도들을 포함하고 있고, 사회정책, 사회보장, 사회서비스 등 매우 유사한 용어와 혼용되고 있으며, 북유럽에서는 포괄적 사회복지 개념을 의미하는 사회서비스란 용어를 사용하고 있고, 독일과 영국에서는 주로 사회정책이란 용어를 사용하고 있는 데 비해, 미국에서는 사회정책 대신 사회복지정책이란 용어를 더 많이 쓰고 있다. 최근 미국에서는 사회복지사에 의한 협의의 사회사업 이외에 간호, 상담, 재활, 개호 분야의 서비스 활동까지 포함한 휴먼서비스란 용어를 사용하고 있다(박경일, 2008).

2. 사회복지정책의 목표

사회복지정책의 기본목표는 인간의 존엄성을 유지하는 것이다. 인간의 존엄성 사상은 이미 오래 전부터 현대사회에 이르기까지 중요시되고 있고 사회복지의 기본목표로 자리 잡았다. 사회복지정책의 목표를 사회기능적으로 구분하여 보면 다음 여섯 가지로 요약해 볼 수 있다.

1) 사회통합과 질서유지

사회복지정책은 사회적 약자의 어려움을 해결하여 사회통합과 질서유지를 시도하면서, 한편으로 이들을 사회적으로 격리하고 억제하여 현 상태의 파괴를 방지하고 유지하려는 기능을 가진다.

2) 경제성장과 안정

① 경제성장 안정화: 사회복지활동은 인적 자본의 질적 수준을 향상시켜 생산에서의 경쟁력을 확보함으로써 경제성장의 안정화에 기여한다.

② 경기변동 시 조정: 사회복지는 경기가 호황이 되면 조세나 사회보장비의 부담을 증가시켜 경기를 진정시키고, 불황 시에는 조세나 사회보장비 부담을 감소시켜 경기를 자극하는 경기변동 시 조정에 기여한다.

단기적으로 사회복지는 경제에 마이너스 효과를 가져오지만 장기적으로 플러스 효과를 가져오는 것으로 인정된다.

3) 개인적 자립과 성장

개인이 스스로 자신의 생활을 결정하고 영위할 수 있는 데까지 이르도록 자립을 지원하는 역할과 모든 사람이 제각기 능력에 따라 성장하고 발달할 수 있는 잠재력을 발휘할 수 있도록 원조하는 기능을 한다. 즉, 사회복지는 인간의 잠재력과 성장가능성을 인정하고 '자기결정권(self determination, potential power)'의 원리를 중시한다.

4) 정치적 안정

사회복지정책을 통한 불평등 해소와 사회적 갈등 해소에 초점을 둔다. 최근 다원주의적 민주주의 발달로 인해 사회적으로 분파적 이익에만 급급하여 사회적 불평등을 야기한다. 자신들의 이익을 정치활동에 투입하여 입법화와 정책화함에 있어 반성이 필요하다.

5) 소득재분배에 의한 평등의 추구

소득의 재분배를 통하여 평등화 경향을 추구한다. 오늘날 사회복지정책은 재분배양식을 주된 목표로서 추진하고 있으며 소득재분배의 유형과 형태는 〈표 13-2〉와 같다.

〈표 13-2〉 소득재분배의 유형과 형태

유형		내용	형태
세대 간 재분배		노령세대 대 근로세대 근로세대 대 아동세대	연금 가족(아동)수당
세대 내 재분배	수직적 재분배	소득계층 간(고소득자에서 저소득자)	공공부조, 사회복지서비스
	수평적 재분배	위험 미발생집단 대 위험 발생집단 건강한 자→병자 취업자→실업자 근로자→재해자	 국민건강보험 고용보험 산재보험

6) 정상화 이념의 추구

정상화(normalization)는 1959년 덴마크에서 지적장애인을 대상으로, "지적장애인을 가능한 한 최대로 정상적 생활조건(normal living condition)에 가깝게 생존하도록 하는 것"이라고 정의한 「지적장애인법」에서 출발하였다. 이는 후에 미켈센(Mikelsen)에 의하여 "지적장애인에게 주거, 교육, 일, 취미활동 등을 포함하여 다른 모든 시민이 갖는 인간의 기본권을 제공하는 것"을 의미하는 개념으로 발전되었다.

1945년 이후 장애인을 위한 서비스 개발은 세 가지의 독특한 단계를 거치면서 발전하였다. 그 첫째 단계는 보호 차원의 배려에 중점을 두는 서비스 개발이다. 둘째 단계는 훈련과 교육에 중점을 두는 서비스 개발이다. 셋째 단계는 지역사회 내에서의 통합된 생활에, 즉 지역사회생활에 초점을 두는 서비스 개발이다.

3. 정책론 · 행정론(관리론) · 실천론(임상론)과의 관계

사회복지학의 분류는 실천론과 정책론으로 구분하기도 하고 직접적 서비스와 간접적 서비스로 나누기도 한다. 그러나 한국에서 가장 보편적으로 사용되고 있는 분류방법은 유럽의 사회행정이나 사회정책학의 전통까지를 포괄하는 정책론과 미국의 전문사회사업기술론을 포괄하는 실천론이다. 사회복지실천론은 전문기술을 구사하여 개인의 욕구나 문제를 해결하거나 인간관계를 조정하는 기술체계로 보고 있는 데 반해, 사회복지정책론은 자본주의의 사회구조와 모순인 불평등이나 빈곤과 같은 사회문제나 욕구를 해결하기 위한 제도체계로 보고 있다. 즉, 법이나 제도 등의 정책은 전체 인간생활의 일정한 수준이나 범위를 다루는 것이고, 복지서비스로 나타나는 기술은 개별화된 원조활동을 통해 사회복지를 실현하고자 하는 것이다. 따라서 정책론과 실천론이 상호 협동적으로 균형과 조화를 이루어 나갈 수 있도록 하는 데 사회복지방법론의 근본과제가 있다고 하겠다.

한편 사회복지시스템의 과정에서 내부구조를 욕구, 서비스 정책의 개념과 관련해서 살펴보면 [그림 13-1]과 같다. 즉, 욕구에 대해 서비스를 제공하는 것은 정책에 의해 이루어지며, 이때 욕구에 대처하는 서비스를 연구하는 방법론은 실천론(임상론)이고 정책에 의해 서비스가 제공되는 관계는 정책론으로 설명할 수 있다. 그리고 이러한 정책론과 실천론의 중간영역에서 이루어지는 조직 및 서비스 관리의 방법과 활동이 행정론(관리론)이라고 할 수 있을 것이다.

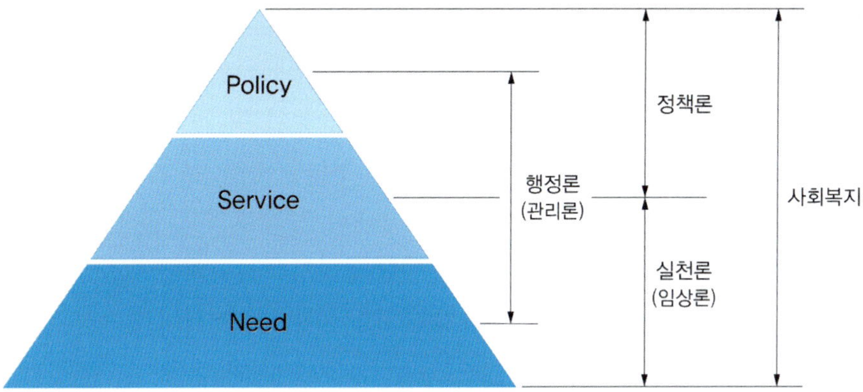

[그림 13-1] **사회복지시스템의 내부구조**

4. 사회복지정책의 형성과정

정책과정을 일련의 단계로서 설명하면 사회문제와 대중의 수요가 정치적 논전으로 부각되어 이슈로 되면 정책결정자(꾼)의 관심을 불러일으키고 논의될 수 있는 문제나 이슈의 목록인 어젠다가 만들어지고 문제해결을 위한 다양한 행동경로로서 정책대안이 제시된다. 이들 대안 중 여러 가지의 비교분석과 검토를 통하여 정책결정자가 하나를 선택하여 정책이 채택되고 집행되며 그러한 정책이 가지는 성과(impact)를 평가하여 정책을 개선하거나 새로운 정책을 만들기 위해 정책환류를 하게 된다.

보다 구체적으로 사회복지 문제는 인간으로서의 기본생활을 누리지 못하여 고통을 받고 있는 사람들이 그러한 상황이나 조건을 해결해야 할 문제로 인식할 때 비로소

문제로 성립한다. 즉, 조건이나 상황의 개인문제가 모여서 사회문제로 되고 요구하여 이슈[論題]로 되며 이러한 이슈의 목록이 정책어젠다[議題]로 된다. 어젠다란 공공정책으로 전환되기 위하여 정책결정자의 관심을 불러일으키고 논의될 수 있는 상태에 있는 문제나 이슈의 목록이나 의제의 모음이다.

정책대안이란 문제해결을 위한 행동경로를 말한다. 정책수단이 정책목표를 달성하기 위한 수단이라면 정책대안은 여러 가지 정책들 하나하나를 지칭하는 것이다.

정책결정(policy decision-making)이란 권위 있는 정책결정자가 정당성(legitimacy)과 권위(authority)를 갖고 문제해결을 위한 여러 대안 가운데 하나를 선택하는 과정이다. 예를 들어, 국회통과, 대통령 서명, 명령, 규칙, 조례제정 등이 여기에 해당한다.

정책평가란 정책활동의 가치를 따져 보기 위해 정보를 수집, 분석, 해석하는 활동이다. 즉, 산업의 급속한 양적 · 질적 성장을 겪으면서 정책의 양도 급격하게 증가하고 있다. 이러한 양적 증가와 복잡성의 증대로 인한 공공정책의 효과에 대한 평가가 중요한 관심사로 떠오르고 있다. 특히 지방자치제 시행 이후 정책평가의 필요성이 더욱 증대되고 있는 실정이다.

정책연구와 관련하여 단순하게 비교해 보면 정책이 만들어지기까지가 정책형성과정이며 만들어진 정책이 실시되는 것이 정책집행이며 이러한 정책이 잘되고 잘못되고 있는가를 분석하여 그 성과를 살펴보는 것이 정책평가이다. 이러한 일련의 사회복지정책의 형성과정을 그림으로 나타내면 [그림 13-2]와 같다.

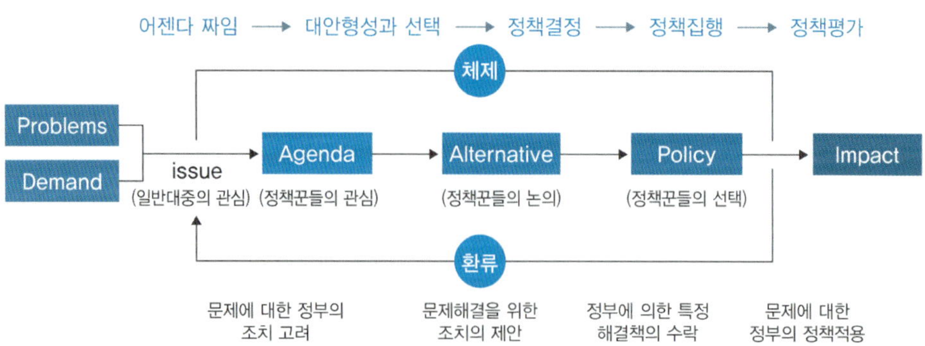

[그림 13-2] 사회복지정책의 형성과정

5. 사회복지정책의 분석틀

사회복지사는 사회복지제도에 대한 실무지식을 확보하기 위해서 공공정책을 분석하는 방법을 알아야 한다.

길버트와 스펙트(1986)는 사회복지정책의 분석을 과정(Process), 산출(Product), 성과(Performance)로 세 가지로 분류할 수 있다고 보고, 소위 '3P'분석이라고 하였다. 과정분석은 계획자료의 투입과 사회 내의 다양한 정치적, 정부의 그리고 다른 조직화된 집단 간의 관계와 상호작용이 정책형성에 어떻게 영향을 미치는가 하는 점에 관심을 가진다. 따라서 정책결정과 관련된 정치적 · 기술적 투입을 파악하는 사례연구의 형태를 띠게 된다. 산출분석은 정책선택에 관한 프로그램, 관련 법률, 기획안 등을 분석하는 것이다. 즉, 정책과정을 통하여 선택된 정책의 내용을 특정 기준이나 분석틀을 통해 분석하는 것이다. 성과분석을 하는 데 있어 두 가지 질문을 던질 수 있다. '첫째, 프로그램이 어떻게 잘 수행되었는가? 둘째, 프로그램의 효과성은 어떠한가?'이다. '첫째 질문과 관련하여서는 프로그램이 무엇으로 구성되어 있는가? 대상집단에 제대로 전달되었는가? 비용은 얼마나 들었는가?' 등으로 분석할 수 있다.

길버트와 스펙트는 이러한 산출분석을 위한 분석틀을 개발하고 이 분석틀을 구성하기 위해서는 다음의 네 가지 선택 차원(dimension of choice)을 고려해야 한다고 하였다.

1. 사회적 할당의 기초는 무엇인가?
   (What are the bases of social allocations?)
2. 할당된 사회적 급여의 형태는 무엇인가?
   (What are the types of social provisions to allocations?)
3. 급여의 전달을 위한 전략은 무엇인가?
   (What are the strategies for the delivery of these provisions?)
4. 급여의 재원조달을 위한 방법은 무엇인가?
   (What are the ways to finance these provisions?)

즉, 사회복지정책을 분석하는 기준으로 급여대상, 재원, 전달체계, 급여의 형태를 제시하고 있다. 이 네 가지 분석틀은 사회복지정책이 무엇을(급여내용), 누구에게(급여대상),

어떻게(재원과 전달체계), 제공하는가라는 질문에 대한 응답이라고 할 수 있다. 이 네 가지 분석대상을 각각 할당체계(급여의 대상), 급여체계(급여의 내용), 전달체계, 재원의 체계라고 한다.

산출분석의 네 가지 질문과 선택의 대안은 〈표 13-3〉과 같다.

〈표 13-3〉 **산출분석의 네 가지 질문**

선택 차원	의미	선택의 대안
할당	수급자격: 대상체계	귀속적 욕구, 사회적 공헌/사회적으로 부당하게 당한 손실에 대한 보상, 전문가 판단에 의한 진단적 차별, 개인 또는 가족의 자산상태에 따른 욕구
급여	급여종류: 급여체계	현금, 사회서비스, 물품, 신용(변제), 물품교환권(증서), 기회, 권력 등
전달	전달방법: 전달체계	중앙집권 또는 지방분권, 복수 서비스 또는 단독 서비스, 동일 건물 내 위치 또는 다른 건물에 위치, 협력관계 또는 대화단절, 전문가 의존 또는 소비자 및 준전문가 의존, 공공행정가 또는 민간행정가
재정	재정마련방법: 재정체계	공공재원(사회보험, 과세), 민간재원(사용자 부담, 민간모금 등), 공공과 민간재원의 혼합

최근 전 세계적으로 사회복지정책의 흐름은 사회투자정책을 강조하고 있다. 사회투자정책의 등장 배경을 보면 자본주의 경제사회구조의 변화와 새로운 사회적 위험(new social risks)의 출현이다.

이러한 경제사회구조의 변화는 새로운 사회적 위험을 만들어 냈다. 굿비(Goodby)는 이 위험을 "후기산업사회로의 이행과 연관된 경제, 사회변동의 결과로서 사람들의 생애기간에 직면하는 위험들"로 규정하였다. 신사회적 위험은, 첫째, 맞벌이 부부의 증가와 여성교육의 향상으로 여성들의 노동시장 참여가 급증하면서 일과 가정을 양립하기 어려운 저숙련 여성층에서 나타난다. 둘째, 노인인구의 증가로 노인케어의 부담이 급증하고 있다. 셋째, 노동시장구조의 변화는 교육수준이 낮은 사람들이 사회적으로 배제되는 위험을 발생시킨다. 넷째, 일부 국가에서 민영화된 공적연금, 의료보험 등에 대한 규제가 잘 이루어지지 않을 경우 새로운 위험이 발생할 수 있다.

그리하여 사회투자정책은 인적 자본과 사회자본에 대한 투자 확대를 통해 시민의 경제활동참여 기회를 극대화시켜 빈곤예방과 기회의 평등을 제공함으로써 경제성장과 사회발전을 동시에 추구하는 정책을 의미한다. 사회투자정책의 목표는, 첫째, 소득의 재분배보다는 기회의 평등(재분배)에 비중을 두는 것이다. 둘째, 모든 시민이 경제활동에 참여하는 것을 활성화시키는 것이다. 셋째, 복지(사회)정책의 효율성 및 지속 가능성 제고를 통해 책임 있는 복지를 지향하는 것이다.

출처: 박경일(2019).

연구문제

1. 사회복지정책의 기능으로 옳지 않은 것은? (2016 제14회 기출문제)

① 사회통합 ② 최저생활 유지 ③ 능력에 따른 배분
④ 개인의 잠재능력 향상 ⑤ 소득재분배

2. 소득재분배에 관한 설명으로 옳지 않은 것은? (2017 제15회 기출문제)

① 소득재분배는 세대 내 재분배와 세대 간 재분배로 구분할 수 있다.
② 소득재분배는 시장의 기능에 따라 1차적으로 소득이 분배되는 것이다.
③ 정부가 조세정책과 사회정책 등을 통해 실현한다.
④ 개인의 자발적 기부와 같이 민간에 의해 이루어질 수도 있다.
⑤ 시간적 소득재분배는 한 개인이 안정된 근로생활 시기에서 불안정한 소득시기로 소득을 이전하는 것을 의미한다.

3. 새로운 사회적 위험(new social risk)에 관한 설명이 아닌 것은? (2021 제19회 기출문제)

① 여성들의 유급노동시장으로의 참여 증가로 일과 가정의 양립 문제가 확산되고 있다.
② 노인인구 증가로 인한 복지비용 증가와 노인 돌봄이 중요한 문제로 대두되고 있다.
③ 노동시장의 불안정으로 근로빈곤층이 증가하고 있다.
④ 국가 간의 노동인구 이동이 줄어들고 있다.
⑤ 새로운 사회적 위험으로 인한 수요증가에 필요한 복지재정의 부족현상이 심화되고 있다.

4. 공공정책으로 전환되기 위해 정책결정자의 관심을 불러일으키고 논의될 수 있는 상태에 있는 문제나 이슈의 목록을 무엇이라고 하는가?

① 대안 ② 의제 ③ 조건 ④ 제도 ⑤ 문제

5. 사회복지정책의 일반적 형성과정을 적절하게 나타낸 것은?

① 문제형성－대안마련－어젠다 형성－정책결정－집행－평가
② 문제형성－어젠다 형성－대안마련－정책결정－집행－평가
③ 어젠다 형성－문제형성－대안마련－정책결정－집행－평가
④ 문제형성－어젠다 형성－대안마련－집행－정책결정－평가
⑤ 문제형성－평가－어젠다 형성－대안마련－정책결정－집행

6. 사회투자국가의 특징으로 옳지 않은 것은? (2017 제15회 기출문제)

① 경제활동 참여기회 확대
② 경제성장과 사회통합 동시 추구
③ 인적자본 및 사회적 자본에 대한 투자 강조
④ 불평등 해소보다 사회적 배제 감소에 더 큰 중요성 부여
⑤ 전통적 복지 패러다임으로 회귀하는 성향이 강함

7. 길버트(N. Gilbert)와 스펙트(H. Specht) 등의 사회복지정책 분석에 관한 설명으로 옳지 않은 것은? (2021 제19회 기출문제)

① 과정분석은 정책형성에 영향을 미치는 사회정치적 · 기술적 · 방법적 변수를 중심으로 분석하는 접근방법이다.
② 산물분석은 정책선택에 관련된 여러 가지 쟁점을 분석하는 접근방법이다.
③ 성과분석은 실행된 정책이 낳은 결과를 기술하고 분석하는 접근방법이다.
④ 산물분석은 할당, 급여, 전달체계, 재정 차원으로 구분하여 분석한다.
⑤ 과정분석은 연구자의 주관을 배제해야 한다.

Chapter 14

사례관리

사례관리(case management)는 1980년대 이후부터 미국, 영국 캐나다, 일본 등 복지선진국에서 등장하였다. 이는 인간의 욕구가 사회의 변화에 따라 다양해짐으로써 그에 맞는 사회복지실천방법을 개발한 것이라 할 수 있다. 우리나라에서 사례관리는 1990년대 들어서면서 특별히 장기보호서비스가 필요한 정신보건사회복지와 노인복지, 장애인복지분야에서 강조되고 있다.

이 접근방법은 '욕구와 자원의 연결'을 기본으로 하고 있으며, 전통적 사회복지실천방법인 케이스워크나 지역사회조직론 등에서 발전된 다양한 기술을 활용하고 있으며, 사회복지의 관심이 '시설보호'에서 '지역사회 내 보호'로, 또 '치료'에서 '케어'로 변화함에 따라 이에 대한 새로운 대응방법으로서 대두된 것이라 볼 수 있다.

사회복지분야에 있어서 사례관리라는 접근방법이 필요하게 된 배경으로는 장기적 케어와 의존성의 증대에도 불구하고 클라이언트의 시설보호를 지양하는 보호 패러다임의 변화를 들 수 있다. 따라서 사례관리는 클라이언트의 측면에서는 충분한 케어를 보장하기 위해서, 그리고 공급주체의 측면에서는 비용절감 및 효율성을 최대화하기 위한 목적을 띠고 있다. 의료기술의 발달과 산업화의 영향으로 장기적 보호와 관리가 필요한 중증장애인과 취약한 노인이 향후 대폭적으로 증가할 것으로 예상되는 바, 이들의 다양한 욕구에 대응하고 지속적 관리를 하기 위한 사회복지실천의 한 가지 대안으로서, 클라이언트의 욕구를 종합적인 관점에서 파악하여 관련 분야와 서로 연계하여 포괄적인 서비스를 제공하는 것이 필요하다.

Key Words

사례관리, 사례관리자, 공식적 자원, 비공식적 자원, 사회자원, 케어계획, 사정, 재사정, 사후관리, 인테이크, 사회망, 옹호, 연속적 기능, 불연속적 기능, 점검

1. 사례관리의 정의

사례관리는 'case management'의 역어로 1980년대 초부터 정신건강, 발달장애, AIDS 환자를 위한 서비스 등의 대인서비스 분야에서 등장하였다(Rose & Moore, 1995: 335). 이는 인간의 욕구가 사회의 변화에 따라 다양해짐으로써 그에 맞는 사회복지실천방법을 개발하여 적절히 대처한 것이라고 할 수 있다. 한국에서 사례관리는 1990년대 들어서면서 처음으로 소개되었으며, 특별히 장기보호서비스가 필요한 노인복지와 장애인복지 분야에서 강조되고 있다.

사례관리에 대한 가장 광범위한 정의는 미국사회사업백과사전(NASW, 1987)에서 정의한 것으로서 사례관리란 복잡한 여러 가지 문제와 장애를 가지고 있는 클라이언트가 적절한 시기에, 그들이 필요로 하고 있는 모든 서비스를 적합한 형태로 포괄적으로 제공받을 수 있는 것이라고 정의하고 있다.

사례관리는 특정 클라이언트의 복합적 욕구를 충족시키기 위하여 전문 사회복지사가 클라이언트와 그 가족의 욕구를 사정하고 다양한 서비스 패키지를 배정 · 조정하며, 점검하고 평가 및 옹호하여, 클라이언트의 욕구나 문제를 해결할 수 있도록 원조하는 서비스 제공방법의 하나이다(김기태 외, 1997: 15).

사례관리 개입은 사회복지의 가치를 반영하여 클라이언트의 능력과 환경의 요구를 보다 잘 조화시킬 수 있도록 하고, 기능상실이나 질병에 따른 문제를 개선하며, 그들의 지지망을 강화, 극대화하며(Vourlekis & Green, 1992: 17), 케어의 연속선상에 포함되어 있는 서비스들이 효과적으로 전달되도록 촉진하기 위해 마련된다.

이렇게 볼 때 사례관리란 단순히 서비스를 모아서 클라이언트에게 제공하기 위해서가 아니며, 또한 비용을 절약해서 효율적 복지를 실시하는 것이 목적이 아니라, 클라이언트의 다양한 욕구를 적절히 파악하여 지지적, 효율적 및 비용효과적 방식으로 필요한 서비스를 제공받을 수 있도록 보장하는 상호작용의 과정(Weil & Karls, 1985)이라고 할 수 있다.

2. 사례관리의 필요성

사회복지분야에 있어서 사례관리는 장기적 케어와 의존성의 증대에도 불구하고 클라이언트의 시설보호를 지양하는 보호 패러다임의 변화에 따라 그 필요성이 더욱 강조되고 있다. 이를 몇 가지로 범주화하면 다음과 같다.

① 클라이언트의 보호방법이 시설복지에서 재가복지로 전환함에 따라 시설에서 제공되던 다양한 서비스를 지역사회 내에서 제공할 수 있도록 하기 위해서는 지역사회 내에 산재해 있는 사회자원이 패키지화되어야 한다. 이러한 사회자원의 패키지화는 기존의 사회복지방법으로는 곤란하며, 전문적 사례관리자가 중심이 되어 주도면밀하게 이루어지지 않으면 안 된다.

② 가치관의 다양화와 그에 따른 욕구의 다양화 및 고도화로 인해 종래의 획일적이고 균일적인 서비스만으로는 대응이 불가능하게 되었다. 따라서 클라이언트가 자신의 욕구충족에 필요한 사회자원에 보다 용이하게 접근할 수 있도록 하기 위해 적극적으로 조정해 주는 사례관리가 필요하다.

③ 사회변화에 따라 사회자원의 공급주체 또한 다원화되고 있다. 그런데 대부분의 클라이언트는 자신의 욕구충족에 필요한 자원을 적절히 파악하여 이용할 수 있는 능력이 결여되어 있는 경우가 많다. 특히 사회자원의 공급주체가 다원화될수록 이들의 전달체계 간에는 불연속성이 존재하므로 이를 조정하기 위해 사례관리가 필요하다.

④ 현대사회는 가족형태의 변화 및 기능의 약화로 그동안 가족이 전담했던 클라이언트의 보호가 곤란해지고 있다. 따라서 가족과 그 밖의 사회자원을 상호 연계하여 저하된 보호기능을 보완·대체시키는 역할이 필요하기 때문에 사례관리가 필요하다.

⑤ 클라이언트의 욕구를 충분히 사정하고 이를 근거로 하여 케어계획을 수립하지 않는다면, 적절한 서비스가 제공되지 않거나 서비스가 중복되어 효율성이 떨어지게 된다. 그러므로 사회자원의 효율적 이용을 위해서는 충분한 욕구사정 및 케어계획에 입각하여 사회자원 간의 연계와 조정을 도모하기 위해 사례관리가 필요하다.

⑥ 케어비용을 절감하고, 잠재적 사회자원을 개발하며 서비스의 중복을 방지함으로써 최소의 비용으로 가장 효율적인 케어를 하기 위해 사례관리가 필요하다.

이상의 내용을 정리하면 사례관리는 클라이언트에게 충분한 케어를 보장하기 위해서, 그리고 공급주체의 측면에서는 비용절감 및 효율성을 최대화하기 위해서 필요하다 할 것이다.

3. 사례관리의 출현배경

1) 노인인구의 증가와 가족의 부양기능 약화

의학의 발달과 생활수준의 향상으로 평균수명이 연장되어 전체 인구 중 노인인구가 차지하는 비율이 점차 증가하고 있으나, 노인부양의식이 약화되어 가족으로부터 소외된 노인이 점차 늘어남에 따라 많은 독거노인, 노인부부세대, 장애노인 등이 지역사회에서 생활하게 되었다. 따라서 한 기관이나 하나의 단일 서비스 체계로는 복잡하고 다양한 욕구를 가진 클라이언트의 문제에 대응하는 것이 불가능하다. 이러한 관점에서 볼 때 시설입소자와 마찬가지로 재가노인에게도 그들의 욕구변화에 주의를 기울여 필요한 서비스를 항상 제공해야 하며, 그들이 필요로 하는 서비스를 조직화하고 통합하여 상호 연계되도록 하기 위해 사례관리가 필요하게 되었다.

2) 서비스에 대한 인지부족

재가노인의 증가 및 욕구의 다양화, 복합화와 함께 그들에게 원조를 제공하는 서비스의 공급주체도 상당히 다양하고 복잡해지고 있다. 즉, 그동안 대부분의 서비스는 정부기관이나 사회복지법인 등과 같은 공공기관에 의해서 제공되었지만, 최근에는 영리단체와 조직, 자원봉사자 등과 같이 민간의 사회복지참여 활성화로 인하여 클라이언트를 위한 서비스의 공급주체가 상당히 다양해지고 있다. 그러나 노인부부세대나 독거노인의 경우 자신들에게 도움이 되는 서비스의 존재를 스스로 알아서 신청하는 것은 거의 불가능하다. 그뿐만 아니라 현재 복지서비스를 이용하고 있는 사람도 시간이 경과함에 따라 문제가 심각해지거나 또 다른 욕구가 발생하면 다른 서비스를 이용해야 함에도 불구하고 서비스에 대한 지식이 없어서 이용하지 못하는 경우가 많다. 따라서 클라이언트가 다양한 공급주체의 서비스에 대해 쉽게 인식하고 접근하며, 서비스의 중복과 낭비를 막아 서비스의 효율성을 높이고 적절한 서비스가 제공될 수 있게 사례관리가 등장하였다.

3) 공적 서비스 시스템의 보완

최근 사회복지서비스 공급주체가 중앙정부에서 지방자치단체로 많이 전환됨과 동시에 서비스를 제공하는 공사전문기관 또한 급격하게 증가하고 있다. 그러나 지방을 중심으로 전개된 서비스는 서비스 간의 연계나 통합을 위한 장치나 클라이언트와 관련된 서비스 기관 사이의 조정기능이 미비하기 때문에 복지서비스를 제공하고 있는 기관조차도 지역사회의 기관이나 그 기관에서 실시되고 있는 서비스의 내용을 모르는 경향이 있다. 이러한 문제점에 대해 각 기관의 서비스를 조직화하고 클라이언트의 욕구를 통합적으로 충족시킴으로써 지방분권화에 따른 부정적 측면을 보충하기 위해서 사례관리가 등장하였다.

4) 복지재정 감소에 따른 대안

1950년대부터 서구 복지국가의 사회복지비용은 꾸준히 증가해 왔으나, 1970년대 중반 이후 경제불황으로 인하여 국가의 경제가 침체되면서 사회복지의 공공부문의 비용 삭감으로 인해 민간부문의 역할이 증대되었다. 지역사회에 잠재되어 있는 사회자원을 개발하여 활용하고 비공식지원체계의 클라이언트에 대한 보호기능을 강화하며, 제한된 자원 내에서 서비스 전달의 효과를 최대화하고, 서비스 전달의 비용을 억제하고자 하는 노력이 나타나기 시작했다. 이에 대인복지서비스의 효과성, 책임성에 기초하여 서비스의 중복을 점검해야 하는 전문기술의 필요성을 절감하게 되었고, 서비스의 계획을 관리하고, 서비스 전달의 효과성을 최대화하며, 특히 치솟는 의료비에 대한 대응책으로서 기능할 수 있는 사례관리방법에 대한 관심이 대두되었다(김만두, 1997).

5) 보건 · 의료 · 복지의 연계 필요성

재가노인에 대한 복지서비스는 주로 노인이 자신의 가정에서 살면서 독립성을 유지할 수 있는 다양한 서비스를 제공하면서 노인을 보호하는 것이다. 그러나 재가노인은 보건 · 의료 · 복지의 욕구를 동시에 필요로 하는 경우가 많고 또한 장기적 케어가 필요한 클라이언트는 의료뿐만 아니라 복지서비스도 필요로 한다. 따라서 의료 속에서 전인적 의료를 제공하는 것도 중요하지만 개개의 클라이언트에게 맞는 보건 · 의료 · 복지를 포함한 종합적 서비스를 제공해야 한다. 따라서 서비스의 공급방식이 클라이언트의 욕구를 종합적 관점에서 파악하여 관련 분야들과 서로 연계하여 달성해야 하는 이유에서 사례관리가 관심을 받게 되었다.

4. 사례관리의 구성요소

사례관리를 구성하는 기본요소로서는 최소한 다음과 같은 것이 필요하다. 평면적으로 보면 사례관리의 기본요소는, ① 사례관리를 필요로 하는 대상자, ② 대상자의 욕구를 충족시키는 자원, ③ 사례관리를 실시하는 기관에 배치되어 있는 사례관리자가 있다. 그리고 입체적으로 파악되는 요소로서, ④ 사례관리를 실시해 가는 과정이 부가된다(白澤政和, 1993: 15-16).

1) 대상자(클라이언트)

첫째 요소인 사례관리 원조를 필요로 하는 대상자란 욕구의 중복으로 인하여 한 가지 이상의 사회자원을 필요로 하고 있는 사람으로서, 그러한 사회자원의 이용방법을 제대로 알지 못하는 사람을 말한다. 예컨대, 복수의 또는 복잡한 신체적 · 정신적 손상을 안고 있는 클라이언트이거나 복수의 서비스를 필요로 하고 있거나 받고 있는 클라이언트, 시설입소가 검토되고 있는 클라이언트, 서비스가 충분히 제공되지 않거나 받고 있는 서비스가 부적절할 경우, 원조해 줄 가족성원이 없거나 충분하지 못한 클라이언트이다. 대상자의 특성에 있어 사례관리는 노인, 심신장애인과 같은 장기케어가 필요한 사람에게 적합하다고 할 수 있다.

2) 사회자원

사례관리의 둘째 요소인 대상자의 욕구를 충족시키는 사회자원으로서는 광범위한 것이 고려될 수 있다. 사회자원을 분류하는 한 가지 관점으로서는 누가 그러한 사회자원을 제공하는지의 공급주체에 따른 분류가 가능하다. 일반적으로 공급주체로는 다음의 열 가지 자원이 고려된다. 즉, ① 가족, ② 친척, ③ 이웃, ④ 친구, 동료, ⑤ 자원봉사자, ⑥ 지역의 단체, 조직, ⑦ 법인(사회복지협의회, 노인시설, 병원 등), ⑧ 행정(가정봉사, 주간보호서비스, 단기보호서비스, 방문지도, 주택관계서비스 등), ⑨ 개업의를 포함한 노인복지서비스, ⑩ 본인자신(내적 자원이라 하며, 일반적으로 사회자원에는 포함시키지 않는다)이다. 이 자원을 제대로 파악하고 적절히 활용한다면 보다 효과적인 케어계획이 작성될 수 있다. 사례관리는 이 열 가지의 자원을 사용해서 대상자의 욕구를 조정한다.

3) 사례관리자

사례관리란 이러한 사회자원과 대상자의 욕구를 조정하는 것이며, 이것을 실시하는 것이 제3요소인 사례관리자이다. 사례관리자는 가능한 한 전문가이어야 하지만, 종래에는 가족이나 본인이 사례관리를 스스로 하는 경우도 많았다. 그렇지만 현재와 같이 각종 사회자원이 다원적으로 공급되는 시대에는, 가족이 사례관리자로서의 역량을 충분히 발휘하는 것은 어려워지고 있다고 할 수 있다. 사례관리자가 될 수 있는 직종으로서는 사회복지사, 간호사, 작업요법사, 물리치료사 등이다.

5. 사례관리의 과정

마사카즈 시라사와(白澤政和)는 사례관리의 과정을 7단계로 나누고 있다. 즉, ① 시작, ② 사정, ③ 사례의 목표설정과 케어계획의 작성, ④ 케어계획의 실시, ⑤ 클라이언트 및 서비스 제공상황에 관한 점검 및 사후관리, ⑥ 재사정, ⑦ 종결이 그것이다.

1) 시작

이 단계는 로스만이 제시한 기관에 대한 접근과 인테이크 기능에 해당한다. 여기서는 클라이언트 또는 가족이 기능적, 재정적으로 서비스를 받을 자격이 있는지를 결정한다. 케이스를 발견하고 첫 번째 방문 시에 어려움을 겪고 있는 일에 대해 개략적으로 묻고 난 다음 개인적 문제들을 여러 가지로 상세하게 질문하는 것은 나중에 케어계획을 함께 수립하기 위해 필요불가결한 작업이라는 점을 이해시켜야 한다. 또한 이후에도 계속적 상담이 가능하다는 것을 밝히고 사례관리자 자신의 연락처를 알려 주는 것이 좋다.

2) 사정

사정(査定, assessment)이란 클라이언트의 문제상황에 관해 여러 가지 얘기를 듣고, 사회생활이라는 전체적 관점에서 현 시점에서의 갖가지 문제 및 욕구를 평가 · 사정하는 것이다.

사정단계에서 파악해야 할 정보는 클라이언트 욕구뿐만 아니라 클라이언트가 활용할 수 있는 비공식적 자원에 대한 정보이다. 즉, 현재의 문제상황, 신체적 · 정신적 건강상태, 일상생활동작기능(ADL), 심리사회적 기능, 경제상황, 클라이언트가 갖는 느낌 · 가치관 · 대인관계 방식, 가족 · 이웃 · 친구에 관한 정보, 세대의 상황, 거주상황, 클라이언트의 자조능력 및 프로그램에 대한 적극성, 현재 이용하고 있는 서비스 및 지원, 서비스의 자격요건과 관련한 경제상황 및 거주장소 등을 들 수 있다.

3) 사례의 목표설정 및 케어계획의 작성

사정이 끝난 시점에서 클라이언트 자신은 시설에서 보호받기를 원하는지, 자신의 집에서 그대로 살기를 원하는지를 물어서 클라이언트의 의향과 사정에 의한 정보를 근거로 하여 사례의 목표를 설정한다. 케어계획의 작성은 각 클라이언트에 맞춘 개별화된 사회자원의 패키지화를 계획하는 것이다. 이때 일반적으로 사례관리자 자신이 잘 알고 있는 서비스를 중심으로 케어계획을 세우는 경향이 있지만, 가능한 한 앞에서 설명한 열 가지 자원을 한 가지씩 검증하는 것이 중요하다.

4) 케어계획의 실시

케어계획이 작성되고 난 후 이 계획을 실시하는 단계로 들어간다. 사례관리자는 서비스 등의 제공자와 연락하고, 클라이언트가 재가생활을 계속할 수 있도록 노력한다. 케어계획을 실시해 가는 데 있어서 계획했던 서비스 등을 받는 것이 도저히 불가능한 경우가 생긴다면, 사례관리자는 클라이언트를 옹호하는 역할을 해야 한다. 그래도 불가능한 경우에는 클라이언트와 함께 계획을 일부 수정해야 한다.

5) 사후관리

처음 1주간은 케어계획하에서 각종 서비스가 원활하게 주어지기 시작하며, 잘 돌아가고 있는지를 점검하고 확인한다. 이후 정기적으로 클라이언트 자신의 일상생활동작이나 사회상황의 변화에 따라 욕구가 변화하지 않았는지 계속해서 체크한다. 이것은 사례관리자 자신이 방문 혹은 전화연락을 하는 것과 동시에 클라이언트에게 항상 서비스를 제공하고 있는 사람(예를 들면, 생활지도사 등)으로부터 정기적으로 정보를 얻는 방법이 있다. 그때 서비스 제공자 측이 적절한 내용의 케어를 계속하고 있는지의 여부도 확인하고 클라이언트의 상태에 따라 보호계획을 수정하기도 한다.

6) 재사정

정기적 사후관리 시에 문제가 생긴다든지 새로운 욕구가 발생한다면, 다시 사정을 해야 한다. 이전에 작성한 케어계획으로는 클라이언트의 사회생활상의 욕구가 충족되지 않아 생활상의 곤란이 생긴 것이 분명해졌을 경우, 제3단계인 케어목표의 설정과 케어계획의 작성으로 돌아가서 사례관리과정의 순환을 반복하게 된다.

7) 종결

점검 및 사후관리에 있어서 케어계획이 순조롭게 실시되고, 클라이언트가 이후에도 사회생활을 문제없이 유지할 수 있다고 확인되면 종결한다. 그러나 신체적 · 정신적으로 취약한 노인의 경우는 종결이 거의 불가능하다는 것을 유념해야 한다. 종결 시에는 클라이언트가 이후에도 상담하러 올 수 있는 관계를 유지할 수 있게 해 두는 등의 배려도 필요하다.

6. 사례관리자의 역할

사례관리자는 전형적으로 클라이언트를 확인하고 관여시키며, 클라이언트의 욕구를 사정하고, 적절한 서비스를 찾아내어 서비스의 활용을 기획하며, 클라이언트와 자원을 연결하고, 목표달성이나 바람직한 결과를 위해 과정을 점검하고 평가하는 책임을 지고 있어야 한다. 또한 사례관리자는 적당한 서비스를 시기에 맞게 적절하게 전달하는 것을 보장하도록 되어 있다. 그러나 개별적 사례관리자나 사례관리 프로그램이 클라이언트의 서비스 계획에서 확인된 결과를 성취하는 데 얼마나 효과적일 수 있는지는 불분명하다.

오스틴(Austin, 1992)에 따르면 사례관리자는 광범위한 자원에 관한 지식을 가지고 있어야 하고 여러 서비스 제공자들과 잘 지내야 하며, 클라이언트들이 실제로 서비스를 잘 받도록 책임을 진다. 또한 서비스가 소비자의 욕구를 충족시키고 있는가를 책임지고 사후지도하며, 다양한 서비스와 체계들로부터 최대한의 급부를 받도록 돕는 역할을 수행한다고 하였다.

사례관리자의 주요 임무는, 첫째, 클라이언트와 함께 필요한 도움의 유형을 찾아내고 효과적 문제해결을 위한 장애요인을 규명하고 극복하도록 직접적 서비스를 제공하는 것이다. 둘째, 잠재적 원조자들과 클라이언트를 연결하여 문제가 해결될 때까지 이러한 관계가 유지될 수 있도록 간접적 서비스 중재를 할 임무를 가진다. 사례관리자가 이러한 업무를 수행하기 위해서는 여러 가지 역할에 대한 기본적 사실을 파악하고 있어야 한다.

1) 조정자

사례관리자는 개인이나 그의 가족에게 직접 서비스를 제공하지는 않으며 주로 서비스 전달상황을 파악하고 조정한다. 서비스 세팅(setting)에 따라 사례관리자는 서비스를 조정하는 권한을 가질 수 있고, 직접적으로 어떤 서비스를 통제할 수도 있다(Steinberg & Carter, 1993).

2) 옹호자

흔히 클라이언트를 위한 서비스 전달에 필요한 자원이 전혀 없거나 어떤 클라이언트에게는 이러한 자원이 제공되지 않는 경우가 있다. 그래서 사례관리자는 클라이언트에게 적절하고 질이 좋은 서비스가 전달되도록 힘써야 한다(Ballew & Mink, 1986).

3) 상담가

사례관리자는 클라이언트와 그의 가족이 그들 자신의 문제와 욕구를 스스로 파악하고 인식하도록 돕고, 서비스의 질과 적합성을 판단하는 방법을 교육시키며, 클라이언트의 문제해결에 대한 책임을 어느 정도 분담하도록 격려해 주어야 한다(Downing, 1985).

사례 C(72세, 여성)는 25년 전부터 스몬병(아급성척수시신경증)을 앓고 있었고 8년 전에 파킨슨병 발병 후 입원과 퇴원을 5회 반복하고 있다. 이번의 퇴원 후 반년 정도 다른 도시에 사는 친척 언니의 수발을 받고 있었지만, 관계가 나빠져서 집으로 돌아와 혼자 산다. 발견 당시의 시점에서는 주 2회 가정방문원이 와 주었고, 좀 떨어진 종합병원까지 택시로 주 1회 다니고 있다. 보행이 곤란하여 지팡이를 사용하며 부피가 작은 물건 같은 것은 사 올 수 있는 정도이며, 항상 의자를 사용하는 생활을 하고 있다. 질병과 의지할 사람이 없는 것 때문에 불안해서 원조를 받기 위해 주민자치센터에 상담을 하러 왔다.

사례관리자는 C와의 면접으로 각종 사회생활 상황을 파악하고, 사회생활의 원조, 고립의 방지, 신체적 기능 저하의 방지를 원조목표로 삼았다. C와 함께 가능한 한 재가생활을 계속할 수 있도록 할 것을 목표로 했다.

그 결과 아래와 같은 케어계획을 함께 작성하고 그것을 실시하도록 했다.

① 사회생활의 원조를 위해 도우미의 파견을 받고(주 2회, 1회당 1시간 30분), 잠자리에서 일어나는 것을 보다 용이하게 하기 위해 일상생활용구로서 침대를 제공받았다.

② 고립방지 및 기능저하의 방지를 위해 노인복지센터가 실시하고 있는 주간보호를 이용한다(처음에는 주 1회였지만, 송영버스를 이용할 수 있게 되고부터 2회로).

③ 나날이 컨디션에 차이가 있어 주간보호를 빼먹기 때문에 자원봉사센터에서 주간보호 송영을 해 주는 운전봉사자가 파견된다.

④ 지금까지 먼 곳에 있는 종합병원에 다니던 것이 힘들었는데, 가까운 정신과 의사를 소개받아 주 1회 거기에 다니는데, 투약에 관해서는 종합병원 의사와 정신과 의사가 의논해서 처방한다.

⑤ 컨디션이 나쁠 때에는 통원을 도와주도록 근처에 사는 사람에게 부탁한다.

⑥ 신체적 기능 체크를 위해 1개월에 1회 지역보건센터의 간호사가 정기적 방문지도를 해 준다.

⑦ 장보기를 충분히 할 수 없기 때문에 사회복지협의회의 자원봉사센터에서 사회생활의 원조로서 주 1회 회식 형식의 식사서비스를, 또 고립방지를 위해서 부정기적이긴 하지만 우애방문을 해 준다.

⑧ 서비스의 자격요건을 넓히기 위해서, 복지사무소의 신체장애인 담당 사회복지사에게 의뢰하여 신체장애의 방문진료를 받게 한다.

사례관리자는 이렇게 계획한 서비스 및 지원을 받을 수 있도록 기관 · 단체 등에 전화도 하고 C를 동반해서 방문하여 의뢰했다. 그 결과 C는 위의 모든 서비스 및 지원을 받을 수 있게 되었고, 지역사회에서 C를 지원해 주는 사회자원은 [그림 14-1]과 같이 조직되었다.

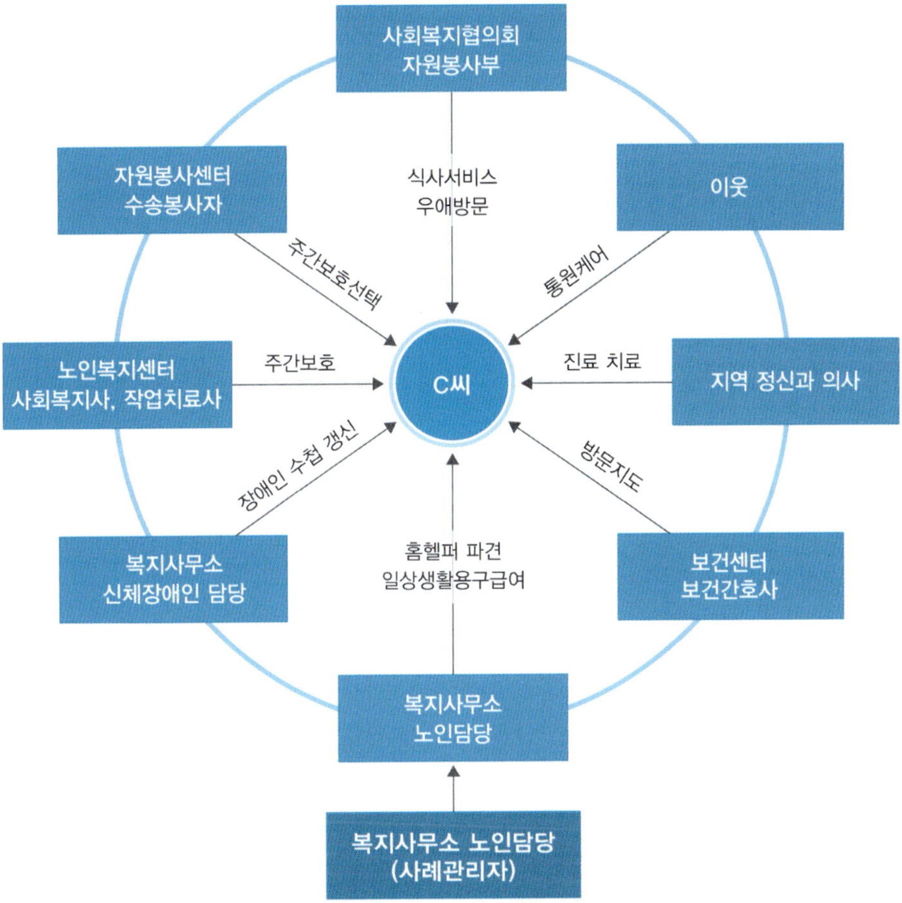

[그림 14-1] C씨를 지역사회에서 지원해 주는 사회자원

출처: 白澤政和(1992: 8).

사례에서는 C씨의 시역사회 내 생활을 보장하기 위해 다양한 사회자원을 활용하고 있는데, 여기서 간과되고 있는 점은 클라이언트 자신이 가지고 있는 개인적 자원의 활용이라는 점이다. 사례관리에서 가장 먼저 사정해야 하는 부분은 클라이언트 주변의 개인적 자원, 즉 현재 활용되고 있는 사원 외에도 일정 조건이 갖추어질 때 활용 가능한 잠재적 자원의 개발 등이 우선되어야 한다는 점이다. 다시 말하면, 일단 클라이언트가 가지고 있는 현재적 · 잠재적 자원의 활용을 기본으로 하고 이를 보완하는 차원에서

사회적 자원의 활용 및 투입이 고려되어야 한다는 것이다. 「국민기초생활보장법」에서 수급자의 소득 및 부양의무자로부터 지원 가능한 금액을 제외한 나머지 부분을 수급액으로 정하는 것과 비슷한 원리라고 생각하면 된다.

또 한 가지 주의해야 할 점은 사례관리라고 하는 것이 어디까지나 '욕구와 자원의 연결'이기 때문에 이에 익숙하지 못한 신참 사회복지사의 경우 자신이 속해 있는 기관의 자원에만 한정시켜 케어계획을 작성하기 때문에 클라이언트 생활의 정상화를 곤란하게 만드는 경우도 있다는 점이다. 그러므로 사례관리자는 지역사회에 있는 자원의 종류, 이용방법, 활용 가능한 정도 등에 관해 잘 알고 있어야 한다.

연구문제

1. 사례관리의 필요성 중 클라이언트의 측면에서 제기되는 것이 아닌 것은?

① 케어비용의 절감을 위해서
② 다원화된 사회자원의 적절한 이용을 위해서
③ 변화된 가족형태와 약화된 가족기능을 보완·대체하기 위해서
④ 욕구의 다양화·고도화에 대응하기 위해서
⑤ 재가생활을 하면서도 필요로 하는 서비스를 받을 수 있도록 사회자원을 패킷화하기 위해서

2. 사례관리의 특징이 아닌 것은? (2015 제12회 기출문제)

① 서비스의 접근성 향상
② 공적부담의 확대 추구
③ 개인 및 환경의 변화를 위한 노력
④ 공식적 및 비공식적 자원의 연계 및 조정
⑤ 복합적인 문제를 가진 개인의 자원획득 및 활용능력 강화

3. 사례관리의 개입과정을 바르게 연결한 것은?

가. 사정	나. 평가	다. 계획	라. 점검	마. 서비스 연계 및 개입

① 가→나→다→라→마
② 가→라→마→나→다
③ 가→다→바→라→나
④ 가→마→다→라→나
⑤ 라→가→다→마→나

4. 사례관리의 등장배경이 아닌 것은? (제5회 기출문제)

① 탈시설화
② 서비스 비용 억제
③ 클라이언트 욕구가 다양해짐
④ 관계를 통한 직접적 원조 강조
⑤ 서비스 전달의 분산화

5. 사례관리의 원칙으로 옳지 않은 것은? (2015 제12회 기출문제)

① 사례관리자는 클라이언트의 인종, 성별, 계층 등을 이유로 이용자격 및 절차 등에서 어려움을 겪지 않고 서비스를 쉽게 이용할 수 있도록 원조해야 한다.
② 시간의 경과에 따라 변화하는 클라이언트의 욕구에 대해 지속적으로 사정하고 서비스를 제공해야 한다.
③ 클라이언트의 개별적인 욕구와 상황에 맞는 맞춤형 서비스를 제공한다.
④ 클라이언트의 다양한 욕구가 여러 분야에서 충족될 수 있도록 서비스를 제공해야 한다.
⑤ 클라이언트를 위해 전문가 주도의 구조화된 서비스를 제공한다.

6. 사례관리의 특성에 관한 설명으로 옳지 않은 것은? (2015 제12회 기출문제)

① 자원체계 간 연결, 조정 등의 활동을 한다.
② 투입과 과정에 대한 평가를 한다.
③ 클라이언트 욕구에 초점을 두어 기관 내 서비스로 한정하지 않는다.
④ 공적 책임을 강화하기 위해 비공식적 지지망의 활용을 최소화한다.
⑤ 임상적 욕구를 가진 클라이언트에게는 치료적 상담을 실시한다.

7. 사례관리에 관한 내용으로 옳지 않은 것은? (2016 제13회 기출문제)

① 필요한 경우 클라이언트의 권리를 옹호하기 위한 역할을 한다.
② 클라이언트가 충분히 지역사회에 적응할 수 있도록 지속적으로 원조한다.
③ 클라이언트에게 필요한 서비스들을 적극적으로 찾아 연결하는 역할을 한다.
④ 클라이언트의 욕구와 상관없이 자원이 있는 한 모든 서비스를 제공한다.
⑤ 클라이언트의 자기결정을 존중하되 지나친 관여를 하지 않도록 노력한다.

PART 3

사회복지분야론

Chapter 15

사회보장

"산업혁명은 한 번으로 끝나는 사건이 아니었다. 한편에서는 자동화 및 그와 유사한 과학기술 발전의 결과가 빚어지고 다른 한편에서는 어린이와 노년층이 더욱 의존해야 할 필요가 생기기 때문에 부와 소득과 교육기회의 큰 불균형을 해결하기 위해 사람과 공익사업과 쇄신된 연구에 훨씬 많은 투자가 요구될 것이다. (중략) 주요한 정책이 실시되지 않는다면, 풍요의 시대에 과학기술이 빚은 이 결과는 소득과 부의 격차를 감소시키기보다는 증대시킬 가능성이 크다."

토니의 『평등』 중 티트머스의 소개의 말에서.

Key Words

사회보험과 관련 서비스, 사회보장의 목적, 원칙, 기능, 재원조달, 범위, 소득보장, 의료보장, 산업재해보상보험제도, 연금제도, 의료보험제도, 국민건강보험법, 고용보험제도, 실업보험, 공공부조제도, 공공부조의 원리, 원칙, 생활보호법, 국민기초생활보장법, 의료보호제도, 아동수당

* 본 장은 박경일 외(2017)의 『사회복지학 강의』 교재 15장(사회보장-이명현)의 내용을 중심으로 일부 내용을 수정 보완하였음.

1. 사회보장의 정의[1]

오늘날 대다수의 국가가 어떤 형태든 사회보장 프로그램을 갖고 있다. 그러나 사회보장 프로그램의 범주는 국가에 따라 다양하다. 사회보장이란 용어가 최초로 사용된 것은 1929년의 세계대공황을 극복하기 위한 개량주의의 일환으로서 제정된 1935년의 미국의 「사회보장법」으로부터 비롯되었다.

[그림 15-1] 1935년 「사회보장법」 서명장면

그런데 사회보장이란 용어가 오늘날 널리 각국에 사용되게 된 것은 제2차 세계대전 후의 일로서, 이 용어가 일반화된 계기를 이룬 것은 국제노동기구(ILO)의 「사회보장의 길(Approach to Social Security)」과 영국의 「베버리지 보고서」 및 프랑스의 「Laroque 계획」 등이라 볼 수 있다.

윌리엄 베버리지(1879~1963)

영국 복지국가의 개척자 중의 한 사람으로 「사회보험과 관련 사업」이라는 보고서를 제2차 세계대전 중에 출판하여 평화 시에 사회정책을 위한 청사진으로서의 구실을 하였다. 그 후 40년 동안 영국 사회보장제도의 장단점에 관한 논의가 베버리지가 발표했던 원리하에서 이루어지고 있는 실정이다. 베버리지가 영국 복지국가의 개척자 중 한 사람으로 간주되어야 할 근거는 사회정책에 대한 그의 독창적이고 근본적인 기여로 20세기 초의 실업의 원인과 해결에서 찾아볼 수 있다. 그는 영국에 있어 실업은 해결하는 것이 아니라 그것을 예방하여야 한다고 주장하였다. 이러한 견해는 케인스학파의 영향을 받은 혁신적인 발상에서 근거하였다. (중략) 과거 40여 년이 지나는 동안 베버리지의 제안은 수많은 비판을 받아 왔다. 그러나 베버리지가 실수를 저질렀다고 하더라도 영국 국민은 40여 년 동안 그 실수를 바로잡아 왔다. 아마도 영국 국민은 자신들의 잘못으로 인한 실패를 베버리지의 탓으로 돌리기보다는 전전의 곧 무너져 내릴 듯한 사회보장 구조물을 놀랄 만큼 견고한 기초를 지닌 건축물로 바꾸어 놓았다는 그의 공로를 인정해야 할 것이다.

출처: 한국사회복지연구회 역(1987: 130-139).

1) 이하 내용은 양정하의 "사회보장"(박경일 외, 2009)의 내용을 근거로 수정 · 보완하였다.

사회보장에 대한 정의는 사회보장이란 용어 자체가 비교적 새로운 것이기도 하지만, 그것이 경제적 불안의 문제에 대한 그 사회의 시대적 해답의 표현이기 때문에 사회보장에 관한 단일한 정의는 없다. 그 이유는, 첫째, 역사적 및 사회적 배경이 다른 각국의 사정에 따라 사회보장제도의 체계나 그 의미와 내용이 다르며, 따라서 각국의 사회보장제도의 체계를 통일적으로 설명한다는 것은 불가능하기 때문이다. 둘째, 제2차 세계대전 이후 각국에 있어서의 사회보장의 발전을 보더라도 사회경제적 사정의 변화에 대응하여 각국의 사회보장제도가 크게 변화하고 있기 때문이기도 하다. 또한 사회보장의 정의가 반드시 일정하지 않은 것은 어떠한 입장에서 사회보장을 정의하느냐에도 달려 있다.

요컨대, 사회보장이란 사회구성원이 직면하는 일정의 위험에 대하여 사회가 적절한 조직을 통하여 부여하는 보장이다. 거기에서는 사회부조와 사회보험이 점차 상호 접근하여 장차 그 발전의 극점에 가서는 양자가 결합하게 될 것이며 현대의 사회보장은 이와 같은 방향을 지향하고 있다. 신섭중(1989: 22)은 한국의 경제사회적 발전단계를 감안하면서, 정책론적 입장에서 사회보장의 정의를 다음과 같이 규정하였다.

> 사회보장이란 국민이 그의 생활을 영위해 나감에 있어 봉착하는 바, 소득의 중단 또는 영구적 상실 및 질병과 부상 등 생활상의 제 곤란에 대하여 국가가 국민의 생존권 실현을 위해 소득의 재분배를 통하여 국민의 최저생활 확보를 전제로, 그의 소득보장을 도모하는 총체적인 국가정책이다.
>
> 출처: 신섭중(1989: 22).

사회보장의 개념이 다양한 것처럼 사회보장의 목적도 다양하게 제시되어 왔다. 사회보장을 모든 국민의 최저생활을 확보하며 국민생활의 안정을 도모하는 것이라고 볼 때, 그것은 일종의 목적 개념이라 할 수 있다. 국제노동기구는 사회보장의 목적을 좁은 의미와 넓은 의미의 두 가지로 나누어서 보고 있다. 첫째, 좁은 의미의 목적은 빈곤방지 또는 빈곤구제이다. 둘째, 가장 넓은 의미의 목적은 안정욕구와 관련되어 있다. 학자와 기관에 따라서 사회보장의 목적으로 강조하는 점에서 차이가 나고 있지만, 사회적 위험에 대하여 미리 대비책을 마련함으로써 사회구성원의 최저생활을 확보하고 궁극적으로 국민생활의 안정을 꾀하는 것이 공통적으로 제시하는 사회보장의 목적이다.

사회보장의 개념이 변하는 것과 마찬가지로 사회보장의 목적도 변해 갈 것으로 예상되는데, 그 목적은 보다 더 다차원적인 방향으로 전개되어 갈 것이다.

2. 사회보장의 기능과 효과

사회보장의 기능은 크게 경제적 기능, 사회적 기능 및 정치적 기능으로 구분해 볼 수 있다. 물론 각 기능은 완전히 별개의 것이 아니라 중복되는 경우가 많다. 누진소득세를 중심으로 하는 과세를 통한 정부의 재정정책에 의한 재분배를 소득의 수직적 재분배 그리고 사회보장정책에 의한 것을 소득의 수평적 재분배라고 부르며, 양자가 적절히 기능할 때 소득재분배의 효과를 거둘 수가 있다. 사회보장의 기능에서 소득의 재분배기능이 없다고 한다면 그 존재가치는 없다고 할 수 있다. 따라서 사회보장의 경제적 기능으로서 소득의 재분배기능은 가장 중요하다고 하겠다.

또한 사회보장은 사회안정을 가져오거나 유지하는 기능이 있다. 즉, 사회보장은 국민 최저생활을 확보해 줌으로써 사회안정을 가져온다. 돌고프와 펠드스타인(Dolgoff & Feldstein, 1984: 3-4)은 복지가 사회의 유지욕구를 충족해 준다고 주장하는데 이런 주장은 사회보장의 사회안정기능과 비슷한 맥락에서 이해될 수 있다. 이러한 사회적 기능을 통하여 국민생활에 대한 각종 요구나 이해대립을 조정하게 된다. 그 밖에 사회보장은 생존권 보장의 법체계를 중심적 법체계로 형성하는 법적 기능을 가지고 있다.

보다 구체적으로 사회보장이 복지증진에 미치는 기능과 효과를 생각해 볼 때, 크게 사회보장은 국민소득의 안정화 효과, 분배효과, 증대효과로 구분해 볼 수 있다. 안정화 효과는 국민생활을 보장하고 경제발전을 위한 재정조달수단으로서, 또는 불경기에 사회보장급여를 확대하여 경제를 안정시키는 자동안전장치로서, 사회보장기금을 통한 투자장치로서 그 기능을 할 수 있다. 그리고 분배효과는 수직적 재분배와 수평적 재분배를 꾀할 수 있다. 증대효과는 사회보장의 긍정적 측면과 부정적 측면을 동시에 지니고 있는데, 유효수요를 유지하거나, 노동능력의 회복과 개발을 꾀할 수 있는 긍정적 효과가 있지만, 개인의 저축행위가 감소될 수 있고, 노동 인센티브가 미약해지거나 무임승차심리가 발생하는 마이너스 효과를 초래할 수 있다.

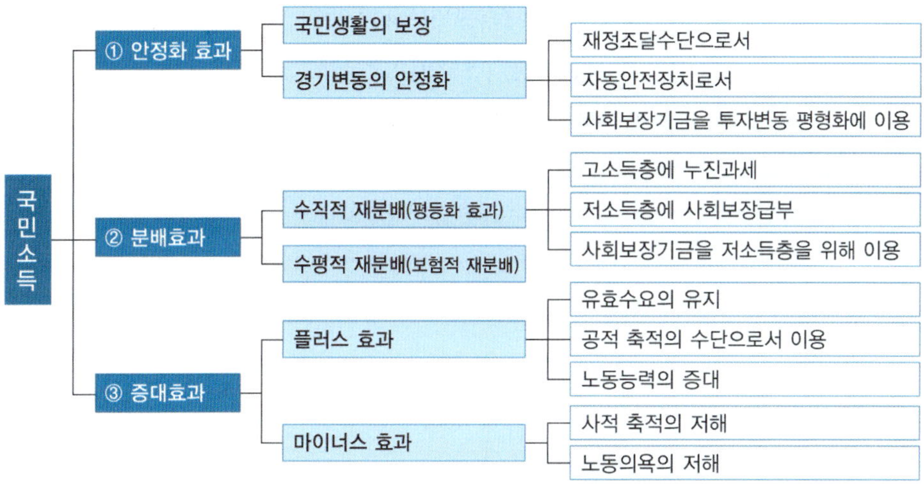

[그림 15-2] 사회보장의 복지증진기능

3. 사회보장의 범위와 구성

사회보장의 범위에 있어서는 역사적 형성체로서의 사회보장제도를 사회보장이란 정책목표의 달성을 위하여 어떻게 통일적이면서 종합적으로 파악하느냐가 중요하다. 그것은 사회보장제도의 통일적이며 종합적 파악이 사회보장의 본질 또는 범위규정에 영향을 미치기 때문이다. 사회보장 범위를 논의할 경우 사회보장은 소득보장 또는 경제보장이라는 설과 소득보장과 더불어 의료보장으로 구성된다는 설 등의 두 가지 설이 있다. 오늘날에 있어 사회보장이 국민의 생존권 보장과 아울러 생활권 보장을 그 목적으로 하고 있다고 본다면 빈곤에 대처하는 소득보장과 질병에 대처하는 의료보장은 사회보장의 주된 범위와 구성으로 볼 수 있다. 오늘날 각국의 사회보장제도는 각기 그 나라의 독자적인 경제사회적 조건을 바탕으로 성립 · 발달하고 있어 사회보장의 범위도 국가 간에 다소의 차이가 있지만 그 주된 부분을 정리하면 결국 사회보장은 소득보장과 의료보장을 양대 지주로 하여 구성되어 있다(小倉襄二 · 小松源助 · 高島 進 編, 1973: 141).

오늘날 각국의 사회보장제도 구조는 일반적으로 사회보험, 사회부조 또는 공공부조, 공적 서비스 또는 사회복지사업, 그리고 그 밖의 관련 정책 또는 제도의 4개 부문으로 대별할 수 있다. 따라서 사회보장의 구조는 연금제도, 산업재해보상보험제도, 고용보험제도, 의료보험제도 등 4대 사회보험과 아동수당(가족수당)과 같은 사회수당, 그리고 공공부조, 교육 · 주택과 같은 관련 복지제도와 사회복지서비스로 구성된다. 그중에서도 사회보험제도가 도입되는 순서는 대체로 산업재해보상보험, 연금제도, 의료보험제도, 고용보험제도 순이다. 한국에서는 산업재해보상보험제도, 의료보험제도, 연금제도, 고용보험제도 순서로 시행되어 왔으며, 최근에 노인장기요양보험이 도입되었다. 공공부조제도는 맞춤형 국민기초생활보장과 의료급여, 긴급복지지원제도, 기초연금이 확대 시행되었다. 보편적 사회수당제도인 아동수당은 2018년 9월부터 시행되고 있다.

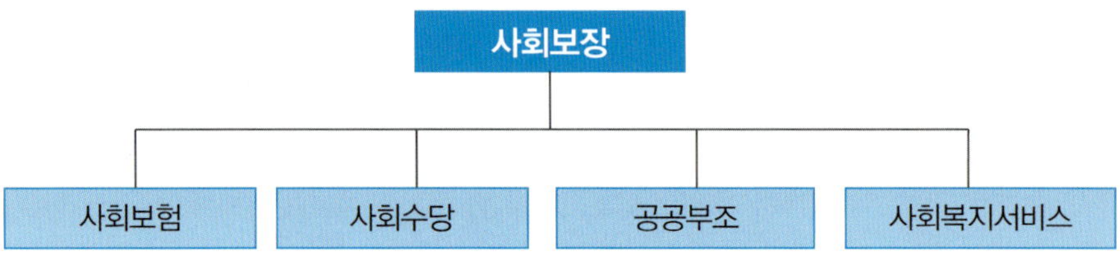

[그림 15-3] 사회보장의 구조

4. 사회보장제도의 개요

1) 산업재해보상보험제도

산업재해보상보험은 생활보장제도의 일환으로 사업장에서 일하는 근로자들이 업무수행 또는 업무수행과 관련하여 부상, 질병 또는 사망한 경우에 근로자 본인의 치료나 부양가족의 생계를 보장하기 위하여 국가가 책임지는 사회보험이다. 즉, 재해를 당한 근로자에게 확실한 보상을 보장하기 위하여 국가가 책임을 지는 의무보험이다. 여기서 말하는 업무수행이란, ① 취업 중, ② 작업에 수반, 관련되는 행위 중, ③ 작업준비, 대기 중, ④ 사업장 시설 내에서의 휴게 중, ⑤ 출장 중, ⑥ 회사가 제공한 차량을 통한 출퇴근 중 등이 해당한다. 국가는 「산업재해보상보험법」상 적용대상이 되는 사업주로부터 소정의 보험료를 징수하여 법령이 정하는 바에 따라 근로자에게 보상을 한다. 급여종류로는 요양급여, 휴업급여, 장해급여, 간병급여, 유족급여, 직업재활급여, 장의비 등이 있고 상병보상연금이 수반된다.

산업재해보상보험의 목적은 근로자는 생활안정, 사업주는 기업안정, 국가는 경제발전이다. 따라서 피보험자의 개념이 성립되지 않은 책임보험의 성격을 가진다. 이러한 무과실배상책임이론은 자본주의 경제 더 나아가 대기업의 발전에 따라 직장의 위험을 내재하면서 조업하여 막대한 이익을 올리는 기업에 대하여 고의·과실을 묻지 않고 근로자가 입은 재해에 대하여 배상책임을 지우는 것이 공평과 정의에 부합된다는 것이다.

2) 연금제도

연금제도는 연금수급자의 생활안정과 복지증진을 위한 각종 서비스 제공 및 조정, 위탁 등의 서비스를 제공하는 사회보험제도이다. 연금이란 일반적으로 가장이 폐질, 노령, 퇴직 및 사망에 의하여 소득이 상실되는 경우를 대비하여 미리 갹출한 보험료를 기초로 하여 제공되는 현금급여를 말한다. 연금은 지급하는 주체 또는 연금제도를 운영하는 주체에 따라 공적 연금(public pension)과 사적 연금(private pension), 그리고 개인연금(personal pension)으로 나누어진다.

오늘날 연금은 다양한 명칭으로 시행되고 있으나 사회보험으로서의 공적 연금은 퇴직연금(retirement pension), 노령연금(old-age pension), 유족연금(survivors pension), 폐질연금(invalidity pension) 등을 들 수가 있다. 그렇지만 국민의 최저생활(national minimum) 수준을 보장해 주기 위한 소득재분배정책을 기준으로 할 경우, 노령연금, 폐질연금, 유족연금으로 구분할 수 있다.

연금재정의 운영은 기본적으로 적립방식(funded system)과 부과방식(pay-as-you-go)이 있다. 이 두 가지 방식 중에서 어느 것을 선택하느냐에 따라 국가경제 전반에 주는 효과가 다를 수가 있다. 서구 여러 국가에서처럼 인구의 고령화가 급속하게 진전되어 연금의 수급자가 급격히 증가하게 되면 잉여금이 생길 여유가 없어 적립금 자체가 급속히 감소 내지 소멸하게 되어 부과방식으로의 전환이 불가피하게 된다. 연금제도의 시행 초기에는 대부분 적립방식을 채택하다가 제도가 성숙하는 20~30년 후에는 가중되는 인플레와 연금액의 실질가치 유지를 위한 물가 슬라이딩 제도를 통해 수지균형을 유지할 수 있어 수정적립방식을 통한 부과방식으로 변경운영하는 경향이 있다.

국민연금제도를 통하여 가입자가 받을 수 있는 급여의 종류와 수준은 다양하다. 급여의 종류는 노령연금, 장애연금, 유족연금, 반환일시금, 사망일시금 등으로 되어 있으며 일반적으로 60세에 도달했을 경우에 지급되는 노령연금의 경우는 연령 및 가입기간과 소득 있는 업무의 종사 여부에 따라 완전노령연금, 감액노령연금, 조기노령연금, 재직자노령연금, 특례노령연금 등으로 나누어진다.

3) 건강보험제도

질병은 인간의 육체적 · 정신적 기능을 침범하게 되고 노동력 감퇴로 인한 수입감소라는 경제적 문제를 낳게 한다. 이 경우 의료에 필요한 지출의 증가 등 많은 부담이 가중된다. 그리고 질병이 장기적으로 만성화된 경우에는 실업도 발생하여 수입의 중단에 의한 생활상의 곤란이 증가하게 된다. 치료비의 과중은 가족에게 희생을 강요하게 되고 나아가서는 가정불화의 원인이 되는 경우도 있다. 질병문제에 대처하기 위한 건강보험제도는 생활상의 상병과 불만 또는 사망을 당하여 일반적인 가계지출 외에 일시에 많은 지출을 하게 됨에 따라 가계가 파탄되는 것을 방지하기 위하여 보험원리를 이용하여 의료비 지출부담을 의료보험가입자 모두에게 분산시켜 국민생활의 안정과 향상을 도모하는 사회보험제도이다. 즉, 사회보험의 원리를 기초로 한 방법으로 모든 사람을 건강보험에 강제로 가입시켜 피보험자에게 질병, 부상 등의 사고가 발생한 경우에 요양 또는 요양비를 제공하는 것이다.

건강보험에 소요되는 재원조달방식과 재정운영방식은 국가마다 다르다. 보험사업의 재원이 조세에 의하여 조달되는 국가도 있고, 피보험자 및 사용자의 보험료에 의하여 조달되는 국가도 있다. 한국에서는 건강보험사업에 소요되는 재원을 사회보험방식에 의하여 조달함을 원칙으로 한다. 보험료 부과체계에 있어 직장건강보험은 소득비례정률제에 의하고, 지역건강보험은 등급별로 정한 소득비례보험료와 재산비례보험료에 의하고 있다.

건강보험의 급여형태는 의료비의 상환제도인 현금급여와 의료 그 자체를 보장하는 현물급여 두 가지 형태가 있으며, 한국에서는 현물급여를 원칙으로 하고 있다. 현물급여는 가입자 및 피부양자에게 요양기관을 통하여 직접 의료서비스를 제공하는 것으로 요양급여와 건강검진이 있으며, 현금급여에는 요양비, 장제비, 본인부담금보상금, 장애인보장구급여비 등이 있다. 한국 건강보험의 관리운영체계는 공법상의 기구인 국민건강보험공단이 맡고 있으며, 통합방식을 채택하고 있다.

한편 고령이나 노인성 질병 등에 대비하여 노후 건강증진과 생활안정을 도모하고 가족부담을 덜기 위해 2007년 장기요양보험이 도입되어 2008년 7월 1일부터 시행되었다. 이 보험은 6개월 이상 혼자서 일상생활을 수행하기 어렵다고 인정되는 자에게 신체활동과 가사활동의 지원과 간병 등의 서비스와 현금을 급여로 제공한다. 장기요양보험사업은 보건복지부 장관이 관장하고 국민건강보험공단이 관리운영하는데, 국민건강보험가입자가 장기요양보험가입자가 된다.

장기요양보험료는 건강보험료로 통합 징수하지만 각각 독립회계로 관리된다. 장기요양급여에는 재가급여와 시설급여, 가족요양비와 같은 특별현금급여가 있다. 재가급여는 방문요양, 방문목욕, 방문간호, 주·야간보호, 단기보호 등이 제공되며 급여비용의 15%를 피보험자의 본인부담으로 한다. 반면 시설급여는 노인의료복지시설에 장기간 입소하여 신체활동을 지원하고 심신기능의 유지 및 향상을 위한 교육, 훈련 등의 서비스를 제공받는데 급여비용의 20%를 본인이 부담해야 한다.

4) 실업보험제도

실업보험은 실업을 일종의 보험사고로 취급하고 보험원리에 의해 노동자가 실직으로 소득을 상실하였을 때 생활안정을 위해 일정 기간 동안 일정 수준의 급여를 지급하는 일종의 사회보험이다. 이는 구빈이 아니라 실직 시의 생활위험을 미리 보험기술에 의해 방빈과 고용기회를 확대하려는 취지에서 실시하고 있다. 그러나 국가의 일반적인 강제에 의해 자본가의 경비부담을 수반한다는 점에서 자조적 상호부조인 공제활동과는 상이하다. 그렇지만 한국에서는 실업보험이라는 틀을 유지하고 있는 일본과 독일의 선행 경험을 고려하면서 보다 적극적인 의미를 가진 고용보험의 명칭을 쓰고 있다.

1993년 12월 27일 법률 제4644호로 제정되고 1995년 7월 1일부터 시행된 한국의 고용보험은 「고용보험법」 제1조(목적)에서 "이 법은 고용보험의 시행을 통하여 실업의 예방, 고용의 촉진 및 근로자의 직업능력의 개발과 향상을 꾀하고, 국가의 직업지도와 직업소개기능을 강화하며 근로자가 실업한 경우에 생활에 필요한 급여를 실시하여 근로자 생활안정과 구직활동을 촉진함으로써 경제사회 발전에 이바지하는 것을 목적으로 한다"고 규정하고 있다. 즉, 고용보험은 실직 근로자에게 실업급여를 지급하는 소극적이고 사후적인 실업보험의 역할을 넘어 근로자의 직업능력을 개발하고, 노동시장의 구조조정과정에서 실업을 예방하기 위한 각종 지원사업을 복합적으로 실시하는 사전적이고 적극적인 고용정책적 사회보장제도라고 하겠다.

일반적으로 실업문제를 해결하기 위한 사회정책은 공공기관에 의한 직업소개, 실업보험, 실업구조사업의 세 가지 지주를 삼고 있으나 그중에서도 실업보험이 실업 중의 근로자 생활을 보장하는 제도로서 가장 핵심적인 역할을 담당하고 있다. 현재 고용보험의 사업내용은 크게 실업급여사업, 고용안정사업, 직업능력개발사업 등으로 나눌 수 있는데, 전통적인 실업보험방식의 실업급여에는 구직급여, 취직촉진수당, 모성보호급여가 있으며, 이 외에 노동시장을 직접적으로 지원할 수 있는 고용안정과 직업능력개발을 위한 적극적 고용정책수단을 포함하고 있다.

5) 공공부조제도

공공부조는 개념이 통일되어 있지 않다. 따라서 공공부조의 개념은 실정법을 떠나서 이해할 때에는 전사적 국가구빈제도를 포함하게 되어 개념 파악이 어려워진다. 공공부조의 개념 파악이 어려울지라도 다음 두 가지 개념으로 나누어 설명할 수 있다. 즉, 광의의 공공부조 및 협의의 공공부조의 개념이 그것이다. 먼저 광의의 공공부조는 생활곤궁자에 대한 경제적 보호를 가리키며 공적 구빈을 의미한다. 그리고 협의의 공공부조란 사회보장의 일환으로서 공공부조의 개념을 파악하는 것이다. 협의의 공공부조의 개념에 입각할 때, 빈곤은 자본주의 모순의 격화로 인해 발생하는 것으로 간주하고 있다. 이러한 빈곤인식에 기초하여 공공부조란 국가가 그의 책임하의 법령에 입각하여 공비로써 경제적 요보호상태에 있다고 하는, 다만 그것을 이유로 하여 개개의 보호필요의 정도에 응하여 최후적 보호수단으로 행하는 바 건강하고 문화적인 최저한도의 생활보장을 말하는 것이며 사회보장의 일환으로서 이해되고 있다(小倉襄二, 1976: 15). 일반적으로 공공부조는 협의의 개념으로 이해되고 있다.

각국의 공공부조제도는 법률 규정상의 차이점을 가지고 있지만, 생존권의 보장에 입각한 공공부조의 이념으로부터 다음의 원리를 도출시킬 수 있다. 즉, 생존권 보장, 국가책임, 최저생활보장, 무차별평등, 보족성 및 자립조장 등의 원리이다. 이러한 여섯 가지의 기본원리에 입각하여 한국 공공부조제도는 그 기본적 준거가 되는 원칙으로서 최저생활보장의 원칙, 보충급여의 원칙, 자립지원의 원칙, 개별성의 원칙, 가족부양우선의 원칙, 타 급여 우선의 원칙, 보편성의 원칙을 들 수 있다.

한국의 대표적 공공부조라 할 수 있는 국민기초생활보장제도는 생활이 어려운 자에게 필요한 급여를 행하여 이들의 최저생활을 보장하고 자활을 조성하는 것을 목적으로 한다(「국민기초생활보장법」 제1조). 급여는 수급권자[2] 본인이 신청하거나 사회복지전담공무원이 직권으로 신청한다. 특히 보장기관은 '지역사회 민 · 관 연계보호체계'를 구축하여 민간사회복지사 등의 협조를 받아 국가의 보호가 필요하다고 판단되는 저소득가구를 적극적으로 발굴하는 복지조치(찾아가는 복지)를 실시해야 한다. 즉, 생활이 어려운 저소득가구의 가구원이나 그 친족 및 기타 관계인이 해당 가구의 급여를 직접 신청할 수 있다(신청주의). 아울러 사회복지전담공무원은 급여를 필요로 하는 자가 누락되지 않도록 관할지역 내에 거주하는 생활이 어려우나 신청을 하지 않았거나 신청서를 작성할 수 없는 자에 대한 급여를 본인의 동의를 얻어 직권으로 신청할 수 있다(직권주의).

2) 「국민기초생활보장법」에 의한 급여를 받을 수 있는 자격을 가진 사람을 말한다.

급여를 신청한 자에 대하여 시장 · 군수 · 구청장은 사회복지전담공무원으로 하여금 즉시 수급권자 및 부양의무자의 소득과 재산 등에 관한 사항을 조사하도록 하여 급여 실시 여부와 급여내용을 결정한다.

수급자로 선정되기 위해서는 소득인정액 기준과 부양의무자 기준을 동시에 충족해야 한다. 이때 '소득'은 사용되는 대상에 따라서 그 내용이 다르다. 수급자 선정기준의 소득은 '소득인정액'을 의미한다. 즉, 실제소득에서 가구특성별 지출비용, 근로소득공제 등을 제외하고 남은 금액이다. 그렇지만 부양의무자[3]나 차상위계층[4]의 소득은 '실제소득'을 의미한다.

우리나라의 국민기초생활보장제도는 2015년 7월부터 맞춤형 기초생활보장제도로 개편되어 시행되고 있다.

중요한 변화는 다음과 같다. ① 최저생계비 대신 중위소득과 연동한 급여별 선정기준을 도입하고 주거 · 교육급여 선정기준을 확대하였다. ② 부양의무자가 수급자를 부양하고도 중위소득을 유지할 수 있도록 부양의무자 소득기준을 완화하였다. ③ 상대적 빈곤 관점을 적용하여 급여수준을 중위소득과 연동하고 지역별 임대료 수준을 고려한 주거급여를 지급하기로 하였다. 여기서 중위소득이란 전국의 모든 가구를 소득별로 순위를 매겼을 때 한가운데 위치하는 가구의 소득을 말한다. 생계급여는 중위소득 30% 이하인 가구가 수급할 수 있다. 또한 의료급여는 중위소득 40% 이하, 주거급여는 중위소득 47% 이하, 교육급여는 중위소득 50% 이하인 가구가 수급할 수 있다. 맞춤형 기초생활보장제도 지원대상이 되기 위해서는 소득인정액 기준과 부양의무자 기준을 동시에 충족해야 한다. 교육급여는 부양의무자 기준이 적용되지 않는다. 여기서 소득인정액이란 소득과 재산을 소득으로 평가 · 환산한 금액이다. 따라서 최저생계비 기준에 미달하면, 이전에는 모든 가구가 가족 수에 따라 통합적으로 정해진 급여를 받았지만, 앞으로는 중위소득 기준에 따라 생계 · 의료 · 주거 · 교육급여를 서로 다르게 수급하게 된다.

3) 국민기초생활보장 수급권자의 부양의무자는 수급권자의 1촌의 직계혈족 및 배우자를 말한다.
4) 국민기초생활보장 수급자가 아닌 자로서 실제소득이 가구 기준 중위소득의 50% 이하인 사람을 말한다.

〈표 15-1〉 **제도 개편 전후 비교**

개편 전	
선정기준	급여수준
최저 생계비	최저생계비의 80%수준 현금급여 (현물급여 등 제외)
	필수의료서비스의 낮은 본인부담률 (현물급여)
	수업료, 교과서대 등 (현물급여)

	개편 후(2017년 이후)		
	선정기준	최저보장수준	부처
생계	중위소득 30%	중위소득 30%	복지부
주거	중위소득 47%	기준임대료	국토부
의료	중위소득 40%	현행과 동일	복지부
교육	중위소득 50%	현행과 동일	교육부

출처: 보건복지부(2022).

6) 아동수당

아동수당은 아동을 양육하는 가정에 대하여 국가가 양육비의 일부를 제공하는 사회수당 제도로서, 용어는 나라마다 가족수당(family allowance) 등으로 달리 사용되고 있으며, 아동의 생활보장을 구체화시키는 현금급여로서 아동수당(child allowance)이라는 용어로 통용되고 있다(박경일, 1995). 이러한 보편적인 아동수당은 사회수당 가운데에서도 일반 아동을 대상으로 자산조사를 요건으로 하지 않고 거의 정형적인 급여가 무갹출에 의해 행해지는 소득보장제도로서 그 위치를 차지하고 있다.

우리나라는 그동안 미국, 터키 멕시코와 함께 아동수당 미도입 국가에 속하였으나, 2018년 9월부터 아동수당제도가 시행되었다. 아울러 아동수당은 출산, 양육에 대한 국가 책임을 강화하고 아이들의 미래를 위한 투자를 목적으로 지급하는 수당으로 저출산을 극복하기 위한 인구정책적 관점에서 시행되었다고 볼 수 있다(박경일, 2020).

우리나라의 아동수당은 처음 시행 시 소득·재산 기준 하위 90%에 속하는 만 6세 미만의 일부 아동에게만 한정하여 지급하다가 2019년부터 보편지급으로 전환 및 연령이 확대되면서 만 7세 미만의 모든 아동으로 변화되었다(전형원·박경일, 2022). 그 후 2022년 4월부터는 만 8세 미만의 모든 아동에게 매월 10만 원씩 지급되고 있다.

연구문제

1. 사회보험이 해소하고자 하는 경제적 불안정의 종류가 아닌 것은?

① 장애로 인한 소득의 상실
② 사망으로 인한 소득의 상실
③ 노령으로 인한 소득의 상실
④ 최저생활을 유지하기에 불충분한 소득
⑤ 질병에 의한 비용의 발생

2. 우리나라 국민연금에 관한 설명으로 옳지 않은 것은? (2016 제13회 기출문제)

① 강제가입을 통해 역선택을 방지하고자 한다.
② 저소득자에게는 보험료를 지원하기도 한다.
③ 급여수준의 실질적 가치를 유지하고자 한다.
④ 민간에 위탁 · 운영하는 것이 일반적이다.
⑤ 전 국민을 대상으로 가입대상자를 확대하는 경향이 있다.

3. 건강보험제도에 관한 설명으로 옳은 것은? (2016 제13회 기출문제)

① 적용대상은 국내외에 거주하는 모든 국민이다.
② 보험자는 국민건강보험공단이다.
③ 현금급여로는 요양급여, 요양비 및 장제비가 있다.
④ 피부양자는 소득수준과 무관하게 직장가입자에 의해 생계를 유지하는 자이다.
⑤ 사립학교교직원의 경우 보험료는 가입자 30%, 사용자 30%, 국가 40%를 각각 부담한다.

4. 공공부조제도에 관한 설명으로 옳은 것을 모두 고른 것은? (2015 제15회 기출문제)

ㄱ. 신청과정을 거치지 않는다.
ㄴ. 자산조사를 거쳐 대상을 선정한다.
ㄷ. 중앙정부가 단독으로 공공부조의 책임을 지는 것은 세계적인 현상이다.
ㄹ. 사회보장제도 중 공공부조는 투입 재원 대비 소득 재분배 효과가 가장 낮다.

① ㄱ ② ㄴ ③ ㄴ, ㄷ ④ ㄴ, ㄷ, ㄹ ⑤ ㄱ, ㄴ, ㄷ, ㄹ

5. 산업재해보상보험제도에서 업무상 재해의 인정 기준을 모두 고른 것은? (2017 제17회 기출문제)

ㄱ. 출퇴근 재해 ㄴ. 업무상 질병 ㄷ. 업무상 사고 ㄹ. 장애등급

① ㄴ, ㄹ ② ㄱ, ㄴ, ㄷ ③ ㄱ, ㄴ, ㄹ ④ ㄴ, ㄷ, ㄹ ⑤ ㄱ, ㄴ, ㄷ, ㄹ

Chapter 16

아동청소년복지

아동청소년복지를 실천하기 위해서는 먼저 아동청소년의 특성이 무엇이며, 어떠한 사회복지 방법이 있는지를 이해해야 한다.

아동청소년기에 대해서는 연령별, 학문별, 학자별로 각기 다양한 연령적 범위와 관점으로서 설명되고 있다. 그렇지만 이 장에서는 사회복지관점에서 아동청소년기를 이해하고, 아동청소년의 건전한 성장 · 발달과 문제해결능력의 향상을 통하여 자신의 행동을 스스로 통제할 수 있는 성숙된 성인으로 성장하도록 도와주는 방법을 이해하고자 한다.

"우리는 어떤 방법으로 한 사회가 건강한가 그렇지 않은가를 판단할 수 있을까? 어떤 근거로 우리는 한 국가가 계속 번영하리라고 예견할 수 있을까? 이것을 알기 위해 국민총생산량, 출산율, 범죄통계, 정신건강 등 여러 가지 지표를 사용할 수 있을 것이다. 그러나 이 책에서는 색다른 기준을 제시하는데, 그것은 다른 한 세대가 그다음 세대에 대해 갖는 관심의 정도이다. 만일 아동청소년에게 그들의 능력을 최대한 키울 수 있는 지식과 세계를 변화시킬 수 있는 지혜가 주어진다면, 미래에 대한 전망은 밝아질 것이다. 이와는 반대로 어떤 사회가 아동청소년을 무시한다면 아무리 다른 측면에서 잘한다고 해도 결국에는 쇠퇴하게 될 것이다(Bronfenbrenner, 1972)."

Key Words

아동청소년복지체계, 아동복지법, 아동의 권리에 관한 협약, 청소년기본법, 자아정체감, 사회학습이론, 문화인류학적 관점, 아동청소년복지의 역사적 발달, 아동청소년복지의 주체와 대상, 이념과 목표, 아동청소년복지정책 추진기관, 아동청소년복지의 전망과 과제

1. 아동청소년의 정의

연령적 범위에서 아동청소년은 다양하게 구분되고 있는데, 「영유아보육법」에서는 영유아라는 명칭으로 6세 미만, 「아동복지법」에서는 아동이란 명칭으로 18세 미만, 「청소년기본법」과 「청소년복지지원법」에서는 청소년이란 명칭으로 9~24세, 「청소년보호법」과 「아동청소년의 성보호에 관한 법률」에서는 청소년이란 명칭으로 19세 미만, 「소년법」과 「민법」에서는 20세 미만으로 규정하고 있다. 아동청소년이란 용어는 2008년 5월 아동청소년종합 5개년 계획(안)에 등장했으나(김승권, 2008: 7), 현장의 반발로 정부가 철회하기도 했다.

〈표 16-1〉 국내법상 아동 · 청소년 · 청년 기준연령

용어		기준연령/자격	법률
아동		18세 미만	아동복지법, 한부모가족지원법, 국민기초생활보장법, 입양특례법
청소년		9세 이상 24세 미만	청소년기본법
		만 19세 미만	청소년보호법
아동 · 청소년		19세 미만	아동 · 청소년의 성보호에 관한 법률,
		14세 이하	다문화가족지원법
미성년자		19세 미만	민법
형사미성년자		14세 미만	형법
영유아	영유아	출생 후 6년 미만	모자보건법
	신생아	출생 후 28일 이내	
영아		24개월 이하	아이돌봄지원법
아이		만 12세 이하	
영유아		6세 미만 취학 전	영유아보육법
학교 밖 청소년 · 청소년		초중등교육법상 취학의무 유예청소년, 고등학교 제적 · 퇴학처분 · 자퇴청소년, 고등학교 비진학청소년	학교 밖 청소년 지원에 관한 법률
청년		15세 이상 29세, 18세 이상 39세 이하, 19세 이상 39세 이하	17개 광역시 · 도 청년기본조례

출처: 류정희 외. 2018. p.4; 류정희 외. 2019. p.426.

2. 한국 아동청소년복지의 발달과정

아동복지는 1961년 「아동복리법」의 제정으로, 청소년정책은 1987년 「청소년육성법」의 제정으로 각각의 정책영역을 가지고 출발하였다. 아동복지는 보건복지부에서 요보호아동을 중심으로, 청소년정책은 모든 청소년을 대상으로 한 청소년활동을 중심으로 체육청소년부, 문화체육부, 국가청소년위원회 등으로 관할부처를 변경하면서 발전하였다(보건복지가족부, 2009: 2).

첫째, 국가개입의 태동기(1960~1970년대)인데, 아동과 청소년에 대한 국가개입이 시작되고, 「아동복리법」, 「미성년자보호법」 등이 제정되는 등 국가중심체제로 전환되는 시기였다. 서비스 대상자는 요보호아동과 문제청소년에 국한되고 여전히 가족의 양육기능을 의존하는 잔여적 모형의 서비스가 주로 제공되었다.

둘째, 국가개입의 확대기(1980~1990년대)인데, 「아동복지법」(1981), 「영유아보육법」(1991)의 제정을 통해 요보호아동과 사후대책 중심의 정책에서 모든 아동과 예방을 강조하는 보편주의 정책으로 변화하기 시작한 시기이었다. 청소년정책은 「청소년육성법」(1987)과 「청소년기본법」(1991)의 제정을 통한 역사적 · 문화적 산물이고, 산업화와 밀접한 관계를 맺으며 형성되어 일부 문제청소년과 치료중심의 정책에서 예방중심의 다수 청소년 중심의 건전육성정책으로 전환되는 계기가 마련되었다. 그러나 아동복지서비스가 여전히 요보호적이고 선별적 성격을 갖고 있으며, 청소년정책은 청소년육성정책과 청소년보호정책으로 이원화되었으며 각 부처에 산재된 청소년업무를 총괄 · 조정하는 어려움을 야기하는 비판을 받았다.

셋째, 조정과 통합의 시기(2000~)인데, 유엔 아동권리위원회의 1차, 2차 권고에 따라 「아동복지법」의 전면개정(2000)을 통해 요보호아동 보호대책 외에 아동의 학대와 안전에 대한 대책이 강화되는 등 개별적 서비스에서 보편적 서비스를 지향하였다. 국가비용부담이 적극적으로 명시되지 않는 등 실행의지가 부족하다는 비판을 받았다. 청소년정책은 분리되어 운영되어 왔던 청소년육성대책과 보호대책을 통합하여 국가청소년위원회(2005)가 설치되었으며, 청소년정책의 영역을 청소년 활동, 복지, 보호의 3대 정책영역으로 정립하였다. 그러나 해당 부처 위상의 취약성, 행정전달체계의 부실, 관련 예산의 부족 및 체계적 정책추진 기반의 미형성 등의 문제점을 갖고 있다(이혜원 외, 2009: 76–78; 보건복지가족부, 2009: 2–4).

그러나 사실상 정책대상이 동일함에도 불구하고 각기 다른 추진체계를 바탕으로 독립적으로 발전해 온 아동복지와 청소년정책은 2008년 이명박 정부의 출범과 더불어 단일부처 관할의 동일추진체계로 재정비되었으나 2010년 3월 또 다시 이원화되는 등 여전히 혼란을 겪고 있다. 이로 인하여 아동정책기본계획과 청소년정책기본계획도 따로 수립하고 집행하고 있다. 아동정책기본계획은 「아동복지법」에 의거하여 2015년 제1차 아동정책기본계획(2015년~2019년)을 수립하였다. 이 계획은 2013년 아동종합실태조사 결과에 나타난 아동정책의 취약부분을 개선하고 유엔아동권리위원회의 권고사항을 실행하고자 한 것이다. 이어 아동중심, 권리주체라는 정책기조를 내세운 제2차 아동정책기본계획(2020~2024)이 수립되어 집행되고 있다. 청소년분야의 경우, 기본계획은 「청소년기본법」에 의거하여 제6차 청소년정책기본계획(2018~2022)이 수립되었고 집행되었다. 2023년부터 실시되는 제7차 청소년정책기본계획(2023~2027)의 수립과 정책을 기다리고 있다.

3. 아동청소년복지의 정의

아동청소년복지란 아동청소년이 일상생활 과정에서 겪게 되는 생활상의 모든 문제와 활동에 대하여 사회복지 관련 전문직이 인적 및 물적 자원과 시설이나 서비스 및 기술 등의 사회복지자원을 활용하여 아동청소년의 문제해결능력 향상과 건전한 성장 · 발달을 도모하기 위한 사회적 노력과 활동으로 정의하고자 한다. 따라서 궁극적으로 아동청소년복지란 전체 아동청소년의 삶의 질 향상을 위한 아동청소년복지 주체의 노력과 활동이라고 말할 수 있다.

1) 아동청소년복지의 이념과 정책방향

사회복지가 인간다운 삶을 목적으로 하는 것처럼 아동청소년복지 역시 마찬가지로 아동청소년에게 인간에 대한 이해를 가르치는 것이 되어야 하며, 서비스는 인간주의에 바탕을 두고 실시되어야 한다.

아동청소년이 성인과 마찬가지로 권리를 가진 주체라는 생각은 국제적 흐름을 타게 되었다. 1924년 국제연맹은 아동권리에 관한 제네바선언(전문과 5개항)을 채택하였고, 유엔은 1959년에 「아동의 권리선언(Declaration of the Rights the Child)」을 채택했다. 그러나 이러한 권리선언은 법적 구속력을 갖지 않으므로 아동인권의 실질적 실현에 결정적 기여를 할 수 없는 측면이 있다. 따라서 선언의 내용을 법적 구속력(유엔 산하에 아동권리위원회의 설치와 각국의 아동권리상황에 관한 보고서의 제출 의무)이 있는 협약으로 높이려는 것이 1989년에 「아동의 권리에 관한 협약」이라 할 수 있다. 이 협약에서는 단순히 사회적 약자로서 아동청소년을 보호하는 것에 그치지 않고 아동청소년을 권리의 주체로서 인정한 것이다. 구체적으로 아동청소년은 본인에게 영향을 미치는 모든 문제에 있어서 자신의 견해를 자유스럽게 표시할 권리를 보장받으며, 아동청소년의 견해에 대하여 아동청소년의 연령과 성숙도에 따라 정당한 비중을 부여받게 되었다(동 협약 제12조 제1항). 또한 아동청소년에 관한 모든 활동에 있어서 아동청소년의 최상의 이익이 최우선적으로 고려되어야 한다고 규정하고 있다(동 협약 제3조 제1항).

한국에서는 1991년 11월 20일부터 이 협약이 발효되었으며, 2000년 1월 12일 「아동복지법」을 개정하여 "아동은 어떠한 종류의 차별도 받지 않고 자라나야 하며, 완전하고 조화로운 인격발달을 위하여 안정된 가정환경에서 행복하게 자라나야 하며, 아동에 관한 모든 활동에 있어서 아동의 이익이 최우선적으로 고려되어야 한다"고 아동복지의 기본 이념을 밝히고 있다(「아동복지법」 제2조). 청소년정책의 이념으로서 「청소년기본법」(1991. 12. 30.)에서는 청소년이 정상적 삶을 영위할 수 있는 기본여건을 조성하고 조화롭게 성장 · 발달할 수 있도록 제공되는 사회적 · 경제적 지원이라고 명시하였다.

아동청소년 인구가 감소하는 현실에서 지속적 성장동력을 확보하기 위해서는 아동청소년의 잠재역량을 강화하고 건강한 성장환경을 조성해야 한다. 제2차 아동정책기본계획과 제7차 청소년정책기본계획을 통해 그 실천방안을 살펴보면 다음과 같다. 먼저 제2차 아동정책기본계획에서는 다음과 같은 실천방안을 제시하고 있다. 첫째, 요보호아동 조사 · 지원의 과정에서 전담인력을 단계적으로 확충하고 기관별 전문화 및 현장 전담인력 전문성 등 역량을 제고하는 방안을 제시하고 있다. 둘째, 주거빈곤 아동 지원을 통해 아동가구 공공임대주택 지원강화와 자립수당 지원기간 현실화 등 보호종료 아동 대상 맞춤형 지원을 강화하는 실천방안을 제시하고 있다. 셋째, 이주배경을 가진 아동에게는 부모의 근로사실 여부와 관계없이 미등록 이주민 자녀의 의료비 지원이 가능하도록 개선을 추진하는 방안을 제시하고 있다(제2차 아동정책기본계획, 2020; 류정희 외, 2019).

제7차 청소년정책기본계획(안)에서 제시되고 있는 위기청소년에 대한 정책대안들을 살펴보면 다음과 같다. 첫째, 쉼터 퇴소 청소년에게 자립기반을 제공하기 위한 자립정착금, 자립지원수당 지원, 청소년 공공임대주택 지원, 진로 및 취업지원 등 상담 강화 방안을 제시하고 있다. 둘째, 2022년 7월부터 실시하고 있는 청소년한부모의 자립지원 강화를 위한 자립지원 패키지사업을 지속적으로 추진하고 청소년부모 등 취약가족통합사례관리를 지원하는 센터를 전국적으로 확대하는 방안을 제시하고 있다. 셋째, 기초자치단체 내 자살 · 자해 등 고위험 청소년 복합문제를 해결하기 위한 기관 간 연계, 실태조사를 실시하고 사례관리를 추진하는 방안을 제시하고 있다(김성철, 2022: 41–55).

2) 아동청소년복지 전달체계와 서비스 대상

아동청소년복지 전달체계는 세부 분야별로 매우 다양하게 구성되어 있다. 아동복지부문의 경우, 보건복지부가 직접 관장하는 전문기관은 지역가정위탁지원센터를 관할하는 아동권리보장원, 시 · 도의 경우 정책지원추진체계, 시 · 군 · 구의 경우, 아동보호팀, 드림스타트팀, 자립지원팀이고, 시 · 도 청소년상담지원센터와 시 · 군 · 구의 청소년지원센터 등을 관할하는 한국청소년상담원, 시 · 군 · 구의 드림스타트센터를 관할하는 중앙드림스타트센터 등이 있다. 이처럼 정책의 총괄중심축이 없이 서비스 분야별로 병렬적 구조를 이루고 있으며, 민간위탁 중심으로 공공성이 미흡하다.

청소년부문의 경우 활동 및 복지분야별로 이원화된 구조를 이루고 있으며, 기관운영에 있어서도 민간위탁 · 직영 · 법인 등이 혼재되어 운영하는 등의 일관성을 갖추지 못하고 있다(김미숙 외, 2009: 112-114).

청소년복지의 대상은 사회복지적 관점에서 볼 때 모든 아동청소년이 해당하는데, 한국 총인구 중에서 아동청소년인구는 1970년 전체 인구의 60.6%에서 차차 감소하여, 2000년 147.9%(771만 명)되었다. 청소년인구는 2021년 총인구의 16.2%(830만 명)이다(통계청, 2022.12.26. 보도자료). 보호를 필요로 하는 아동은 〈표 16-2〉와 같다. 이를 요보호아동의 발생유형으로 보면, 부모의 보호양육으로부터 이탈된 유기, 미아, 비행, 가출, 부랑, 부모의 빈곤 및 실직, 부모질병 및 사망, 부모의 교정시설 입소, 부모 이혼 등으로 실질적으로 부모의 보호양육을 받을 수 없는 아동들이라 할 수 있다. 보호대상아동의 보호조치는 양육시설 입소와 같은 시설입소와 가정위탁과 같은 가정보호로 구분된다.

〈표 16-2〉 보호대상아동의 발생원인 및 보호조치 유형

구분			2020	2021
전체			5,053	3,657
발생유형	유기/미아		169/11	130/0
	미혼부모 혼외자		466	379
	비행, 가출, 부랑		468	289
	학대		1,766	1,733
	부모 빈곤 실직		181	198
	부모 사망/부모 질병		279/75	297/113
	부모 교정시설 입소		166	101
	부모 이혼 등		539	417
보호조치	시설입소	소계	2,727	2,308
		양육시설	1,131	1,116
		일시보호시설/자립지원시설	342/20	245/33
		보호치료시설	452	282
		공동생활가정	714	549
		기타	68	83
	가정보호	소계	1,393	1,349
		입양	88	75
		가정 위탁	1,068	1,123
		입양 전 위탁	237	151

출처: 보건복지부. 2020 및 2021 국가 보호대상아동 발생 보도 참고자료.

[그림 16-1] 여성가족부 홈페이지(http://www.mogef.go.kr).

3) 아동청소년복지 전문인력

아동청소년복지 분야는 고도의 전문지식과 실천을 갖춘 전문인력이 필요하다. 아동청소년복지분야 전문인력의 주요 업무, 자격, 법적 근거는 〈표 16-3〉과 같다.

〈표 16-3〉 아동청소년복지 종사자별 주요 업무와 자격 및 법적 근거

명칭	주요 업무	자격	법적 근거
아동복지전담공무원	1. 아동에 대한 상담 및 보호조치 2. 가정환경에 대한 조사 3. 아동복지시설에 대한 지도 · 감독 4. 아동범죄 예방을 위한 현장확인 및 지도 · 감독 등 지역단위에서의 아동복지 증진	사회복지사의 자격을 가진 자로 하고 그 임용 등에 필요한 사항은 해당 시 · 도 및 시 · 군 · 구의 조례로 정함.	아동복지법
아동보호전문기관상담원	1. 아동정보시스템에 피해아동, 그 가족 및 아동학대행위자에 대한 정보와 아동학대예방사업에 관한 정보의 입력에 필요한 자료의 제공 2. 아동학대예방 · 피해아동보호와 관련된 기관 간의 연계 3. 피해아동 및 피해아동 가정의 기능회복 서비스 제공	1. 사회복지사 1급 이상의 자격을 가진 자 2. 대학 등에서 심리학과(복지심리학과를 포함)를 졸업한 자 또는 보건복지부령으로 정하는 아동복지 또는 사회복지 관련 교과목을 이수하고 졸업한 자	아동복지법
아동보호전담요원	아동복지전담공무원의 업무 지원	1. 사회복지사 1급 자격증을 취득한 후 사회복지분야 근무경력이 2년 이상인 자 2. 사회복지사 2급 자격증을 취득한 후 사회복지분야의 근무경력이 4년 이상인 자	아동복지법
사회복지사	사회복지법인 및 시설의 업무	대학 또는 동등 이상의 학력이 인정된 학교에서 사회복지 관련 교과목을 이수한 자	사회복지사업법
아동복지시설종사자	아동복지법에 규정된 시설에 근무, 관련 업무의 수행	시설장, 총무, 보육사, 생활지도원 또는 상담요원, 직업훈련교사, 임상심리상담원이 있음	아동복지법
청소년육성전담공무원	관할구역의 청소년과 청소년지도자 등에 대하여 그 실태를 파악하고 필요한 지도	청소년지도사 또는 청소년상담사의 자격을 가진 자	청소년기본법
청소년지도사 및 청소년상담사	수련시설 및 청소년단체에서 청소년의 건전한 수련활동 지도	대학(전문대학 포함) 졸업 또는 동등 이상의 학력이 있는 자로 해당 자격검정에 필요한 교과목을 이수하거나, 청소년육성 관련 종사경력이 있는 자로 자격검정시험에 합격한 자	청소년기본법

출처: 김미숙 외(2009: 98-99) 및 「아동복지법」, 「청소년기본법」.

4. 아동청소년복지의 실천과정

1) 초기단계

아동청소년복지의 실천과정은 일반사회복지실천과정과 아동청소년복지분야의 특성을 반영한다. 초기단계는 아동청소년, 부모, 교사, 경찰, 신고자 등 다양한 이해관계자의 신청, 다른 기관으로부터의 의뢰로 시작된다. 초기단계의 중요한 과업은 일차적으로 클라이언트의 문제와 욕구를 파악하고, 클라이언트와 부모의 기대가 사회복지사의 소속기관과 기능에 부합하는 것인지 확인하는 것이다. 또한 아동청소년을 의뢰한 학교교사나 청소년종합지원센터 등의 상담원이 원하는 것은 무엇인지 확인한다. 이러한 과정을 토대로 서비스 제공 여부와 형태, 서비스 제공 지속기간 등을 결정한다.

사회복지사는 아동청소년이 처음 기관을 방문할 때 갖게 되는 두려움, 걱정 및 질문 등을 이해해야 하며, 기관을 방문하거나 의뢰된 것이 부당하다고 생각하여 눈을 마주치지 않는 등 초기저항을 하므로 이를 적절하게 극복하여야 한다. 또한 아동청소년은 클라이언트가 되었다는 사실을 주변 사람이 자신에게 부정적 평가를 내린 것으로 수용하여 자아감, 자의식을 부정적 방향에서 형성하게 되고, 이후의 행동은 부정적 자아감, 자의식에 따라 이루어질 가능성이 높아진다. 따라서 사회복지사는 아동청소년의 자기비난적 특성을 잘 이해하고, 자기낙인적 특성이 비합리적인 것임을 설명함으로써 그들을 지지하고 대처할 수 있어야 한다(문선화 외, 2009: 129-133).

사회복지사는 아동청소년 혹은 보호자와 초기면접을 마친 후 소속기관의 목적과 관할업무에 적합하다는 결정을 내린다면 해당 아동청소년의 문제를 해결하고 적응력 강화를 위한 구체적 목표를 설정하고 사정을 수립한다. 사회복지사는 클라이언트의 정보를 확인하고 조직화하는 데 사정도구의 도움을 받는다. 아동청소년복지현장에서는 아직 표준화된 단일사정도구를 갖고 있지 않다. 따라서 클라이언트의 구두보고, 상호작용관찰, 클라이언트의 자기점검, 심리검사 그리고 아동청소년사업안내에서 제시하고 있는 각종 사정양식 등을 사용한다(김상곤, 2007: 24-26). 사회복지사는 아동청소년의 문제를 해결하기 위해 아동청소년과 부모 및 가족 등 이해관계자의 장단점을 분석하고 그들 간의 상호 관계와 가족 외부의 공식적 · 비공식적 지원체계와 자원망의 존재 여부를 분석하여 사정계획을 수립한다. 이렇게 수립된 사정계획에 따라 사회복지사는 개입하게 된다(문선화 외, 2009: 131).

2) 중간단계

이 단계에서는 사회복지사와 클라이언트가 앞서 설정한 목표를 달성하기 위한 활동을 수행한다. 아동청소년일 경우 사회복지사는 아동청소년의 발달단계를 고려하여 의사소통을 하며, 사정을 통해 확보된 정보를 아동청소년이 이해할 수 있는 언어로 문제의 원인과 문제해결과정을 설명할 수 있어야 한다. 아동청소년에 대한 개입은 발달단계에 따라 집단활동을 통해서 많이 이루어진다. 여기서는 비행청소년을 위한 복지분야로서 학교폭력문제에 대하여 집단활동의 방법을 이용한 학교와 사회복지기관과의 복지적 대책에 관한 사례를 살펴보고자 한다.

(1) 사례 개요

K중학교 3학년 여학생 11명이 집단폭력으로 전산실(후에 '사랑방' 상담실로 바뀌어 사용함)에 격리되어 반성의 시간을 보내고 있었으며, 이를 교장 선생님이 열의를 가지고 해결방안을 모색하고자 사회복지관의 담당 사회복지사에게 의뢰하였다. 그리하여 사회복지사는 학교 사랑방에서 약 30분간 집단활동에 대하여 간단히 설명하였고, 11명은 앞으로 약 12주간 매주 1회(수요일 오전 10~12시) 집단활동을 시행하기로 하였다. 총 12회 집단활동과 사후모임에 성공적으로 참여한 학생은 중간탈락자(선학, 가출)를 제외하고 8명이었으며, 구성원은 중학교 3학년으로 입학 후 줄곧 어울렸고 이들 중 몇 명은 같은 아파트에 살고 있었다. 이들의 가족관계를 보면 5명은 부모와 1~2명의 형제와 함께 살고 있고, 나머지는 부모가 별거 혹은 이혼으로 한쪽 부모와 형제 또는 조부모와 생활하고 있었다. 성원들의 학교생활은 나태한 편이었으며, 특히 지각과 결석, 수업 빠지기 등이 심하였고 이들은 1학년 때부터 조직을 이루어 왔다.

(2) 주요 개입단계별 목표 및 수행 프로그램

〈표 16-4〉 주요 개입단계별 목표 및 수행 프로그램

단계	목표	주요 프로그램	
초기 (1~3주)	• 집단활동에 대한 이해 • 집단성원 간 친밀감 형성	• 집단활동에 대한 교육 • 역할놀이 • 학교생활 토의	• 소개 • 가족관계 토의 • 나의 주변 인물 그리기
문제해결 (4~11주)	• 구성원에 대한 심리사회적 이해 • 구성원의 욕구에 따른 프로그램 적용	• 학교폭력 토의 • 가족역할놀이 • VTR 시청 • 야유회 • 생산적 친구관계 강의 • 친구관계 토의 및 실천사항 세우기 • 종결에 대한 토의	• 사이코드라마 • REBT • 게임 및 레크리에이션 • 자원봉사활동
평가 및 종결 (12주)	• 집단활동에 대한 평가 • 종결	• 구성원의 생활상 토의 • 평가서 작성 • 사진 찍기 • 모범 구성원 개근상, 봉사상 부여 • 사후 집단활동 계획	
사후활동 (6개월)	• 종결 이후의 지속적 관심과 도움	• 방학 전까지 집단활동 연장	

출처: 최옥채(1998).

3) 종결단계

종결은 사회복지사와의 개입활동을 계획에 따라 마무리하는 것이다. 아동청소년은 개입과정을 통해서 자신들에게 관심과 따뜻한 태도를 보이는 성인과 특별한 인간관계가 생겨난다. 개입을 통해 이루어진 아동청소년의 변화는 개입의 종료 이후에도 계속 유지되도록 하기 위해 사회복지사는 아동청소년 부모 혹은 주 부양자, 교사 등 이해관계자에게 개입을 통해 학습한 문제해결능력을 발휘할 수 있도록 격려해야 한다. 아동청소년과 이해관계자들이 문제해결의 기본원칙을 파악하도록 도와주고 이러한 문제해결의 원칙이 아동청소년의 표적문제에 어떻게 적용되었는지를 상기시켜야 한다(문선화 외, 2009: 138).

5. 아동청소년복지의 과제

아동청소년복지는 중앙부처 차원에서 통합과 분리를 반복하고 있다. 그러나 무엇보다도 간과해서는 안 되는 것은 아동청소년복지가 제공되는 접점은 지역사회이고, 서비스 대상자는 아동청소년이라는 것이다. 즉, 아동청소년 권리의 관점에서 아동청소년의 욕구가 그들이 거주하고 생활하는 지역사회에서 충족되어야 한다는 것이다. 또한 사회투자라는 관점을 더욱 공고히 할 필요성이 높아져 간다. 이 시기에 평생을 좌우할 학습능력과 직업관 등 인지능력과 사회성이 이 시기에 결정되기 때문이다.

1) 지방자치단체 수준에서의 서비스 통합연계와 협력구축

중앙정부 수준에서 아동청소년복지의 담당부처가 변동하더라도 이들 서비스는 지방자치단체 수준에서 실제로 실시된다. 아동청소년복지서비스는 보건복지부와 여성가족부의 업무와 관련이 있는 것이 아니라 교육청, 지방노동사무소, 경찰청과 검찰청 등과도 연관이 있다. 따라서 지방자치단체 수준에서 이러한 관련 기관과 서비스의 통합과 연계를 통한 지역사회 단위 아동청소년 네트워크가 구축되어야 한다.

2) 아동청소년복지 내용의 확충과 방향전환 모색

아동청소년복지는 보호가 필요한 아동의 보호와 청소년활동의 기회제공이라는 기존 틀에서 벗어나서 청소년세대의 독립을 지원하고 다른 사람과 더불어 살아가는 시민성을 준비하는 새로운 틀을 마련해야 한다. 아동청소년의 보육, 교육, 보건, 복지 등 기존 정책이나 사업과 연계하여 청소년세대의 자립을 앞당길 수 있도록 자생적 역량을 준비하는 다양한 기회를 부여하고 지원하는 방향으로 전환해야 한다(이광호, 2008).

3) 아동청소년의 새로운 욕구 발견과 이를 해결하는 전문인력 확충

출산율의 저하로 아동청소년이 전체 인구에서 차지하는 비율이 감소하지만, 아동청소년의 건강한 성장과 발달을 위협하는 위기사항의 발생은 구조화되어 가고 있다. 특히 윤철영 등(2005)은 문제행동에 노출되어 있거나 폭력 및 범죄피해 · 학업중단 · 학대를 경험하고 있는 심각한 위기에 놓여 있는 고위기 아동청소년을 2003년 46만 2천 명으로 추정하였다. 이들 고위험 아동청소년을 지원하는 아동보호전문기관 · 가정위탁지원센터 · 아동입양기관 · 아동복지시설에 종사하는 직원들은 1인당 83명 이상을 담당하는 것으로 나타났다. 고위기 아동청소년의 경우, 전문인력 1인당 12명 이하를 담당하는 것이 이상적인 사례 수인 것에 비추어 본다면, 서비스가 필요한데도 불구하고 서비스를 받지 못하는 아동청소년이 상당수 존재하며, 따라서 전문인력이 확충되어야 한다(정익중, 2006).

연구문제

1. 아동 및 청소년 관련 명칭-연령 규정-관련법이 잘못 연결된 것은?

① 아동-18세 미만-아동복지법
② 청소년-9세 이상 24세 이하-청소년기본법
③ 아이-12세 이하 아동-아이돌봄지원법
④ 영유아-6세 미만의 취학 전 아동-영유아보육법
⑤ 미성년자-20세 미만-민법

2. 1989년 UN 아동의 권리에 관한 협약에 대한 설명으로 잘못된 것은?

① 아동권리선언을 법적구속력 있는 협약으로 바꾼 것이다.
② 우리나라에서는 1991년 협약이 발효되었다.
③ 법적 구속력에는 유엔 산하에 아동권리위원회를 설치하는 것이 포함되어 있다.
④ 협약에는 아동청소년에 관한 모든 활동에 있어서 아동청소년의 최상의 이익이 우선적으로 고려되어야 한다고 규정하고 있다.
⑤ 협약 체결국은 아동권리상황에 관한 보고서를 아동권리위원회에 제출하는 의무를 진다.

3. 아래의 지문에서 기술하고 있는 아동청소년복지 담당 인력은 누구인가?

> 관할구역의 청소년과 청소년지도자 등에 대하여 그 실태를 파악하고 필요한 지도를 함

① 청소년지도사 ② 아동육성전담공무원 ③ 아동학대전담공무원
④ 청소년상담사 ⑤ 사회복지사

4. 아래의 업무를 담당하고 있는 아동청소년복지 담당인력은 누구인가?

> 1. 아동에 대한 상담 및 보호조치
> 2. 가정환경에 대한 조사
> 3. 아동복지시설에 대한 지도·감독
> 4. 아동범죄 예방을 위한 현장확인 및 지도·감독 등 지역단위에서의 아동복지 증진

① 아동보호전문기관 상담원 ② 아동육성전담공무원 ③ 아동학대전담공무원
④ 아동보호전담요원 ⑤ 사회복지사

Chapter 17

노인복지

일반적으로 사회화(socialization)란 자기가 속한 집단이나 사회가 요구하는 행동규범, 가치, 역할 등을 획득하여 가는 과정으로, 기존의 사회체계에 통합되고 적응하기 위한 개인적인 노력의 과정이라 할 수 있다. 노년기에 있어서는 사회적으로 노인에게 바람직한 역할규범이 일반적으로 정립되어 있지 않으며, 새로운 지위와 역할을 미리 준비하는 예기적 사회화(anticipatory socialization)에 상당한 어려움을 겪고 있다. 미래의 사회는 노령인구가 더욱더 증가하고 평균수명이 연장될 것이므로, 누구나 직면하는 노후에 대해 젊은 세대는 사전에 준비를 해야 한다. 하지만 노후의 복지는 어느 개인에게만 책임이 있는 것이 아니라, 사회와 국가가 제도를 정비하여 안락한 노후를 맞을 수 있도록 하는 것이 바람직하다. 아울러 인구고령화에 따른 다양한 노인문제에 대처할 수 있는 국가와 사회적 차원의 개입이 적극적으로 요청되어야 하겠다.

Key Words

사회문제, 사회화, 고령화 사회, 생물학적 노화, 신체적 노화, 심리적 노화, 사회적 노화, 성상화, 개별화, 자기결정, 참여, 통합, 소득보장, 의료보장, 노인복지서비스, 시설보호사업, 재가노인복지사업, 가정봉사원 파견서비스, 주간보호서비스, 단기보호서비스, 예기적 사회화, 현대화

1. 현대사회의 노인문제

현대사회는 고도의 경제성장과 의료기술의 발달로 평균수명이 늘어나고 이로 인한 인구 고령화현상이 급속히 진행되고 있다. 이러한 인구 고령화현상을 고령인구를 기준으로 UN에서는 노인인구가 전체 인구의 7% 이상~14% 미만이면 고령화사회(aging society), 14% 이상~20% 미만이면 고령사회(aged society), 전체 인구 중 65세 이상 고령인구비율이 20% 이상인 사회를 초고령사회(super-aged society)라고 한다. 우리나라는 2000년을 기점으로 65세 이상 노인인구가 전체 인구에서 차지하는 비중이 7%를 넘어 고령화사회가 되었고 2021년 3월 기준, 전체 인구의 16.6%로 고령사회에 접어들었다. 2025년에는 전체 인구의 20.3%인 초고령사회 진입이 전망되고 있다(고령자 통계청 자료, 2021).

우리 사회가 고령사회, 초고령사회로 진입한다는 사실은 심신기능이 허약하고 경제력도 부족한 후기고령노인이 급증한다는 것이다. 80세 이상의 후기고령노인이 많아지면 일상생활동작능력과 가사수행능력이 저하되어 자립적 가정생활을 계속할 수 없는 의존성 노인이 증가되어 노인의료비 증가는 물론 노년부양비 증가와 장기요양문제가 큰 사회문제로 자리하게 될 것이다.

2. 노인의 정의

노인은 '어르신' 또는 '나이가 많은 사람'이라고 일컫지만, 노인에 관한 개념 규정에는 특정한 국가나 사회의 정치적 · 경제적 · 문화적 · 사회적 배경 이외에도, 노인 개개인의 신체적 · 심리적 · 사회적 요인 등이 반드시 고려되어야 한다.

국제노년학회(1951)에서는 노인이란 인간의 노화과정에서 나타나는 생리적 · 심리적 · 환경적 변화 및 행동변화가 상호작용하는 복합형태의 과정에 있는 사람이라고 정의하였다. 이를 세분화해 본다면, 노인이란 환경의 변화에 적절히 적응할 수 있는 조직기능이 감퇴되고 있는 사람, 생체의 자체 통합능력이 감퇴되고 있는 사람, 인체의 기관이나 조직, 기능에 쇠퇴현상이 일어나고 있는 사람, 생체의 적응능력이 점차로 결손되고 있는 사람, 그리고 조직의 예비능력이 감퇴하여 적응이 제대로 되지 않는 사람 등으로 설명할 수 있다.

또한 역연령을 기준으로 보면, 한국의 경우 「노인복지법」에서 건강진단, 경로우대 등의 대상자를 65세 이상으로 규정하고 있으며 인구 등의 각종 통계에서도 65세를 노인의 기준으로 하고 있다. 노인의 신체적 · 심리적 · 사회적 측면을 구분해서 살펴보면 다음과 같다.

1) 신체적 측면의 노화

노화와 관련된 노인의 신체적 특성은 개인 간의 차이 및 개인의 신체적 기관 또는 기능에도 차이가 있으나, 대체로 노화와 관련된 노인의 신체적 특성은 다음과 같다. 첫째, 노화되면서 백발의 증가, 두발의 감소, 주름살의 증가, 얼룩반점의 증가와 같은 피부의 변화, 척추와 하지의 만곡, 체중의 감소 등 신체외관상의 변화가 나타난다. 둘째, 신체기능의 전반적 쇠퇴로 인해 만성질환의 증가가 초래된다. 연령의 증가에 따라 뼛속의 칼슘성분이 감소하면서 골경화 현상과 연골의 탄력성이 약화되면서 관절부분의 질환이 증가할 뿐 아니라 나이가 들어감에 따라 침과 위액분비의 감소로 인한 소화기능의 감퇴는 변비나 설사를 유발하고, 심장의 여과율 저하에 따른 천식, 혈액순환의 둔화에 따라 동맥경화증, 뇌졸중, 고혈압 등이 증가한다.

2) 심리적 측면의 노화

노화에 따른 신체적 변화는 정신적인 면에 변화를 야기하며 그에 따른 심리적 특성이 나타나는데, 예를 들면 건강 및 경제상의 불안정에 대한 걱정, 생활환경에 적응하지 못하는 데 대한 불안, 시기심과 질투심의 강화, 흥미 감퇴 및 비활동적 경향, 그리고 보수성 및 고집과 탐욕의 증대 등을 들 수 있다. 노인 성격변화의 중요한 특성으로서 우울증(hypochondria) 경향의 증가를 들 수 있는데, 이는 신체적 질병이나 배우자의 죽음, 경제적 사정의 악화, 사회와 가족들로부터의 소외 및 고립, 일상생활에 대한 자기통제의 불가능, 지나온 세월에 대한 회한 등이 원인으로 작용한다. 일반적으로 여성노인은 남성노인에 비해 우울증이 발생할 가능성이 2~3배 이상 높다고 알려져 있다. 또한 자기 자신의 사고나 감정에 의하여 사물을 판단하게 되는 경향을 특징으로 하는 내향성 및 수동성이 증가하고, 자기에게 익숙해져 있는 습관적 태도나 방법을 고수하는 경직성이 증가한다. 조심성의 증가도 노년기의 일반적인 성격적 특성인데, 그 원인은 시각이나 청각 등의 감각능력 감퇴를 비롯한 신체적 · 심리적 기능이 쇠퇴한 결과, 결정에 대한 자신감이 감퇴한 것 때문으로 추측된다.

노인 스스로 지나온 삶에 대한 회상(reminiscence)의 경향을 나타내는 것도 노년기의 일반적 특성 중 하나인데, 가까운 과거로부터 시작하여 먼 과거로 거슬러 올라가면서 해결되지 않은 문제를 찾아서 새로운 의미로 해결을 시도하고 남은 시간에 못다 한 것을 시도하는 경향이 있다. 친근한 사물에 대한 애착심을 표현하는 이유는 노인으로 하여금 과거를 회상하고 마음의 안정과 만족을 느끼게 해 주기 때문인 것으로 생각된다. 또한 시간전망의 변화를 보이는데, 이는 자기 일생을 보는 관점이 변화하여 특히 노년기에 대한 적응에 어려움을 겪고 있는 노인의 경우에는 생의 시간이 얼마 남지 않았다는 사실을 피하기 위하여 자신의 나이를 부정하고 과도하게 미래지향적으로 되는 경향이라고 할 수 있다.

3) 사회적 측면의 노화

노년기에는 생애주기상 다른 연령에 비해, 이용 가능한 사회적 자원이 축소되어 직업적 · 사회적 역할 및 지위의 상실, 사회참여의 기회가 상실되고 또한 가족제도가 변화하면서 노인은 상당히 불리한 사회적 지위에 처하게 만든다. 노령기에 접어들면 사회체제 내에서의 소외와 고립의 증가, 수입의 감소, 이에 따른 의존성의 증가, 사기의 저하 등의 사회적 손실을 입게 된다. 이러한 이유로 현대사회 대부분의 사람은 노인이 되는 것을 바라지 않고 이러한 점이 노년기로의 지위와 역할의 전환을 어렵게 만든다.

대개 개인은 역할을 통해서 사회에 참여하게 되는데, 이는 개인의 사회적 가치가 인정되고 또한 자아정체감을 유지하는 기반이 된다고 볼 수 있다. 일반적으로 노화와 함께 경험하게 되는 직업인으로서 또한 가장으로서의 역할상실과 배우자의 사망으로 인한 남편 또는 아내로서의 역할상실은 노년기의 적응을 어렵게 하는 큰 요인이라고 할 수 있다.

3. 노인문제의 실태

급속한 산업화, 도시화 및 핵가족화의 진전은 전통적 대가족으로부터 핵가족으로의 가족구조 및 기능의 변화를 가져와 대가족제도하에서 높은 지위와 권한을 행사해 오던 노인의 위치에 변화를 가져왔다. 이러한 사회구조적 환경변화 속에서 노인과 관련된 문제의 양상은 소득원의 상실로 인한 빈곤문제, 신체적 · 정신적 노쇠현상으로 인한 건강문제, 가정과 사회에서의 역할상실문제, 고독 및 소외로 인한 부양 및 보호문제 등으로 요약할 수 있다.

1) 소득원의 상실로 인한 빈곤문제

직업역할의 상실, 즉 퇴직은 소득의 경감을 가져온다. 비록 연금, 퇴직금 등으로 수입이 대치되기는 하지만 기초노령연금제도의 효과가 미비한 한국에서는 퇴직 후의 수입은 퇴직 전의 수입과 비교하면 매우 적다. 게다가 대부분 노인은 퇴직금의 혜택까지 받지 못하여 수입상태가 더욱 악화된 경우도 많다. 이러한 수입의 경감은 많은 노인을 빈곤상태로 빠뜨리고 자녀에게 의존하는 생활을 하게 한다. 반면 시대의 흐름에 따라 노인부양에 대한 책임의식이 변화하는 양상으로 인해 노인은 물실적 빈곤뿐만 아니라 심리적 고통도 갖게 된다.

2) 건강문제

노인은 신체적 노화현상으로 인한 건강상태가 악화되어 유병률이 높으며 질병이 만성적이라 상기적 치료와 적절한 의료서비스가 필요하다. 실제로 전체 의료비 중 노인의료비의 비율은 매년 증가추세에 있음에도 불구하고, 상당수의 노인은 경제적 수입의 경감으로 인해 적절한 건강보호를 받지 못하고 있다. 또한 대부분의 의료시설이 아직도 대도시에 편중되어 있어 중·소도시나 농촌의 노인이 의료서비스를 제공받는 데 어려움이 많다.

3) 역할상실문제

현대산업사회로 접어들면서 생산기술이 현대화되고 기계화됨으로써 생산에 필요한 노동력은 점차 감소되고 있다. 취업 및 직업역할수행에 있어 신체적·정신적 기능이 약화된 노인 세대는 젊은 세대와의 경쟁에서 뒤처지게 되었다. 이에 따라 노인은 직업적 역할상실을 초래하게 되고 이는 경제적 역할상실을 가져오게 된다. 직업적 역할은 자아 또는 사회적 자아를 지켜 주는 지지체계였는데, 이러한 지지체계의 상실은 자아의 지지기반을 잃어버리게 하고 부정적 자아상을 형성하도록 만든다.

따라서 국가에서는 노인 일자리지원사업을 추진하여, 노인의 경제적 수입증가는 물론 공공형(공익활동, 재능나눔활동 등), 사회서비스형, 민간형(시장형 사업단, 취업알선형, 시니어 인턴십, 고령자 친화기업 등) 등의 다양한 사회적 역할을 제공하기 위해 노력하고 있다(보건복지부, 2021년 노인일자리 및 사회활동 지원사업 운영안내).

4) 부양 및 보호문제

과거 한국에서는 전통적 유교문화의 영향으로 노인의 부양은 가정 내에서 행하였다. 그래서 가정 자체가 하나의 사회보장제도의 역할을 수행하였지만, 산업화에 따른 생활환경의 변화와 노인의 노동력은 쓸모없는 것으로 인식되고 오히려 사회의 부담으로 취급되기에 이르러, 노인은 점점 존재가치를 잃고 있다. 즉, 현대사회의 노인문제는 급속한 경제발전과 보건의료기술의 발달로 평균수명이 연장되고 있는 반면, 인구억제정책의 성과로 출산율은 크게 둔화되었다.

최근에 와서 노인부양에 대한 젊은 세대의 가치관 변화로 부모를 가정 내에서 부양하는 비율이 줄어들기 시작했고, 노인 세대 또한 퇴직 후 자녀와 같이 살기보다는 자녀를 분가시키려는 경향을 보이고 있다. 이러한 부양의식에 대한 빠른 인식변화와는 달리 노인의 노후생활에 대한 준비는 매우 미흡한 수준에 이르고 있다. 이러한 측면에서 노령인구의 급속한 증가추세는 노인부양문제가 보다 심각한 사회문제로 대두될 것으로 예측된다.

4. 노인복지사업

노인복지사업이란 노인이 인간다운 생활을 영위하면서 자기가 속한 가족과 사회에 적응하고 통합될 수 있도록 필요한 자원과 서비스를 제공하는 것이다. 즉, 이용 가능한 인적 및 물적 자원을 찾아 연결시켜 주거나 보충하여 주며, 또한 사회적 적응에 있어서의 문제를 해결해 주고, 나아가서 개인의 발전을 위한 욕구충족에 필요한 서비스까지 제공하는 데 관련된 공적 및 사적 차원에서의 전문적 서비스 활동이다. 간헐적이고 무계획적으로 이루어지는 것이 아니라 계획에 의해서 조직적으로 이루어진다.

이러한 노인복지의 목표를 구체적으로 살펴보면 다음과 같다. 첫째, 국민적 최저수준의 생활유지로 노인도 국민의 한 사람으로서 국가의 경제적 · 사회적 여건에 맞는 인간다운 생활을 유지할 수 있도록 최저한의 경제적 보장을 받아야 한다. 둘째, 사회적 통합의 유지로, 노인은 일반적으로 퇴직으로 인하여 사회적 역할을 상실함으로써 사회로부터의 소외와 고립의 감정을 느낄 수 있고, 또한 가정에서도 경제적 역할의 상실, 지적 · 가치적 갈등으로 인하여 소외와 고립감을 느끼기 쉽기 때문에 노인이 사회체계인 가족이나 이웃, 집단, 조직, 지역사회 및 국가 등에 사회심리적으로 유대감을 갖고 적응할 수 있도록 지원해야 한다. 셋째, 개인의 성장욕구충족으로 노인복지 프로그램은 노인이 개인으로서 자기의 고유하고 특수한 욕구를 충족하고 또한 노령기의 발달과업을 잘 성취할 수 있도록 도와주어야 한다.

이러한 노인복지사업의 목표를 달성하기 위해서 노인복지사업의 접근방법을 크게 정책적 접근과 실천적 접근으로 구분하여 설명하면 다음과 같다.

1) 정책적 접근방법

노인복지를 정책적 방법으로 접근한다는 의미는 노인문제를 개인의 문제로 보기보다는 사회구조적 입장에서 그 원인이 사회나 잘못된 정책에 있다고 보고 전체 사회를 대상으로 노인의 복지문제를 해결해 나가는 방식이다(최성재 · 장인협, 2002). 즉, 인구대상별 접근방법과 문제중심별 접근방법으로 다양한 종류의 급여와 서비스를 제공하게 된다.

① **노인인구중심 접근방법**: 노인인구집단을 다른 인구집단과 구별하여 노인집단이 갖는 욕구를 고유한 것으로 보고 이들 노인에게 필요한 여러 가지 급여를 제공하는 방법이다.

② **문제중심 접근방법**: 대부분의 노인복지정책은 문제중심으로 접근되고 수행되는데, 경제적 문제를 해결하기 위하여 소득보장, 건강보호문제는 의료보장정책 등으로 해결하는 방법이다.

2) 실천적 접근방법

노인복지실천적 접근방법이란 노인문제의 원인은 개인 자신에게 있다는 가정하에서 이를 해결하기 위해서 노인의 사회적 적응과 기능향상을 위하여 조력하는 전문방법을 의미한다. 즉, 노인복지실천에서는 노인을 변화시키기 위해서 노인의 특별한 욕구에 맞는 인간행동 및 사회환경, 변화과정에 대한 지식과 기술이나 절차를 활용, 적용하여 다양한 실천기술을 적용시켜야 한다(김미혜 외, 2002). 즉, 노인복지실천기술에서는 노인문제에 개입하기 위해 다양한 접근방법이 적용되는데, 노인복지실천에서 사회복지사가 가져야 할 기본자세는 무엇보다 클라이언트인 노인을 존중하며 노인의 강점을 파악하면서 노인과 신뢰관계를 형성하는 것이다(양옥남 외, 2006). 노인복지실천의 예로는, 회상요법, 음악치료, 미술치료, 원예치료, 마사지요법 등을 들 수 있다.

(1) 노인상담

노인상담이란 도움을 구하는 노인과 사회복지사와의 전문적 대면관계를 통하여 일상생활의 부적응 문제를 해결하고 예방하기 위한 원조과정으로 정의된다. 노인상담의 특징은 젊은 사람과 대화하는 것보다 더 인내심이 필요하고, 현실적 치료법이 더 효과적이며, 온화한 방법으로 대화하는 자세가 필요하다는 것이다(현외성 외, 2002).

(2) 노인케어

노인케어는 타인의 도움을 받아야만 일상생활이 가능한 병약한 노인에게 일상생활의 동작을 원조하여 제반 욕구를 충족시키는 활동으로 케어기술 또는 개호기술이라고 한다(서화정 외, 2002; 2006). 케어기술은 기존의 노인욕구에 더하여 노후의 일상생활이 평안하도록 원조, 보호하기 위해 전문기술을 제공하는 포괄적 사회복지 원조활동이라고 할 수 있다.

5. 노인복지정책

노인복지정책은 노인이 자기가 속한 가족과 사회에 적응하고 통합되어 인간다운 생활을 할 수 있도록 필요한 자원과 서비스를 제공하는 공적 및 사적 정책이라고 할 수 있다. 여기에는 소득보장, 의료보장, 주거보장, 노인복지서비스가 있다.

1) 소득보장정책

소득보장정책이란 국가가 노인이 처한 경제적 문제를 해결하기 위해 노인에게 최소한의 소득을 지원해 주는 사회적 차원의 대책을 의미한다. 한국은 노후의 소득을 보장하는 연금제도가 일찍 발전하지 못했기 때문에 노후의 소득보장은 전적으로 개인에게 맡겨져 왔다. 그러나 1988년부터 국민연금제도가 도입됨으로써 공적 연금체계가 정비되었다. 현재 한국의 경우는 공공부조제도로서 「국민기초생활보장법」에 근거한 기초생활수급자에게 제공하는 생계급여, 그리고 2008년 1월부터 실시 중인 기초연금제도가 이에 속한다. 그 밖에 퇴직금제도와 고용증진 및 취업알선제도와 세제감면 및 할인혜택 등의 간접적 소득보장제도를 병용하고 있다.

2) 의료보장정책

노인이 지니고 있는 문제 가운데 경제적 문제와 더불어 중요한 문제가 건강문제이다. 이러한 건강문제에 대해 의료서비스에 접근할 수 있는 서비스를 제공하는 것을 의료보장이라고 한다. 노인에 대한 의료보장의 목표는 비노인층으로 하여금 예방적 노력을 하게 하고, 노후의 질병에 대해서는 경제적으로 큰 부담 없이 의료진료와 건강보호를 받을 수 있도록 하는 것이다.

3) 주거보장정책

주거보장정책은 노인에게 적합한 주거조건의 제공 및 주택의 배분과 주거권을 보장함으로써, 노인이 인간다운 삶을 유지할 수 있도록 주거공간을 확보해 주고 주거권을 보장해 주는 프로그램이다. 과거에는 노인이 자녀와 동거하는 경우가 많으나 최근에 와서 자녀와 분리하여 사는 노인이 많아지고 있다. 노인의 주거문제는 대부분 경제적 문제와 연관되어 있는데 경제적 여유가 있는 노인은 실버타운을 선호하지만, 노인복지법의 개정에 따라 양로시설, 요양시설, 전문요양시설로 분류되어 입소목적 주거시설이 부족한 실정이다. 노인을 위한 주택보장의 목표는 노인단독세대나 노인동거세대가 현재의 소득범위 내에서 '1가구 1주택의 거주'를 원칙으로 노인이 생활하기에 편리한 주택을 쉽게 마련할 수 있게 되어야 한다.

이러한 주거보장정책은 가정에서 생활하는 일반노인을 위한 재가목적 프로그램과 경제적 빈곤으로 스스로 주거를 마련할 수 없는 노인과 질병이나 장애로 특별한 보호를 요하는 노인을 위한 입소목적 주거보장으로 구분할 수 있다.

(1) 재가목적 주거보장

일반가정에서 생활하는 노인 관련 서비스를 의미한다. 재가보호를 위한 시설로서 방문요양서비스, 주·야간보호서비스, 단기보호서비스, 방문목욕서비스 등이 있다. 2012년 「노인복지법」 개정을 통하여 재가노인복지서비스의 실시근거를 동법 제38조에 마련하였는데, 재가노인복지서비스란 지역사회 내 가정에서 일상생활을 영위하고 있는 노인 특히 치매노인 등 신체적 의존욕구가 높은 재가노인의 수발문제 해결을 위해 실시되고 있는 서비스를 말한다(현외성 외, 2005).

(2) 입소목적 주거보장

노인이 시설에 입소하여 보호하는 것을 목적으로 하는 주거보장 관련 서비스를 의미한다. 입소보호를 위한 시설은 치료기능의 유무에 따라 양로시설서비스와 요양시설서비스로 대별된다. 2008년 7월부터 실시되고 있는 노인장기요양보험제도에 따라 시설보호와 재가보호의 명칭변경 및 운영기준 · 서비스 내용 등이 대폭 변경되었다. 노인주거복지시설 및 의료복지시설의 무료, 실비, 유료의 구분이 없어지고 의료복지시설의 노인요양시설과 노인전문요양시설이 통합되었다. 또한 시설유형에서 노인공동생활가정과 노인요양공동생활가정이 신설되었다. 또한 과거 재가노인복지시설인 가정봉사원파견사업, 주간보호 및 단기보호사업이 이용자 중심의 시설명칭(방문요양서비스, 주 · 야간보호서비스, 단기보호서비스, 방문목욕서비스)으로 변경되어 장기요양시설 및 재가요양시설에는 요양보호사를 배치하도록 규정하고 있다.

4) 노인복지서비스

노인복지서비스는 노인인구를 대상으로 제공되는 사회적 서비스(personal social service for the elderly)를 의미하며 노인의 사회적 · 심리적 적응, 자아발달을 위한 욕구충족, 그리고 일상생활에서 당면한 문제해결 등을 위한 비화폐적 서비스로 정의된다. 즉, 노인복지실천방법에 있어서 클라이언트인 노인과 그 가족을 대상으로 하여 이루어지는 서비스로서 노인과 그 가족이 직면하는 사회생활상의 문제를 해결하는 것을 목적으로 한다. 노인복지실천현장에서 전문가의 주요 업무를 보면, 노인개별상담, 가족상담, 노인전화상담서비스, 집단활동(작업요법, 취미활동, 레크리에이션 등)의 리더, 관리 · 조정, 노인교육, 노인에게 지역사회자원 연결, 노인의 취업알선, 노인의 케어에 관한 시항, 노인가정방문, 노인의 일상생활동작(Activities Daily of Living) 계획 및 훈련, 노인여가활동안내 등이 있다.

6. 노인복지의 과제

노인인구가 증가하면서 노인문제가 국가 차원의 문제로 대두되고는 있지만, 현실적으로 이에 대응하는 국가의 노인복지정책은 아직 미미한 수준이다. 특히 노인에 대한 복지정책이 지속적으로 확대되어야 하며, 특히 노인의 부양문제, 경제적 문제, 치매 및 건강문제, 독거노인의 외로움과 고독문제, 여가활동문제 등이 현재 산재해 있다. 이러한 노인문제는 이미 개인이나 가족의 범위에서 벗어났으므로 정부는 보다 적극적으로 장기적 추진과업과 노인의 삶의 질을 위한 근본적 정책목표로서 노인의 사회통합을 통한 적극적 복지대책이 강구되어야 할 것이다.

먼저, 노후소득보장체계의 개선이 필요하다. 노후소득보장체계의 개선을 위해서는 사회보장적 조치의 확대, 공공부조의 내실화, 노인의 소득문제와 노동력 부족문제를 해결하기 위해 정년제도와 임금문제의 개선 및 노인인력운영 등을 위해 노인일자리 창출과 노인자원봉사활동의 활성화를 위한 지원이 이루어져야 한다.

둘째로, 후기고령노인의 의료욕구를 해결하기 위해 노인장기요양보험제도를 시행하였으나, 이 제도를 안정적으로 정착시키기 위해서는 시설인프라 구축 및 직접적 서비스 전달자인 요양보호사에 대한 체계적인 관리가 우선되어야 한다. 무엇보다 시설경영자는 이용자 중심의 질 높은 서비스를 제공하기 위해 운영체계를 정비하여야 하며, 질 높은 서비스 제공을 위해 요양보호사의 교육기관, 자격기준 및 근무환경조건의 상향 등에 대한 제도적 보완이 필요하다.

셋째로, 재가노인의 특성에 부합하는 관련 정보의 접근성 제고를 위해 관련 기관 정보망과 연계체계를 구축할 필요가 있다. 예를 들어, 재가노인의 사회참여 확대를 위해서는 지역별로 균형 잡힌 노인복지관의 양적 확대와 노인복지관 및 경로당의 운영혁신 프로그램 내실화를, 독거노인의 복지서비스를 위해서는 원스톱지원센터 운영, 안전지킴이사업, 독거노인결연사업 등 노인의 욕구에 맞는 서비스가 연계되어야 한다.

넷째로, 사회복지종사자의 전문화를 추진하기 위해 노인복지시설 종사자의 업무환경 등 최소한의 업무여건이 개선되어야 한다(서화정 외, 2002). 보다 현실적이고 적절한 임금체계 유지와 아울러 보수교육 및 재교육이 제공된다면, 노인복지시설 종사자의 전문성도 향상될 수 있고 미래지향적 프로그램 개발이나 장기적 비전을 제시할 수 있는 노인복지실천의 장이 마련될 수 있을 것이다.

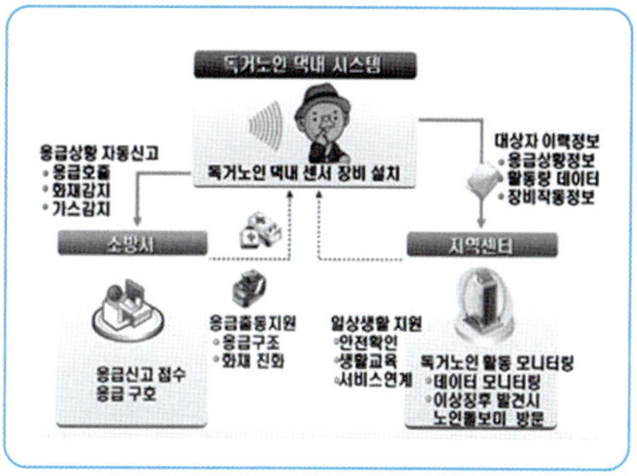

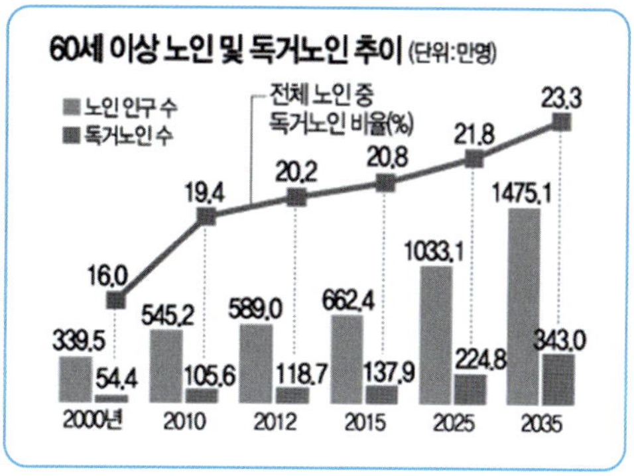

출처: 보건복지부(2015).

연구문제

1. 노년기의 심리적 주요 과업은? (제3회 기출문제)

가. 친밀감	나. 죽음에 대한 수용	다. 부양의무	라. 자아통합 대 자아절망

① 가 · 나 · 다 ② 가 · 다 ③ 나 · 라 ④ 라 ⑤ 가 · 나 · 다 · 라

2. 다음 내용 중 생물학적 노화의 구체적 현상이 아닌 것은 무엇인가?

① 신체조직성분 중 지방분의 증가 및 고형분과 수분 감소
② 뼛속 칼슘분의 고갈로 뼈가 가벼워지고 밀도 감소
③ 피부가 창백해지고 메마르게 되며 주름살 증가
④ 신장, 체중, 머리카락, 이가 감소
⑤ 심장의 크기가 감소하여 박동이 약화되고 혈액순환 둔화

3. 다음의 각 정신기능 중 노화에 따른 기능의 약화가 거의 없거나 또는 제일 적다고 생각되는 것은 무엇인가?

① 지능 ② 학습능력 ③ 기억력 ④ 사고능력 ⑤ 문제해결능력

4. 노화에 따라 노인과 관련한 사회적 상황의 일반적 변화의 예에 해당하지 않는 것은?

① 직업인으로서의 역할상실과 퇴직인으로서의 역할취득
② 제도적 역할과 비공식적 역할의 중요성 감소
③ 1차 집단과 2차 집단과의 관련 역할 감소
④ 퇴직 후의 경제적 궁핍으로 인한 경제적 의존성 증가
⑤ 퇴직 후 생활환경의 변화로 인한 가정 내 역할갈등의 가능성 증가

5. 노인기(65세 이후)의 심리사회적 발달의 특징으로 맞는 것은? (제6회 기출문제)

① 친근한 물건에 대한 애착이 감소한다.
② 외적 차원에서 내적 차원으로 자아의 방향을 전환시킨다.
③ 우울 성향이 증가한다.
④ 여생을 생각해 지난날을 회상하지 않으려고 한다.
⑤ 성역할 지각이 고정화되어 남성성, 여성성이 더 강해진다.

6. 다음 보기에서 설명하는 내용은? (제6회 기출문제)

> • 후손의 양육과 국가 및 사회발전에 이바지한 것에 대해 보상한다.
> • 65세 이상 생활이 어려운 노인을 적용대상으로 한다.
> • 노인의 생활안정을 지원하고 복지증진의 목적으로 2008년부터 지급한다.

① 기본연금 ② 분할연금 ③ 노후안정연금
④ 기초노령연금 ⑤ 상병보상

Chapter 18

장애인복지

인간은 인생을 살아가면서 수많은 어려움과 장애를 경험한다. 장애인복지란 일상생활에 있어서 신체적인 면이나 정신적인 면에 장애를 가진 사람들이 신체적 · 직업적 · 사회적 재활을 통하여 장애인이나 비장애인, 즉 모든 사회구성원과 마찬가지로 인간다운 삶을 영위할 수 있도록 법적 · 제도적 · 사회적 보장과 지원을 행하는 활동을 말한다.

유엔에서는 1981년을 장애인의 '완전한 참가와 평등'을 주제로 하는 '세계 장애인의 해'로 정하였다. 한국의 장애인복지가 발전하게 된 계기는 유엔이 정한 '세계 장애인의 해'와 1988년의 서울장애인올림픽으로 볼 수 있다.

이에 이 장에서는 먼저 장애와 장애인의 정의와 장애의 범주, 한국의 장애인 현황, 장애인복지의 필요성, 장애인복지의 방향에 관해서 살펴본다.

Key Words

기능장애, 능력장애, 사회적 장애, 지체장애, 뇌병변장애, 시각장애, 청각장애, 언어장애, 지적장애, 자폐성장애, 정신장애, 신장장애, 심장장애, 활동제한, 참여제한, 자립, 정상화, 사회통합, 유니버설 디자인, 국제장애분류(ICIDH)

1. 장애와 장애인의 정의

장애와 장애인의 정의는 그 나라의 정치 · 경제 · 사회 · 문화적 환경과 복지수준에 따라 다르므로 쉽게 정의하기 어렵다. 사전적 의미의 장애란, 보통 일상생활을 수행함에 있어서 방해가 되는 그 무엇을 지칭하며, 일반적으로 장애인이란, 그러한 장애를 가진 사람을 말한다.

유엔의 「장애인 권리선언」(1975) 제1조에서는 "장애인은 선천적이든 후천적이든 신체적 또는 정신적 능력의 결함으로 인하여 일상의 개인 또는 사회생활에 필요한 것을 확보하는 데 스스로 완전히 또는 부분적으로 행할 수 없는 사람"으로 정의함으로써 장애는 곧 기능장애의 개념으로 받아들여졌다.

1980년 세계보건기구에 의해 제시되고 있는 국제장애분류(International Classification of Impairments Disabilities and Handicaps: ICIDH)에서는 기능장애(impairment), 능력장애(dis- ability), 사회적 장애(handicap)의 분류를 통하여 장애인에 대한 개념적 틀을 발표함으로써 장애를 각각 3단계의 확대된 개념으로 바라보기 시작하였다.

그러나 이것들은 기능장애, 능력장애, 사회적 장애 등 부정적 요소를 강조하고 지나치게 의료적 시각이 강하다는 비판을 받으면서 새로운 개념 재정립이 필요하다는 측면에서 2001년 5월 22일 제54회 세계보건회의(WHO 총회)에서는 인간과 환경의 상호작용이라는 진보한 개념으로 생활기능과 장애의 국제분류(International Classification of Functioning and Disability: ICF)를 제시했다. 이 ICF는 크게 '기능과 장애' 와 '상황적 요소'로 구분되며, '기능과 장애'는 다시 '신체기능과 구조', '활동과 참여'로, '상황적 요소'는 '환경적 요소', '개인적 요소'로 분류되어 있다. 종래의 기능장애, 능력장애, 사회적 장애라는 개념 대신 기능장애, 활동제한(activity limitation), 참여제한(participation restrict)을 사용하여 장애인의 사회통합과 지역사회생활을 강조하고 있다.

한국의 「장애인복지법」 제2조에는 "장애인은 신체적 · 정신적 장애로 인하여 장기간에 걸쳐 일상생활 또는 사회생활에 상당한 제약을 받는 자"로 정의하고 있다. 국제노동기구(ILO)의 「장애인 직업재활에 관한 권고」 제99조에서는 "장애인은 신체적 또는 정신적 손상으로 인하여 안정되고 지속적인 고용에 대한 전망이 현저히 줄어든 사람"이라고 규정하고 있다.

2. 장애의 범주

장애범주는 그 나라의 정치 · 경제 · 사회 · 문화적 환경을 기반으로 법적으로 결정되므로 사회적 환경과 시대적 상황에 따라 다르게 규정된다. 법적 장애범주의 확대는 곧 서비스 수급자의 확대를 의미하므로 그 인사규모나 서비스 복지재정 등과 직접적 관련이 있기 때문에 장애인에 대한 복지혜택의 많고 적음을 떠나서 핵심사항이다(정무성 외, 2004).

일반적으로 선진국의 경우에는 WHO에서 정하고 있는 장애분류에 의거하여 장애범위를 포괄적으로 정의하고 있는 반면, 개도국이나 후진국의 경우에는 장애범위가 협소하게 정해져 있다. 이에 따라 선진국에서는 장애인구비율이 10%를 상회하고 다양한 복지서비스가 지원되고 있으나 복지후진국의 경우에는 장애범위가 협소하고 장애인구비율이 낮을 뿐만 아니라 장애인에 대한 복지수준도 충분하지 않음을 볼 수 있다(권선진, 1998).

우리나라의 장애유형은 2000년 1월 장애범주를 확대하여 10종으로 구분하였으며, 2003년 7월 1일부터는 호흡기, 간, 안면변형, 장루, 뇌전증장애를 추가하여 법정 장애유형은 총 15종으로 확대되었다. 장애범주를 확대함으로써 추가로 적용받는 장애인의 수가 증가하였으며, 만성질환으로 고통받아 온 많은 장애인이 법적으로 다양한 서비스를 이용할 수 있는 기회가 확대되었다는 점에서 의미가 있다(정일교 · 김만호, 2022).

「장애인복지법」 제2조의 장애의 분류에 의하면 신체적 장애와 정신적 장애로 구분할 수 있는데 신체적 장애란 외부 신체기능의 장애, 내부기관의 장애 등을 말하고, 정신적 장애란 발달장애 또는 정신질환으로 발생하는 장애를 말한다(「장애인복지법」, 법률 제16248호 2019.1.15. 개정). 이 두 범주의 각 세부사항은 다음과 같다(〈표 18-1〉).

〈표 18-1〉 우리나라 「장애인복지법」상 장애분류기준(「장애인복지법」 제2조 2항)

대분류	중분류	소분류	세분류
신체적 장애	외부신체 기능장애	지체장애	절단장애, 관절장애, 지체기능장애, 변형 등의 장애
		뇌병변장애	뇌의 손상으로 인한 복합적인 장애
		시각장애	시력장애, 시야결손장애
		청각장애	청력장애, 평형기능장애
		언어장애	언어장애, 음성장애, 구어장애
		안면장애	안면부의 추상, 함몰, 비후 등 변형으로 인한 장애
	내부기관 장애	신장장애	투석 치료 중이거나 신장을 이식받은 경우
		심장장애	일상생활이 현저히 제한되는 심장 기능 이상
		간장애	일상생활이 현저히 제한되는 만성·중증의 간 기능 이상
		호흡기장애	일상생활이 현저히 제한되는 만성·중증의 호흡기 기능 이상
		장루·요루장애	일상생활이 현저히 제한되는 장루·요루
		뇌전증장애	일상생활이 현저히 제한되는 만성·중증의 뇌전증
정신적 장애	발달장애	지적장애	지능지수가 70 이하인 경우
		자폐성장애	소아청소년 자폐 등 자폐성 장애
	정신장애		조현병, 조현정동장애, 양극성정동장애, 재발성우울장애

3. 한국의 장애인 현황

1) 장애인 수

장애인 실태조사는 1990년 처음 실시되어 매 5년 실시되어(1990년, 1995년, 2000년, 2005년) 오다가 2007년 「장애인복지법」이 개정되어 매 3년마다 실시하는 것으로 변경되었다(「장애인복지법」 제31조). 법개정 이후 2008년, 2011년, 2014년, 2017년, 2020년 등 지금까지 9차례 실시되었다.

2020년 「장애인복지법」에 의한 등록장애인 수는 263만 명으로 총 인구(5,167만 명)대비 약 5.1%를 차지하며, 남성은 58%이고, 여성은 42%이다(보건복지부, 2021).

고령층 장애인 중, 상위 5개 장애유형은 지체장애가 가장 많아 46.7%이며, 다음으로 청각장애 14.4%, 뇌병변장애 9.6%, 시각장애 9.7%, 발달장애 9.2% 순이다. 심한 장애비율은 발달장애가 100%이며, 뇌병변장애가 61.6%이다(정일교 · 김만호, 2022).

자세한 내용은 〈표 18-2〉와 같다.

〈표 18-2〉 장애유형별 장애인 현황

유형	지체	뇌병변	시각	청각	발달	기타
인원	1,223	252	253	377	242	272
구성비(%)	46.7	9.6	9.7	14.4	9.2	10.4
심한 장애비율(%)	19.7	61.6	19.2	25.1	100.0	75.2

2) 장애등급과 판정

2019년 7월 1일 장애등급제 단계적 폐지 및 종합체계 구축을 위해 「장애인복지법」이 개정되었다. 개정된 장애등급제의 내용을 보면 장애인은 장애의 정도에 따라 심한 장애인과 심하지 않은 장애인으로 구분된다. 종전에는 등록장애인은 1급에서 6급까지 장애등급을 부여받았으나 이제는 장애 정도가 심한 장애인(종전 1~3급)과 장애의 정도가 심하지 않은 장애인(4~6급)으로 단순하게 구분하게 되었다. 이러한 구분은 지금까지 장애등급을 의학적인 구분에 의한 서비스 제공에서 장애인의 일상생활이나 사회생활에 맞춤형 서비스를 제공하려는 목적을 가지고 있다고 하겠다(정일교 · 김만호, 2022).

4. 장애인복지의 필요성

장애인을 '보통 사람'으로 간주한다는 것은 장애인에 대해서 누구나와 마찬가지로 아무런 도움도 주지 말아야 한다는 것은 아니다. 장애인을 '모든 사람과 마찬가지로 인간이 가지고 있는 모든 욕구를 가지고 있는 보통 사람이며, 다만 장애와 관련한 일부의 욕구를 충족시키는 데 있어서 특별한 배려가 필요할 뿐인 존재'로 본다면 신체 또는 정신기능의 일부에 장애가 있을 경우, 상실한 기능만큼의 특별한 배려를 해 줌으로써 정상적 사회생활을 할 수 있게 한다는 것이다. 이 특별한 배려라는 것이 바로 지금 우리 사회에서 요구되고 있는 장애인에 대한 도움이며, 장애인복지라고 할 수 있겠다.

다른 사람에 비해 어쩔 수 없는 모자란 점이 있을 때 그 부족한 부분을 보충해 주고 나서 함께 협력하고 경쟁하며 살아가는 사회가 바로 '공정한 사회'이다.

그런데 어떤 측면으로 보면, 장애인에게 특별한 배려를 해 주는 것이 사회에 커다란 부담이 되고 정상적인 심신기능을 가진 일반인의 입장에서는 불공평한 처사가 아닌가 하는 생각이 들 수도 있다. 그러나, ① 인간의 존엄을 유지하고, ② 헌법에서도 명시되고 있는 국민으로서의 권리를 보장하며, ③ 누구나 장애인이 될 수 있는 현대사회의 특성을 감안하고(장애의 보편성), ④ 장애인의 부양을 위한 가족 등의 부담을 경감시키며, ⑤ 장애인복지를 통하여 장애인의 경제활동을 보장함으로써 장애인으로 인한 사회의 경제적 부담을 경감시킬 수 있다는 장애인복지의 기능을 감안한다면, 장애인복지란 단순히 장애를 가진 사람만을 위한 것이 아니라 사회 전체를 위해 반드시 필요하다고 볼 수 있다.

이러한 장애인복지의 가장 기본적인 책임주체는 국가가 되어야 한다. 장애인이 신체적으로든 정신적으로든 기능상의 장애가 있음에도 불구하고 정상적 사회생활을 유지하기 위해서는 물리적 측면에서나 제도적 측면에서 그 기능상의 장애를 최소화해 줄 수 있는 여러 가지 장치가 필요하다. 이것은 어느 한 개인의 힘으로는 이루어질 수 없는 일이기 때문에 국가 차원에서의 개입이 요구된다. 장애인의 이동을 용이하게 해 줄 수 있는 물리적 장벽의 제거와 편의시설의 확충, 장애인의 직업재활을 돕기 위한 각종 물질적 · 제도적 장치, 장애인의 생활안정을 위한 경제적 지원, 장애를 가진 아동이 다른 아동과 마찬가지로 교육을 받을 수 있는 교육제도의 확충 등은 국가 차원에서의 노력이 없다면 결코 성취될 수 없는 것들이라 할 수 있다.

한국에서는 이러한 것들을 보장하기 위해 「장애인복지법」, 「장애인고용촉진 및 직업재활법」, 「장애인 · 노인 · 임산부 등의 편의증진보장에 관한 법률」, 「장애인 등에 대한 특수교육법」 등의 법체계를 구비하고 있다. 이러한 법적 근거를 통해서 지역사회에 장애인복지관 등의 설립으로 각종 서비스를 제공한다. 그런데 유엔이 표방한 장애인의 '완전 참가와 평등'을 구현하는 데 있어서는 「장애인복지법」 체계를 중심으로 한 국가적 노력만으로는 충분하지 않다. 장애인이란 일정 부위의 장애를 가지고 있을 뿐 어느 누구와도 다르지 않은 한 사람의 사회구성원이기 때문에 이들에게 '사회적 존재로서 정상적인 삶'을 보장하기 위해서는 이들을 사회에 통합시키려는 사회적 노력이 요구된다.

따라서 이 사회를 구성하고 있는 모두의 노력과 관심이 필요하다. 즉, 장애인에 대한 편견과 차별의 제거, 장애인을 '우리' 속에 받아들이는 마음의 자세는 물론 장애인에 대한 봉사와 장애인의 욕구충족을 위해 필요한 것들을 사회적으로 촉구할 수 있는 시민행동이 없다면 아무리 제도적으로 장애인복지가 충실히 구비되어 있다 하더라도 이들의 진정한 사회통합은 이루어질 수 없다. 그러므로 장애인복지의 궁극적 주체는 사회의 모든 구성원이라 할 수 있을 것이다(이경희, 2007).

5. 장애인복지의 방향

장애인복지의 이념은 장애인복지의 가치실현에 요구되는 원칙으로서 장애인이 인간으로서 존중받고 비장애인과 함께 더불어 살아가며 장애인이 가지고 있는 능력을 발휘하여 인간으로서 가치 있는 삶을 영위할 수 있도록 하는 것이다.

1) 인간의 존엄성

사회복지에 있어서 가장 중요한 기본가치는 인간의 존중이다. 「대한민국 헌법」 제10조에서는 "모든 국민은 인간으로서 존엄과 가치를 가지며 행복을 추구할 권리를 가진다"라고 선언하고 있다. 이에 인간으로서 존엄과 가치의 유지는 인간다운 생활을 보장할 때 가능하다. 따라서 장애인복지에 있어서도 장애인 이전에 인격체를 가진 인간으로서 존중받아야 함은 지극히 당연하다.

2) 평등

평등(equality)이란, 사회적 자원의 재분배를 통하여 모든 인간이 충분하고 만족스러운 삶을 영위할 수 있는 권리를 똑같이 지니고 있다는 신념이다. 사회에서 모든 사람이 함께 평등하게 가질 수 있는 권리는 사회적 · 정치적 · 법적 · 시민적 권리이다. 이러한

한국의 장애인 관련법

장애인 관련 기본법이라 할 수 있는 「장애인복지법」, 장애인의 직업생활과 관련되는 「장애인고용촉진 및 직업재활법」, 장애인의 이동성과 접근성을 제고하기 위한 「장애인 · 노인 · 임산부 등의 편의증진보장에 관한 법률」, 그리고 장애아동의 교육과 관련되는 「장애인에 대한 특수교육법」, 장애인이라 차별해서는 안 된다는 「장애인차별금지법」이 있다.

연구문제

1. 다음 중 1980년 세계보건기구의 국제장애분류의 세 가지는?

① 기능장애, 능력장애, 사회적 장애　② 기능장애, 능력장애, 활동제한
③ 능력장애, 사회적 장애, 참여제한　④ 능력장애, 사회적 장애, 참여제한
⑤ 기능장애, 사회적 장애, 활동제한

2. 다음 중 장애인의 생활환경과 조건을 정비하여 더불어 사는 사회를 만드는 장애인복지 이념은?

① 참가　② 자립　③ 평등
④ 정상화　⑤ 사회통합

3. 다음 중 한국에서 지체장애인에 속하지 <u>않는</u> 것은?

① 팔, 다리가 절단된 사람
② 신체의 마비 등으로 인해 그 기능에 연속적 장애를 가진 사람
③ 얼굴이 심하게 일그러져 사회생활에 지장이 있는 사람
④ 척추가 옆으로 심하게 굽어 있는 사람
⑤ 키가 140cm인 남자

4. 한국의 2007년 장애인복지법에 의하면 발달장애는 다음 중 어떤 장애로 명칭이 변경되었는가?

① 정신장애　② 자폐성장애　③ 지체장애
④ 뇌병변장애　⑤ 내부장애

5. 다음 중 장애인복지를 해야 하는 이유가 <u>아닌</u> 것은?

① 인간의 존엄 유지　② 국민으로서의 권리보장
③ 장애의 보편성　④ 사회의 경제적 부담 경감
⑤ 산업의 발달

6. 다음 중 한국의 현행 장애 관련법이 <u>아닌</u> 것은?

① 장애인복지법
② 장애인에 대한 특수교육법
③ 장애인차별금지법
④ 장애인고용 및 통합촉진법
⑤ 장애인 · 노인 · 임산부 등의 편의증진보장에 관한 법률

7. 다음 중 정신장애인 범주에 속하지 <u>않는</u> 것은?

① 정신분열병
② 분열형 정동장애
③ 안면부위기형으로 사회생활이 곤란한 자
④ 반복성 우울장애로 사회생활이 곤란한 자
⑤ 양극성 정동장애로 사회생활이 곤란한 자

Chapter 19

가족복지

가족을 정의하는 것은 단순하지 않지만 전통적으로 가족을 정의할 때 결혼에 의한 혈연중심으로 설명이 되었다. 그러나 오늘날 가족의 개념은 혈연을 포함한 다양한 형태의 가족비율이 증대되고 있고, 규모는 점차 축소되고 있으며, 개인의 자발적 선택에 의한 유연한 가족구성이 높아지고 있다는 특징을 가지고 있다.

특히, 이혼율의 증가, 만혼과 비혼의 증가, 한부모가족, 재혼가족 증가 등의 변화 추이를 확인할 수 있다. 이에 본 장에서는 다양한 가족의 유형을 살펴보고, 유형별 가족이 경험할 수 있는 어려움을 확인함으로써 가족 유형별 어려움을 해결하기 위한 대책과 개선방안에 대한 고민을 제시하겠다.

Key Words

가족구조와 기능의 변화, 한국 가족의 변화와 당면 문제, 가족복지, 가족복지의 접근방법, 가족복지실천영역, 다문화가족, 가족복지의 과제와 전망

* 본 장은 박경일 외(2017)의 『사회복지학 강의』 교재 19장(가족복지-윤숙자)의 내용을 중심으로 일부 내용을 수정 보완하였음.

1. 가족 및 현대 가족의 이해

1) 가족의 정의와 기능

(1) 가족의 정의

가족은 대부분의 사회에서 보편적으로 존재하는 가장 기본적인 단위로서 개인과 사회의 중간에 위치하면서 사회에 대해서는 기본적 사회집단이며, 개인에 대해서는 개인의 발달과 성장에 필수적인 환경이다. 가족은 사회변화의 영향을 받으면서 꾸준히 지속되어 온, 인간이 만든 제도 중에서 가장 오래되고 기본적인 사회제도이다.

가족에 대한 정의는 시대나 문화, 학자에 따라 다르고 가족의 형태나 기능도 시대에 따라 다양하므로 한마디로 정의하기가 쉽지 않다. 학자들의 정의는 일반적으로 가족이 어떤 관계의 사람들로 구성된 것인가 하는 형태적 의미와 가족이 개인이나 사회에서 수행하는 역할이 무엇인가 하는 기능적 의미라는 두 가지 측면에서 접근한다. 가족을 영속적 결합에 의한 부부와 거기에서 태어난 자녀로 형성된 생활공동체로서, 또한 혼인, 혈연, 입양 이외에도 구성원의 필요에 따라 기타 관계된 사람들이 연대의식으로 생활을 함께 영위하는 집단으로 정의하는 것은 주로 형태적 측면에서 정의하는 것이다. 가족을 부부와 그 자녀로 구성되는 기본적 사회집단으로서 이해관계를 떠난 애정적 혈연집단이며, 그 가족만의 고유한 가풍을 갖는 문화집단이며, 인간의 기본인성이 형성되는 인간발달의 근원 집단이라고 정의하는 것은 기능적 측면에서 정의하는 것이다(박옥희, 2008).

최근의 사회변화는 가족에 대한 전통적 개념이 더 이상 적용되지 않게 하고 있다. 이러한 전통적 정의는 매우 다양한 형태로 존재하고 있는 현대 가족의 다양성을 포괄하지 못한다. 높은 이혼율은 한부모가족과 복합가족을 양산하고, 입양은 부부가 출산하지 않은 아이도 가족의 일원으로 포함시킨다. 뿐만 아니라 외국근로자 가정, 이주여성 국제결혼가정 그리고 북한이탈주민 가정 등 지역 경계를 초월한 가족들이 급증하고 있다.

따라서 오늘날 거의 모든 가족학자들은 더 이상 보편적이고 전형적인 가족형태를 규정하려고 하지 않는다. 이처럼 현대사회에서는 한부모가족, 동거가족, 미혼모가족, 독거노인가족, 동성애가족, 무자녀가족, 공동체가족 등 다양한 가족유형이 증가하고 있으므로 이러한 가족 구성의 다양성에 주목하여 보다 더 포괄적으로 정의하자면 현대의 가족은 친밀과 헌신의 관계에 있는 사람들이 하나의 집단에 속해 있다는 정체성을 의식하고 그 집단의 고유한 정체성을 수립하면서 공동생활을 영위하는 집단이라고 할 수 있다.

(2) 가족의 기능

① **정서적 기능**: 가족은 구성원에게 사랑과 이해, 안전을 보장해 주며, 수용적이고 친밀하며, 남편과 아내, 부모와 자녀 간에 애정을 가꾸어 가는 집단이다. 사회가 복잡해질수록 사람들은 가족 내에서 심리적 위안을 얻으려고 한다. 직업세계에서는 다른 사람과 개인적 차원에서 친밀성을 공유하는 것이 쉽지 않다. 따라서 사람들은 가족 안에서 심리적·정서적 위안과 만족감을 얻는다.

② **경제적 기능**: 가족은 경제적 협력단위로서의 기능을 가진다. 가족의 경제적 기능은 생산기능과 소비기능으로 구분된다. 가족은 경제적 기본단위로서 재산을 공동으로 소유하고 물자의 소비와 문화적 욕구를 가족단위로 해결하면서 구성원의 신체적 안정을 유지해 준다. 결혼은 부부 간에 경제적 협력을 요구하며, 부부는 자원을 공유하고 노동을 분담할 것이 기대된다.

③ **자녀양육과 사회화 기능**: 부모는 자녀를 출신하고 양육할 뿐 아니라 자녀의 가치관, 사고방식 등을 학습시키고, 문화를 습득하게 하고, 그 사회에서 성숙한 성인으로 적응하여 살아갈 수 있도록 만들어 주는 사회화 기능을 담당한다. 전통적으로 자녀의 출산은 가족의 주된 기능이었다. 가족은 노인세대가 사망 시 이들을 대체할 아동을 출산하고 양육하여 사회가 지속적으로 유지될 수 있도록 하는 기능을 수행한다.

④ **보호기능**: 가족은 구성원의 생명과 재산을 보호하고, 노인과 아동을 보호한다. 전통적 가족에서는 이러한 기능이 강하였으나 오늘날에는 사회복지기관, 의료기관

등이 이러한 기능을 분담하여 수행하고 있다.

⑤ **지위와 사회적 역할을 할당하는 기능**: 결혼에 의해 새로운 가족이 구성되면 남편과 아내라는 새로운 역할이 부여되고, 이는 그 사회에서 진정한 성인의 지위를 획득하도록 돕는다. 자녀의 출산은 아버지와 어머니라는 새로운 역할을 부여한다. 또한 가족은 구성원의 사회경제적 지위, 종교 등에 영향을 미치므로 그 사회에서 특정한 지위와 역할을 획득하는 데 영향을 준다. 가족성원으로서의 다양한 역할수행을 통하여 개인적·사회적 정체감이 형성된다.

2) 한국 사회와 가족의 문제

(1) 한국 가족의 변화

거시적 사회변화에 따라 가족도 변화를 겪는다. 산업화를 거치면서 한국 가족은 가족구조, 가족형태, 가족기능, 가족가치관 등에서 많은 변화를 겪었다. 가족이 소규모화, 핵가족화 되고, 비전통적 가족형태가 증가하고, 가족에 대한 가치관이 변화하였다. 가족규모의 감소, 가족세대의 단순화, 1인가구의 증가, 가족형태의 다양화 등 가족구조가 변화하였으며, 이러한 변화는 노인, 아동, 장애인 등을 가족이 보호함에 있어 어려움을 초래할 수 있다.

(2) 한국사회에서 가족의 당면 문제

가족문제에 대한 사회적 인식과 개입형태의 변화는 해당 시대의 지배적 가치와 사상, 사회·경제적 상황 등과 밀접하게 관련된다. 한국의 가족문제에 대한 사회적 관심도 한국의 현대사회가 겪어 온 전환과정에 따라 가족관, 가족문제의 유형, 내용, 대처방안 등에 많은 변화를 경험해 왔다. 경제성장을 통한 현대화의 사회변동을 겪으면서 전통적 가족관계의 변화 및 가족생활주기의 변화와 가족의식의 변화 등을 경험하고 있는 한국은 가족과 관련된 다양한 문제에 직면하고 있다. 조흥식 등(2006)은 대략 다섯 가지로 한국사회가 당면한 가족문제를 제시하고 있다.

첫째, 재정상의 경제적 부양문제인 가족의 소득을 지적한다. 가정의 빈곤문제, 가족구조상 취업여성의 증가, 가족 간의 빈부 차이에 의한 상대적 박탈감 등은 가족의 경제적 부양문제와 직결되고 있다.

둘째, 핵가족화로 인해 주말부부의 증가, 자녀 수 감소, 주거생활변화에 따른 가족성원에 대한 가족의 보호기능이 약화되는 데서 오는 문제가 증가하고 있다. 또한 가족의 보호업무를 주로 여성에게 의존해 오던 상황에서 여성의 경제활동참여는 가족 내에서 아동, 노인, 장애인, 환자 등을 양육하고 보호하는 기능의 공백현상을 초래할 가능성이 있다.

셋째, 가족의 통제능력과 통제기능이 약화되며, 가족공동체로서의 사회화, 정서적 지지의 기능수행이 약화되어 가고 있는 문제가 제기되고 있다. 도시에서의 잦은 이사로 인한 가족생활의 불안정성, 세대 간 갈등, 부부갈등, 부모역할모델의 부재 등이 원활한 가족기능수행에 문제를 일으킴으로써 가정폭력 등의 가족문제를 발생시키는 중요한 요소가 되고 있다.

넷째, 자녀유기, 별거, 이혼의 증가는 가족성원 간의 친밀감 정도를 약화시키면서 정서적 장애아동, 가출 및 비행청소년 등 건전한 가족성원으로서의 성장 · 발달에 취약한 자녀의 증가로 이어지고 있다. 물론 사별, 이혼, 유기, 별거로 인해 모든 가족이 문제가족이 되는 것은 아니다. 다만 기존의 가족기능을 보완하거나 대체할 지원체계의 부재로 가족이 갖는 욕구와 문제로 인해 발생하는 가족해체는 한 가족만의 문제가 아니라 심각한 사회문제로 확산된다.

다섯째, 동거부부, 실험 또는 계약결혼, 무자녀가족, 재혼에 의한 재결합가족, 1세대가족, 동성애가족, 비동거가족, 공동체거주가족 등 다양한 가족유형이 한국에서도 점차 확산되고 있다. 사실상 단일한 가족경험은 이데올로기적으로만 존재할 뿐 실재하지는 않는다. 자신이 속한 범주에 준해서 가족성원일지라도 각기 다른 경험을 하게 된다. 이제는 다양한 가족형태나 가치관의 다양성을 인정하며, 다름과 차이의 인정에 기반한 상호 존중의 태도를 형성할 필요가 있다.

2. 가족복지의 이해

1) 가족복지의 정의

가족은 사회복지 역사의 초창기부터 사회복지실천에 있어 중요한 개입대상이 되어 왔으며, 사회복지실천의 정체성을 확립하는 핵심 요소로 인식되고 왔다. 이는 서구의 경험과 일치되나, 한국의 경우 현실적 조건의 차이로 가족복지영역의 모호성이라는 결과를 낳았다. 즉, 서구의 경우와는 달리 한국에서는 가족복지기관과 같은 특화된 가족복지 전달체계가 부재한 상황에서 종합사회복지관 사업의 한 영역으로 존재해 왔으며 가족에 대한 관심도 적었다.

가족복지의 개념은 가족이라는 복합성과 문화적 배경 그리고 사회복지라는 다양성 때문에 학자에 따라 그 정의가 다양하다. 우선 「대한민국 헌법」 제34조의 기본이념에 입각한다면, 가족복지란 한마디로 가족의 행복과 안녕을 보장하는 것을 의미하며 국민의 가족생활을 보장하는 사회적 · 제도적 · 정책적 모든 노력과 기술적 서비스를 총칭한다. 넓은 의미에서의 가족복지란 가족성원 개개인뿐만 아니라 가족 전체를 대상으로 보다 통합적이고 예방적인 서비스를 제공하는 공적 · 사적 차원의 사회공동체적 개입 노력 또는 활동이다.

2) 가족복지의 필요성과 기능

(1) 가족복지의 필요성

가족은 사회의 가장 기본적인 체계로서, 사회발전은 가족의 정상적 기능수행에 크게 의존한다고 말한다. 산업화가 진행될수록 핵가족의 형태가 증가되어 이전과 같은 확대가족제도의 가족성원에 대한 보호역할을 가족이 수행하는 것을 더 이상 기대할 수 없으며 당연한 가족기능으로 여기는 것 또한 시대착오적인 발상이다. 게다가 가족해체, 아동문제, 청소년문제, 노인문제 및 주택문제와 같은 여러 가지 문제가 대두되어 왔다. 그럼에도 불구하고 가족이 국가발전의 기초가 되는 다양한 기능을 수행하는 사회의 기본단위이기 때문에 가족이 붕괴하면 제 기능을 수행할 수 없게 되고 이러한 현상이 대규모로 발생하면 사회 전체가 쇠약해지고 국가는 장기적인 안목에서 발전을 계속해 나갈 수 없다.

최근 우리 사회에서 다양한 가족문제나 가족해체의 발생이 증가하고 있으며, 가족중심의 비공식적 복지가 축소됨으로 인해 전통적인 가족기능을 대체하고 이를 보완할 가족복지의 필요성이 매우 높아졌다. 오늘날 우리 사회의 가족상황은 사회경제적 변화와 더불어 가족의 구조나 관계, 기능, 역할, 가치관을 비롯하여 가족생활 전반에 걸쳐 많은 변화를 겪고 있다. 이러한 상황 속에서 그동안 가족이 수행하던 많은 기능이 축소되면서 가족복지서비스가 가족기능을 부분적으로 보완하고 대체하고 있다. 사회복지실천에서 가족대상 사회복지실천은 다양한 가족구성원과 그의 욕구에 대처하기 위해 서비스의 통합성과 효율성을 높이는 가족복지의 필요성이 그 어느 때보다도 중요해지고 있다.

(2) 가족복지의 기능

가족복지와 관련한 가족의 기능이란 시대와 문화권에 따라 다르며, 동일한 시대와 문화권이라 하더라도 가족이 각각의 환경에 처한 여건에 따라 다르다. 또한 가족이 갖고 있는 고유한 기능이 급속도로 변하는 현대사회의 환경변화로 인해 가족복지의 고유한 기능이라고 구분 짓는 것 자체가 쉽지는 않다(표갑수, 2002 재인용).

① **의뢰적 기능**: 가족문제의 진단에 기초해서 그 문제에 대해서 가장 효과적인 서비스를 줄 수 있는 지역사회의 자원을 발견하여 사례를 소개하고 활용하도록 돕는다.

② **조정적 기능**: 가족 전체를 서비스 단위로 하고 가족 전체가 가족으로서의 기능을 발휘하는 데 목적을 두고 원조한다.

③ **개발적 기능**: 지역사회활동이나 소집단활동, 그리고 개별적 활동을 통하여 각 가족에 있어서 모든 가족성원이 그 지위에 맞는 역할을 수행하는 기회, 능력, 태도를 발전, 촉진시키는 기능이다.

④ **회복적 기능**: 가족이 정상적 기능을 발휘하도록 그 장애요인인 빈곤, 실업, 질병, 신체적 및 정신적 장애, 중독, 양친의 장시간 노동 등 환경적 요인과 부부불화,

부모자녀 및 형제 간의 갈등 등 인간관계의 문제를 가진 가족성원과 가족을 직접 원조함으로써 가족역할이나 책임을 수행하여 가족기능을 회복시킨다. 이러한 회복적 기능은 공공부조에 의한 원조나 아동상담소 지도, 직업지도 및 알선, 주택알선, 가임보조, 가정지도 및 가족계획지도, 가족진단 및 가족치료를 통해서 달성할 수 있다.

3) 가족복지의 접근방법

가족복지를 이해하고 실천하는 접근방법에는 거시적 방법과 미시적 방법이 있다. 거시적 방법은 가족문제를 개별 가족이 아닌 사회 전체의 문제로 접근하고, 미시적 방법은 가족구성원이 당면한 구체적 문제나 장애로 어려움을 겪고 있는 개별 가족을 대면해서 상담, 치료, 교육과 같은 임상적인 서비스를 제공하기 위해 실천전략과 실천기술을 가지고 직접적으로 개입하는 방법에 초점을 맞추고 있다.

(1) 가족복지의 거시적 접근

가족문제를 사회 전체의 문제로 보고 가족과 직접 대면하기보다는 정책 차원에서 접근하는 가족복지의 거시적 접근이 가족복지정책의 중심이 된다. 여기서 행정은 정책에 따라 지향하는 바를 구체적으로 실현하는 조직 환경 또는 지원적 과정으로서의 전달체계이다. 따라서 가족복지행정은 가족복지정책과 연관하여 거시적 접근의 하나로 분류할 수 있다(이소희 외, 2004).

지금까지 우리나라의 가족복지정책은 가족이 우선적으로 책임을 지고 국가가 최소한의 책임을 지는 잔여적 · 가족책임주의적 정책을 지향하며, 제한적으로 가족기능을 보완하는 정책을 중심으로 하며, 요보호자를 위한 정책에 집중되어 있고, 예방보다는 치료를 강조하는 정책이라고 할 수 있다. 하지만 향후 가족구조와 기능이 매우 다양하게 변화함에 따라 가족친화적 정책을 지향하는 것이 바람직할 것이다. 가족친화적 가족복지정책은 전체 가족과 가족성원 개개인의 욕구가 모두 고려되고, 양성 평등적이고, 가족유형과 상관없이 다양한 형태의 가족이 기본적인 생활이 보장되고 사회적 위험으로부터 보호되며, 건강한 가족생활을 할 수 있는 동등한 기회가 제공되도록 지향하는 정책을 의미한다.

현재 우리나라에서 제정 및 시행되고 있는 가족복지 관련 정책에는 「건전가정의례의 정착 및 지원에 관한 법률」(1999.2.8.제정), 「건강가정기본법」(2004.2.9.제정), 「가족친화사회환경의 조성 촉진에 관한 법률」(2007.12.14.제정), 「한부모가족지원법」(1989.4.1.제정), 「양육비 이행확보 및 지원에 관한 법률」(2014.3.24.제정), 「결혼중개업의 관리에 관한 법률」(2007.12.14.제정), 「다문화가족지원법」(2008.3.21.제정), 「아이돌봄지원법」(2012.2.1.제정) 등이 있다.

(2) 가족복지의 미시적 접근

가족복지의 미시적 접근방법은 현실적으로 문제를 가진 가족에 직접적으로 개입하는 전문적 접근방법으로, 이는 특수한 욕구를 가진 가족성원의 문제를 취급하는 사회복지기관의 구체적 서비스 활동으로써 잔여적 복지의 성격을 띤다. 따라서 가족복지서비스 차원에서 논의될 수 있는데, 사전에 가족문제 발생을 방지하도록 예방적으로 접근하거나, 사후적으로 완화 내지는 치료적으로 접근하거나 혹은 이 두 가지 방법 모두를 염두에 두고 예방과 치료를 병행하면서 개입하기도 한다.

가족복지서비스의 유형을 카두신(Kadushin)의 3S모델에 입각하여 가족지원서비스, 가족보완서비스, 가족대리서비스로 분류할 수 있다.

첫째, 가족지원서비스는 가족이 속해 있는 사회가 요구하는 가족의 기능을 가족 스스로가 보다 잘 수행할 수 있도록 지원해 주는 서비스로서, 예로는 가족상담, 가족치료, 가족생활교육, 가족옹호 등이 있다.

둘째, 가족보완서비스는 가족 스스로가 가족기능을 원활하게 수행하지 못할 때 발생하는 가족문제를 해결하도록 사회가 가족기능을 일부 보충해 주는 서비스로서, 예로는 가족보존과 가정기반서비스, 가족보호서비스, 가정폭력예방 및 치료서비스, 가정조성사업 등이 있다.

셋째, 가족대리서비스는 가족 스스로가 문제를 해결할 수 없을 때 가족기능을 전적으로 대신해 주는 서비스로서, 예로는 쉼터 제공, 가정위탁보호사업 등을 들 수 있다.

4) 가족대상 사회복지실천

(1) 가족사정

가족사정이란 가족을 하나의 단위로 보고 가족 내·외부 요인 그리고 이들 양자 간의 상호작용을 파악하기 위하여 자료를 수집 및 분석하여 그 가족에 대한 개입을 계획하는 일련의 과정이다. 가족사정은 가족이 호소하는 문제를 관찰하고 사정하는 전문가 입장에서 주로 이루어지는 객관적 상황에 대한 사정뿐 아니라 그 객관적 상황에 대해 가족 입장에서 그들이 상황을 어떻게 인지하고 받아들이고, 느끼고 있는지에 대한 주관적 측면의 사정도 함께 이루어져야 한다.

가족사정을 통해 클라이언트가 호소하는 문제에 대한 사정이 필요하며, 문제의 지속기간, 복잡성, 문제에 대한 가족의 관점, 문제해결을 위한 시도, 기울였던 노력 정도와 방법, 상황 변화를 위한 동기 정도를 파악해야 한다.

① 가족사정의 목적

- 가족문제의 해결에 있어 가족단위의 접근이 적합한지, 적합하다면 어떤 유형의 개입계획과 어떤 변화가 필요한지를 결정한다.
- 현실적 목표에 기초해 우선순위를 결정한다.
- 가족의 변화를 위해 필요한 지역사회의 자원 및 가족의 강점과 자원을 확인한다.

② 가족사정의 내용과 방법

- 가족의 내부기능, 가족역동(family dynamics)에 관한 사정: 가족의 구조적 측면으로서 생활공간을 공유하면서 발생하는 가족의 하위체계 간 관계, 경계, 가족규칙, 가족신화로 인한 신념, 권력구조, 그리고 의사소통방식 등 가족 내부기능을 상담과정 속에서 관찰, 질문, 탐색을 통해 사정한다.
- 가족의 역사적 측면, 가족생활주기에 대한 사정: 카터와 맥골드릭(Carter & McGoldrik)의 가족생활주기표(이 외 family life cycle)를 참고하여 현재 단계와 과업, 필요 자원과 문제를 사정한다. 가계도를 활용하여 최소한 3대에 걸친 가족의 특성과 세대 간 반복되는 패턴과 이슈를 사정한다.

- 환경에 대한 사정: 가족 외부체계와의 상호작용에 대한 사정을 하여 가족자원의 양과 교류의 특성(관계의 흐름) 및 가족 스트레스를 사정한다. 사회적 관계망은 생태도, 관계망 그리드를 활용하여 사정한다.
- 표준화된 척도: 가족문제의 존재 여부와 심각성에 대해 객관성과 과학성을 보완할 수 있는데, 가족사정에 유용한 척도로 가족적응력과 결속력 척도, 가족사정척도, 부부적응척도, 결혼생활만족척도, 부부관계척도 등이 있다.

(2) 가족복지실천에 있어 사회복지사의 역할

가족의 동반자로서 가족의 변화를 돕는 가족대상 사회복지실천에 있어 사회복지사의 역할을 몇 가지로 나누어 살펴보면 다음과 같다(Collins, Jordan, & Coleman, 1999; 이화여자대학교 사회복지연구회 역, 2001: 31–32).

① **감정이입적 지지자**: 사회복지사는 가족의 강점을 규명하고 강화하며, 이를 통해 가족과 동참하여 변화를 향한 동기를 유발하여야 한다. 즉, 사회복지사가 가족의 역기능과 병리문제에 초점을 맞추기보다는 가족이 가지고 있는 강점을 발견하여 이를 지지하고 강화해 주는 역할을 해야 한다.

② **교사 및 훈련자**: 사회복지사는 가족이 결핍되어 있거나 기술 또는 지식이 부족한 영역을 배양하도록 도와야 한다. 예를 들어, 사회복지사는 의사소통, 부모역할기술, 문제해결, 분노조절, 갈등해결, 금전관리, 일상생활기술 등을 교육하고 훈련하는 역할을 한다.

③ **조언자**: 사회복지사는 현재 진행되는 특정 문제에 대해서 가족에게 조언을 할 수 있으며, 지속적 피드백을 제공할 수 있다. 예를 들어, 사녀가 청소년기에 들어선 경우 사회복지사는 상담자로서 부모에게 십 대 청소년이 나타낼 수 있는 전형적 행동에 대하여 조언해 줌으로써 부모가 자녀의 욕구에 대한 보다 깊은 통찰력을 가질 수 있도록 해 준다.

④ **가능하게 하는 자**: 사회복지사는 가족이 다른 방식으로 접근할 수 있도록 기회를 확장해 주는 역할을 수행할 수 있다. 즉, 이용 가능한 자원과 서비스를 가족에게

알려 주고 그것을 활용할 수 있도록 돕는 것이다.

⑤ **조정자**: 사회복지사는 원조체계와 지원망에 관해 많은 것을 알고 있으므로 가족을 도울 수 있는 다양한 지역집단과 자원에 관여하여 활성화하고 관리하여야 한다. 예를 들어, 학교에서 문제를 일으키는 학생에 대하여 결정을 내리고자 할 때 사회복지사는 그 학생을 위하여 학교와 가족 모두를 조정하는 역할을 할 수 있다.

⑥ **중재자**: 사회복지사는 갈등이 일어나는 양편 사이에서 스트레스와 갈등을 다루어 해결을 중재할 수 있다. 예를 들면, 가족과 지역사회 간의 갈등, 가족성원 간의 갈등, 가족성원과 집주인 또는 이웃 간의 갈등을 중재할 수 있다.

⑦ **옹호자**: 사회복지사는 가족문제가 보다 넓은 사회맥락에서 어떤 조건에 근거하고 있는지 이해하고, 정치적으로 행동함으로써 클라이언트에게 혜택을 줄 수 있는 사회적이고 입법적인 부분을 개혁할 수 있다.

3. 가족복지실천영역

현재 우리 사회가 당면한 현실은 미혼 남 · 녀의 결혼기피, 취업난, 경제성장률 하락에 따른 소득감소, 소득불평등으로 인한 신빈곤층의 증가, 이혼율의 증가, 저출산 · 고령화로 인한 경제활동인구의 감소 등 급격한 변화를 겪고 있다. 이는 우리 사회의 가족개념의 변화와 다양한 가족형태의 출현을 낳고 있는데, 반드시 결혼제도로 형성된 가족뿐만 아니라 다양한 유형의 가족 및 가족성원들의 안락한 생활을 유지하기 위한 사회적 지원이 한층 중요해지는 배경이 되고 있다. 그러나 그 중요성에 비해 우리 사회가 아직 체계적인 가족지원사업을 실시한다고 보기 어려우나, 다양한 서비스들이 공공영역과 민간 부문에서 이루어지고 있다. 여기서는 가족복지실천이 이루어지는 현장으로 건강가정지원센터, 지역사회복지관 그리고 다문화가족지원센터를 중심으로 살펴보고자 한다.

1) 건강가정지원센터

2005년 1월 1일자로 시행되고 있는 「건강가정기본법」은 '건강한 가정생활의 영위', '가족의 유지와 발전', '가정문제의 적절한 해결방안 강구', '가족성원의 복지증진'을 위해 건강가정구현에 기여하도록 하고 있다. 가정의 건강성을 회복하기 위해 국가와 지방자치단체가 5년마다 의무적으로 수립해야 하는 건강가정을 위한 구체적 지원내용은 다음과 같이 정리될 수 있다(여성가족부, 2015).

① 가족기능강화 및 가정의 잠재력 개발을 통한 가정의 자립증진대책
② 사회통합과 문화계승을 위한 가족공동체 문화의 조성
③ 다양한 가족의 욕구충족을 통한 건강가정구현
④ 민주적 가족관계와 양성 평등적 역할분담
⑤ 가정 친화적 사회환경의 조성
⑥ 가족의 양육 · 부양 등의 부담완화와 가족해체예방을 통한 사회비용절감
⑦ 위기가족에 대한 긴급지원책
⑧ 가족의 건강증진을 통한 건강사회구현
⑨ 가족지원정책의 추진과 관련된 재정조달방안

위와 같은 건강가정 조성 및 가족해체 예방을 위해 다양한 사업을 실시하는 공공영역의 전달체계 현장이 '건강가정지원센터'이며, 여기에서 다루어지는 건강가정지원서비스의 내용에는 가정문제 예방을 위한 교육과 가족상담 및 가족치료, 건강가정의 유지를 위한 가족생활 관련 프로그램의 개발, 가족문화운동의 전개, 가정 관련 정보 및 자료제공 등이 있다. 건강가정지원센터의 전달체계도는 [그림 19-1]과 같다.

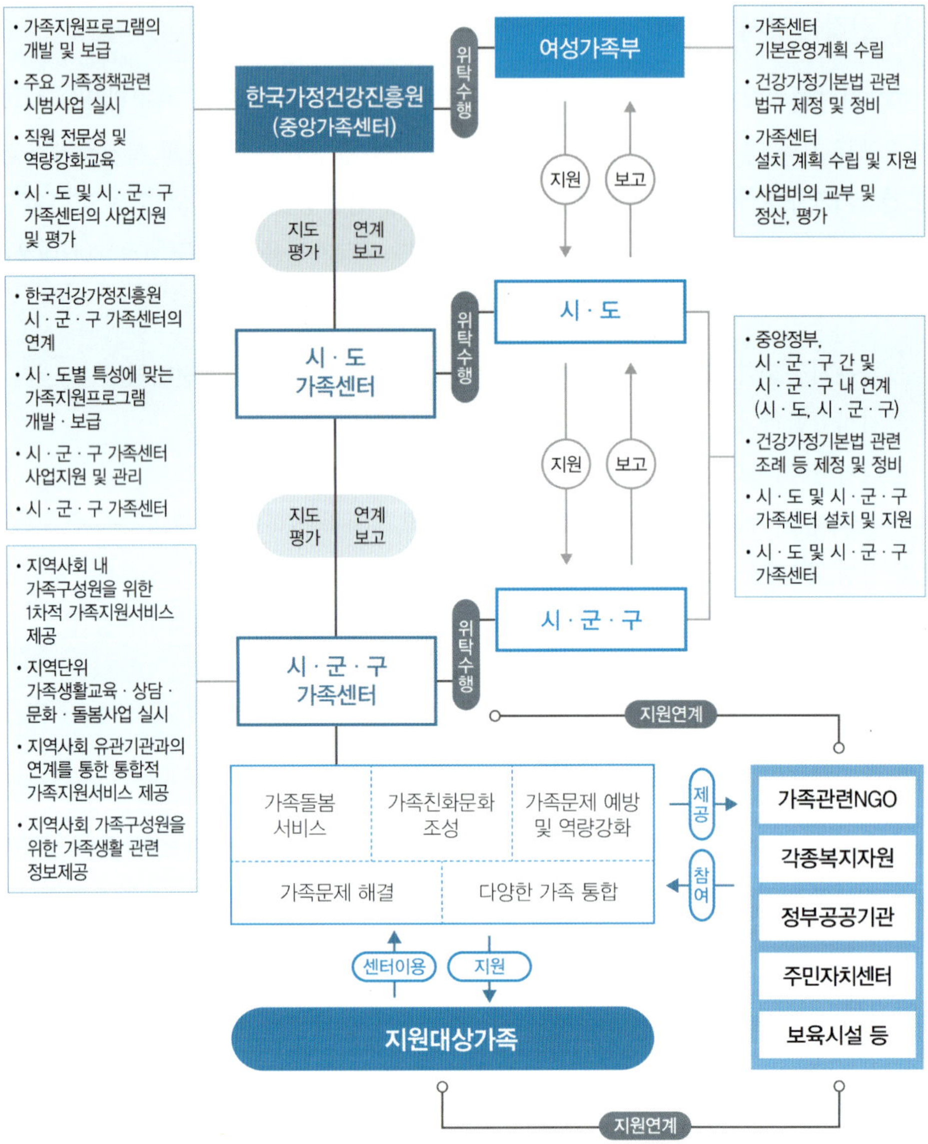

[그림 19-1] 건강가정지원센터의 전달체계도

출처: 한국건강가정진흥원 홈페이지(www.familynet.go.kr).

2) 지역사회복지관의 가족지원서비스

지역사회복지관에서의 가족지원서비스는 가족복지사업과 일부 지역사회보호사업 부문에서 가족에 대한 다양한 지원서비스를 제공해 오고 있다. 가족복지사업은 가족성원 개인 및 가족 전체를 대상으로 상담 · 치료 · 보육 등의 필요한 서비스를 제공함으로써 가족문제의 해결과 예방 및 가족해체를 방지하고 가족기능을 정상화하여 가족의 행복을 유지할 수 있도록 지원한다. 가족복지사업의 구체적 내용으로는 가족관계증진사업, 가족기능보완사업, 가정문제해결 · 치료사업 그리고 부양가족 지원 등이 포함된다.

- 가족관계증진사업: 가족원 간의 의사소통을 원활히 하고 각자의 역할을 수행함으로써 이상적인 가족관계를 유지함과 동시에 가족의 능력을 개발 · 강화하는 사업
- 가족기능보완사업: 사회구조 변화로 부족한 가족기능, 특히 부모의 역할을 보완하기 위하여 주로 아동 · 청소년을 대상으로 실시되는 사업
- 가정문제해결 · 치료사업: 문제가 발생한 가족에 대한 진단 · 치료 · 사회복귀를 지원하는 사업
- 부양가족지원사업: 보호대상 가족을 돌보는 가족원의 부양부담을 줄여 주고 관련 정보를 공유하는 등 부양가족 대상 지원사업

3) 다문화가족지원센터

다문화가족지원센터는 집합교육 및 가정방문을 통해 한국어교육, 다문화가족통합교육, 개인 및 가족상담 등을 제공하여 한국사회로의 조기적응 및 사회 · 경제적 자립지원을 돕는 기관이다.

다문화가족지원센터의 사업을 간략하게 소개하면, 첫째, 집합교육, 방문교육을 통해 생활언어를 익히고 문화를 이해할 수 있도록 단계적인 한국어교육을 실시한다. 둘째, 다문화가족통합교육은 가족, 배우자, 부부, 자녀 등 교육대상을 세분화하여 가족구성원의 가족 내 역할을 확립하고, 건강한 가족문화를 조성하도록 돕는다. 셋째, 방문교육

을 통한 부모교육서비스는 집합교육에 참여하기 어려운 가족을 대상으로 자녀양육 교육 및 정보제공과 가족상담을 실시한다. 마지막으로 만 3~12세 자녀가 있는 다문화가족에게 자녀양육에 필요한 생활지원 서비스를 제공하며, 개인 및 가족상담이 이루어지고 있다(다문화가족포털사이트 다누리, http://liveinkorea.kr).

(1) 외국인근로자가정

우리나라는 낮은 출산율과 인구고령화로 인해 생산 가능 인구가 2016년을 정점으로 2017년부터 감소하고, 핵심 노동인력(25~49세)이 2010년 이후 감소(이찬영 · 태원유 · 김정근 · 손민중, 2011)하고 있다. 특히 국내 근로자들의 경우 3D 업종에 종사하는 것을 기피하여 단순기능 인력이 부족하게 됨에 따라 1991년 법무부 훈령(외국인 산업기술연구사증 발급 등에 관한 업무처리지침)과 중소기업의 인력난을 해소하기 위해 산업연수생제도를 1993년부터 도입한 이후 외국인들의 고용형태에서 외국 노동자의 국내 진출이 현저하게 증가하였다.

외국인 근로자는 열악한 근로조건의 중소기업체에서 내국인 노동자에 비하여 낮은 임금으로 일하고 있는 경우가 많다. 이로 인해 다양한 사회문제가 발생하고 있는데, 사회의 편견과 차별, 자녀양육과 교육의 어려움 그리고 우리 사회의 구성원으로 통합하는 사회제도의 미흡 등이 있다. 단일 민족임을 자랑으로 생각해 왔을 정도로 외국에 대해 배타적인 한국의 사회적 분위기 속에서 한국 국적을 취득하지 못했거나 불법체류 상태인 외국인은 사회문화적 환경뿐 아니라 제도적으로도 보호를 받지 못하는 상황이다. 국민연금 및 건강보험은 물론이고 「국민기초생활보장법」의 보호도 받을 수 없는 것이 현실이다. 다행히 최근 정부는 '결혼이민자가족의 사회통합 지원 대책'과 '혼혈인 및 이주자의 사회통합 기본방향'을 발표하는 등 다문화가정에 대한 지원책을 마련하고 있다.

(2) 여성결혼이민자 가정

여성결혼이민자란 대한민국 국민인 남성과 혼인한 적이 있거나 혼인관계에 있는 모든 외국인 여성을 의미한다. 여성 국제결혼이민자, 결혼이주여성, 외국인 주부, 국민의 배우자, 여성결혼이민자 등으로 부르던 것을 정부가 사회통합 차원에서 채택한 용어이다. 외국에서는 이민자로 총칭되고 결혼이민자를 별도로 분류하는 예가 드물다. 그러나 한국에서는 결혼이민자라 함은 주로 여성결혼이민자를 의미하며, 법적으로는 「재한외국인처우기본법」 제2조 제3호는 "결혼이민자란 대한민국 국민과 혼인한 적이 있거나 혼인관계에 있는 재한 외국인을 말한다"라고 정의하고 있다.

「다문화가족지원법」 제2조 제2호에서 "결혼이민자 등"이란 다문화가족의 구성원으로서 「재한외국인처우기본법」 제2조 제3호의 결혼이민자, 「국적법」 제4조에 따라 귀화허가를 받은 자 중 어느 하나에 해당하는 자라고 규정하고 있다. 위 두 법률의 규정으로 볼 때, 여성결혼이민자라 함은 국제결혼형식을 통하여 입국하여 체류하고 있는 자 중 대한민국의 국적을 취득하지 못한 자와 대한민국의 국적을 취득한 자를 통틀어 말한다고 할 수 있다. 따라서 정부의 지원책이나 사회복지서비스들도 한국 국적을 취득하였거나 합법적인 체류를 하고 있는 여성결혼이민자에 주 초점이 맞추어져 있다.

여성결혼이민자는 대규모 속성 국제결혼중개시스템으로 인한 인권침해 문제뿐만 아니라 경제적 어려움, 양육문제 등으로 고통을 겪는 경우가 많다. 정부는 2006년 4월 범부처 차원에서 결혼이민자가족의 사회통합 지원대책을 마련하여, 결혼이민자를 위한 한국어교육 체계화 방안을 제시하고, 결혼이민자가족 아동양육 지원, 결혼이민자를 찾아가는 서비스를 실시하고 있다. 찾아가는 서비스란 여성결혼이민자의 임신과 출산, 육아, 지리적 접근성 등의 문제가 있을 때 결혼이민자에게 전문가나 도우미가 직접 찾아가 맞춤형 프로그램을 제공하는 것이다.

여성가족부는 '결혼이민자 가족지원센터(다문화가족 포털사이트, 다누리 http://liveinkorea. kr)'를 운영하면서 결혼이민자의 안정적 정착과 가족관계를 증진시킬 수 있도록 교육·상담 등 통합가족지원서비스를 제공하고 있다. 또한 국제결혼 등의 이주여성이 가정폭력이나 성폭력, 성희롱, 성매매 등의 상황에 처했을 때, 가족갈등, 부부갈등, 이혼문제로 도움이 필요한 때 상담을 받을 수 있는 이주여성들을 위한 지원서비스 '1366'긴급전화가 설치되어 있다. 이곳의 서비스는 전문상담기관, 보호시설, 의료기관, 법률기관, 검찰, 경찰 등과 연계해 운영하여 상담-의료-수사-법률까지 원스톱 서비스를 제공하고 있다.

(3) 북한이탈주민 가정

북한이탈주민은 1990년대 중반 북한의 식량사정 악화를 계기로 꾸준히 증가하고 있으며 〈표 19-1〉과 같이 2002년 1,000명을 넘어선 이후 지속적으로 증가했다. 2006년 2,000명을 초과한 후 2011년까지는 매년 2천 명 이상이 입국하였으나 이후 감소추세로 접어들어 2015년에는 1,275명으로 감소하다, 2016년도에는 1,418명으로 증가하였고, 2017년부터 2019년까지는 매년 감소하고 있는 추세이다.

〈표 19-1〉 **연도별 북한이탈주민 입국 현황**

연도	2002	2003	2004	2005	2006	2007	2008	2009	2010	2011	2012	2013	2014	2015
계	1,142	1,285	1,898	1,384	2,028	2,554	2,803	2,914	2,402	2,706	1,502	1,514	1,397	1,276

연도	2016	2017	2018	2019
계	1,418	1,127	1,137	1,047

출처: 통일부, '북한이탈주민정책' 중 입국 현황 기준, 2020.

새로운 정착지에서의 급격한 변화로 인하여 난민 이주자 가족이 일반 가족에 비하여 더 많은 가족갈등의 문제와 정신건강에서의 취약성을 드러낸다. 이러한 문제는 북한이탈주민의 경우에도 나타나는 현상으로, 남한사회에 편입되기까지의 과정에서 극도의 불안감을 경험하며, 인적 · 물적 자원이 부족하고 모든 면에서 다시 시작해야 하는 북한이탈주민에게 심리 · 사회적 스트레스를 유발한다.

북한이탈주민 지원체계는 정착과정에 대한 지원, 정착지원제도 그리고 민간단체연대를 통해 이루어지고 있다. 먼저, 정착과정에 대한 지원은 보호요청 및 국내이송 후 합동심문 후 보호결정이 되면 '하나원'에서 12주간의 사회적응교육에 참여하게 되며 이 기간에 정착금 지급, 취업 및 주거알선 등의 정착준비를 거친다. 이후 거주지 보호기간(5년)에는 '하나센터'에서 지역사회적응 교육, 취업 지원 그리고 보고담당관제에 따라 지원을 받게 된다. 이러한 지원은 민간주도와 정부지원 형태로 진행되며 5년의 거주지 보호과정이 끝나면 이후에는 민간주도로 정착도우미제, 정주도우미제를 통해 지속적인 지원이 제공된다.

4. 가족복지의 과제

가족은 인간과 관련되어 만들어진 제도 중에 가장 오래된 것이며 가족의 범위, 성격, 기능, 구조 등은 시대와 사회에 따라 복잡 다양하게 변화된다. 가족복지의 대상이 가족과 가족성원이라면 가족복지의 전망은 가족의 다양한 유형의 변화에 따라 좌우될 것이다.

우선 현대 가족은 배우자와의 성적 접촉을 통하지 않고서도 인공수정, 대리모, 유전공학 등을 통해서 성원을 만들 수 있게 되었으며 동성가족 등 비전통적 가족의 형태도 등장하고 있다. 이로 인해 가족개념에 대한 정체성 혼란이 오고 또 다른 가족문제가 야기될 것이다. 그리고 가족은 동거해야 한다는 개념도 매우 약화되고 생리적 기능보다는 정서적 기능을 더 중시하는 가족이 형성될 것이다.

한편으로 가족 내의 여성의 힘은 더욱 강화되어 부권 중심의 가족기능은 약화되어 가정 내의 성역할 개념은 더욱 희미해질 것이다. 또한 핵가족, 저출산 등과 함께 가족 내에서의 이기주의가 팽배하여 이웃보다 못한 가족이 증가되어 존속살인, 아동학대와 방임, 배우자 학대, 한부모가족 증가, 노인가족 증가 등 사회경제적으로 고통받는 가족은 더욱 늘어날 것이다.

특히 급속한 저출산 · 고령화 경향은 오늘날 가족복지정책의 새로운 변화 방향을 불러오고 있다. 우선 인구고령화의 급속한 진행은 부양문제를 사회문제로서 극대화시키고 있다. 부양자의 고령화, 세대 규모의 축소, 독거노인세대의 증가, 부양 및 수발의 주된 담당자인 여성의 취업증가 등 가족의 부양능력과 수발여력이 급속히 저하되고 있다. 가족의 부양 및 수발문제를 가족에 의존하여 해결하는 정책방향은 이미 한계에 와 있다. 또한 세계 최고 수준인 낮은 출산율은 가족변용의 상징적 현상으로서 가정의 기능저하를 보강하고 강화해 가는 종합적 가족복지정책의 구축을 더욱 요청하고 있다. 따라서 가족복지정책은 부모 부양과 자녀양육 등의 복지중시형 정책으로 재구축해야 한다는 것이 새로운 가족복지에 대한 시대적 요청이라고 할 수 있다(박경일 외, 2009). 또한 다양한 사회변화에 따른 다양한 가족의 문제에 대응하는 가족복지서비스의 개발과 함께 다문화가정의 가족복지정책은 물론 그들이 한국사회에서 겪고 있는 심리 · 정서적 문제, 가족문제, 대인관계문제 그리고 문화적 차이에서 오는 적응상의 문제 등에 대해 접근하는 가족복지서비스도 개발해야 한다.

연구문제

1. 다음 보기 중 가족의 정의에 해당하지 않는 것은?

① 가족은 생물학적 원천에 기초하여 이루어진 생활공동체이다.
② 가족은 부모, 형제자매, 부부로 이루어진 혈연집단이다.
③ 가족은 사회문화적 변화에 능동적으로 적응하는 것이 어려운 생활공동체이다.
④ 가족의 기능은 사회화되고 다양화되었다.
⑤ 가족은 산업화와 도시화 등 사회적 조건의 변화에 대하여 역동적으로 적응할 수 있다.

2. 가족복지에 대한 설명 중 잘못된 것은?

① 가족복지란 가족생활을 보장·보호·강화하고 가족성원 개개인의 사회적 기능 수행을 높이기 위한 것이다.
② 가족복지는 공적 기관에 의해 제공되는 제반 서비스이다.
③ 가족복지는 가족 전체와 그 구성원의 사회적 기능 수행을 효과적으로 증진시키는 것이다.
④ 가족복지란 가족의 생활을 강화하고 가족 내의 관계를 강화시키며 가족성원의 사회적 기능을 강화시키기 위하여 정부와 민간이 개입하는 사회적 대책이다.
⑤ 가족복지는 질병, 실업, 노령, 모자 등 가족생활의 경제적 기반을 위협하는 제반 문제에 대하여 주로 대처하는 방법이다.

3. 가족복지의 접근방법에서 정책 중심의 거시적 방법과 가족복지서비스 중심의 미시적 방법에 대한 설명이다. 알맞지 않은 것은?

① 가족정책은 정부가 가족을 위하여 실시하는 모든 사안으로 '명시적 가족정책'과 '묵시적 가족정책'으로 구분할 수 있다.
② 가족정책은 국가에서 유아인구 증가를 장려하기 위하여 가족수당 지급 등 인구정책의 일환으로 출발하였다.
③ 가족복지정책도 가족생활의 유지강화를 목적으로 하는 가족정책과 동일하며 가족성원의 특수한 욕구에 초점을 맞추어 해당 가족성원이 가족집단에 적응할 수 있도록 원조한다.
④ 가족복지기관의 서비스 내용은 부부불화, 부모-자녀관계의 장애, 청소년문제, 미혼모, 신체장애인 등에 대한 것이다.
⑤ 가족복지서비스의 대표적 프로그램은 가족에 대한 직접적 개입, 가족보호, 가정생활교육, 가족계획사업, 가족보존과 가정기반강화를 위한 서비스, 가족옹호활동 등이 있다.

4. 가족치료모델과 이론에 대한 설명 중 <u>잘못된</u> 것은?

① 미누친(Minuchin)의 구조적 가족치료모델은 정신역동적 가족치료에 해당한다.
② 애커만(Ackerman)의 모델은 정신역동적 가족치료로서 그 대상이 개인이 되기도 하고, 전체 가족성원이 되기도 한다.
③ 구조주의 가족치료는 가족이 기능적 혹은 역기능적으로 되는 것은 가족구조와 밀접한 관련이 있다고 주장하며 개인의 문제는 심리적·내적 요인보다는 사회체계와 관련된다고 본다.
④ 가족 간의 의사소통이 불분명할 때 가족갈등이 발생하며 가족 간 기능향상의 의사소통을 중요시 여기는 가족치료이론은 커뮤니케이션 가족치료이다.
⑤ 헤일리(Haley)의 전략적 가족치료모델은 임상적 치료전략과 기법을 개발하고 발전시키는 데 주력하였으며 세력과 조정이라는 개념을 활용한다.

5. 다음은 가족치료의 이론체계를 설명하고 있다. 이에 해당하는 치료모델은?

> 가족 간의 의사소통에서 상호 존중과 신뢰를 할 수 있는 경험을 하도록 만들어 잠재력의 개발을 통해 성숙할 수 있도록 한다. 성숙한 사람은 자신에 대한 책임을 지고 자기 견해를 다른 사람에게 분명하게 표현할 수 있다. 따라서 가족성원이 자신이 감정과 욕구에 민감하고 이를 가족과 나누며, 실망이나 두려움, 분노에 대해서도 대화하고 수용할 수 있도록 돕는 데 치료의 초점을 둔다.

① 애커만(Ackerman)의 가족항상성 모델
② 사티어(Stair)의 경험적 가족치료모델
③ 미누친(Minuchin)의 구조적 가족치료모델
④ 보웬(Bowen)의 정신역동적 가족치료모델
⑤ 헤일리(Haley)의 정신역동적 가족치료모델

Chapter 20

교정복지와 군사회복지

교정복지란 범죄인 및 비행청소년의 교정과 교화활동을 통한 재활을 도모하고, 나아가 범죄의 예방을 목적으로 하는 사회사업의 한 전문분야로서 사회사업적 전문지식과 기술을 활용하는 교정사업의 한 분야라고 할 수 있다. 비행과 범죄는 현대사회의 주요한 사회문제로서 이러한 비행과 범죄에 의해 파생된 결과들은 피해자뿐만 아니라 가해자 모두에게 영향을 미치므로 우리 사회는 이를 예방하고 해결하기 위해 다양한 제도적 장치와 개입방법을 전개해 나가야 할 것이다.

교정은 법과 질서를 위반한 사람이 재활할 수 있도록 도와주는 전반적 과정이며, 사회복지사는 이 전반적 과정에서 기본적으로 그들 자신과 타인과의 관계에 개입하여 이들을 사회의 한 구성원으로서 함께 생활해 나갈 수 있도록 원조활동을 전개해 나간다.

군사회복지란 군인의 생활안정과 삶의 질 향상을 도모하고 군의 사기를 높이며 나아가 군인으로 하여금 임무수행에 전념할 수 있도록 하기 위하여 군인을 위한 복지정책과 복지사업을 실시하는 것을 목적한다. 이러한 군사회복지는 2007년 「군인복지기본법」이 제정되면서 군사회복지의 법제적 기초가 마련되었다.

Key Words

교정복지, 교정복지의 필요성, 교정복지의 기능, 교정복지 처우모델, 비행 및 범죄이론, 갱거루족, 보호관찰 등에 관한 법률, 보호관찰소, 한국갱생보호공단, 소년분류심사원, 소년원, 중간처우시설, 군사회복지, 군사회복지의 필요성, 군사회복지 대상과 업무, 군사회복지사의 역할

* 본 장은 박경일 외(2017)의 『사회복지학 강의』 교재 20장(교정복지와 군사회복지－이상주)의 내용을 중심으로 일부 내용을 수정 보완하였음.

1. 교정복지의 이해

1) 교정복지의 개념

일반적으로 범죄인의 교정, 교화 및 예방은 어떤 특정한 분야의 전문가나 기관에 의해 시행되기보다는 사회학, 심리학, 정신의학, 교정학, 사회복지학, 행정학 등의 여러 관련 분야의 전문인력이 협력하여 접근하게 된다. 교정복지는 사회복지를 바탕으로 범죄인의 교정, 교화를 위한 제 활동을 펼치는 전문분야 중의 하나라고 할 수 있다. 즉, 교정복지는 사회복지실천가와 교정분야 종사자 또는 자원봉사자나 일반 시민, 국가가 주체가 되어 범죄자와 우범자의 문제 그리고 유해환경 등을 대상으로 미시적으로는 사회복지실천방법의 지식과 기술을, 거시적으로는 사회복지정책의 법과 제도적 장치 등을 활용하여 대상자의 재범방지와 사회복귀는 물론 관련 환경의 개선을 도모하는 사회적 노력과 활동이라고 할 수 있다(박영숙 외, 2017). 이러한 교정복지는 그동안 협의의 개념으로 이해되고 비춰지는 경우가 많았으나, 점차 범죄나 비행과 관련된 환경적 요인과 예방적 측면이 중요해지면서 광의의 개념에 대한 인식이 높아지고 있다.

2) 교정복지의 필요성

교정복지의 필요성을 이념적 측면과 사회복지적 측면에서 살펴보면 다음과 같다.

먼저, 이념적 측면을 보면 많은 서구 선진국에서는 범죄자도 '사회복귀의 권리'를 가진다는 입장에서 국가는 범죄자를 사회에 복귀시킬 의무를 가진다는 사회복지적 · 보호주의적 이념에 입각한 교정정책을 시행하고 있으며(박양빈, 1995: 20), 한국에서도 뒤늦은 감은 있지만, 1980년대 초반부터 교정 부문에 있어 처우개선과 사회복지적 개입에 관심을 갖기 시작하여 점차 그 영역을 넓혀 나가고 있다.

교정복지의 필요성을 사회복지적 측면에서 보다 구체적으로 도출해 보면, 다시 세 가지 측면으로 나누어 생각해 볼 수 있다(천정환, 2014).

첫째, 사회복지는 인간의 존엄성과 변화의 능력을 인정하고 인간을 돕는 정신을 바탕으로 태동하고 발전하였다. 따라서 다른 분야보다도 사회복지 차원에서 범죄인의 재활을 돕고 원조하는 데 적극적으로 개입할 수 있을 것이다.

둘째, 사회복지에서 중요시되는 것 중의 하나는 개인뿐만 아니라 그의 가족이나 지역사회, 나아가 국가정책 차원에서까지 넓은 관점에서 대상자에게 접근을 시도한다는 점이다. 이러한 점은 사회복지가 다른 분야에 비해 보다 전인적(全人的)이고 통합적인 차원에서 범죄인의 재활에 효과적으로 대응할 수 있는 것이다.

셋째, 사회복지실천가는 개인의 능력에 따라 클라이언트가 지니는 심층적 문제도 접근할 수 있는 기술을 계속 개발하고 있다. 그리하여 범죄인의 신체적 · 정신적 장애나 경제적 문제, 재활에 있어 다른 분야의 전문가와 협력하여 팀 접근을 이루거나 사례관리자로서 다양한 지원망을 연결하고 개입하여 도움을 제공하는 이점을 갖고 있다.

부수적으로 경제적 관점에서 교정복지활동은 민간 차원의 자원봉사자나 지역사회자원을 활용하고 재소자에 대한 수용보다는 사회 내 처우[1]를 중시한다는 점에서 상당한 비용을 절감할 수 있다는 것이 제기되고 있다. 그리고 사회적으로는 재소자나 비행청소년의 재범방지와 재활을 도움으로써 상습적 범죄가 줄어들고 사회안정에 기여하는 면에서 교정복지의 필요성이 강조된다(Byrne, 1990: 23-27).

3) 교정복지의 기능

교정복지의 주요 기능은 다음의 네 가지 측면으로 설명할 수 있다(천정환, 2014).

첫째, 범죄인 및 비행청소년의 적응을 돕는 기능이다. 일반적으로 범죄인이나 비행청소년의 재활은 우선 수용시설 또는 지역사회 내에서 안성된 생활을 영위할 수 있어야 한다는 데 중점을 두고 있다. 즉, 범죄의 원인이나 재범방지와 같은 즉각적 접근보다는 심리사회적 서비스나 환경개선을 통해 그들이 인간다운 생활을 누릴 수 있고 환경에 적응할 수 있도록 하는 것이 교정복지의 주된 기능이라 할 수 있다.

둘째, 범죄인의 특정한 질병이나 장애의 치료에 대한 협력을 제공하는 기능이다. 오늘날 비행청소년 및 범죄인의 특성이 더욱 나양해지면서 일코올중독, 악물중독, 기타

1) 사회 내 처우라 함은 처우의 기초가 교정시설 외의 장소, 즉 일반사회이고 처우대상자는 사회에서 자율적 생활을 하면서 처우를 받는 것을 말한다.

정신질환 등으로 어려움을 겪고 있는 이들이 늘어나고 있는데, 이들의 재활에 교정복지전문가가 개입하여 이들의 치료를 직접 혹은 간접적으로 돕는 기능을 하게 된다.

셋째, 보호관찰기관과의 협력기능이다. 보호관찰제도가 발달한 나라의 경우, 관련 전문가로서 사회복지사가 대부분 활약하고 있다. 즉, 교정복지분야에 있어 보호관찰은 무엇보다 밀접한 관련을 맺고 있으며 교정복지의 기술과 접근방식이 보호관찰제도에 크게 기여하고 있다. 그리하여 사회복지사는 보호관찰을 받는 범죄인 및 비행청소년의 바람직한 적응을 위해 보호관찰기관과 협력하는 기능을 수행하게 된다.

넷째, 범죄인 가족에 대한 원조기능이다. 상당수의 재소자 및 비행청소년과 그들의 가족 간의 관계는 갈등적이며 가정의 경제적 수준이 낮은 것으로 연구되고 있다. 또한 이들의 가족은 친인척을 포함한 지역사회로부터 범죄인 가족이라는 낙인을 받고 있는 경우도 비일비재하다. 이러한 범죄인 가족과 주변인의 상황을 고려해 볼 때 이들이 범죄인을 보다 올바르게 이해하고 포용할 수 있는 환경조성이 절실히 요구된다. 바로 이러한 점들 때문에 교정복지의 개입이 필요하고 이를 통해 범죄인과 가족 또는 중요한 타인 간의 유대관계와 이해의 폭을 넓혀 주는 것이다.

교정의 기본원칙

① 인도주의, ② 과학주의, ③ 법률주의, ④ 처우의 개별화 주의, ⑤ 처우의 사회화(사회 내 처우)

2. 교정복지의 구성요소

1) 교정복지의 처우모델

일반적으로 행형의 목적은 수형자의 교정교화를 통한 완전한 사회복귀이며 이러한 교정처우의 모델은 크게 네 가지로 구분할 수 있다(박영숙 외, 2014).

(1) 개선모델

개선모델(재활모델, rehabilitation model)은 응보형 사상을 지양하고 19세기 교육형 사상을 기초로 범죄인의 개선, 교화를 통한 범죄방지에 주목적을 두는 것으로서 주로 종교적·심리적 상담과 직업훈련을 통한 사회복귀를 꾀하는 것이다. 이 모델에 의해 판결 전 조사나 분류처우제도, 보호관찰 등의 기술이 개발되었다.

(2) 의료모델

의료모델(medical model)은 환자에 대한 치료자의 입장에서 범죄는 인격구조나 사회화 과정 중의 결함이나 부적응의 징후라고 간주하므로 형벌보다는 치료나 교화를 위한 처우 프로그램이 중요하다. 따라서 범죄 원인의 조기발견을 위한 의학기술이나 범죄자 분류를 위해 판결 전 조사제도가 중요하며 치료기간이 있어야 하기 때문에 부정기형 제도가 중요하게 대두된다. 그러나 이 모델은 치료를 위해 강제처우나 수형자의 자율권 무시라는 수형자의 인권보장 측면에서 한계점을 지니고 있다.

(3) 정의모델

정의모델(사회정의모델, justice model)은 개선·의료모델의 인권침해 문제와 관련하여 범죄자를 공정하게 취급하여야 한다는 모델이다. 부정기형과 가석방의 의료모델이 법 절차의 결여, 장기구금에 따른 과잉구금 등으로 교도소의 환경조건이 약화되는 점에 비하여 정의모델은 범죄자의 갱생보다는 교정제도의 개선에 초점을 두고 있다. 그리하여 이 모델에 따르면 정기형의 복귀나 수형자의 자치 확대, 옴부즈맨 제도[2)]의 채택, 교도소 처우의 개선, 대규모 교도소의 소규모화 등이 요청되고 있다. 그러나 이 모델에 의해 공정성 확보가 지나치면 엄벌화와 구금의 장기화로 연결되어 응보형 모델로 전환할 수 있고 형법의 중요한 이념인 예방의 관점이 무시될 우려가 있다.

2) 옴부즈맨 제도는 여러 기능이 있을 수 있으나 행정권의 확대·다양화 및 재량권의 증가에 따른 권리보호의 불충분에 대하여 의회의 개입을 통한 행정구제제도의 결함을 보완함으로써 국민의 권리보호의 기회를 확대하고자 하는 것이 주요한 기능이라 할 수 있다(이경원, 1999).

(4) 재통합모델

재통합모델(사회재통합모델, reintegration model)은 수형자의 주체성과 자율성을 인정하면서 수형자의 동의와 자발적 참여하에 처우 프로그램을 결정하고 집행한다. 이 모델은 수형자와 교정관계자의 상호 간 신뢰에 입각하여 자발적으로 규율준수와 상호 학습을 통해 영향력을 행사하도록 하는 것이다. 따라서 이 모델은 사회가 범죄자 처우의 중심이 됨으로써 수용자의 사회복귀나 수용시설에 대한 지역사회의 부정적 시각을 해소시키는 데 도움을 줄 수 있다. 향후 이 모델이 발전하기 위해서는 과학적 처우기법이나 외부통근제도, 귀휴제도(歸休制度)와 같은 개방처우가 확대되어야 할 것이다.

2) 비행 및 범죄이론

비행 및 범죄이론에서 주요하게 다루는 내용을 간략히 알아보겠다(한상철, 2015).

(1) 고전이론

영국의 철학자 제러미 벤담(Jeremy Bentham)과 이탈리아의 범죄학자 체사레 베카리아(Cesare Beccaria)가 대표적인 이론가이며, 고전이론이 주장하는 바는 행위의 득과 실을 비교하는 합리적 자유의지에 따른 선택이 범죄행위이며, 범죄가 행하여지는 이유는 한 개인이 목적달성을 위해 취할 수 있는 범죄수단이 다른 비범죄수단보다 정신적 · 물리적 노력과 에너지를 적게 요구하며, 즉각적 결과를 가져다주기 때문이라는 것이다.

(2) 아노미 이론

머튼(Merton)은 사회구조적 입장에서 빈곤과 범죄는 연관이 있다는 사실을 밝혀내고 있다. 사회를 구성하는 기본적 기둥을 문화구조와 사회구조의 개념으로 파악하고 이 이론에 의하면 빈곤한 가정에 태어나 사회구조적으로 매우 불리한 입장에 있는 청소년은 그들이 원하는 지위를 사회적 배경 때문에 성취할 기회가 상대적으로 제약되어 있기 때문에 그들의 목적을 비행과 범죄라는 수단을 통해서 얻어 내려고 한다는 것이다.

(3) 차별적 접촉이론

서덜랜드(Sutherland)는 기본적으로 범죄행위는 학습된다고 가정한다. 즉, 이 이론은 범죄청소년이 살고 있는 주변환경이 하층민이 많이 모여 사는 열악한 빈민가라는 점에 착안하여 빈민가에 만연되어 있는 범죄에 대하여 비교적 우호적이고 동질적인 가치를 가진 친밀한 집단인 가까운 또래 친구를 통해 범죄나 비행을 배울 기회가 많아 범죄소년이 된다는 것이다.

(4) 비행하위문화이론

코헨(Cohen)은 빈곤지역의 청소년은 중산층의 문화가 지배적인 미국사회에서 자신들의 지위를 획득하기가 힘들어 자기들에게 유리한 문화를 형성하였다고 주장하였다. 즉, 이들이 만드는 비행하위문화는 중산층 문화에 대한 반동에서 형성된다. 따라서 이 문화가 바로 중산층 문화와 대립되는 성격을 갖고 있어 중산층 문화가 규율과 준법정신을 강조한다면, 비행하위문화에서는 법 위반에 대한 허용적 태도를 형성하고 그 특징은 비공리성, 악의성, 부정성을 갖는다.

(5) 낙인이론

사람은 누구나 우연한 기회에 사소한 일탈의 가능성에 놓이게 되는데, 이러한 일탈이 범죄로 규정되고 그 행위자에 대해 범죄자로서의 낙인이 주어지면 그 행위자는 더욱 심각한 범죄를 저지르게 된다는 이론이다. 즉, 낙인이론은 범죄자를 만들어 가는 과정에 관한 이론으로서 베커(Becker)는 사회적 지위로서 일탈은 행위의 특성이 아닌 다른 사람이 범죄인에게 법과 제재를 적용한 결과이며 결과적으로 준법과 일탈은 상대적이라고 주장하였다. 또한 리머트(Lemert)는 일차적 일탈과 이차적 일탈로 구분하여 한 개인이 일차적 일탈을 저지르고 난 후 그 개인에게 사회적 상호작용 안에서 효과적으로 부인되는 경우에 이차적 일탈이 발생한다고 하였다.

(6) 사회통제이론(사회유대이론)

허쉬(Hirshi)에 의해 제시된 사회통제이론에 의하면 인간은 누구나 선천적으로 일탈 및 비행 성향을 갖고 태어난다고 보고 비행의 원인보다는 비행 성향을 갖고 있는 인간이 비행을 하지 않는 원인을 설명하려고 한다. 허쉬는 비행을 저지르지 못하게 하는 사회유대요소로서 애정(attachment), 집착(committment), 몰두(involvement), 신념(belief)을 들고, 이들 네 가지 요소는 유기적으로 관련되어 있으며, 전체적으로 지극히 약화되면 범죄나 비행에의 확률이 높아진다고 한다. 특히 청소년의 사회화에 있어 중요한 가정, 학교, 친구와의 유대를 강조하고 결국 청소년이 비행을 하게 되는 이유는 그들이 가정, 학교, 친구와의 유대가 약화되었기 때문이라고 본다.

캥거루족

학교를 졸업해 자립할 나이가 되었는데도 취직을 하지 않거나, 취직을 해도 독립적으로 생활하지 않고 부모에게 경제적으로 의존하는 20~30대의 젊은이들을 일컫는 용어이다. 2000년대 한국에서도 '캥거루족'이 늘고 있다. 가장 큰 이유는 역시 장기불황으로 인한 취업대란이다. 정신적으로도 독립을 거부하고 부모의 보호 아래 책임지기 싫어하는 세태가 캥거루족 증가에 영향을 미치고 있다(이정희, 2008). 아래는 최근 뉴스를 검색한 30~40대 캥거루족에 관한 내용이다.

美NBC, 한국 30~40대 '캥거루족' 주목…"흔한 일"

미언론 NBC는 '한국 캥거루족을 만나자: 아직 부모와 함께 사는 30~40대'라는 기사를 통해 한국 사회 여러 유형의 캥거루족을 소개했다. NBC는 "부모 대부분은 자녀를 세파로부터 보호하고자 한다. 그리고 한국에서 이는 종종 자녀들이 성인이 된 후에도 가정을 제공하는 것"이라고 운을 뗐다. NBC는 한국 통계청을 인용, "결혼하지 않은 30~40세 성인 50% 이상, 그리고 40~44세 44%가 여전히 부모와 함께 산다"라고 전했다.

출처: 동아일보(2021. 5.).

3) 교정복지서비스 공급주체

교정복지서비스 공급주체는 크게 공공부문과 민간부문으로 나눌 수 있다. 공공부문에서는 경찰, 검찰, 법원, 보호관찰소, 소년원 등으로 조직화되어 있다. 민간부문에서는 법인·단체 등이 위탁 운영하는 민간시설, 종교단체나 자원봉사조직 등의 서비스를 예로 들 수 있다. 여기서 주요한 교정복지기관과 주요 활동을 살펴보면 〈표 20-1〉과 같다.

〈표 20-1〉 교정복지기관과 주요 활동

구분	주요 시설	활동 및 서비스
수용 시설	교도소	• 형의 유무에 따라 기결(미결) 수용자를 수용 • 성별, 연령별, 죄의 경중, 기능별로 분류 수용
	보호감호소	• 재범의 위험이 있는 자에 대해 교육, 개선 및 치료가 필요할 경우 수용 및 교정
	특수교도소	• 약물, 알코올남용, 나환자 등 특수처우가 필요한 대상을 수용
보호 시설	보호관찰소	• 교정시설에 수용하지 않고 일상 · 사회생활을 하면서 재범하지 않도록 대상자를 지도 · 감독하고 원호하는 사회 내 처우(상담, 취업알선, 학교복귀, 환경개선 등) • 사회봉사명령: 지정 시간에 무보수로 근로에 종사함으로써 죄를 반성하고 지역사회에 봉사하도록 하는 형사제재
	소년원	• 초 · 중등교육 소년원: 「초 · 중등교육법」에 따른 초 · 중등교육이 필요한 소년을 수용 · 교육하는 소년원 • 직업능력개발훈련 소년원: 「근로자직업능력개발법」에 따른 직업능력개발훈련이 필요한 소년을 수용 · 교육하는 소년원 • 의료 · 재활교육 소년원: 약물 오 · 남용, 정신 · 지적장애, 신체질환 등으로 집중치료나 특수교육이 필요한 소년을 수용 · 교육하는 소년원 • 인성교육 소년원: 정서순화, 품행교정 등 인성교육이 집중적으로 필요한 소년을 수용 · 교육하는 소년원
	소년분류 심사원	• 범죄소년에 대한 분류심사를 실시하여 법원소년부에 자료제공, 교정처우지침 제시, 사후지도 권고 등
	치료감호소	• 범죄를 저지른 장애인 및 약물중독자의 재활을 위한 보호와 서비스
민간 시설	갱생보호기관	• 집행유예나 선고유예자, 가석방 처분이나 출소자를 대상으로 정신적 · 물질적 원조 제공, 건전한 사회복귀와 재적응 도모
	소년 보호시설	• 소년법원에서 보호처분을 받은 소년을 아동복지시설 또는 소년보호시설 등에 위탁하여 감호, 학업 및 직업교육 제공

(1) 보호관찰소

보호관찰이란 재범방지를 위하여 범죄인에 대하여 교도소, 소년원 등 시설 내에 수용, 처벌하는 대신 자유로운 사회생활을 허용하면서 체계적 사회 내 처우가 필요하다고 인정되는 14세 이상 19세 미만의 비행소년과 성인 범죄인에 대하여 일정 기간 보호관찰관 및 보호위원의 지도 · 감독히에 교화, 개선하여 건전한 사회복귀를 촉진하고 개인 및 공공의 복지를 증진함과 함께 사회를 보호함을 목적으로 한다. 따라서 보호관찰은 범죄자의 교화와 사회복귀를 위한 재범방지, 사회적 보호라는 세 가지 기능을 지닌다고 할 수 있다.

회적으로 범죄행위가 존속되는 한 교정분야는 끊임없이 연구, 개발되고 다양한 프로그램이 적용되어야 하는 필요성을 내포하고 있다. 따라서 이 분야의 연구지원과 교육현장에서의 관심이 증대되어야 하며 교정기관과 사회복지기관 및 대학 간의 연계를 통하여 다양한 교정복지 프로그램이 개발되어야 한다(배임호 외, 2007 : 425-429).

여섯째, 교정복지는 사후적 접근도 중요하지만 보다 중요한 것은 사전예방적 접근이다. 비행 및 범죄의 예방 · 수사 · 재판 · 교정의 단계에서 비행행위자가 재비행을 행할 위험도를 측정 · 판단하는 비행예측표를 한국 상황에 맞게 개발해야 한다. 그리하여 범죄의 중요한 원인이 되는 사회심리적 요인과 특징을 규명하며, 적절한 처우방법과 결정에 기여하고 장래의 비행예방과 아울러 과학적 교정대책을 마련해 나가야 한다.

4. 군사회복지의 이해

1) 군사회복지의 개념

군사회복지의 개념은 좁은 의미와 넓은 의미로 구분할 수 있다(유흥위 외, 2017).

좁은 의미의 군사회복지는 사회복지의 한 실천분야로서, 1차적으로 군의 고유한 목적이 최대한 달성될 수 있도록 원조하는 것이다. 즉, 전투력 향상을 위해 군인에게 물질적 · 정신적 욕구를 충족시키기 위한 제반 활동이라고 할 수 있다.

넓은 의미의 군사회복지는 국민의 안전과 관련된 군의 기능을 향상시키고 유지하기 위해 군인과 군인가족 및 제대군인의 삶과 질을 향상시키고, 개인이나 조직의 욕구나 문제를 해결하는 공동체의 노력을 말한다. 또한 군대 내부의 문제예방과 해결, 사회적 기능향상과 생활향상에 관련한 모든 법, 제도, 서비스 등을 포함한다.

2) 군사회복지의 필요성

군사회복지의 필요성은 크게 두 가지로 구분하여 볼 수 있다(박미은, 2005).

첫째는 병사들의 군 생활 적응을 돕는 개입의 필요성이다. 병사들의 군 생활 부적응

사고는 입대 후 갖게 되는 낯선 환경에 대한 불안과 두려움, 업무 관련 스트레스, 병사 상호 간의 심리적 갈등, 상급자의 권위적이고 강압적인 통제, 그리고 외부와 차단되고 고립된 주변 환경 등과 관련이 있다. 이러한 군 생활 적응문제를 효과적으로 다루어 주기 위해서는 전문 사회복지사의 개입이 필요하다. 군사회복지사는 병사들의 심리적, 성격적 문제를 치료할 뿐 아니라 불안 및 스트레스에 대한 대처능력을 강화시키고, 구성원 간의 원활한 의사소통을 증진시키며, 긍정적인 자아상을 형성하고 정신건강을 증진시키는 기회들을 제공할 수 있다.

둘째는 직업군인과 가족의 복지증진을 돕는 개입의 필요성이다. 군사회복지에서 가족에 관심을 갖는 이유는 군인의 업무수행과 전투준비, 그리고 사기양양에 직·간접적인 영향을 미치기 때문이다(Knox & Price, 1995). 미국에서는 군사회복지 제도를 통하여 직업군인들의 잦은 이동에 따른 가족원의 분리 문제를 다루어 주고, 가족들이 새로운 근무지에 잘 적응할 수 있도록 도와주고 있다. 특히, 결혼 초기에 있는 배우자에게 재정적인 상담을 제공하고, 가능한 빠른 시일 내에 군 조직의 특성을 이해할 수 있도록 지원하고 있다. 그리고 스트레스 상황에서 가족관계가 잘 유지될 수 있도록 돕고, 갑작스런 환경변화로 인한 우울과 외로움, 불안과 분노 같은 정신건강상의 문제도 다루어 주고 있다. 따라서 우리나라도 군인 및 가족원들의 적응을 돕고 지역사회와의 연계를 통한 전문적인 복지증진 방안을 모색해야 할 것이다.

5. 군사회복지의 구성요소

1) 군사회복지의 대상과 업무

군사회복지의 대상은 사회복지사들의 활동내용과 범위를 어디까지로 보는가에 따라 달라질 수 있다. 군 조직의 특수성과 현실적 한계, 그리고 사회복지전문직의 특성을 고려하여 다음과 같이 군사회복지의 대상을 나눌 수 있다(박미은, 2018).

넓게 보면, 군사회복지의 대상은 군과 관련된 모든 개인, 집단, 조직, 그리고 제도가 될 것이다. 그러나 제한된 자원과 여건을 고려할 때 그 일차 대상은 현재 군의 70%를 차지하고 있는 병사들이 되어야 한다. 그다음으로는 직업군인과 가족들이 되며, 더 나아가 군사회복지와 관련된 제반 제도 및 정책도 사회복지사들이 개입하여 활동하는 대상이 다음의 〈표 20-2〉와 같이 될 수 있다.

〈표 20-2〉 **군사회복지의 대상과 업무**

개입대상	주요 업무	활동 및 서비스
사병에 대한 개입	위기개입 개인상담 집단상담 사례관리	• 정신건강 상담 및 치료 • 전투 스트레스 관리 및 상담 • 의료문제 상담 및 퇴원계획 • 군 생활 부적응 상담 • 가족문제 및 대인관계갈등 상담
직업 군인 및 가족에대한 개입	위기개입 개인상담 집단상담 가족상담 사례관리 가정방문	• 정신건강 상담 및 치료 • 전투 스트레스 관리 및 상담 • 의료문제 상담 및 퇴원계획 • 가족갈등 및 가정폭력 문제 상담 • 가족강화 및 가족지원 서비스 제공 • 지역사회 자원연결
군 조직 및 군복지정책에 대한 개입	군 복지정책 제안 군 구성원 옹호 자원개발	• 군 복지정책 자문 및 건의 • 군인 및 가족의 권리 옹호 • 복지기금 마련 및 자원 발굴

출처: 박미은(2005: 395) 재구성.

2) 군사회복지사의 역할

군사회복지사의 수행하는 역할은 크게 여섯 가지로 나누어 볼 수 있다(박미은, 2018).

첫째는 군인들의 전투수행 능력을 증진시키고 또한 전투 이후의 회복을 돕는다. 둘째는 군대라는 구조적 경계 내에서 군 구성원의 복지를 극대화하고 심리사회적 손상을 극소화하는 군 정책 및 절차들을 개발하고 자문한다. 셋째는 가정폭력, 물질남용, 정신질환, 또는 심각한 신체질환에 대한 부적응 등과 같은 심리사회적 문제로 인해 발생될 수 있는 손상을 줄이는 프로그램을 계획하고 실행한다. 넷째는 군대 내에서 사회적 서비스의 기능을 향상시키는 관점과 개입을 확보한다. 다섯째는 군사회복지 서비스를 전달하는 과정에서 최고의 전문성을 확보한다. 끝으로 여섯째는 오랜 역사를 통해 누적된 가장 효과적인 기술을 보여 준다.

병영생활전문상담관(군사회복지사)

병영생활전문상담관은 2005년부터 장병들의 복무부적응 해소와 사고예방을 위해 도입되었으며, 2022년 공고된 국방부의 병영생활전문상담관 담당업무와 채용자격은 다음과 같다.

구분	주요 내용
담당업무	• 상담활동을 통한 복무 부적응 장병 식별 · 관리 및 지휘보좌 • 장병 기본권 제한사항 식별 및 시정을 위한 지휘조언 • 심리검사 시행, 간부 및 상담병 대상 상담능력 향상 교육 • 전화 및 사이버 상담지원(국방헬프콜) • 장병 · 군인가족에 대한 사회복지 관련 상담 등
채용자격	• 사회복지 또는 심리상담 분야와 관련된 학사학위 소지자로서 3년 이상의 상담경험이 있는 사람 • 사회복지 또는 심리상담 분야와 관련된 석사학위 이상의 학위소지자로서 2년 이상의 상담경험이 있는 사람 • 국가자격증: 사회복지사, 정신보건사회복지사, 임상심리사, 직업상담사 등

연구문제

1. 마짜(D. Matza)와 사이크스(G. Sykes)가 제시한 다음의 중화기술은?

> 자신의 행위로 손상을 입거나 재산상 피해를 당한 사람이 없음을 이유로 자신의 행위를 합리화한다.

① 책임의 부정 ② 가해의 부정 ③ 피해자의 부정
④ 비난자 비난 ⑤ 높은 충성심에 호소

2. 청소년 비행과 관련하여 허쉬(T. Hirschi)가 제시한 4가지 사회적 유대요인이 아닌 것은?
① 애착(attachment) ② 관여(commitment) ③ 긴장(strain)
④ 참여(involvement) ⑤ 신념(belief)

3. 머튼(H. Merton)의 아노미 이론에서, 개인이 문화적 목표는 거부하지만, 제도화된 수단은 수용하는 유형은?
① 동조형(conformity) ② 혁신형(innovation) ③ 의례형(rituals)
④ 도피형(retreatism) ⑤ 반항형(rebellion)

4. 청소년의 가출유형에 관한 설명으로 옳지 않은 것은?
① 시위성 가출: 가족구성원들이 자신에게 관심을 갖기를 원하는 목적으로 행하는 경우
② 도피성 가출: 단순히 친구들과 어울려 놀고 싶은 충동에 의해 가출하는 경우
③ 추방형 가출: 가족이나 주위 환경으로부터 가출을 하도록 떠밀려 나온 경우
④ 방랑성 가출: 밖에서 생활하는 것이 좋아 1~2년 정도 밖에서 배회하면서 사는 것이 생활이 된 경우
⑤ 생존성 가출: 가족의 신체적 · 심리적 학대로부터 생존을 위해 어쩔 수 없이 도망쳐 나온 경우

Chapter 21

의료·정신보건사회복지

의료환경의 변화와 더불어 의료사회복지사 수의 증가, 의료사회복지사의 업무범주와 개입 차원 그리고 실천기술 등에 있어서 많은 변화가 일어나고 있다. 초창기 사회복지사의 개입이 병원을 이용하는 과정에서 발생하는 클라이언트의 제반 문제와 욕구해결에 초점을 두었다면, 최근 들어 지역사회보건의 예방과 재활을 포함한 광범위한 실천영역에서 환자와 가족, 지역사회가 당면한 문제를 포괄적으로 다루고 있다. 따라서 의료사회복지실천영역은 병원 중심에서 지역사회를 기반으로 한 1차 보호세팅, 재가보호서비스, 요양병원, 호스피스 활동에 이르기까지 그 실천영역이 확대되고 있다.

1995년 「정신보건법」의 제정 이후 20여 년 만인 2016년에 「정신보건법」이 「정신건강증진 및 정신질환자 복지지원에 관한 법률」로 전면 개정되었다. 위의 법에서는 정신질환자가 병원과 지역사회에서 양질의 치료 및 관리를 받을 수 있는 법적 기반을 제공하고, 이 외에도 정신보건전문요원으로서의 정신보건사회복지사의 자격, 직무범위와 역할, 수련제도 등에 대해 자세하게 규정하고 있다. 이로써 정신보건사회복지사는 복합적이고 만성적인 질환으로 고통받는 정신장애인과 그의 가족이 겪는 현실적 문제를 해소하는 데 전문적 실천을 통한 지원을 할 수 있어야 한다.

Key Words

의료사회복지, 의료사회복지의 기능, 의료사회복지실천, 의료사회복지실천현장, 의료환경, 의료사회복지의 과제, 정신보건사회복지, 정신보건사회복지실천, 정신보건사회복지실천의 구성요소, 정신보건사회복지의 접근방법, 정신보건사회복지의 과제

* 본 장은 박경일 외(2017)의 『사회복지학 강의』 교재 21장(의료 · 정신보건사회복지－윤숙자)의 내용을 중심으로 일부 내용을 수정 보완하였음.

1. 의료사회복지의 이해

1) 의료사회복지의 개념

초기 의료사회복지는 전쟁 후 빈곤지역에서 구호물자를 나누어 주는 자선의 개념으로 인식되었으나, 1973년 「의료법」 제정을 통해 그 지위를 법적으로 인정받았으며, 1981년 병원표준화 심사제를 근거로 의료사회복지서비스의 기본 골격이 갖추어졌다. 최근에는 재활의료부문에서 사회복지상담의 보험 수가가 인정되고 장기 등 이식에 관한 법률에 의료사회복지사의 역할이 포함되는 등 치료팀의 일원으로 환자의 전인적 치료에 도움을 주는 것으로 그 역할이 확대되고 있다. 질병에 대한 개입뿐 아니라 경제적 지원을 위한 기금마련, 자원봉사관리 등으로 점차 역할이 확대되고 있다. 이러한 흐름을 토대로 한국의 의료사회복지는 해외 선진국의 사례와 비교했을 때 비교적 짧은 역사에도 불구하고 빠르게 성장하였다.

이러한 의료환경의 변화에 맞춰 의료사회복지실천도 미시적 개념보다는 거시적 개념, 즉 병원이나 진료가 행해지는 특정 장소를 중심으로 한 접근에서 보다 포괄적인 접근을 내포해야 한다. 이에 따라 의료사회복지사는 질병에 대해 생 · 심리 · 사회적 관점을 취하면서, 신체적 증상은 물론 질병의 원인이 되거나 치료 및 재활에 부정적 영향을 미치는 환자와 가족의 심리사회적 어려움의 해결에 초점을 맞춘다는 것이다. 이러한 관점은 현대의학에서 증상에 초점을 맞추는 질병모델에서 벗어나 환자의 신체적 측면뿐만 아니라 환자의 질병에 영향을 미치는 환자 및 가족의 심리사회적 문제를 해결하고 이들의 삶의 질을 향상시키는 실천을 강조한다.

이와 같이 의료사회복지실천의 개념은 접근하는 차원에 따라 강조하는 내용에 차이가 있다. 여기서 의료사회복지실천이란 질병을 가진 개인 및 가족 그리고 지역사회를 대상으로 사회복지사가 병원 및 의료기관, 지역사회 내 관련 기관에서 다른 전문가들과 팀협력을 통해 질병으로 인한 심리정서적 · 가족적 · 사회적 · 경제적 측면의 손상을 최소화하도록 상담, 교육, 자원개발 및 연결 그리고 제도적 개선을 통하여 그들의 사회적 기능향상을 돕는 사회복지의 전문적 실천활동으로 정의하고자 한다.

의료사회복지실천의 목적은 클라이언트, 가족 그리고 소집단의 사회적 기능이 실재적 잠재적 질병이나 장애로 인해 손상받을 때 그들의 최적의 사회적 기능을 회복, 유지시키고 증진시키는 것이다. 즉, 의료사회복지는 질병의 사회적 영향에 대한 인식으로부터 시작되어 스트레스로 인한 사회적 질병의 증가, 치료보다는 관리를 필요로 하는 질병의 증가, 건강에 관한 환자 권리의식의 강조, 의료서비스의 질적 개선 등을 포함한 의료환경의 변화로 인해 그 중요성이 점차 커지면서 역할범위와 기능이 확대되고 있다.

2) 의료사회복지의 기능

의료사회복지사는 전인적 환자 보호와 통합적 의료서비스 제공을 목적으로 의료팀의 일원으로 다양한 역할을 담당한다. 의료기관에서 계획, 자문, 평가, 옹호, 교육, 조력, 연구 조사 등의 의료사회복지사의 활동은 임상적 역할의 한 요소로 간주된다. 이러한 임상적 역할에 따르는 기능은 클라이언트, 기관 그리고 전문적 실천의 욕구와 목표에 따라 다르게 나타난다. 질병이 심리사회적 요인으로 인하여 발병하는 경우가 증가하고 있고 발병한 후에도 환자나 가족의 사회적 기능이 손상되기 때문에 질병을 더 이상 의료적 차원에서만 다루지 않고 사회적 차원으로 접근하게 되면서 의료팀에서의 의료사회복지는 더욱 중요해지고 있다.

칼튼(Carlton, 1984)은 의료사회복지의 주요기능이 개인치료의 실천, 의료제도 안에서의 프로그램 계획과 정책형성과정에 참여, 지역사회 내에서의 사회 및 보건 프로그램의 개발에 참여, 전문인력에 대한 교육적 프로그램에 참여, 사회조사를 통하여 환자는 물론 지역주민의 치료와 건강증진을 꾀하는 것이라고 본다. 이러한 기능 중에서도 질병, 신체적 장애, 그리고 의료급여와 관련된 사회적 욕구와 문제를 다루는 것, 다양한 전문분야 서비스의 통합부분으로서 다른 전문인력과 협력하면서 실천하는 것, 지역사회의 의료와 사회서비스를 조정하는 기능을 가장 많이 담당하고 있다고 본다(한인영 외, 2004). 미국 의료사회사업부장 모임에서 제시한 의료사회복지의 임상적 역할에 따른 기능은 〈표 21-1〉과 같고 그 우선순위, 중요성 및 수행방법은 의료기관의 사정에 따라 다르다.

〈표 21-1〉 의료사회복지의 기능

기능	내용
사례의 발견과 고위험사례 선별	사회복지서비스 욕구를 가진 환자를 확인, 서비스 제공에 대한 조정
승인 이전의 계획	병원의 승인을 위한 조정과 계획과 관련된 문제의 파악과 이에 대한 원조
심리사회적 사정	사회, 심리, 문화, 경제적 상황에 대한 정보수집, 사정과 치료계획, 보고서에서 이 자료 활용
경제적 지원	병원이 제공 가능한 경제적 서비스(교통수단, 보철장치, 의료보호)에 대한 욕구 확인
병원직원과의 사례자문	환자 가족의 심리사회적 상황과 시설이용절차에서의 곤란, 서비스 이용의 문제 등에 대한 특정 지식을 다른 사람에게 알림
병원 서비스의 이용촉진	환자와 가족의 입장에서 병원 내 관련 부서나 관련자에 대한 옹호자의 역할
건강교육	가족계획과 출산계획, 적혈구 빈혈증, 알코올의존 등 각종 질병과 예방에 대한 실질적 지식 제공
퇴원계획	입원기간 중 퇴원 이후 문제탐색과 계획과 조정
정보제공과 의뢰	활용 가능한 지역사회자원 정보제공 및 연결
지역사회 의뢰를 용이하게 하기	접근 가능한 자원에 대한 정보제공, 지역사회기관에 응모, 방문, 대변, 대동
지역사회기관에 사례 자문	외부기관에 환자와 가족의 상황과 문제를 알림
병원이용률 심사	전문직 기준과 관련된 병원의 공식적 공동점검과정에 참여
조사	자신의 실천에 대한 재검토, 서비스 질 평가, 동료의 검토 등을 활용하여 보호와 욕구에 대한 심리사회적 요소에 대한 연구
병원직원에 대한 프로그램 자문	미충족 욕구사정, 문제에 적절한 부서에 대한 정보수집과 조사, 환자의 권리와 관계된 병원의 과정이나 정책변화를 확인하고 건의
병원 내 프로그램의 계획	아웃리치 지역사회서비스 등 장 · 단기계획이나 프로그램 개발과 관련된 병원의 메커니즘이나 활동에 관여
지역사회기관에 프로그램 자문	지역사회의 기관에 특정 지식을 제공
지역사회서비스	지역사회에서 병원을 대표하고 적절한 프로그램을 수행하는 집단에 참여
지역사회자원과의 연결	지역사회 내에서 환자와 가족의 욕구를 충족시키기 위한 자원을 확인하고 프로그램 개발

출처: 한인영 · 최현미(2004: 201).

3) 의료사회복지사의 직무

의료사회복지사의 업무수행 빈도에 대한 연구가 유수현(1978), 김규수(1985), 김기환 등(1997)에 의하여 이루어졌는데, 이들의 연구에 의하면 의료사회복지사의 수행직무에 변화를 보이고 있다.

특징적인 내용을 살펴보면 〈표 21-2〉와 같은데, 직무수행의 1순위는 변함없이 심리사회적 · 정신적 문제가 차지하였고, 사회복귀 및 재활 관련 업무도 세 조사에서 모두 비중이 높았던 것으로 나타났다. 특이한 결과는 1985년 김규수의 연구결과로, 교육 및 연구업무에 대한 비중이 1978년과 1997년의 조사에 비해 월등히 높은 위치를 차지하고 있는데, 의료기관에서의 사회복지업무 부문이 팽창되는 시기가 강조된 결과인 것으로 해석된다. 또한 행정업무에 대한 비중이 해가 거듭될수록 높아지는데, 이는 사회복지업무를 이해시키고, 질 보장 차원에서 문서작업이 증가한 결과로 해석되며, 1997년 김기환의 연구에서는 팀접근에 대한 접근이 강조되고 있음을 알 수 있다(강흥구, 2004).

〈표 21-2〉 **의료사회복지사 직무의 우선순위 변화**

순위	1978년(유수현)	1985년(김규수)	1997년(김기환)
1	심리사회적 · 정신적 문제해결직무	심리사회적 · 정신적 문제해결직무	심리사회적 · 정신적 문제해결직무
2	경제적 문제해결직무	교육 및 연구	행정직무
3	사회복귀 및 재활문제해결직무	행정직무	사회복귀 및 재활문제해결직무
4	지역사회자원연결직무	사회복귀 및 재활문제해결직무	팀접근
5	행정업무	지역사회자원연결직무	지역사회자원연결직무
6	교육 및 연구	경제적 문제해결직무	경제적 문제해결직무
7	기타 업무	기타 직무	교육 및 연구

출처: 강흥구(2004).

김기환 등(1997)은 의료사회복지사가 수행하는 직무수준을 임상직무, 행정직무, 교육 및 연구조사직무, 기타 직무로 분류하고 임상직무의 하위 차원으로 심리사회적 · 정신적 문제해결직무, 경제적 문제해결직무, 지역사회자원연결직무, 사회복귀 및 재활문제해결직무로 나누고, 전국의 의료사회복지사의 업무수행도와 필요도를 조사하여 표준

직무를 제시하였다. 이 표준직무는 네 가지 차원으로 제시되었는데, 병원의 규모에 따라, 대학부속병원과 그 이하, 임상과에 따라 정신의료사회복지와 그 외 분야로 나누어 4개의 집단별 표준직무를 제시하고 있다.

2. 의료사회복지실천의 구성요소

1) 의료사회복지사의 개입문제

대한의료사회복지사협회에서는 아주대학교 병원에서 제시하고 있는 의료사회복지사 개입문제를 중심으로 병원 내 의료사회복지사의 개입문제 목록을 다음과 같이 소개하고 있다(강흥구, 2004).

① 심리사회적 평가: 일반적 심리사회적 평가, 경제력 평가, 장애를 갖고 태어난 신생아 평가, 소아 당뇨나 소아 백혈병 환자 평가, 장기이식 순수성 평가
② 퇴원계획: 퇴원과정의 조정 문제, 퇴원 후 생활에 대한 계획수립
③ 입원계획: 입원치료와 관련된 절차상의 문제, 병원에서 환자가 원하는 치료를 할 수 있는가에 관련된 문제
④ 사회적응 및 대인관계 문제: 자발적이든 비자발적이든 간에 의미 있는 대인관계에서의 갈등
⑤ 질병에 관련된 심리적 문제: 신체적 장애로 인한 우울, 불안, 좌절과 같은 심리적 어려움, 만성적인 신체적 질병의 재발로 인한 심리적 어려움, 만성적 정신장애로 인한 심리적 어려움, 치료 및 수술거부, 치료동기저하, 병식결여
⑥ 환자의 사회환경적 문제: 가족환경에서의 문제, 직장환경에의 부적응문제, 학교환경에의 부적응문제, 주거환경문제
⑦ 약물중독문제: 성인의 알코올중독, 약물남용, 청소년의 알코올문제, 흡연문제, 부탄가스 · 본드 · 약물남용문제
⑧ 사회복지정책, 사회제도 관련 정보부족의 문제: 의료보장제도 및 절차에 대한 문

의, 산재보험제도 및 절차에 대한 문의, 자동차보험제도 및 절차에 대한 문의, 사회복지서비스에 관한 문의

⑨ 경제적 문제: 소득원 상실 및 결여로 인한 치료비 부담 문제, 소득원 상실로 인한 생활비 부담 문제

⑩ 고위험 환자군의 문제: 미혼모 및 신생아 입양 문제, 의료분쟁 및 사고에 관한 문제, 제3자가 비용을 지불하는 환자, 임종환자, 각종 사고환자, 자살시도환자, 가족학대, 강간 문제

2) 의료사회복지사의 역할

지금까지 의료사회복지사가 입원 환자의 질병치료에 초점을 두었다면, 질병 자체에 머무르지 않고 질병이 야기될 수 있는 심리적 · 환경적 요인에 집중해야 하며 이러한 요인들이 고려된 치료계획의 수립과 수행이 중요한 시점에 이르렀다. 따라서 의료사회복지사는 병원 내 · 외의 적절한 서비스와 자원을 연결하고 환자들의 사회통합 계획을 포함하는 전문가로서의 실천기술과 전문가로서의 책임을 완수하는 데 그 중요성이 강조되고 있다.

대한의료사회복지사협회[1]를 중심으로 의료사회복지사 수련제도, 슈퍼바이저 교육, 의료사회복지사 자격시험 제도[2]를 주관하는 등 다양한 활동을 통해 의료사회복지사의 전문성 향상을 위한 노력을 지속하고 있다.

이 중에서 중요하다고 생각되는 몇 가지 역할을 제시하면 다음과 같다.

(1) 치료자 역할

의료현장에 치료를 주된 목적으로 한다는 점에서 치료자 역할을 의료사회복지사의

1) 사단법인 한국사회복지사협회의 산하기관으로, 1973년 대한의료사회사업가협회로 의료사회복지부문의 지식과 기술을 개발 · 실천하는 단체로서 전국 병 · 의원 및 보건관련 기관의 의료사회복지사들의 전문교육과 훈련을 담당하고 있다.

2) 의료사회복지사 자격제도는 대한의료사회복지사협회 주관으로 이루어지며 2008년부터 시행되었다. 의료사회복지사 자격시험은 사회복지사 1급 소지자로서, 의료사회복지사 실무경력 1년 이상 또는 의료사회복지연구 및 교육에 1년 이상의 경력을 갖추어야 하며 최근 연도 인증 연수평점 20점 이수 자격을 갖추어야 한다.

역할 중 가장 기본이 되는 역할이라고 할 수 있다. 치료자 역할을 수행하기 위해서는 개인, 가족, 집단을 대상으로 상담기법을 활용한다. 의료사회복지실천을 행하는 사회복지사는 질병 자체뿐 아니라 질병으로 인한 문제와 치료과정에서 발생하는 심리·사회적 문제를 해결하고 치료효과를 높이는 치료자로서의 역할을 수행한다. 이런 역할을 사회복지사 단독으로도 수행할 수 있지만, 다른 전문가들과 팀을 이루어 공동으로 진행할 수도 있다. 이를 위해 의료사회복지사는 필요한 사회복지이론에 기반한 실천기술을 익히고 활용함으로써 숙련성을 높여 가야 한다.

(2) 교육자 역할

교육은 의료현장에서 사회복지사가 빈번하게 사용하는 실천방법이다. 의료현장은 많은 정보를 필요로 하고, 또 많은 정보가 있지만, 때로는 검증되지 않은 잘못된 정보를 접하기 쉬운 곳이므로 적절하고 정확한 정보수집과 전달은 매우 중요하다. 예를 들어, 중증질환과 관련해서 질병뿐 아니라 질병으로 인해 나타나는 특이행동과 일상의 문제, 그리고 이에 대처하는 방법 및 이용 가능한 지역사회자원에 이르기까지 환자와 그 가족이 알고자 하며 또 반드시 알아야 하는 정보를 사회복지사 단독 혹은 팀 접근으로 대면교육, 집단교육을 통해 제공한다.

(3) 집단리더로서의 역할

집단은 의료사회복지사가 서비스를 제공하는 주요 대상이자 수단이다. 앞에서 언급한 치료나 교육 모두 집단을 통해서 이뤄질 수 있다. 따라서 의료현장에서는 치료집단과 교육집단이 일반적으로 활용되지만, 환자와 그 가족이 공유된 문제나 욕구를 갖고 모여서 서로를 지지하는 지지집단도 많이 볼 수 있다. 특히 전문가 없이 스스로 운영하는 자조집단으로 발전하는 경우도 있다. 일반적으로 의료현장에서 진행하는 집단이라고 해서 일반 사회복지현장에서 운영되는 집단과 크게 다른 것은 없으나, 의료사회복지사는 다양한 질병과 관련한 지식을 갖추고, 프로그램 운영과 관련된 병원 및 팀의 승인과 협조가 필요하다는 점에 유의해야 한다.

(4) 행정가 역할

최근 들어 의료사회복지사가 임상업무를 통해 클라이언트에게 직접적 서비스를 제공하는 역할뿐 아니라 행정가로서 업무수행을 통해 지역사회를 위한 간접적 서비스를 제공하고 병원운영과 관련한 정책을 수립하거나 이행하는 데 관심이 높아지고 있다. 이렇게 의료사회복지사가 행정가로 활동하는 경우는 다음과 같은 몇 가지로 정리해 볼 수 있다.

우선, 병원서비스의 경쟁력 강화 및 서비스 질 보장 및 향상(quality assurance, quality improvement)을 위한 업무를 주도적으로 진행하거나 이런 활동의 구성원으로 참여하는 것을 들 수 있다. 또한 병원에 책정되어 있는 자선기금이나 관련 기관의 복지기금을 어떻게 활용할 것인지 계획을 수립하고 이를 조직화하여 실행하는 역할도 행정가의 역할이라고 할 수 있다. 대기업이 운영하는 병원에서 소외된 지역의 암 무료 검진차량을 운영하고 있는 사업을 시행하는 것 등이 그 예이다.

자원봉사자를 관리하는 역할도 행정가의 역할로 볼 수 있으며, 병원 내 의료사회복지팀을 책임지고 운영하는 것도 행정가로서의 역할이다. 즉, 의료사회복지팀의 부서장이 될 경우, 팀을 대표하여 병원 내 의료사회복지팀이 나아갈 방향과 비전을 제시하고, 사회복지사들을 대표하여 이들의 권익을 옹호하며, 각기 담당하는 역할이 원활히 수행될 수 있도록 지원하는 등의 역할을 수행한다.

(5) 지역사회자원 개발 및 연결자 역할

의료사회복지사의 전통적 업무 중 하나는 진료비를 감당하기 어려운 저소득층 환자를 위한 자원발굴 및 연결 업무였다. 이는 현재도 의료사회복지사의 중요한 업무 중의 하나이다. 예를 들어, 선천성 심장기형을 가진 아기의 수술비용 마련이 어려운 미혼모가 진료비 지원이 필요한 경우 관련 복지재단의 후원을 받을 수 있도록 연결해 주는 역할을 수행할 수 있다. 이와 같은 업무는 자원연결, 서류작업 등 행정가로서의 역할과 심리사회적 사정과 개입을 수행하는 임상가로서의 역할이 동시에 요구되는 과업이다. 또한 바자회나 캠페인 등 병원 차원의 행사를 통해 기금 마련을 할 수도 있다. 이 외에도 지역사회를 대상으로 한 보건교육실시, 지역사회기관에 대한 자문제공, 지역조사활동 참여, 지역사회기관과 공동으로 수행하는 사업 등을 계획하고 수행한다.

(6) 사례관리자로서의 역할: 퇴원계획

병원에서 사례관리자의 역할은 주로 퇴원계획과 관련이 있다. 퇴원계획이란 환자를 병원으로부터 지역사회로 복귀시키는 과정에서 양질의 서비스를 제공하고자 하는 전문직 간, 기관 상호 간의 활동이며 환자가 참여하는 활동이라고 할 수 있다(James, 1987: 최명민, 1999 재인용). 대기업이 운영하는 3차 진료기관의 증가, 의료시장 개방의 압력, 의료서비스 이용자의 증가 및 종합병원의 선호로 인한 장기입원현상 등의 영향으로 퇴원계획에 대한 관심이 고조되어 왔다. 그러나 퇴원계획이 병원의 입장만을 대변하는 것으로 진행되어서는 안 되며 담당 클라이언트의 사례관리자로서 중재자와 옹호자 역할의 중요성도 명심해야 한다. 또한 퇴원계획은 퇴원에 임박하여 개입하기보다는 전 입원기간을 통하여 욕구를 파악하고 신뢰관계를 형성하며 클라이언트뿐 아니라 가족과 협조관계를 유지함으로써 순조롭게 진행될 수 있다(최명민, 1999).

3) 의료사회복지실천현장

의료사회복지실천은 사회복지 1차 현장으로 분류되는 종합사회복지관, 장애인종합복지관, 노인복지관, 아동 · 청소년 · 지적장애인 · 노인 거주시설 그리고 직업재활시설 등의 사회복지 1차 환경으로 분류되는 사회복지시설과는 다른 특징적인 근무환경이다. 병원은 의사, 간호사, 임상심리사, 영양사 그리고 의무기록사 등 다양한 전문직이 모여 있고 이들의 전공 및 이해 기반이 모두 다르므로 1차 현장보다 내부적으로 협업의 어려움이 있다.

우리나라의 경우, 주로 종합병원과 정신병원을 중심으로 의료사회복지실천이 이루어지고 있지만, 요양원, 호스피스, 주간보호 프로그램 및 재활센터 등으로 그 영역이 확대되고 있다. 이 중 의료사회복지사가 개입하는 임상영역 중 일반 의료영역이라고 할 수 있는 내과계, 외과계 그리고 재활의학과의 환자군 특성과 그에 따른 의료사회복지사의 개입내용을 살펴보고자 한다(강흥구, 2004).

(1) 내과계

의료사회복지사는 내과계의 만성질환자를 대상으로 주로 개입하는데, 만성질환의 경우 증상이 나타나면 이미 상당한 손상이 진행된 상태이고 완전한 회복이 치료목표가 되기보다 최선의 상태를 유지하기 위해 지속적 관리와 보호를 필요로 한다. 이때 사회복지사는 환자의 질병에 대한 수용을 돕고, 질병에 대한 정확한 정보를 제공하고 질병의 관리와 보호가 일상생활 속에서 이루어지도록 생활을 재구성하도록 지도한다. 또한 환자의 질병호전 정도에 대한 동기고취와 질병관리에 있어 가족의 적극적 참여를 통해 환자 및 가족이 심리적 안정을 유지할 수 있도록 지원한다.

(2) 외과계

종합병원 및 대학병원의 신경외과, 정형외과, 흉부외과 등에서 치료를 받고 있는 환자군을 대상으로 개입한다. 환자가 수술이나 외과적 처치 후 영속적 장애와 흉터가 남게 될 경우 극도의 스트레스를 경험한다. 환자에 따라서는 극도의 두려움, 죽음에 대한 공포와 우울증상을 보이기도 한다. 또한 수술 후 자신의 모습에 비관적이고 절망적인 태도를 보이며 대인관계에서도 어려움을 호소한다. 이때 사회복지사는 환자의 자존감 회복과 원활한 적응을 이끌어 내도록 지원해야 한다. 그리고 유사한 경험을 하고 있는 환우의 자조모임을 소개하고 그들의 잔존능력을 유지하고 극대화하는 데 필요한 자원을 연결해야 한다.

(3) 재활의학과

척수손상, 뇌졸중, 뇌성마비, 신경손상, 기타 외상성 뇌손상과 같이 사고나 질병의 후유증 혹은 선천성 장애로 인해 신체적 손상과 기능의 장애를 갖고 있는 환자와 그 가족을 대상으로 의료사회복지사가 개입하게 된다. 예기치 않은 사고나 재해를 입은 환자 본인이나 가족은 상황을 수용하고 인정하기 어려워할 뿐만 아니라 분노와 우울을 겪으며 사회에 대한 적대적 감성과 일상생활을 유지해 나가는 데 고통을 동반한다. 재활의학과와 관련해서 활동할 경우 의료사회복지사는 환자와 가족에 대해 정서적 지지, 재활치료에 대한 동기부여, 환경에 대한 새로운 대처기술의 습득, 가족 및 지역사회체계 내에서 변화된 역할에 대한 인식과 수용, 사회적 지지망 재구축 그리고 다른 기관으로의 의뢰 등 다차원적 지원에 초점을 맞춰야 한다.

3. 의료사회복지의 과제

서구에서 의료사회복지는 질병예방을 강조하는 1차 관리수준, 병원중심의 급성질환을 치료하는 2차 관리수준, 지역사회에서 재활 및 사회복귀를 담당하는 3차 관리수준으로 나뉘며(Cowle, 2003), 의료사회복지사가 예방, 치료, 사회복귀를 아우르는 활동을 하고 있다. 우리나라의 의료환경은 입원기간의 최소화, 지역사회에서 재활기간이 길어지는 질병의 특성, 2008년 노인장기요양보호제도의 시행 등 입원 중심의 종합병원 이외에 지역사회 및 노인요양시설과 같은 다양한 재활의료 영역의 확대로 다변화되고 있다.

다음은 강흥구(2004)가 제시한 의료사회복지의 실천과제를 참고하여 의료사회복지의 향후과제를 제시하고자 한다.

첫째, 인구고령화와 만성적 노인성 질환이 증가함에 따라 의료의 개념 또한 생·심리·사회모델에 입각하여, 치유(cure)보다는 관리(management) 혹은 보호(care)의 관점이 강조될 것이다. 의료사회복지사는 환자와 가족의 생활관리 및 포괄적 개입을 통하여 클라이언트의 삶의 질을 향상시키는 데 집중해야 한다. 단기보호보다는 장기요양 진료체계 내에서 의료사회복지사의 역할이 재조명될 필요가 있으며, 만성 질환관리와 예방에 대한 사회복지사의 역할기대가 증가할 것이다. 따라서 지역사회의 자원연계가 중요하게 부각될 것이며, 재가서비스에 대한 요구와 사례관리에 대한 수요도 증가할 것이다.

둘째, 의학기술의 발달로 입원진료가 점차 외래진료로 재편될 것이다. 불필요한 입원이 제한되고, 비용효과성을 추구하는 정책의 추진, 환자의 시간가치를 존중하고 평균 재원일수를 단축시켜 만족도를 높이는 노력이 가속화될 것이며, 퇴원계획의 중요성이 계속 강조될 것이다. 따라서 사회복지사는 단기개입기술의 향상과 새로운 프로그램 구축능력을 개발해야 한다.

셋째, 전 국민 건강보험시대에 진입하면서, 의료이용욕구의 증가와 고급화된 서비스에 대한 기대로 인하여 의료비용이 증가할 것이 예상된다. 정부는 양질의 의료서비스를 제공하는 동시에 비용을 통제해야 할 이중적 책임을 지고 있다. 포괄수가제의 확대와 4대 중증질환에 대한 보험수가 적용을 실시하고 있지만, 여전히 정부나 보험사 측에서는 적은 비용으로 소기의 의료성과를 거두려 할 것이다. 이에 의료사회복지사는 새로운 수가체계개발, 퇴원계획과 관련된 지역사회 연계방안 및 자원개발 기술을 습득해야 한다.

넷째, 의료시장의 개방과 병원 간 치열한 경쟁은 의료의 전문화 속도를 가속화시킬 것이다. 의학기술의 발달, 첨단장비의 증가로 의료기관의 대형화, 전문화가 가속화될 것이다. 또한 병원과 중소병원은 경쟁력 확보를 위하여 전문병원, 요양병원 등으로 기능전환을 꾀할 것이며 병원 간 연계가 활성화될 것이다. 또한 원격진료 등 새로운 진료체계가 등장할 것이다. 따라서 의료사회복지사는 새로운 제도의 도입과 환경변화 등에 대처할 수 있어야 하며, 전문병원체제 등에서 활용 가능한 프로그램의 개발에 주목해야 한다.

다섯째, 서비스평가제도가 정착되면서 모든 병원은 의료의 주체인 환자와 가족의 권익을 보호하기 위해 노력하지 않을 수 없게 되었으며, 양질의 서비스를 제공하지 않으면 안 되는 상황이 되었다. 이제 의료기관 및 종사자들은 수요자의 욕구를 감안한 접근이 필요하여 수요자를 만족시키지 못하는 병원은 도태하게 된다. 의료사회복지 부문에서도 이러한 환경변화에 민감하게 대처해야 하며, 전체 병원경영에 기여할 수 있는 프로그램뿐 아니라 사회복지서비스 이용자의 만족도를 제고하는 방안을 강구해야 한다.

4. 정신건강사회복지의 이해

1) 정신건강사회복지의 정의

급변하는 현대사회에서 사회구성원 모두의 정신건강의 중요성이 대두되고 있으며 정신장애인의 인권 및 삶의 질 향상이 중요한 문제로 떠오르고 있다. 이에 따라 개인 및 지역사회정신보건실천과 국가 차원에서의 정신보건정책이 개인의 삶의 질과 매우 밀접하게 관련된다. 여기에는 의학적 정신건강뿐 아니라 인간의 심리사회적 안녕(well-bing)을 모두 포함하는 포괄적 개념이다. 그러나 정신보건사회복지에 대해 학자마다 다양한 견해를 피력하고 있다.

한국정신의료사회사업학회(1995)에서는 정신보건사회복지를 정서적 · 정신적 어려움을 가진 클라이언트와 그 가족을 대상으로 정신과 병, 의원, 정신건강상담 및 재활기관 등에서 사회복지의 전문지식과 기술을 활용하여 정신보건 및 정신건강의 다른 전문직과 협력적 관계에서 손상된 심리적 · 사회적 기능 회복, 정신건강 회복 및 정신건강 향상을 돕는 치료, 재활 및 예방을 목적으로 하는 실천활동이라고 정의하였다.

김규수(1998: 123)는 정신보건사회복지를 "정신적 · 정서적 장애로 어려움을 겪고 있는 사람의 치료 및 재활, 문제에 대한 조기개입과 예방을 통하여 국민건강증진을 목적으로 정신보건의료기관, 사회복귀시설, 정신요양시설, 지역사회시설 등에서 실시하는 사정, 치료, 재활, 예방의 모든 사회복지 접근방법"이라고 정의하였다. 임춘식 등(2007)은 정신보건사회복지를 "정신적 · 정서적 질환으로 전문적 도움을 필요로 하는 자의 심리사회적 문제를 집중적으로 다루는 치료 및 예방사업의 일부로 사회복지 제 방법의 이론과 기술로 건강회복, 사회적응 그리고 대인관계 문제 등에 대처할 수 있도록 정신보건기관에서 실시하는 사회복지실천활동"이라고 정의하였다.

따라서 정신보건사회복지는 정신적 · 정서적 장애를 가진 개인, 가족 그리고 지역사회를 대상으로 정신의료기관, 지역사회 정신보건기관 등에서 그들이 겪는 심리사회적 어려움을 확인하고 해소하는 데 있어 사회복지의 전문지식과 기술을 적용함으로써 그들의 정신건강 회복과 성공적 지역사회 적응을 위해 다양한 정신사회재활서비스를 계획하고 수행하는 전문적 실천활동이라고 할 수 있다.

2) 정신건강사회복지 실천과정

정신보건사회복지의 실천과정은 사회복지사가 클라이언트와 그들을 둘러싼 다양한 환경 내 체계를 변화시키기 위해 그의 전문가치와 지식에 기초하여 개입하는 과정이다. 따라서 정신보건사회복지사는 정신장애인의 사회적 기능을 향상하고 동시에 사회환경을 개선하기 위한 활동에 관여하고 정신장애인의 보호부담을 안고 있는 가족을 지원하기 위한 교육 · 상담 · 재활 등의 다양한 서비스를 제공한다. 또한 정신장애인과 그 가족을 옹호하거나 정신장애인에 대한 사회적 편견을 제거하기 위한 활동에 관여하며 지역사회조직을 통해 불합리한 제도 개선과 정신보건정책 마련에 관여한다.

다음은 정신보건사회복지 실천과정으로 사정, 개입 그리고 퇴원(소)단계에서의 정신보건사회복지사의 역할과 내용을 간략하게 소개하고자 한다.

(1) 심리사회적 사정

심리사회적 사정은 여러 가지 면을 고려해 볼 때 개인의 심리적 상태, 그 개인을 둘러싼 사회환경 그리고 개인과 사회환경의 상호작용 양상 모두에 두고 있다. 심리사회적 사정은 인간의 심리체계는 독립적으로 존재하는 것이 아니라 생물학적 체계, 사회적 체계와 끊임없이 상호작용을 한다고 전제하며, 개인의 문제행동은 개인, 가족, 사회체계와 서로 영향을 주고받는 가운데 나타난 것으로 간주한다. 따라서 클라이언트에게 일어나는 변화들은 각각 개별적으로 발생한다기보다 어느 한 요소의 변화를 통해서 다른 요소들의 변화를 촉진시키는 것으로 간주한다.

초기 심리사회적 모델은 진단주의와 기능주의 논쟁에서 진단주의에 입각한 모델이기 때문에 클라이언트의 직접적 환경을 현재와 과거 시점에서 조사한 리치몬드의 영향과 과거에 초점을 둔 개인력 조사를 강조한 프로이트의 관점을 반영하고 있다. 따라서 이 모델에서는 가족, 개인 및 가족의 직접적 환경, 상황 속의 인간 등을 철저히 조사하는 사정 또는 진단이 강조되며 개인의 현재 기능은 물론 과거 사건들이 현재의 개인에게 미치는 영향을 파악해야 한다. 이 모델에서의 문제해결을 위한 접근방법은, 첫째, 자신의 자아에 대한 생각, 성찰, 이해능력을 향상시키는 것과, 둘째, 문제에 영향을 미치는 환경을 변화시키는 두 가지 차원에서 접근하고 있다. 후에 이 이론은 학습이론, 체계이론, 위기개입 등의 영향을 받아 그 내용을 보완시키고 있다.

앞에서 언급되고 있는 환경은 현재 생태체계이론에서 의미하는 거시적 환경은 거의 포함하고 있지 않아서 지역사회 내 사회복지영역에서 클라이언트와 일하는 사회복지사의 경우 제한적인 환경수준을 넘어서는 인식의 틀을 반영한 통합적인 모델에 기반한 심리사회적 사정의 개발이 필요하다. 심리사회적 사정의 기능은 정신보건사회복지실천의 궁극적인 목적인 클라이언트의 사회적 기능과 자기결정 능력을 향상시키기 위해, 문제의 본질을 규명하고 그에게 의미 있는 기능(강점, 취약성, 성격적 특성, 학교생활, 직업력), 이용 가능한 자원이나 문제해결에 필요한 자원을 이 단계에서 탐색하고 수집된 자료를 분석한다.

(2) 개입

사회복지사가 정신장애인의 심리정서적 · 사회적 · 대인관계에서의 기능향상을 위해 다양한 정신사회재활서비스를 제공한다(김기태 외, 2009).

- 사회기술훈련: 정신장애인의 대인관계적 역기능을 알아내고 특정 사회기술의 결핍을 식별하며 그 역기능이 발생하는 상황을 조사하여 고도로 구조화된 교육절차를 적용한다.
- 정신건강교육: 정신장애인 스스로 자신의 병을 관리할 수 있도록 실제적 방법을 제시한다. 또한 정신건강교육을 통해 치료진과 보다 효과적으로 의사소통할 수 있도록 해서 치료에 더욱 적극적인 태도를 갖도록 한다.
- 가족교육: 질병에 대해 환자와 가족의 알 권리를 인식시키고 전문가들과 환자 및 가족 간의 발전적 동맹관계를 촉진하도록 돕는다. 또한 가족 내의 긴장, 스트레스, 역기능적 의사소통방식은 정신장애의 재발과 재입원을 유발시킬 수 있으므로 합리적 의사소통과 효율적 문제해결기술을 습득하도록 한다.
- 직업재활: 만성 정신장애인에게 직업수행 정도는 그들의 직업적 능력뿐만 아니라

전반적 극복기술과 능력을 평가하는 지표이다. 따라서 정신장애인의 장애 정도 및 직업적 특성을 고려한 직업수행평가에서 직업능력개발, 취업지도 그리고 직업유지에 필요한 서비스를 제공한다.

- 지역사회 지지서비스: 정신장애로 인해 일상생활수행능력의 저하 및 사회적 지지망의 결여로 지역사회 적응에 여러 가지 어려움을 겪게 된다. 따라서 지역사회 내 정신보건기관 간의 연계를 통한 효율적 개입, 주거지원서비스, 정신장애인 및 가족모임 참여 등과 같은 서비스를 제공함으로써 정신장애인의 지역사회 적응을 돕는다.
- 사례관리: 정신장애 특성상 복합적 욕구를 지니는 정신장애인의 욕구를 충족시키기 위해 전문 사회복지사가 정신장애인과 그 가족의 욕구를 사정하고 서비스 패키지를 배정 · 조정하며 점검하고 평가하는 서비스 제공의 한 방법이다.

(3) 퇴원(소)계획

모든 의료영역의 서비스 제공자에게 퇴원계획은 주된 관심사이고 정신보건영역에서 일하는 전문가들에게도 중요한 업무 중의 하나이다. 특히 우리나라의 경우 지역정신보건사업 실시 후 정신보건영역을 포함한 환자들에게 퇴원이란 반드시 집으로 돌아가는 것이 아니라 다양한 형태의 이동일 수 있다는 인식이 자연스럽게 받아들여지고 있다. 따라서 병원에서의 퇴원이 완전 회복이라는 의미가 아니고 환자의 질병 및 경과, 치료 정도 그리고 개인적 · 사회적 환경에 따라 다른 보호수준으로의 이동을 위한 단기계획이라 할 수 있다. 그러므로 환자와 가족을 포함하여 퇴원계획 담당자는 일정 기간의 입원 후 발생할 수 있는 그들의 욕구에 대해 충분한 이해를 필요로 한다.

퇴원계획은 입원 시작부터 이루어지는 과업으로 질병의 경과 및 예후, 입원(소)의 유형 그리고 입원기간 등에 따라 그 내용에 많은 차이가 날 수 있다. 특히 대부분의 정신질환처럼 발병 후 장기간의 치료를 요하는 경우, 최초의 입원(소)부터 증상의 재발로 인한 재입원(소), 「정신보건법」[3]에서 명시하고 있는 자의입원이 아닌 강제입원, 응급입원 그리고

3) 2017년 5월 30일 시행일자로 「정신건강증진 및 정신질환자 복지서비스 지원에 관한 법률」로 명칭 변경 및 전문개정.

보호자에 의한 입원 등에 따라 퇴원계획의 내용과 양상은 달라질 수 있으므로 퇴원계획을 담당하는 사회복지사는 「정신보건법」에 대한 이해가 반드시 필요하다.

퇴원(소)결정이 난 경우 환자와 가족은 퇴원(소)계획을 담당하는 전문가를 만나게 되는데, 그들은 의사, 사회복지사 그리고 간호사 등이 될 수 있다. 이때 퇴원(소)계획 담당자가 누가 되든 퇴원(소)계획에 포함되어야 할 내용들로는, 방문간호, 재가보호서비스 혹은 재활기관과 같은 서비스를 위한 의료급여 혹은 의료보험 자격기준에 대한 정보, 다른 수준의 보호를 제공하는 기관으로의 의뢰, 환자나 가족의 비용부담으로 가능한 재가서비스에 관한 정보, 적절한 거주환경 및 주거지원에 관한 정보 그리고 이용 가능한 지역사회자원 연계 등이다. 특히 정신질환으로 치료를 받고 퇴원하는 환자와 가족에게 질병관리 차원에서 투약의 중요성, 안전한 약복용 방법에 관한 교육 또한 퇴원(소)계획에 포함해야 한다.

5. 정신건강사회복지실천의 구성요소

1) 정신건강사회복지 실천대상 및 문제

(1) 정신장애인

1995년 제정된 「정신보건법」에서 2016년 전면 개정된 「정신건강증진법 및 정신질환자 복지서비스 지원에 관한 법률」은 그 목적을 전 국민의 정신건강증진으로 하고 있으나 일차적 대상은 '정신병, 인격장애, 기타 정신병적 정신장애를 가진 자'인 정신장애인이다. 주요 정신질환으로 조현병과 기분장애를 들 수 있고, 기타 정신질환으로는 불안장애, 아동기 정신장애, 알코올중독, 노년기 정신장애가 있다. 정신장애인은 사고의 장애, 정서적 장애 그리고 행동적 장애로 인해 다양한 증상을 수반한다.

(2) 정신장애인 가족

1960년대 탈시설화 이후 정신장애인에 대한 접근이 시설중심의 보호에서 지역사회

중심의 사회적 재활로 변화되면서 지역사회에서 그들을 보호해야 하는 가족의 부담은 상당히 커졌다고 할 수 있다. 특히 정신장애는 대부분 만성적 경과를 가지며 그 결과 사회적 기능에 많은 장애를 보이므로 가벼운 일상생활에서부터 경제적 · 사회적 역할 수행에 이르기까지 거의 모든 것을 일차적 보호제공자인 가족에게 의존하게 된다.

양옥경(1996: 62-66)은 정신장애인을 돌보는 가족의 보호부담으로 정서적 · 행동적 · 사회적 · 경제적 부담 등을 제시하였는데, 자세한 내용은 다음과 같다.

첫째, 정서적 부담은 가족이 정신장애로 진단되면서 자신들이 왜 이런 일을 당하게 되는가에 대한 분노와 앞으로 어떻게 될 것인가에 대한 불안감, 끝없이 계속되는 긴장감, 자신들이 잘못해서 정신장애에 걸린 것 같은 죄책감 등을 느끼게 된다.

둘째, 행동적 부담은 정신장애인이 경험하는 환청이나 망상 또는 분노의 감정을 전문적 지식이 없는 가족들로서는 이해할 수 없으므로 이로 인해 불안해한다. 특히 증상으로 인해 정신장애인이 예측불허의 행동을 보일 경우 그 부담은 더욱 커진다.

셋째, 사회적 부담은 정신장애인을 지속적으로 돌봐야 하는 상황에서 가족은 사회생활에 여러 가지 제약을 받게 된다. 정신장애인을 혼자 둘 수 없어 외출하지 못하고 장애인의 예측불허 행동과 정신장애인에 대한 사회적 낙인 때문에 손님을 집으로 초대하는 것이 꺼려지면서 기존의 사회적 관계가 점차 협소해져 고립된다.

마지막으로 평생 지속되는 과다한 치료비와 정신장애인이 독립하지 못함으로써 계속 보살펴야 하는 경제적 부담은 매우 크다. 더욱이 가족기능이 점차 약해져 정신장애인에 대한 책임이 거의 대부분 부모에게 지워지면서 부모가 늙어 더 이상 경제적 부담을 질 수 없을 때 정신장애인의 치료와 보호는 매우 심각한 문제가 될 수 있다.

2) 정신건강사회복지사의 역할

정신보건사회복지사는 환자의 질병에 대한 치료보다는 질병으로 인한 문제해결능력의 향상, 사회적 기능회복과 재활에 일차적 역할이 있다. 지역사회의 다양한 실천현장에서의 정신보건사회복지사의 역할을 살펴보면 다음과 같다(박옥희, 2008).

(1) 치료시설(대학병원 · 종합병원 정신건강의학과, 정신과 전문병원, 낮병원)

정신장애인의 일차적 치료기능을 담당하는 곳으로서 전문적 팀접근을 하기 때문에 팀원 간의 원활한 의사소통이 중요하다. 치료시설에서는 입원 시 심리사회적 사정(개인력, 가족력, 학교생활, 대인관계, 직업력 등), 환자의 개별상담, 가족치료, 가족의 정신보건교육 및 상담, 집단치료, 정신과적 재활서비스, 사회기술훈련, 진료팀과의 협의진단 및 협조, 지역사회 유관기관과의 유대 및 자문, 지역사회자원과의 정보교환 및 제공, 자원봉사자 교육 및 지역사회자원 동원, 퇴원계획 및 재활계획 상담지도, 퇴원 시 환자의 요구와 사회적응상태평가, 사회복귀 및 재활치료를 위한 지역사회기관과의 연계, 낮병원 서비스 개발, 퇴원환자의 사후지도를 위한 가정방문 등을 담당한다.

(2) 정신요양시설

정신요양시설에서는 심리사회적 상담지도, 집단 프로그램의 실시, 일상생활훈련 실시, 가족상담, 가정방문, 무연고자를 위한 후원자 개발, 지역사회자원동원 및 후원조직 활성화, 대인관계기술훈련 및 작업능력강화지원, 가족상담 및 가정방문지도, 직업훈련 및 취업보도, 지역주민의 참여기회 확대, 국민기초생활보장 수급자를 위한 행정업무 등의 역할을 담당한다.

(3) 사회복귀시설

재활상담, 사회복귀를 위한 집단치료, 사회기술 및 적응훈련, 대인관계훈련, 가족의 정신교육 및 상담, 가정방문, 지역사회자원 동원과 후원회 조직, 지역주민의 정신건강 교육, 의료기관과 지역사회기관과의 연계업무 등을 수행한다.

(4) 정신보건센터

상습적 반복입원의 예방, 사회적 소외를 극복하기 위한 지역사회재활서비스, 사회복귀촉진, 가족의 심리적 안정 및 참여유도, 응급상황 시 적극적 위기개입, 사회적 편견 극복을 위한 교육홍보, 프로그램 개발 및 연구 등을 수행한다.

(5) 보건소

정신질환의 예방 및 발견, 정신질환자 및 그 가족에 대한 상담, 사회복귀훈련, 알코올중독자, 약물중독자 그리고 치매환자의 발굴 및 관리 등을 수행한다.

〈표 21-3〉에서는 정신건강기관별 상근인력 현황을 제시하였다. 즉, 정신건강기관별로는 정신의료기관(21.6명)이 가장 높았으며, 이는 정신건강복지센터(4.3명)의 5배 수준으로 나타났다. 또한 정신건강전문인력은 정신의료기관(국 · 공립정신병원, 사립정신병원, 종합병원정신과, 병원, 정신과, 정신과의원)을 중심으로 분포되어 있다.

〈표 21-3〉 **정신건강기관별 상근인력 현황** (단위: 인구 10만 명당)

기관	계	전문인력	일반인력
정신의료기관	21.6	11.3	10.3
정신요양시설	2.0	0.3	1.7
정신재활시설	2.2	1.3	0.9
정신건강복지센터	4.3	2.9	1.4
중독관리통합지원센터	0.4	0.3	0.1
계	30.6	16.1	14.5

출처: 중앙정신건강복지사업지원단, 정신건강동향 vol 13(2019).

6. 정신건강사회복지의 과제

1) 정신건강 전달체계의 마련

바람직한 정신보건 전달체계는 정신장애인에게 예방 · 발견－치료－재활－지역사회 기반 서비스에 걸친 다양한 서비스가 연속성을 갖고 통합적으로 제공해야 한다. 하지만 현재 우리나라의 상황은 정신의료기관을 비롯해 지역사회 정신보건기관의 서비스가 분절되어 있고, 내용이 중복되어 있으며 상호 연계와 협력체계가 구축되지 못하고 있다. 때문에 지역사회 차원에서 각 기관의 서비스 전문화와 기관 간 연계 및 조정기능을 향상시키기 위해 지역사회 전체 정신보건 관련 기관을 대상으로 정신보건관리체계를 마련하는 것이 불가피하다.

2) 의료급여와 의료보험수가체계의 개선

정신장애는 급성증상이 사라진 이후에라도 고혈압이나 당뇨병처럼 지속적 관리와 장기간의 재활치료가 필요하다. 그러나 현재 의료급여대상인 정신장애인은 정액제 방식에 의해 진료비가 지급되므로 의료공급자에게 적극적 치료의지를 이끌어 내지 못하여 양질의 의료서비스 제공을 기대하기 어려우며, 이러한 관행은 장기입원으로 이어질 가능성을 높인다. 또한 지역사회에 거주하는 보다 많은 정신장애인에게 정신의학적 치료 외에 주거서비스, 사례관리를 포함한 지역사회 지지서비스, 직업재활서비스 등 다양한 정신사회재활서비스를 제공할 수 있어야 한다. 그러기 위해서 입원과 외래서비스 비용에 대한 의료수가 지불을 다양한 재활서비스 유형에도 적용될 수 있도록 급여항목의 확대가 필요하다.

3) 정신장애에 대한 편견해소 노력

의학이 발달한 현대에도 정신질환에 대한 일반인의 '위험성' 지각은 다양한 사회적 요인에 의해 강화되는데, 특히 대중매체의 왜곡되고 편파적 보도의 영향이 가장 크다고 볼 수 있다. 따라서 정신장애에 대한 언론과 매스컴의 올바른 보도관행을 유도하기 위한 모니터제의 활용, 편파적 보도에 대한 실효성 있는 법률적 대응책을 마련할 필요가 있다. 또한 일반시민의 정신장애에 대한 태도를 변화하는 데 전문가의 지속적인 노력이 필요하다.

4) 정신건강사회복지조직 수준의 역량강화

변화하는 정신보건환경 속에서 정신보건사회복지사의 역량강화에 있어 가장 효과적인 방법은 전문가 조직을 통한 행동화이다. 일차적으로 한국정신보건사회복지학회와 한국정신보건사회복지사협회는 결속력을 강화하여 정신보건사회복지사의 지속적 자격관리와 수련생 배출, 지역사회정신보건사업의 효율적 수행을 저해하는 전문의의 통제 그리고 정신보건서비스의 의료수가 현실화 등 여러 산적한 문제를 해결해 나가기 위해 전문단체의 조직적 활동을 해야 한다.

사단법인 한국정신보건전문요원협회 Korea Association of Mental Health Professionals

5) 탈원화와 지역사회 정신보건정책 추진

1997년 「정신보건법」이 시행된 이후 지역사회 정신보건 인프라가 확충되어 가고 있음에도 불구하고 정신병상은 계속 증가하고 있는데, 민간정신병원 위주로 확대된 정신병상(약 85%), 지역사회정신보건서비스 인프라 부족 및 지역편중이 중요한 요인으로 지적되고 있다. 따라서 정신장애인이 퇴원 후 보다 인간다운 생활을 할 수 있도록 의료급여제도의 보완, 거주시설 지원, 적극적 사례관리서비스 제공, 정신장애인의 잔존능력과 욕구에 따른 다양한 직업재활서비스 마련을 포함하는 지역사회 정신보건정책이 필요하다.

6) 정신건강사회복지사의 근무여건 개선 및 전문성 강화

2001년 전국 지역사회정신보건현장에서 근무하는 전문요원을 대상으로 한 조사에서 36.5%가 업무환경이나 복리후생이 열악하기 때문에 이직을 생각하고 있는 것으로 나타났다. 지역사회 정신보건실천현장에서 일하는 정신보건사회복지사의 소진을 예방하고 해소하기 위해 개인적 차원에서의 대처도 필요하겠지만 이와 아울러 전문성에 걸맞은 급여수준과 직제를 만들고 근무여건을 개선하고 전문성 강화를 위한 교육 및 훈련기회의 제공을 정례화하는 법적 근거를 보완해 나갈 필요가 있다.

연구문제

1. 선천성 심장기형을 가진 아기의 수술비용 마련이 어려운 미혼모에게 심장재단의 후원을 받을 수 있도록 하고 심장수술 전문가로부터 자문을 구하고 미혼모를 일시적으로 보호할 수 있는 기관을 찾아 이용할 수 있도록 하는 의료사회복지사의 역할은 무엇인가?

① 지역사회자원 개발 및 연결자　② 행정가의 역할
③ 치료자의 역할　④ 교육자의 역할
⑤ 정보제공자의 역할

2. 급속한 시대적 변화에 따른 의료사회복지의 개입영역의 확대에도 불구하고 의료사회복지의 직무 중 가장 우선시되는 것은 무엇인가?

① 지역사회자원연결　② 행정업무　③ 교육 및 연구
④ 경제적 문제해결　⑤ 심리사회적 · 정신적 문제해결

3. 의료사회복지사가 수행하는 퇴원계획이란 무엇을 의미하는가?

① 환자가 종결과정에서 보이는 상실감정을 다루어 주는 것
② 죽어 가는 환자에게 존엄성을 유지하며 삶을 마감할 수 있도록 도와주는 것
③ 경제적 문제로 입원비를 지불할 수 없는 환자로 하여금 퇴원을 종용하는 것
④ 말기질환을 앓고 있는 환자에게 예정된 죽음을 알리는 것
⑤ 환자의 지속적 치료를 보장하고 지역사회 적응을 돕는 것

4. 정신건강사회복지사의 업무와 자격기준을 제시하고 있는 법은 무엇인가?

① 사회복지사업법　② 정신보건법　③ 의료법
④ 장애인복지법　⑤ 장애인보호법

5. 정신장애인 혹은 그의 가족이 서로 모여 위로받고 참여구성원들로부터 문제해결방식을 배우기도 하면서 정신보건 관련 정책수립을 위해 그들의 목소리를 내는 데 효과적인 집단접근방법은 무엇인가?

① 자기주장훈련집단　② 집단치료　③ 가족교육 및 치료
④ 자조집단　⑤ 사회성 훈련 집단

Chapter 22

산업복지와 주거복지

"많은 사람들은 사회적으로 가족의 안정을 보장할 수 있는 평생직장을 더 이상 찾을 수 없을 것입니다. 공개적이든 숨겨진 것이든 장기적인 실업상태에 있는 개인들은 대체로 심리적으로나 물질적으로 또는 경제적으로나 가족적으로 심한 고통을 받고 있습니다. 각종 제도를 특히 사회보장제도나 정치제도와 의회 민주주의 등은 실업자의 증가로 침식되고 있습니다. 정책이나 노동조합들도 속수무책이기는 마찬가지입니다. 누구도 완전고용을 실현시킬 처방을 제시하기는 힘들 것으로 보입니다."

클라우스 오페(Claus Offe)의 『노동사회』에서.

우리나라의 주거복지는 2000년 건설교통부를 통해 주거현실과 재정여건 등을 고려하여 최저주거기준이 발표되었고, 2004년 「주택법」의 제5조의 2를 통하여 최저주거기준이 법제화되면서 주거복지의 기초가 마련되었다. 또한 2018년 국토교통부는 주거복지정책의 추진 동력을 확보하고자 주택토지실 내 주거복지정책관이 출범하여 주거복지정책과, 공공주택지원과, 공공주택총괄과, 민간임대정책과, 공공주택추진단이 주거복지 업무를 담당하고 있다.

Key Words

공공산업복지, 기업복지, 법정기업복지, 법정 외 기업복지, 노동자 자주복지, 근로자 원조 프로그램, 최저임금제도, 산업복지의 구성체계, 근로자 원조 모델, 고용주-기업서비스 모델, 고객서비스 모델, 기업 공공참여 모델, 노동 관련 공공정책 모델, 주거복지, 주기권

* 본 장은 박경일 외(2017)의 『사회복지학 강의』 교재 22장(산업복지와 주거복지-이명현)의 내용을 중심으로 일부 내용을 수정 보완하였음.

1. 산업복지의 이해[1)]

1) 산업복지의 정의

근로자와 그 가족을 대상으로 전개되는 복지활동을 지칭하는 개념으로는 산업복지 이외에 대상자에 초점을 둔 노동(자)복지, 근로(자)복지, 복지주체를 강조한 기업복지, 노동자 자주복지뿐 아니라 경영학에서 사용하는 복리후생과 부가급여 등이 있다.

산업복지를 넓게 이해하는 경우에는 "국가 또는 지방공공단체, 기업, 노동조합, 협동조합 등이 주체가 되어 근로자와 그 가족의 생활안정, 생활수준의 향상 등 생활복지의 증진을 목적으로 실시하는 제 시설서비스 활동의 종합적이고 통일적인 체계"(우재현, 1990: 29)라고 정의할 수 있고, 좁은 의미로는 "임금 및 근로시간과 같은 기본적 근로조건 이외에 부가적으로 근로자와 그 가족의 생활안정 및 향상을 목적으로 실시하는 시책 및 활동"으로 정의할 수 있다(유길상, 1991: 10).

결국 산업복지란 전문적 사회복지의 지식과 기술을 적용하여 산업이라는 장에서 발생하는 심리적 · 제도적 · 사회적 문제에 효과적으로 대처함으로써 근로자와 그 가족의 복지를 추구하는 노력이다. 활동주체에 따라 공공산업복지, 기업복지, 노동자 자주복지, 민간산업복지 및 산업사회사업으로 구분된다.

2) 산업복지의 필요성

산업복지는 근로자와 그 가족을 도와서 근로생활과정에서 발생하는 문제를 해결하도록 한다. 따라서 산업복지는 근로자에게는 욕구의 충족과 삶의 질 향상을 통한 복지의 증진이라는 복지적 기능과 생산성의 향상을 통한 이윤의 증대라는 산업적 기능을 수행하게 된다. 산업복지가 전통적으로 수행해 왔으며, 앞으로도 필요한 기능을 제시하면 다음과 같다(Carter, 1977 : 15-16; 김기태 외, 1998 : 476-479).

첫째는 노동력 보호의 기능이다. 산업재해와 직업병의 예방 · 재활, 건강보호와 증

1) 이하 내용은 장중탁의 "산업복지"(박경일 외, 2009)의 내용을 근거로 수정 · 보완하였다.

진, 레크리에이션과 휴식시간의 관리, 양질의 주택과 식사제공 등을 통해 노동력 손실을 방지하고 노동력 재생산을 촉진하여 양질의 노동력을 확보하는 데 기여하게 된다.

둘째는 노동력 안정화의 기능이다. 산업복지 중 특히 기업복지는 임금차이가 없는 동종업계에서 기업의 매력도를 상승시키고, 근로자의 욕구충족을 통해 불필요한 노사갈등을 사전에 방지해 주기도 하여 안정된 노사관계를 유지하기도 한다.

셋째는 노동력 표준화의 기능이다. 산업복지는 근로자의 독특한 욕구들을 수렴하여 노동력의 장애요소를 경감시켜 주어 자신의 노동력을 효율적으로 활용하게 한다.

넷째는 고용책임의 표현기능이다. 고용주의 근로자에 대한 강한 책임감은 구체적 산업복지서비스를 통하여 전달할 수 있다. 임금과 같은 화폐적 보상만이 아니라 노동에 대한 비화폐적 보상을 제공함으로써 고용책임을 보다 충분히 완수할 수 있도록 한다.

다섯째는 사회적 책임의 기능이다. 특히 기업체는 이윤추구와 함께 지역사회와의 상호 협조관계가 불가피하다. 따라서 하나의 개방체계로서 지역사회로부터의 기대와 관심을 받고 이에 부응하지 않을 수 없다.

2. 산업복지의 구성요소

1) 공공산업복지

공공산업복지는 정부, 공공기관, 지방자치단체 등이 단독으로, 또는 협력하여 실시하는 근로자복지증신을 위한 모든 활동을 의미한다. 이는 국가의 사회복지정책 내지 노동정책의 일환으로 시행되며 국가가 실시의 최종적 책임을 지는 특징을 가진다.

공공산업복지는 사회보험, 근로자 재산형성 및 생활안정지원시책, 공공산업복지서비스로 대별된다. 먼저 사회보험은 근로자뿐만 아니라 자영업자 등에게도 그 실시범위를 넓혀 나가는 것이 세계적 추세이며, 여기에는 의료보험, 국민연금, 산업재해보상보험, 고용보험이 포함된다. 근로자 재산형성 및 생활안정지원에는 최저임금제도, 근로자주택제도, 근로자생활안정자금 대출 등이 있다. 또한 공공산업복지서비스로는 노동복지회관 혹은 근로자종합복지관, 근로자체육문화센터, 영유아보육시설 등이 있다.

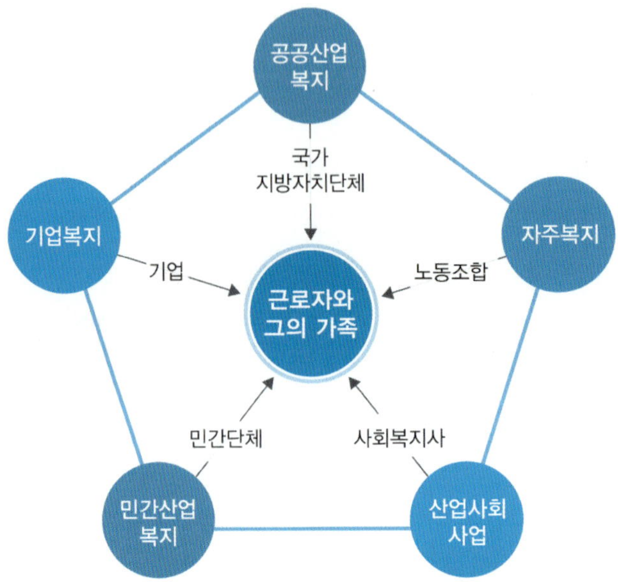

[그림 22-1] **산업복지의 구성체계**

최저임금제도

국가가 근로자들의 생활안정을 위해 임금의 최저수준을 정하고 고용인에게 그 수준 이상의 임금을 지급하도록 법으로 강제하는 제도이다. 적용대상은 1인 이상 근로자를 고용하는 모든 사업 또는 사업장이다. 최저임금은 근로자 대표위원 9인, 사용자 대표위원 9인, 공익 대표위원 9인 총 27명으로 구성된 최저임금위원회가 매년 인상안을 의결해 정부에 제출하면, 고용노동부 장관이 8월 5일까지 결정해 고시한다. 최저임금액에 미달하는 임금을 정한 근로계약은 그 부분에 한해 무효가 되고, 최저임금액과 동일한 임금을 지급하기로 한 것으로 간주한다. 근로자가 지급받는 임금이 매년 고용노동부 장관이 정하는 최저임금액 이하로 결정돼 지급받는 경우에는 사업장 관할 지방노동관서 근로감독과에 신고해 권리구제를 요청할 수 있다(시사경제용어사전, 2020. 11., 기획재정부). 참고로 2023년 최저임금액은 시간당 9,620원(22년 대비 460원 5% 인상)이며 월급으로 환산하면 201만 580원(월 209시간 기준)이다.

2) 기업복지

기업복지는 근로자의 복지를 위하여 임금·근로조건 이외에 기업이 제공하는 각종 편익과 시책을 의미하며, 법률에 의해 기업이 그 실시를 의무로 하고 있느냐에 따라 법정 기업복지와 법정 외(法定 外) 기업복지로 구분하기도 한다.

먼저 근로자에게 제공되는 사회보험은 기업이 그 비용의 일정 부분을 부담하고 있기 때문에 대표적인 법정 기업복지에 속하며, 법률에 의해 강제되지 않고 기업이 자발적으로 또는 단체협약에 의해 근로자에게 제공하는 주택자금의 지원, 체육시설의 제공, 경조비 지급, 사내근로복지기금 등은 법정 외 기업복지에 속한다. 따라서 기업복지를 좁은 의미로 사용할 때는 일반적으로 법정 외 기업복지를 의미하기도 한다.

3) 노동자 자주복지

노동자 자주복지는 근로자가 노동조합 또는 단체를 결성하여 근로조건의 유지, 개선을 꾀하면서 사회보장이나 기업복지에 대한 요구를 행하는 것이며, 나아가 자신들 스스로가 그 조직을 통하여 복지를 높여 가는 노력이다. 더불어 근로자들이 기업의 제약을 벗어나 근로자의 조직과 자금으로 복지사업을 관리, 운영하는 자주적 복지운동이라고 볼 수 있다(이덕환, 1993: 33). 따라서 노동자 자주복지에는 공공산업복지의 개선 및 기업복지의 확대를 요구하고 복지사업을 추진하는 운동뿐 아니라 노동조합이 주체가 되어 실시하는 복지사업을 포함하고 있다. 아울러 개별노동조합은 지역별·업종별로 연대하거나 상급노동단체를 중심으로 한 자주복지활동도 전개하고 있다.

〈표 22-1〉 **노동조합 단위별 자주복지의 유형**

단위 노조의 경우	산별 연맹의 경우
새마을금고, 신용협동조합, 구판장, 소비조합, 휴게실, 세탁소 운영, 상조회, 장학재단 설립 및 운영, 주택조합, 산업재해예방, 산재처리, 작업환경측정, 복지회관 건립, 도서실 운영, 하기휴양소 주관 및 각종 문화사업, 생활자금대여, 보육시설운영 등	퇴직금누진제, 직업교육훈련, 학자금 융자, 주택자금대여, 소비조합, 전·월세자금대여, 의료혜택, 휴양시설, 문화시설, 생활자금대여, 생명보험 지원, 보육시설

출처: 송호근(1998).

4) 민간산업복지

민간산업복지는 국가, 기업, 노동자 조직이 아닌 민간조직 · 단체가 주체가 되어 행하는 경우로서, 주로 사회복지기관, 종교단체, 사회단체가 중심이 되어 근로자회관, 직업훈련기관, 직업알선, 미혼부모상담, 실직자 쉼터, 노동상담, 법률상담, 성폭력상담, 근로자교실, 보육사업 등을 전개한다. 그러나 기업이 근로자의 문제를 노출하지 않으려는 폐쇄성과 기업이나 노동조합이 근로자의 일차적 보호자라는 점 그리고 민간자원의 빈약성 등으로 인해 다른 산업복지 활동보다는 활발하지 못하다(김기태 외, 1998: 489).

5) 산업사회사업

산업사회사업은 근로자와 구직자를 대상으로 기업과 노동조합의 후원하에 전개되는 프로그램과 서비스를 의미한다(Akabas, 1995). 또한 보다 건전한 개인과 환경을 마련하기 위해 적절한 개입활동을 하여 노동공동체의 인간적 및 사회적 욕구를 충족시키려는 사회복지실천 분야이다(Googins & Godfrey, 1987). 미국에서는 산업사회사업의 대표적인 실천유형은 다음과 같이 다섯 가지로 구분된다(Kurzman & Akabas, 1993: 11-15).

① 근로자 원조 모델(the employee assistance model)

가장 널리 알려져 있고 잘 발전된 모델로서, 개인적 · 정서적 혹은 행동상의 문제를 안고 있는 근로자를 위한 상담 중심의 프로그램이다. 이는 운영방식에 따라 전화상담

〈표 22-2〉 근로자 원조 모델의 유형

유형	내용
전화상담서비스	문제를 가진 근로자가 전화를 통해 협조를 요청하면 사회복지사가 문제내용을 파악하여 지역사회 내 사회복지서비스 제공자에게 연결시켜 주는 모델
컨소시엄 모델	비영리 사회복지단체가 컨소시엄을 이루어 지역사회에 있는 기업체 근로자에게 서비스를 제공하고 근로자가 속한 기업체가 비용을 부담하는 형태
계약자 모델	기업이 사회복지서비스 단체와 용역계약을 맺고 근로자에게 상담 및 기타 서비스를 제공하는 형태
사용자 모델	사용자가 기업 내에 근로자 원조 프로그램을 자체적으로 운영하는 형태
노동조합 모델	노동조합에 의해 운영되는 모형으로 사회복지사뿐 아니라 훈련된 노조직원이나 노조원 중 자원봉사자 등에 의해 운영되는 형태

출처: 김의명(1998: 82-84).

서비스, 컨소시엄 모델, 계약자 모델, 사용자 모델, 노동조합 모델로 구분되며, 사회복지사는 상담자, 중재자, 옹호자, 중개자, 교육자, 건설적 직면자 등의 역할을 한다.

② 고용주 - 기업서비스 모델(the employer-work organization service model)

산업사회사업의 실천초점을 기업 혹은 업무조직체에 두는 경우이다. 대표적 활동은 직장보육서비스의 설립 · 운영 자문, 근로자 가족입장에서 업무교대 평가 · 조정, 동등한 고용기회와 차별금지정책의 개발 · 운영, 퇴직 프로그램 마련, 산업안전의 증진 등이다. 따라서 사회복지사는 자문가, 평가분석가, 훈련자, 프로그램 개발자의 역할을 한다.

③ 고객 - 서비스 모델(the customer-service model)

드 실바(De Silva, 1988: 284)에 따르면, 오늘날 기업체들이 기업에 맞는 고유한 서비스를 개발하여 고객의 요구에 부응하고 있기 때문에 이들 기업과 어떠한 형태로든 상호관계를 맺고 있는 고객이나 소비자를 위한 산업사회사업이 필요하다고 한다. 대표적 활동은 소비자교육활동, 기업체 상품의 대금지불에 대한 원조, 제품상담서비스 등이 있으며, 사회복지사는 상담가, 프로그램 기획자, 자문가 및 옹호자의 역할을 수행한다.

④ 기업 공공참여 모델(corporate public-involvement model)

이 모델은 기업체가 지역사회의 경제 및 사회적 복지에 헌신하도록 지원하기 위해 마련된 것이다. 사회복지사는 특히 기업이 보다 인도주의적 관심에서 기업의 기부금을 활용할 수 있도록 영향을 미치거나 이를 관리하기도 한다. 미국의 경우 이러한 일을 담당하는 사회복지사는 복지기금배분분석가, 기업의 사회책임담당관, 지역서비스 조정자 등의 명칭으로 불리며, 주로 지역사회 분석가와 기획가, 예산할당자, 프로그램 개발자, 중개자, 옹호자 및 협상가의 역할을 수행한다.

⑤ 노동 관련 공공정책 모델(the work-related public policy model)

스트라우스너(Straussner, 1989: 13)에 따르면 이 모델은 노동현실에 직 · 간접으로 영향을 미치는 정부의 정책이나 시책을 규명하고 분석하고 옹호하는 것이다. 실업과 같은 노동문제는 엄청난 심리적 및 사회적 비용을 수반하기에 사회일반이나 기업 혹은 노동자뿐 아니라 사회복지전문직에서도 중요한 이슈가 된다. 따라서 사회복지사가 이와 관련하여 정부정책에 영향을 미치기 위해 노력하는 당연한 것이다. 이 모델에서는 정책

기획과 분석, 프로그램 개발, 옹호, 다른 조직과의 협력과 네트워킹 등이 필요한 기술이다.

3. 산업복지의 과제

산업복지는 국내에서 아직 미개척분야 중의 하나이기 때문에 그만큼 발전 및 성장 가능성이 크며, 산업복지의 구성내용에 따라 몇 가지 과제를 제시하면 다음과 같다.

먼저 공공산업복지의 경우 근로자에게 기본적이고 보편적인 서비스를 제공하도록 노력해야 한다. 근로자라면 고용상태와 관계없이 국가가 설정한 사회보험의 대상자가 되어야 하고, 최저임금도 모든 근로자에게 적용하여 최소한의 생계를 보장해야 한다. 또한 산업재활에 있어서는 의료재활 외에 사회심리적 · 직업적 재활을 강화해야 한다.

기업의 경우 기업윤리에 바탕을 둔 기업의 사회적 책임감을 실현시키기 위해 해당 근로자에게 다양하고 질 높은 기업복지를 실시하는 것이 바람직하다. 이 경우 단순히 기업주의 자발적이고 온정주의적 태도가 아니라 근로자와의 단체협상 등을 통해 제도화시켜 나가는 것이 필요하다. 우리나라의 경우 최근 대기업 위주로 기업의 사회적 책임과 지역사회 봉사를 실천하는 사회적 가치팀이 조직되어 활발하게 활동하고 있다.

사회적 가치 실현을 위한 SK의 선택

과거에는 경제적 가치 창출만으로도 고객의 지지를 받고 사회로부터 존재 가치를 인정받을 수 있었습니다.
그러나 이제는 경제적 가치뿐 아니라 고객과 사회가 요구하는 여러 가치를 충족시켜야만 기업의 지속 성장과 생존이 가능합니다.
이에 SK는 사회적 가치 창출을 새로운 경영전략으로 추진함으로써 사회 구성원들로부터 견고한 지지를 받고, 이를 통해 이해관계자들의 행복을 극대화하고자 합니다.

사회적 가치 실현을 위한 세 가지 방법론

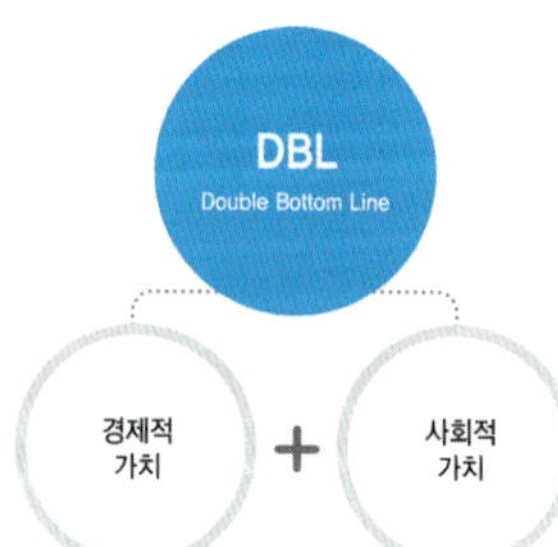

DBL 추구를 통한 BM의 혁신

'DBL(Double Bottom Line) 추구'란 경영 활동 전반에서 경제적 가치와 사회적 가치 창출을 동시에 추구하는 것을 의미합니다.
SK는 DBL 추구를 통해 사회적 가치를 담아낼 수 있는 형태로 비즈니스 모델(Business Model, BM)의 혁신을 진행하고 있습니다.

출처: SK 홈페이지.

노동조합의 경우 복지향상을 위해 자주복지운동뿐 아니라 자주복지사업이 필요하다. 노동조합의 현실적 여건을 고려한다면 단위노조보다는 상급 노동조합을 중심으로 한 자주복지사업의 강화가 필요하며, 근로의 질 향상이라는 견지에서 근로조건과 임금협상 및 복지서비스를 강화해 나가는 자주복지운동의 전개가 병행되어야 할 것이다.

4. 주거복지의 이해

먼저 주거복지의 개념은 그 대상에 따라서 협의와 광의의 개념으로 나누어 볼 수 있다(안옥희, 2021). 협의의 개념은 시장에서 주택문제를 해결할 능력이 없는 국민을 대상으로 국가가 적극적으로 개입하여 주거여건을 개선하는 것이다. 광의의 개념은 권리적 차원으로 접근하여 국민 전체를 대상으로 하는 복지이며, 중산층 이상은 임대차 안정과 주거여건 개선, 주택보유의 안정성 향상 등의 주거서비스도 포함되는 개념이다. 즉, 주거복지는 국민의 주거권을 보장함으로써 주거안정과 주거수준을 향상하여 사회적 안정을 도모하고 복지를 증진하는 것이 궁극적 목표이다.

다음으로 주거복지의 주요한 특성을 살펴보면 다음과 같다(이창효, 2021).

첫째, 주거복지 서비스 제공 동기가 이윤을 추구하기 위한 목적이 아니고, 둘째, 주거복지 서비스 제공의 구체적 프로그램은 국가가 주택시장에 직·간접으로 개입하여 제공하는 공공임대주택 혹은 임대료 보조 등으로 나타나며, 셋째, 적정한 주거의 확보는 인간의 권리인 주거권으로 인식될 수 있다는 점 등을 들 수 있다(하성규 외, 2012). 그리고 주거복지 정책은 국민의 주거복지를 실현하기 위한 정책적 수단으로, 주거 안정성 확보, 주거의 질 향상, 그리고 주거비 부담의 적정화 등을 목표로 한다. 아울러 정부는 2017년의 주거복지 로드맵, 2018년에 수립한 제2차 장기주거 종합계획(2018~2022), 2020년 주거복지 로드맵 2.0 등을 통해 주거복지 정책에 있어 주거권 보장과 주거 안전망 강화를 강조하고 있다.

5. 주거복지의 구성요소

주거복지의 구성요소에 있어서 국민의 주거복지를 실현하기 위한 정책적 수단으로 크게 '생산자 보조 방식'과 '소비자 보조 방식'으로 구분할 수 있으며, 이에 대한 내용을 살펴보면 다음과 같다(이창효, 2021).

먼저 생산자 보조의 방식은 현물보조방식으로, 정부가 주택을 공급하거나 주택공급을 확대할 수 있도록 보조하는 것으로, 공공임대주택 공급이 대표적이고 공공택지를 조성하여 민간에 공급하는 것 역시 넓은 의미에서 이에 포함될 수 있다.

다음으로 소비자 보조의 방식은 현금보조방식으로, 임대료 지불능력이 부족한 계층에게 직접 일정 금액의 보조금을 지급하는 형태로 운영되며 주택바우처, 주택수당, 주거급여 등이 이에 속한다. 주거복지 정책 수립과 집행에 있어서 어떠한 방식을 적용할 것인지는 주택시장의 상황과 여건 변화에 따라 달라질 수 있다.

생산자 보조 방식과 소비자 보조 방식의 장단점을 비교하면 다음 〈표 22-3〉과 같다.

〈표 22-3〉 **생산자 보조 방식과 소비자 보조 방식**

구분	생산자(공급자) 보조 방식	소비자(수요자) 보조 방식
장점	• 주택공급 촉진 • 주택의 질적 수준 향상 • 주거약자 계층에게 직접적인 혜택 • 가시적 · 정치적 효과 • 주택보급률이 낮은 지역에 유리	• 정부의 재정지출 절감 • 입주자 임대료 부담 경감 • 가구 간 형평성 유지 • 주거지 선택의 자유 보장 • 주택재고 이용의 효율성 확보
단점	• 형평성 문제 • 정부의 재정부담 가중 • 주거지 선택의 제한 • 관리 측면에서 한계	• 임대료 상승 유도 가능성 • 임대료 보조금과 수혜자 선정의 문제 • 가구소득 및 임대료 확인의 문제 • 주택재고량이 부족한 지역에서의 적용 문제

출처: 하성규(2006: 288).

주거복지사

주거복지사는 자력으로 주거문제를 해결하기 어려운 가구의 주거안정을 위해 복지적 차원에서 주거서비스를 지원하는 전문인력이다. 이러한 주거복지사의 직무 및 활동분야는 다음과 같다(마이홈, 2023. 2., 한국토지주택공사).

주거복지사의 직무	• 지역의 주거복지실태조사 및 분석, 주거복지 대상자 발굴 • 주생활 상담 및 거주 고충상담, 주거복지 프로그램 정보제공 · 사례관리 • 주거복지사업 기획제안 및 수행 · 관리, 민 · 관공과 주거복지 네트워크 구축 등
활동분야	• 국가 및 지방자치단체 주거복지업무 부서 • 공공 및 민간 주거복지지원센터, 임대관리기업, 사회공헌활동을 하는 기업 • 지역주거복지 관련기관, 주거복지관련 NGO, 사회적 기업 등

연구문제

1. 국가나 지방자치단체가 주체가 되어 제공하는 공공산업복지에 해당하지 않는 것은?

① 의료보험제도 ② 최저임금제도
③ 근로자 주택자금대출 ④ 근로자 장학사업
⑤ 사내근로복지기금제도

2. 산업사회사업의 대표적 프로그램으로는 근로자 원조 프로그램이 있다. 이 프로그램의 운영 방법에 해당하지 않는 것은?

① 전화상담서비스 ② 컨소시엄 모델
③ 계약자 모델 ④ 사용자 모델
⑤ 소비자 모델

3. 미국의 산업사회사업실천유형 가운데 사회복지사들이 복지기금배분분석가, 기업의 사회적 책임담당관, 지역서비스 조정자 등의 명칭으로 활약하고 있는 모델은?

① 근로자 원조 모델 ② 고용주-기업서비스 모델
③ 고객-서비스 모델 ④ 기업 공공참여 모델
⑤ 노동 관련 공공정책 모델

4. 산업복지의 구성체계라 할 수 없는 것은?

① 의료복지 ② 기업복지
③ 노동자 자주복지 ④ 민간산업복지
⑤ 산업사회사업

5. 산업복지의 필요성이 아닌 것은?

① 노동력 보호 ② 사회적 책임
③ 노동력 표준화 ④ 노동자의 직업능력개발
⑤ 고용책임의 표현

Chapter 23

학교사회복지

학교사회복지사업은 각기 다른 환경과 상황들을 맞부딪히며 학교생활을 하는 학생들의 맞춤형 복지를 제공하기에 그 영역이 넓다. 학생, 학부모, 교사뿐만 아니라 지역사회까지 연계하는 복지의 하모니를 추구한다. 먼저 다양한 학생지원 사업을 펼친다. 개인상담, 집단상담, 멘토링, 쉼터운영, 소집단활동(진로 · 자원봉사 · 사회성 향상 프로그램)을 하고 있다. 2014년에도 곡정초등학교의 자존감향상 프로그램 '소.나.무(소중한 나의 무한행복)'나 광교초등학교의 학교폭력예방프로그램 '우리 모두 함께 외쳐요, STOP' 등이 진행되었다.

학교에서도 나선다. 교사상담, 교사연수, 교사간담회, 즐거운 학교 만들기 이벤트 등의 활동이 있다. 학급의 수업에 직접 참여해 인성 · 진로 교육 등 다양한 프로그램도 함께한다. 뿐만 아니라 학부모상담 및 교육, 가정방문을 통해 가정의 어려움도 해결해 가는 가정 지원 역시 활발하다. 지역사회에서 치료나 교육에 필요한 지원을 받을 수 있도록 연계하는 역할도 하고 있다. ○○○ 학교사회복지 디렉터는 학교생활에 부적응을 겪던 다문화가정 학생을 학교사회복지 적용 사례로 설명했다. 맞벌이라 늘 혼자 지낸 시간이 많아 방과 후에 지역아동센터에 가도록 연결했다. 심리치료가 필요한 상황임을 알고 후원단체를 찾아 무료치료를 주선했다. 가정과도 꾸준한 상담을 하면서 선생님, 부모, 지역아동센터가 모두 합심해 아이가 안정되고 바르게 성장할 수 있도록 이끌었다.

출처: 수원 내일신문(2015. 4. 21.).

Key Words

폭력행동, 약물남용, 가출, 집단따돌림, 청소년 우울 · 불안, 자살, 빈곤가정, 교육환경, 학교환경, 교육병리, 처벌 위주, 입시 위주, 암기 위주, 퇴학, 전통적 임상모델, 상호작용, 통합서비스, 생태학적 접근, 학교와 지역사회 연계, 학교와 부모 연계, 학교체계, 학교사회복지사, 교도교사제도, 지역사회학교모델, 학교변화모델, 전통적 임상모델

* 본 장은 박경일 외(2017)의 『사회복지학 강의』 교재 23장(학교사회복지－조수정)의 내용을 중심으로 일부 내용을 수정 보완하였음.

1. 학교사회복지의 정의

학교사회복지는 시대적 변화에 따라 혹은 학자의 이론적 관점에 따라 다양하게 정의되어 왔다. 즉, 학교사회복지가 시작된 1900년대 초기에는 가정과 학교의 협조를 연계해 주는 방문교사의 역할에 초점을 두어 학교사회복지를 정의하였으나 1900년대 중반부터는 학교 부적응 학생의 심리치료와 사회기능의 향상에 초점을 둔 정의가 보편화되기 시작하였다. 이후 1970년대부터는 생태체계학의 영향으로 인해 학생−학교−가정−지역사회의 연계를 중심으로 하는 사회복지서비스의 제공에 초점을 둔 학교사회복지의 정의가 대두되기 시작하였다(한인영 외, 1997: 38).

대표적 정의를 살펴보면 학교사회복지에 관한 이론적 토대를 발전시킨 코스틴(Costin, 1977: 1981)은 학교사회복지는 "학교가 학생 개개인의 지적 · 사회적 · 정서적 욕구와 문제해결에 관심을 갖도록 도와주며, 이를 통하여 모든 학생이 학교에서 공평한 교육기회와 성취감을 제공할 수 있도록 학교현장에서 활동하는 사회사업분야"라고 정의하였다. 따라서 학교사회복지는 사회복지의 다양한 실천방법을 활용하여 학교의 교육기능과 목적을 달성하도록 도와주는 사회복지의 전문분야라고 할 수 있다. 학교사회복지는 사회복지의 다양한 실천방법론을 활용하기 때문에 학교사회복지사는 개인과 사회환경 간의 상호작용에 초점을 두는 생태학적 관점에 기초하여 학교환경과 교육과정에 포함되는 학생, 가족, 교직원, 학교제도, 지역사회 등을 대상으로 하는 개별상담, 집단상담, 가족치료, 지역사회조직사업 등의 사회복지서비스를 제공한다. 또 "학교사회복지는 학생이 건전한 사회기능을 이룰 수 있도록 준비시켜 주며 학생 개인의 문제뿐만 아니라 사회환경이나 교육환경의 변화에 즉시 개입하여 학교가 자신의 역할과 기능을 극대화할 수 있도록 도와주는 연계활동"이라고 정의하기도 하였다(한인영 외, 1997: 38−39).

2. 학교사회복지의 필요성

오늘날 학교는 교육이 이루어지는 장소일 뿐만 아니라 학생의 중요한 삶의 터전으로 자리 잡고 있다. 학생은 일과시간의 대부분을 학교에서 보내고 있으며, 이것은 학교가 단순히 지식전달의 기능만을 담당하는 것이 아니라 학생의 올바른 인격성장을 위한 기능도 담당해야 한다는 것을 의미한다. 따라서 이러한 기능이 제대로 수행될 때 비로소 학교교육의 궁극적 목적인 전인교육의 이념이 달성될 수 있을 것이다.

현재 우리 사회는 급속한 경제성장에 따른 다양한 사회변화가 개인주의와 물질주의를 심화시켰고 이는 학생 및 가족에게 영향을 미쳐 학교생활에 부정적 영향을 미치고 있다. 2000년대 이후 사회 양극화 현상의 확대로 교육기회의 불평등, 과도한 학력 중심의 교육풍토와 학업스트레스, 학교폭력 등의 문제로 학교생활의 어려움을 겪고 있다.

변화하는 사회환경에서 학생 개개인의 기대욕구에 따른 개별적이고 다양한 활동으로서 좀 더 새로운 생활지도방법론이 필요해졌다. 학생들이 겪는 어려움은 개인적 · 가정적 요인뿐만 아니라 학생을 둘러싸고 있는 환경적 요인이 주요한 영향을 미치므로 학교-가정-지역사회를 연결하는 포괄적 학생생활지도지원망을 구축하고, 개인을 둘러싼 환경에 대한 통합적 접근을 제공하는 학교사회복지가 하나의 대안으로 제시될 수 있다. 이미 미국, 호주, 홍콩 등 선진 외국의 경우 학교사회복지사가 각 학교에 배치되어 효과적 학생복지 실현을 위한 활동을 전개하고 있다.

학교 내 학생들의 문제가 학생들을 둘러싼 환경체계의 영향을 받아 나타난 것이라는 인식하에 통합적 접근의 필요성에서 1990년대 중반 이후 지방자치단체 또는 중앙/지방정부의 지원을 받아 학교에 공적으로 학교사회복지사가 도입되었다. 그간 공적으로 실시된 학교사회사업은 교육부 시범사업(1997~1999)과 서울시 교육청 시범사업(1997~2005)을 위시하여, 과천시 학교사회복지사업(2003~)과 보건복지가족부와 교육과학기술부 공동주관 학교사회복지사파견사업(2004~2008), 위스타트사업 내 학교사회복지사업(2005~), 희망스타트사업 내 학교사회복지사업(2007~) 등이 있다(김상곤 외, 2009: 52).

학교사회복지의 전반적인 성과를 평가하는 연구결과를 살펴보면 노혜련(2005, 2006), 사회복지공동모금회 연구(2005), 교육인적자원부(2006), 유정숙(2009) 등의 연구결과에서 학교사회복지실천이 학생 개인적 측면(근태문제 개선, 학교적응력 향상, 자아존중감 향상 등)뿐만 아니라 가족(가정생활의 긍정적 변화 등), 학교(징계율 감소, 학교분위기 변화, 학생과 교사 간의 상호 이해 도모, 긍정적 상호작용 등) 등과 같은 체계적인 차원에서도 성과가 있음을 보고하고 있다(김상곤 외, 2009: 58).

최적의 교육환경이란 학교가 학생 개개인의 능력과 자질에 적합한 교육을 제공하고 심리 · 사회 · 정서적으로 균형 있는 발달을 이룰 수 있도록 도와 학생 모두를 건강한 시민, 자신의 잠재력을 충분히 발휘하며 살 수 있는 성인으로 성장시킬 수 있는 환경을 의미한다.

학교사회복지사가 학교에 개입하여야 하는 당위성은 학교가 학생에게 가장 중요한 생태학적 체계 중의 하나이기 때문이기도 하다. 최근 학생의 문제는 대부분의 원인이 학생 개인에게만 국한되지 않으며 개인적 차원에서만 접근하여 해결될 수 있는 것도 없다. 복잡화되고 있는 학생문제에 대한 효과적 해결책은 학생을 둘러싼 다양한 생태체계적 학교–가정–지역사회를 연계하여 이들의 상호 협조적 관계 속에 접근하는 것이다. 이때 학교는 가정과 지역사회를 연결하는 구심적 역할을 수행할 수 있는 중요한 위치에 있기 때문에 학교에 대한 개입은 학생문제해결에 필수적이라 할 수 있다.

3. 학교사회복지의 목적, 기능 및 대상

1) 학교사회복지의 목적

학교사회복지의 목적은 학생에게는 자신감을 키워 주고 계속적으로 배울 수 있는 준비를 시키며 닥쳐오는 변화에 대한 적응력을 키워 주는 것이라고 하여 정서와 성격 문제의 초점에서부터 벗어나 학생 자신들로 하여금 스스로 배우게 하고 생각하게 하며 문제해결을 하게 하는 학생의 능력을 도와주는 것이다. 이것은 사회복지의 목적과 교육의 목적을 상호 접목시킨 것이라고 할 수 있다. 사회복지와 교육의 목적을 동시에 수행하는 것은 곧 인간의 존엄성을 실현시켜 주기 위해 사회복지와 교육의 방법론을 병행하여 최적의 교육환경을 제공하는 것이라고 할 수 있다.

그러므로 학교사회복지의 목적은 크게 두 가지로 구성되는데, 교육목적의 달성지원과 교육복지의 증진으로 이러한 목적을 달성하기 위한 목표는 다음과 같다(성민선 외, 2004: 30). 첫째, 취약학생이나 학교 부적응 학생은 물론 모든 학생이 자신의 교육적 욕구에 적합한 교육을 받을 수 있도록 공평한 교육기회를 제공하는 학생인권과 학생복지의 증진이다. 둘째, 공평한 교육기회를 보장받은 모든 학생이 학교생활에 잘 적응하며 자신의 심리사회적 기능을 향상시킬 수 있도록 전문적 심리치료와 사회복지서비스를 제공하는 학교생활 적응력 향상이다. 셋째, 학교환경 조성을 통해 학생의 총체적 삶의 질을 향상시켜 궁극적으로는 학생복지를 실현하는 최적의 교육환경과 건강한 학교체계 조성이다. 넷째, 학교-지역사회의 협력증진과 교육활동에 적절한 지역사회조성이다. 다섯째, 가족과 학교의 협력과 가족복지의 증진으로 이를 통하여 학교가 전인교육의 교육목적을 달성할 수 있도록 돕는 것이다.

2) 학교사회복지의 구성요소와 원칙

학교사회복지의 구성요소는 펄만이 제시한 '문제해결' 접근의 4P에 두 가지를 추가형 6P 개념으로 설명될 수 있다. 구체적으로 살펴보면 다음과 같다(성민선 외, 2004).

첫째, 학교사회복지에서 다루어야 하는 문제(problem)이다. 학교사회복지사가 다루어야 하는 주된 문제는 학생 개인이 가지고 있는 심리·사회적 문제 또는 학교부적응, 학습부진 등의 문제이다. 이러한 문제는 학교와 학생이 교육목적을 달성하고 교육기회와 교육 권리를 보장받지 못하는 것과 직·간접적으로 관련되어 있는 것이어야 한다.

둘째, 학교사회복지 실천이 이루어지는 장소(place)이다. 기본적으로 학교라는 장소에서 이루어지지만, 학교가 물리적 공간만을 의미하는 것은 아니다. 학교가 사회적 체계라는 점을 감안할 때 학교체계의 요청에 의해서 또는 학교체계에 영향을 주기 위한 목적으로 수행되는 프로그램이 학교외부에서 이루어진다면 이를 학교사회복지의 실천활동에 포함시킬 수 있다.

셋째, 사회복지사가 개입하는 사람(person)이다. 학교사회복지사가 개입하는 사람은 일차적으로 문제를 가진 사람으로서 다양한 심리 · 사회적 문제를 가진 학생들이 여기에 해당될 수 있다.

넷째, 학교사회복지 실천이 수행되는 과정(process)이다. 학교사회복지사는 접수면접, 사정, 개입계획수립, 개인, 평가 등으로 이루어진 일련의 체계적이며, 전문적인 과정을 통해 실천 활동을 수행한다.

다섯째, 학교사회복지 실천을 위한 프로그램(program)이다. 학교사회복지 실천을 위해 수행되는 프로그램의 목적, 목표, 과업은 교육기관과 교육과정의 근본목적과 같이 명료하고 직접적으로 연결되어야 한다.

여섯째, 사회복지 실천을 수행하는 전문가(professional)이다. 학교사회복지는 학교교육의 목적과 가치, 학교조직의 문화 등을 이해하고 문제해결, 연계활동과 관련된 전문적인 지식과 기술을 갖춘 사회복지사가 수행하는 활동이다.

한편, 학교사회복의 원칙은 다음과 같다(김진숙, 2006).

첫째, 접근성과 서비스 적시성이다. 학생들을 위한 원조체계는 학교와 지리적, 심리적으로 최대한 접근해 있어야 한다. 그리고 학교 안에서 발생하는 위기사건의 경우는 즉각적으로 적절한 대처가 필수적으로 요구되기에 접근성과 적시성은 매우 중요한다.

둘째, 전문성이다. 학교사회복지사는 학생들의 문제를 해결하고 학교생활을 도와주는 다양한 전문직 중 하나다. 이에 전문상담교사, 보건교사, 청소년상담사 등과 같은 유사 전문직과 차별성을 갖는 지식과 능력을 갖추어야 한다.

셋째, 포괄성이다. 학교사회복지사는 학생이 가지고 있는 다양한 문제 형태에 대응할 수 있어야 하며, 문제의 해결을 위해 제공되어야 하는 서비스는 그 영역에 있어 포괄적이어야 한다.

넷째, 복지성이다. 학교사회복지의 일차적 대상이 되는 학생들은 개인적 원인보다는 사회구조적 혹은 가정 환경적 원인으로 인해 잠재력을 최대한 발휘를 저해하는 환경에 놓이게 된 소외계층의 자녀들이다. 즉, 교육의 목적달성을 지원하는 것이 학교사회복지의 목적이라 할 때, 소외계층과 취약지역의 학생들이야말로 사회복지가 최우선적으로 개입하지 않으면 안 될 것이다.

3) 학교사회복지의 대상

학교사회복지는 일반학생, 보호가 필요한 학생, 자신이 가진 문제들을 표출하는 학생, 정서적 어려움을 가진 학생 등 다양한 서비스 군을 대상으로 한다. 이러한 서비스 대상을 보다 구체적으로 구분하면 다음과 같다(김진숙, 2006).

첫째, 일반학생 전체가 실제로 학교사회복지의 대상이며, 문제 예방을 위한 성교육 및 성폭력 피해 방지교육, 진로상담교육, 의사소통교육, 갈등중재교육, 자기주장훈련 교육 등 각 학교의 필요에 따라 예방프로그램을 만들어 일반학생 전체를 대상으로 교육할 수 있다.

둘째, 위기를 경험하고 있는 학생, 즉 학대피해, 폭력피해, 자살시도, 자연재해 피해 학생 등 즉각적 개입을 요하는 학생이 여기에 해당된다.

셋째, 가정문제와 결부된 학생, 즉 가출, 부모양육의 소홀, 방임, 부모 이혼가정, 소년소녀가장 등 학생의 혼자만의 문제가 아니고 가정의 개입을 우선적으로 하는 경우이다.

넷째, 심각한 범법행동 학생(폭력, 범죄 등)이다.

다섯째, 학교 규칙위만 학생, 즉 무단결석, 무단조퇴, 등교거부, 잦은 지각, 수업불참 등의 출결석 문제, 흡연문제, 음주문제, 교사와의 갈등을 보이는 학생이다.

여섯째, 정서적 문제를 가진 학생 등이다.

위와 같이 학교사회복지의 서비스를 받는 대상은 학교의 거의 모든 학생이라 봐야 하며, 상황에 따라 서비스의 우선순위를 정하여 예방프로그램 치료개입프로램을 적절하게 배치해야 할 것이다(한인영 외, 2004).

4. 학교사회복지의 실천모델

학교사회복지의 실천모델을 언급하기 전에 학교사회복지를 실천함에 있어시 필수적 전제조건이라고 할 수 있는 사회복지의 가치가 학교라는 영역에서 사회복지사에 의하여 어떻게 적용, 실천되어야 하는가를 정리(문성호 · 남진열, 1999: 450-451)하면 〈표 23-1〉과 같다.

〈표 23-1〉 사회복지의 가치와 학교에의 적용

사회복지의 가치	학교에서의 사회복지의 적용
• 모든 인간의 가치와 존엄성을 인정한다. • 자기결정과 자아실현에 대한 권리를 갖는다. • 개인의 잠재능력을 존중하고 이의 달성을 위한 개인의 열망에 대하여 지원한다. • 각 개인의 권리는 모든 다른 사람과 다르며, 이러한 차이에 대하여 존중해 주어야 한다.	• 모든 학생은 어떤 독특한 특성에 관계없이 개인으로서 존중되어야 한다. • 모든 학생은 학습과정에 참여할 수 있도록 하여야 한다. • 학습 정도의 차이를 포함한 개인적 차이는 인정되어야 하고, 개입은 학생의 교육목표를 원조하는 데 초점을 두어야 한다. • 인종 그리고 사회경제적 특성에 관계없이 모든 학생은 학교에서 동등한 대우를 받을 권리가 있다.

이러한 가치를 적용하는 학교사회복지의 실천모델은 사회복지사가 주어진 환경상황 속에서 어떠한 방법으로 개입하여야 하는지를 설명하는 것이라고 할 수 있다. 학교사회복지는 실천분야가 전문화되고 발전되어 오면서 그 시대의 사회적 · 문화적 환경에 대응하기 위하여 다양한 실천모델이 개발되었다.

학교사회복지의 실천모델은 임상사회사업이 가장 전문적으로 발달한 미국에서 체계화되었다. 앨더슨(Alderson, 1972)은 학교사회복지의 모델로서 전통적 임상모델(traditional clinical model), 학교변화모델(school change model), 지역사회학교모델(community school model), 학교상호작용모델(school interaction model)의 네 가지를 제시하고 있다.

첫째, 전통적 임상모델은 초기에는 정신분석학에 이론적 근거를 두었고 그 이후에는 자아심리학에 근거를 두었다. 이 모델의 주요 가정은 개별학생 및 학생의 가족이 역기능적이고 어려움을 경험하고 있다는 것이다. 따라서 학교사회복지사의 전략, 전술, 기술은 개별사회사업방법에 기초를 두고 학교에서 어려움을 가진 학생과의 개별사회사업, 교사와 다른 학교 관련 직원과의 전문적 관계 수립, 부모와의 개별사회사업, 지역사회기관과 함께하는 사업, 지역사회에 학교 프로그램을 설명해 주는 것 등으로 구성된다.

둘째, 학교변화모델의 주요 초점은 학교규범과 조건에 있으며, 학교를 클라이언트로 간주한다. 학교에 있는 모든 사람–학생, 교사, 행정가, 기타 관련인–은 중재를 위한 잠정적 대상이다. 이 모델의 기본역할은 학교의 상황에 관심을 가지고 학습과 학교적응에 있어서 학교의 규칙과 실행을 확인하도록 교사와 행정가를 돕고, 학교 안에서 학생의 어려움에 대한 원인을 다루는 동시에 개인에게 서비스를 제공하는 것이다.

셋째, 지역사회학교모델은 지역사회에 초점을 두고 있으며, 지역사회가 학교를 위한 자원을 조직하고 제공하는 것이다. 이 모델의 목적은 학교에 대한 지역사회의 이해와 지지를 향상시키고, 소외된 학생을 지원하는 학교 프로그램을 발달시켜, 학생의 학습과 학교에서의 적응력에 영향을 미치는 조건을 향상시키는 것이다. 이러한 접근은 학교사회복지의 전통적 임상역할보다는 지역사회접근을 위한 방식을 강조한다.

넷째, 학교상호작용모델은 체계이론, 집단사회사업실천이론, 의사소통이론 등에 기초하고 있으며, 클라이언트의 문제를 개인과 다양한 체계가 서로 의사소통하고 상호보조하기 위해 행하는 사회적 상호작용에 어려움이 있기 때문에 발생한다고 본다. 이 모델은 학교, 학생, 지역사회 간의 상호작용, 특히 역기능적 관계성과 이들 사이에서 일어나는 상호 교류의 종류와 질에 관심을 가지며, 대상체계에 대한 옹호보다는 조정에 더 초점을 두고 있다. 그리고 학교, 학생, 지역사회 간의 기능적 상호작용을 방해하는 장애를 확인하고, 이 체계 간의 역기능적 상호작용 유형에 변화를 주고, 이를 통해 학교, 학생, 지역사회가 함께 일할 수 있도록 돕는 것을 목적으로 한다.

앞의 네 가지 모델은 가장 전형적인 학교사회복지실천방법의 분류방식이다. 이는 또한 학교사회복지실천모델의 발전과정을 설명해 주기도 한다. 전통적 임상모델은 기존의 사회복지기관이나 복지관에서 제공하고 있는 다양한 사회복지서비스를 학교현장에서 실시하게 되었다는 점에서 의의가 있으나, 문제를 병리적으로 진단하고 문제의 초점을 학생 개인에게 맞추고 있다는 문제점이 있다. 또한 학교변화모델은 학생문제의 주 요인을 지나치게 학교 자체에서 찾고 있다. 반면에 지역사회학교모델은 학생문제해결을 위한 자원으로서 지역사회에 대한 지나친 기대를 반영하고 있다. 이러한 문제점을 보완하여 통합적으로 접근하고자 하는 것이 학교상호작용모델이다.

최근의 학교사회복지모델은 학생, 학교, 지역사회 사이의 상호작용이 복합적임을 강조하고 있다. 그러므로 학교사회복지의 제도화를 위해서는 학교가 중심이 되어 사회복지사가 학교 내에 배치되고, 학교를 둘러싼 각 체계와의 연계를 통한 통합적 서비스를 제공할 수 있는 모델이 도입되어야 한다.

5. 학교사회복지사의 역할과 원조과정

1) 학교사회복지사의 역할

오늘날 사회복지의 주류를 이루고 있는 체계모델에서 학교사회복지사의 역할은 관련 당사자 사이에 개입하여 상호 이해의 폭을 넓히고 공통의 공유의식을 확대해 나감으로써 당사자 간의 중재자, 의사소통 원조자, 이해촉진자 등으로 문제해결을 도와주고 다른 문제를 예방할 수 있도록 도와준다. 따라서 학교사회복지사는 학생과 교사 사이, 학생과 가족 사이, 그 밖에 학생과 이해관계자 사이에 개입하여 의사소통의 전문가로서, 중재자로서 역할을 하여 상호 이해의 증진을 돕고 관계개선을 위한 의사소통의 방법을 교육함으로써 관련된 당사자 모두를 도와주는 역할을 수행해야 한다.

다양한 실천모델 속에서의 학교사회복지사의 역할은 매우 다양하다. 그러나 대략적 역할을 정리하면 다음과 같다(한인영 외, 1997: 153; 유영준, 1997: 30).

① 학생의 심리정서적 문제를 예방하고 해결하는 심리치료전문가로서 학생의 문제를 명확히 규정하기 위해 학생, 가족, 학교제도, 지역사회의 정보를 수집하여 학생문제의 원인을 체계적으로 사정하고 이에 따른 개별상담, 집단상담, 가족치료 등의 심리치료를 제공한다.

② 학생의 심리정서적 문제는 학생 개인의 인성적 특성에 의해 발생하기도 하지만 경제적 혹은 사회환경적 영향이 중요한 역할을 하기도 한다. 따라서 빈곤가정이나 결손가정의 학생을 위해 심리치료 외에 경제적 혹은 인적 원조를 제공하는 사회복지서비스도 병행한다.

③ 교직원이나 학부모에게 학생문제의 원인과 이의 예방안을 교육시켜 학생문제의 예방과 해결에 도움을 준다.

④ 학생, 학교, 가정, 지역사회의 관계를 증진시키는 연계자로서 학교가 지역사회에 기대하는 내용과 학교의 교육목적을 주민에게 홍보하거나 반대로 지역사회의 욕구를 학교 당국에 전달하기도 한다.

⑤ 학교 내외의 다른 전문직과 협력하여 학교행정이나 교육정책이 학생을 위한 최선의 결정이 되도록 도움을 준다.

우리나라 학교사회복지사들의 직무를 분석하기 위해 1969년 코스틴이 실시했던 학교사회복지사들의 직무분석에 관한 연구를 기반으로 연구한 결과 학교사회복지사들의 직무영역은, (1) 가정－학교－지역사회연계, (2) 학생에 대한 사회복지서비스, (3) 교사와의 협력적 활동, (4) 사례관리, (5) 가정에 대한 사회복지서비스, (6) 정책결정 및 행정, (7) 전문적 활동으로 구분되었다(노혜련 · 김상곤, 2006: 192).

학교사회복지사들이 수행하는 역할과 학생복지와 관련된 문제를 해결할 수 있는 전문성은 학교사회복지사업의 효과에 중요한 영향을 미치며, 학교사회복지사의 역할을 구체적인 행동으로 나타내 주는 직무를 명확히 하는 것은 학교사회복지사란 어떤 일을 하는 전문가인가를 나타내는 정체성과도 밀접하게 연관되어 있다. 지금까지의 학교사회복지실천의 경험을 토대로 우리나라 실정에 맞는 직무와 역할을 설정하고 이를 통해 학교사회복지사의 정체성을 명확히 하여 다른 전문직과 구별되는 새로운 역할을 제시할 필요가 있다. 이렇게 하는 것은 학교라는 제2차 사회복지실천현장에서 새롭게 일을 시작하는 학교사회복지사들로 하여금 타 전문직과 구별되는 직무와 역할에 대한 동일한 시작을 갖고 참여할 수 있도록 함으로써 업무수행을 원활하게 할 수 있도록 원조할 수 있을 뿐만 아니라 학교사회복지사들로 하여금 그것을 효과적으로 수행하는 데 기여하는 교육과 지원활동의 내용을 이끌어 내는 데에도 활용될 수 있기 때문에 궁극적으로는 업무수행의 전문성과 효과성을 높이는 데 이바지할 것이다(노혜련 · 김상곤, 2006: 161–162).

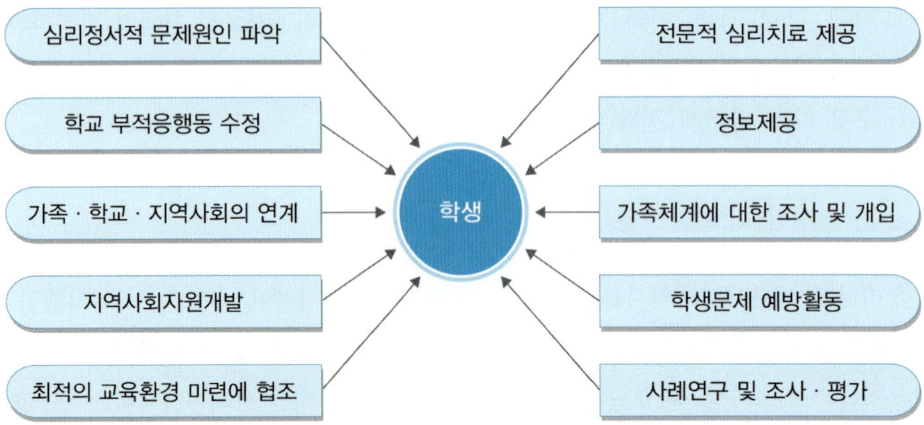

[그림 23-1] 학교사회복지사의 역할

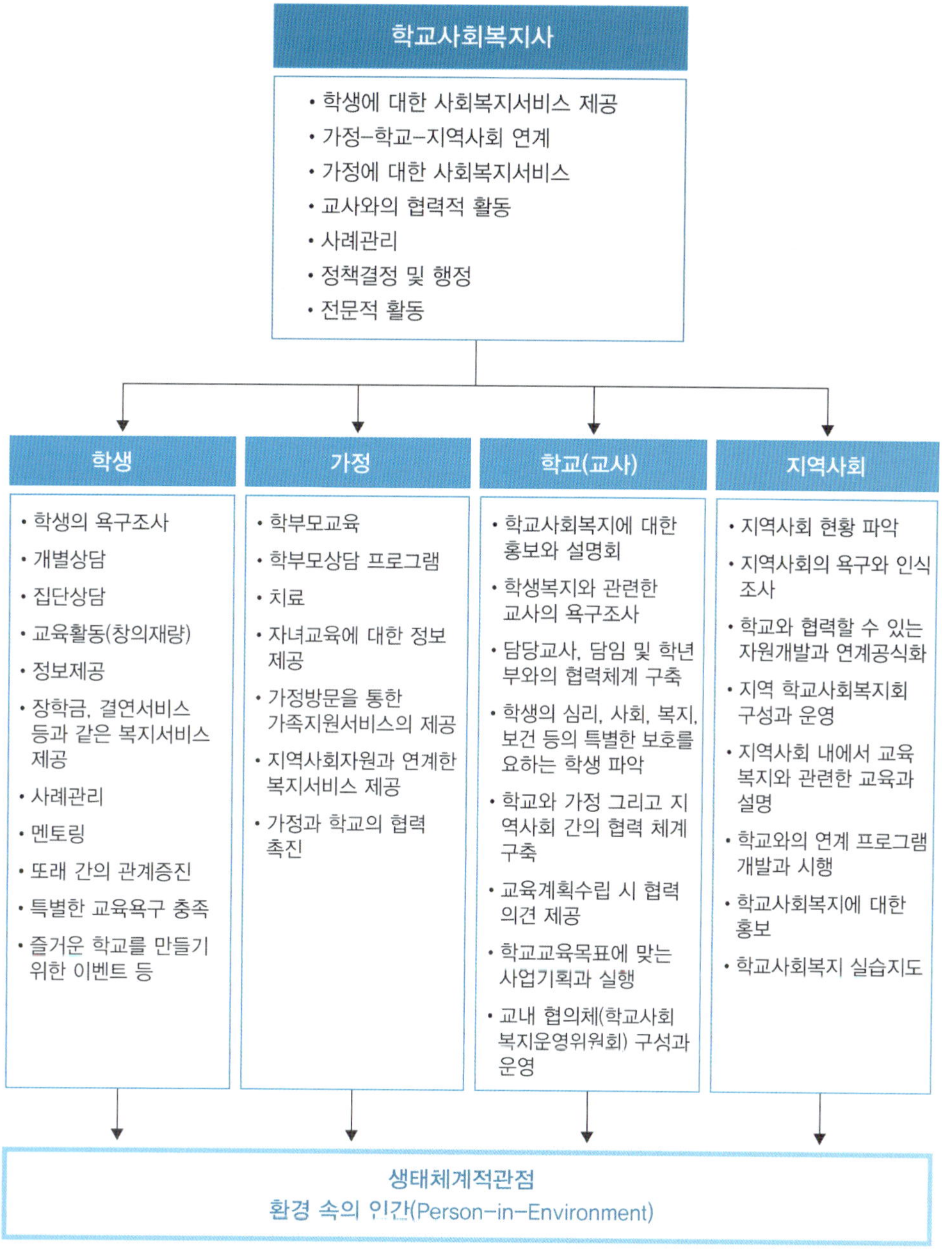

[그림 23–2] 학교사회복지사의 직무

2) 학교사회복지의 원조과정

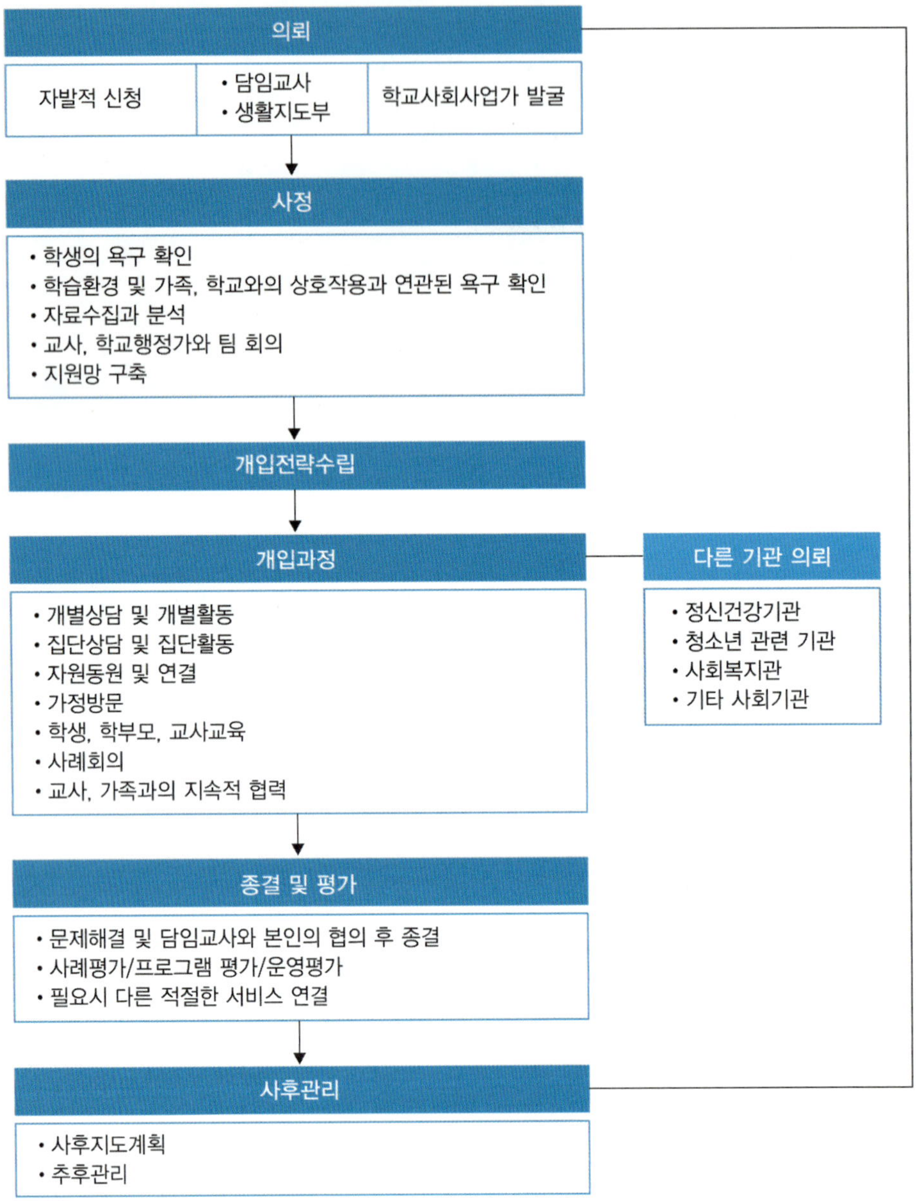

[그림 23-3] 학교사회복지사의 학생지원 원조과정

학업중단 학생이 발생한 전국 458개 고등학교에 교육복지사가 배치돼 더 이상 자퇴자가 생기지 않도록 예방활동을 펼친다. 여성가족부는 12일 관계부처들이 마련한 이런 내용의 학교 밖 청소년 지원대책이 국무회의에서 확정돼 이달 말부터 시행된다고 밝혔다. 학교 밖 청소년 누적 인원은 2012년까지 28만여 명이며 연간 6만여 명의 청소년이 학교를 그만두고 있는 것으로 분석됐다. 정부는 학업중단 학생이 있었던 458개 고교를 교육복지 우선지원 학교로 선정하고 교육복지사(학교사회복지사)를 배치해 학업중단 예방 프로그램을 집중 지원키로 했다. 학생이 자퇴신청을 하지 않았더라도 출석률 등이 좋지 않을 경우 학업중단 숙려제 프로그램에 참여하게 할 계획이다.

출처: 경향신문(2015. 05. 15.).

6. 학교사회복지의 과제

학교는 학력경쟁체제에서 다양한 잠재된 능력과 적성을 개발하고 인성과 사회성을 길러 주는 곳으로 변화하여야 한다. 오랜 기간 학교사회복지사의 헌신적 노력과 열정에도 불구하고 학교 내 복지에 대한 지원 및 활성화 방안은 어려운 과정에 있다. 하지만 학교사회복지현장을 책임지고 있는 전문상담교사의 역할에도 불구하고 학교사회복지에 대한 필요성은 계속 증가하고 있다. 학교와 지역사회를 연결하는 중요한 고리로서의 학교사회복지사의 기능과 역할이 시험되고 있는 학교사회복지사업의 유형인 교육복지투자우선지역사업이나 위스타트사업 등 다양한 형태가 활성화되고 있는 시점에서 제도화를 통해 좀 더 체계적인 이해와 사업추진이 이루어질 필요성이 있음을 제기하면서 다음과 같은 과제를 살펴보고자 한다.

1) 학교사회복지사업의 지속적 추진

전반적인 학교사회복지 실시는 학교실태에 알맞은 실천방안을 마련함으로써 적절한 시점에서 학생에게 필요한 지원으로 사전에 문제를 예방할 것이다. 현재 시행 중인 교육복지투자우선지역사업의 지속과 확대가 필요하며 다른 부처의 사업과 연계성을 강화하고 상호 간의 역할분담과 통합적 시도가 이루어져야 한다. 교육복지투자우선지역사업과 같은 다양한 형태의 학교사회복지 시범사업을 운영함에 있어 실무자의 전문성과 신분보장이 필요하다. 현재 학교사회복지사업의 시범사업으로 운영되고 있는 현장에서 활동하는 인력의 신분이 보장되어 있지 않은 문제점을 해결함으로써 사업의 지속성과 안정성을 확보하며, 전문인력의 중요성을 인식하여 학교-가정-지역사회 연계 통합적 사업수행이 가능하게 할 수 있다. 보다 적극적인 방법은 지방교육청을 통해 학교사회복지사 직제를 마련하고 학교 내에 학교사회복지사 배치를 규정화하여 학교사회복지사업 전반을 운영하도록 한다면 사업의 효과성을 극대화할 수 있을 것이다.

2) 법률적 근거 확보

학교사회복지사업은 입법화 과정을 통해 제도화하는 것이 가장 바람직한 지향점이다. 2005년 이후 학교사회복지법안 제정을 위한 다양한 제안과 노력이 있어 왔으나 지속적으로 추진되지 못하고 폐지되어 현 시점에서 다시 제도화를 위한 노력이 전개되어야 하는 어려움에 처해 있기는 하지만 별도의 「학교사회복지법」 제정 또는 초·중등교육법 개정을 통한 학교사회복지사 근거 확보, 「교육기본법」 제정을 통해 학교사회복지사를 교육복지의 전문인력으로 인정하는 방안 등을 마련하여 학교사회복지사업에 대한 정체성을 살리면서 학교사회복지사의 활동기반을 마련하는 적극적 노력이 요구된다. 이러한 학교사회복지사업의 제도화를 통해 학교사회복지사는 전문상담교사와 구분되는 전문가이면서도 학교 내에서 다양한 활동을 행할 수 있는 전문가로서의 위상을 확보하여 학교교육의 본질적 목적달성과 모든 학생의 바람직한 성장을 위한 체계적 지원이 가능해질 것이다.

3) 학교사회복지실천 프로그램의 확대와 다양화

학교사회복지실천 프로그램의 동향을 살펴보면 학교사회복지실천 프로그램의 연구가 미비하고 주로 중학생들을 대상으로 하는 프로그램에 집중되어 있으며, 집단프로그램이 많이 시행되고 있음을 알 수 있다. 또한 대상 측면에서도 저소득 취약계층을 중심으로 선별적 프로그램을 주로 시행하고 있고, 문제유형에 있어서도 빈곤 또는 학교

부적응 문제에 집중되어 있다. 따라서 학교사회복지실천 프로그램을 낮은 접근성의 어려움을 극복하고 학창시절 가장 큰 학습과 스트레스를 경험하는 고등학생들을 대상으로 실천 연구할 필요성이 있으며, 통합서비스를 추구하는 학교사회복지실천의 특성을 고려한다면 집단뿐만 아니라 개인을 대상으로 하는 프로그램의 활성화가 필요하다. 학교사회복지실천과정에서 특정 문제를 가진 학생을 선별하여 프로그램을 진행하는 사례가 많은데, 보편적인 학생들을 대상으로 한 프로그램뿐만 아니라 부모 및 학교(교사)를 대상으로 하는 프로그램의 접근 등의 균형적 적용과 발전이 필요하다. 무엇보다 학교사회복지실천 프로그램의 확대 및 다양화, 세분화될 필요가 있으며, 질적연구와 양적연구의 통합을 통한 평가기법을 통해 평가에도 관심을 기울여 나가야 할 것이다(김광혁, 2014: 76-78).

4) 학교사회복지사업 수행을 위한 체계적인 업무 매뉴얼의 개발

현재도 학교사회복지 매뉴얼이 있으나 학교사회복지업무를 표준화하는 데에는 한계가 있으며 사업의 편차가 커서 공동지표를 개발하는 데 어려움이 있다. 따라서 학교사회복지 매뉴얼에는 학교사회복지사업을 통해서 기대하는 정책목표가 명확하게 제시되고 이를 수행하기 위한 전략과 사업내용, 평가방법 등을 구체적으로 제시함으로써 사업이 최소한의 통일성을 유지하도록 해야 한다(김상곤 외, 2009: 76-77).

Chapter 24

자원봉사활동

자원활동이란 사회문제의 예방 및 해결 또는 국가의 공익사업을 수행하고 있는 공사의 공식 조직에 자발적으로 참여하여 영리적 보상을 받지 않고서도 인간존중의 정신과 민주주의 원칙에 입각하여 낯선 타인을 상대로 필요한 서비스를 제공함으로써 사회의 공동선을 고양시킴과 동시에 이타심의 구현을 통해 자기실현을 성취하고자 하는 활동이다.

「자원봉사활동기본법」(2014.1.7. 전문개정) 제3조에 의하면, "자원봉사활동"이란 '개인 또는 단체가 지역사회 · 국가 및 인류사회를 위하여 대가 없이 자발적으로 시간과 노력을 제공하는 행위'를 말한다.

사회문제의 발생과 더불어 국민은 보다 나은 삶의 질을 추구함으로써 다양한 복지욕구가 등장하고 사회복지제도의 강화를 요청하게 되었으나 정부정책만으로는 국민의 다양한 복지욕구를 충족시키고 균등함을 유도하기엔 어려움이 있어 전 국민의 공동복지를 위한 공동의 참여가 필요한데 이것의 한 방법이 바로 자원봉사활동이다.

이러한 자원봉사활동 활성화를 위한 자원봉사인력을 조직하고 활용하며 관리하는 방법의 습득을 이해하고자 한다.

Key Words

자선활동, 자발성, 공익성, 무상성, 지속성, 자기결정권, 자원봉사관리자, 자원봉사자 개발, 자원봉사자 모집, 자원봉사자 교육, 기초교육, 재교육, 소집단교육, 자원봉사자 배치, 자원봉사자 관리, 자원봉사자 평가, 자원봉사자 인정 및 보상, 자아실현, 자원봉사 프로그램

* 본 장은 박경일 외(2017)의 『사회복지학 강의』 교재 24장(자원봉사활동-조수정)의 내용을 중심으로 일부 내용을 수정 보완하였음.

1. 자원봉사활동의 정의

1) 자원봉사의 개념

사회문제의 발생과 더불어 국민은 보다 나은 삶의 질을 추구함으로써 다양한 복지 욕구가 등장하게 되고 사회복지제도의 강화를 요청하게 되었다. 이것은 전 국민이 복지시민으로서의 자질을 갖추고 공동복지목표를 위해 함께 참여하고 노력할 때 가능한 것으로 전 국민의 공동복지를 위한 공동의 참여가 필요한데, 이것의 한 방법이 바로 자원봉사활동이다. 자원봉사활동은 자의적이고 지원적인 성격을 갖는데 현재 사회복지제도의 불완전성을 보완하고 강화하는 데 그 중요성이 매우 크다.

자원봉사활동은 볼런터리(voluntary) 또는 볼런터리즘(voluntarism)으로 자유의지라는 의미를 가진 라틴어 볼런투스(voluntus)에서 유래되었으며, 볼론터리에 사람을 표현하는 접미어 'eer'을 붙여 자원봉사자를 볼런티어(volunteer)라고 한다. 이 말은 "인류사회의 협조를 향한 인간 개인의 자발의지"(김영호, 1994: 11)이다.

인간은 본래부터 사회적 속성을 가지고 서로 교류하며 무엇을 성취하여 인정받고 타자에 대한 사회적 책임을 지고 새로운 경험을 해 보고자 하는 자원봉사에 대한 본능적 욕구를 가지고 있다. 즉, 자원봉사활동이란 인간 공동의 행복을 지향하는 데 필수불가결한 요건으로 민주주의 철학을 기본으로 하여 개인, 집단, 지역사회의 문제를 해결하고 예방하는 노력으로 그에 상응하는 대가(보수, 지위, 명예)를 바라지 않고 자발적으로 협력 또는 직접 참여하는 복지활동이라 할 수 있다(윤혜승, 1995: 20).

「자원봉사활동기본법」에서는 "자원봉사활동"이란 개인 또는 단체가 지역사회 · 국가 및 인류사회를 위하여 대가 없이 자발적으로 시간과 노력을 제공하는 행위를 말하며, "자원봉사자"란 자원봉사활동을 하는 사람을 말한다. 한국사회복지협의회(1987)에서는 "자원봉사활동이란 사회문제의 예방 및 해결 또는 국가의 공익사업을 수행하고 있는 공사의 공식조직에 자발적으로 참여하여 영리적 보상을 받지 않고서도 인간존중의 정신과 민주주의 원칙에 입각하여 낯선 타인을 상대로 필요한 서비스를 제공함으로써 사회의 공동선을 고양시킴과 동시에 이타심의 구현을 통해 자기실현을 성취하고자 하는 활동"이라고 정의하고 있다.

지금의 자원봉사활동에 있어서는 자원봉사자가 활동에 참가하는 목적이 자기만족과 함께 지역사회복지증진 중심으로 바뀌어야 한다. 최근 주 40시간 근무 등 생활여건의 변화로 여가가 늘어나게 되고 이를 의미 있게 보내려는 이들이 증가하게 되어 볼런테인먼트(voluntainment: volunteer와 entertainment의 합성어)라는 새로운 용어가 등장하였다. 개인의 삶의 의미를 키우는 활동과 이런 활동을 사회적으로 의미 있는 활동으로 연결짓는 좋은 방법이 바로 자원봉사활동인 것이다(박태영, 2009: 131).

이상 살펴본 여러 정의는 약간씩 차이가 있으나 종합해 보면 자원봉사활동이란 인간 공동의 행복을 지향하는 데 필수 불가결한 요건으로 민주주의 철학을 기반으로 하여 개인, 집단, 지역사회의 문제를 해결하고 예방하는 노력으로 그에 상응하는 대가(보수, 지위, 명예)를 바라지 않고 자발적으로 협력 또는 직접 참여하는 복지활동이라 할 수 있다.

2) 자원봉사의 필요성

지방자치제도의 중요 장치로서 지방선거에 못지 않게 사회변화, 지역변화의 주체로서 자원봉사는 오늘날 지방자치의 필요불가결한 요소로 기능한다고 할 수 있다. 자원봉사는 시민의 참여의식으로 지역사회문제를 해결하는 것으로 중요성이 강조되고 있다.

지역사회서비스 공급에 있어서 자원봉사활동이 필요한 배경을 살펴보면 다음과 같다.

첫째, 내인적 복지욕구의 증대이다. 이것은 가족 내에 있는 노인, 아동, 장애인 등에 대한 케어나 보호, 부양능력이 점차 감퇴되어 감에 따라 자원봉사활동에 대한 요구가 점차적으로 증가되어 가고 있다는 것이다. 과거 단순했던 농업경제 중심적 사회에서는 개인이나 집단이 안고 있는 여러 가지 문제들이 가족이나 인근 사회공동체의 상호협조에 의해 해결이 가능하였으나 오늘날 산업사회 또는 정보화사회에서는 핵가족화로 인하여 가족 내에서나 친족 내에서 해결할 수 없는 문제가 가족의 기능을 약화시킨다거나 고령화 시대의 도래에 따라 사회문제로 대두되고 있다. 종전의 가족이나 인근 생활공동체의 책임이 사회로 전가됨에 따라 사회적 제 문제의 예방과 해결에 사회성원들의 자발적 참여와 연대책임이 요구되게 된 것이다. 케어 등과 같은 대인적 욕구에는 자원봉사활동이 일상적으로 쉽게 대응할 수 있으며, 재가복지활동에 대하여 사회적으로 큰 요구로 대두되고 있다.

둘째, 공적 서비스의 한계이다. 지역사회복지는 기본적으로 공적 · 제도적 서비스의 일환으로서 지역주민의 생활안정과 지역사회복지의 정책목표로 삼아 시행되고 있는데 지역사회복지의 수요가 날로 증대되어 감에 따라 공적 · 제도적 대응에 한계가 나타나게 되었다. 자원봉사활동은 이러한 공적 · 제도적 서비스의 한계를 극복하고 그것을 완화시키기 위한 대응으로서 복지인력자원의 충원과 복지재정문제의 해결에 기여한다. 따라서 사회복지정책의 효과적인 수행을 위해서는 민간자원의 동원에 대한 적극적인 역할이 모색되어야 한다.

셋째, 새로운 복지관의 대두이다. 지역복지, 장애인복지에서 통합화, 정상화의 새로운 복지관으로 인하여 기본적 인권문제를 일상생활상의 가치나 인식의 문제로 받아들여 바르게 하려는 시민운동이 전개되었다. 따라서 이러한 지역사회의 통합화와 정상화 이념이 지역사회복지활동의 이념으로 대두됨에 따라 자원봉사활동에 대한 인식이 높아지고 확산되게 되었다.

넷째, 지역사회에 대한 관심의 증가이다. 산업화, 도시화는 곧바로 경제성장으로 이어지고 교통, 통신, 정보의 발달로 전통사회에서 유지되어 오던 공동체 의식과 지역정서는 해체되어 점점 개인화됨에 따라 군중 속에서 생활하지만 혼자뿐이라는 감성 속에 빠지게 되고 결국 지역사회는 없는 것으로 인식하게 되는 것이 현 상황이다. 그러나 이러한 상황이 지속되면 인간은 근린적 상호교류를 필요로 하게 되고 여기에서 지역사회 인식이 산출될 수 있다. 이것은 아무리 공식조직이 발달했다 하더라도 비공식조직이 존재하는 것처럼 인간이 경제생활을 하면서 지내는 원거리의 공식조직에서 구하지 못하는 인간성 회복이나 휴식공간은 근린지역에서 찾게 된다는 논리와 통한다. 우리나라의 현 상황은 지방자치시대이며 지방자치는 해당지역의 자원을 최대한 활용하여 효과적 사회복지를 모색하는 데 근본 목적이 있는 만큼, 지역주민의 공동체적 의식을 한데 모을 수 있는 자원봉사활동은 시대적으로도 요청되는 지역사회복지운동이다(고수현, 2003: 28-29).

다섯째, 인간성의 회복이다. 자원봉사활동이 그것과 관계 있는 사람들의 인간성을 회복시켜 주는 데 커다란 역할을 하고 있는 것에 대한 인식과 평가가 높아지고 있다. 사상이나 가치체계의 변화는 인간존중의 원리, 자발성의 원리, 기회균등의 원리, 사회연대책임의 원리를 내포하고 있으며, 자원봉사활동은 이러한 사상 및 가치체계 내에서 존재의의를 가지며, 민주주의나 인도주의 사상의 고조는 자원봉사정신의 발전에 큰 영향을 미치고 있다(김대원, 2000: 104). 자원봉사활동을 통하여 사람들은 인간의 존엄성을 다시금 인식하게 되고, 다른 사람을 위한 배려의 중요성을 깨닫게 되어 자신을 발견할 수 있는 계기를 마련하게 된다.

3) 자원봉사활동의 특성

인류 역사 이래 자원봉사가 계속 이어져 온 것은 자원봉사가 가지고 있는 이념이 인류사회발전에 반드시 필요한 것이기 때문이며, 자원봉사의 이념적 · 철학적 배경을 중심으로 나타나는 자원봉사의 특성은 헌신, 학습, 자유의지, 이타주의, 희생, 심리적 보상, 무급성, 조직화 등이며(신윤창 · 손경숙, 2008: 127-129), 또 다른 경우 자발성, 이타성(복지성), 보수, 실천성, 지속성 등이다.

첫째, 자발성이란 자신이 보고 자신이 생각해서 자신이 결정하여 자기의지에 의하여 행동한다는 것이다. 즉, 누군가 이 일을 하지 않으면 안 된다는 상황에서 어찌 내가 하지 않을 수 있으랴 하고 자발적으로 나서는 결단력이다. 중요한 것은 누가 자발적으로 먼저 행하는가이다. 공동체 사회의 여러 가지 사회문제를 자신의 문제로 적극적으로 인식하는 것이 필요하다.

둘째, 이타성은 자원봉사활동은 자신의 이익이나 일시적 감정으로서가 아니라 이웃과 더불어 복된 삶을 살기 위하여 책임감을 갖고 공동체의 구성원이나 고난에 처한 한 사람 한 사람의 인간복지 향상을 목표로 활동하는 것을 의미한다. 비록 자발성을 충분히 갖고 있다 하더라도 복지성 또는 공공성을 갖고 있지 못한다면 그것은 자원봉사활동이라고 할 수 없다.

셋째, 보수는 자원봉사활동은 한 시민으로서 당연히 해야 할 의무이며 무엇보다도 자신의 행복을 위해 하는 자발적 행동이므로 어떠한 대가도 바라지 않는 활동이라는 것이다.

넷째, 실천성은 자원봉사활동은 혼자서 할 수 있는 개인활동이 아니라 자원봉사자와 클라이언트, 그리고 관리조정자 등 여러 사람이 함께 수행하는 체계적 활동이라는 것이다. 즉흥적이 아니라 체계적이고 의도적이며 지속적으로 하는 의식적 실천을 지향하는 이념을 가진다.

다섯째, 지속성은 자원봉사활동은 활동이 아니라 생활이며 문화라는 의미이다. 자원봉사의 현장이 따로 있는 것이 아니라 자원봉사자가 있는 곳이 바로 자원봉사현장이다. 이러한 의미에서 자원봉사활동이 아니라 자원봉사생활이라고 말해야 할 것이다. 이처럼 자원봉사활동은 한두 번의 활동으로 그치는 것이 아니라 생활 속에서 꾸준히 실천되는 것이다.

그 외 민주성, 조직화, 복지성, 보편성과 공공성을 원칙으로 제시하기도 한다(양창삼, 1997: 19-28; 신윤창 · 손경숙, 2008: 127-129 재인용).

민주성은 참여와 기회균등을 강조하는 의미로 누구나 참여가 가능하며, 참여자 개개인의 재능과 의견이 존중된다. 조직화는 실천성의 특성으로 단편적 · 비조직적으로 일을 하기보다 체계적 · 조직적으로 일을 수행해야 함을 말한다. 복지성은 자원봉사활동이 한 사람만의 행복을 위한 활동만이 아니라 사회 전체의 사회복지를 향상시킨다는 것이다. 보편성과 공공성은 개인, 단체, 조직의 이익뿐만 아니라 정당이나 종교단체의 이익까지 초월하는 보편성과 공공성을 강조한다.

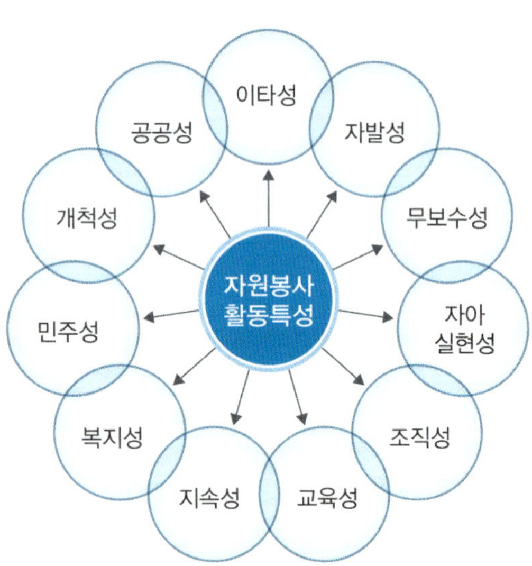

[그림 24-1] 자원봉사활동의 특성

이 외 다양한 자원봉사활동은 [그림 24-1]과 같은 다양한 특성을 가진다.

4) 자원봉사활동의 철학

자원봉사의 동기에 있어 헌신과 봉사, 자선, 상부상조 등의 철학적 · 종교적 · 도덕적 개념들이 중요한 기반이 되고 있다. 이러한 동기에서 이루어지는 자발적인 행위는 자원봉사활동을 함에 있어 윤리적 원칙으로 진행되어 왔다. 자원봉사활동을 구성하는 철학적 기초 및 이념적 요인을 살펴보면 다음과 같다(이병순 외, 2016).

① 상호부조 정신: 상호부조는 인간에 있어 가장 오래되고 보편적인 이웃 간의 비공식적인 보살핌이며, 유사한 사람들끼리 서로 돕고 공동체문제를 해결하고 복지를 향상시키는 활동이다.

② 종교적 윤리: 종교적 윤리는 '비이기적이고 직접적인 도움의 행위'로서 새로운 공동체적 삶으로서의 구현을 의미한다.

③ 박애정신: 비종교적 동기, 즉 19세기에 개화된 인도주의적인 도덕과 윤리에 기초하여 생활 빈곤자를 원조하는 민간적 활동이라고 할 수 있다. 즉, 인간 존엄성을 기초로 근심 · 불행 · 괴로움 등을 같이 나누려는 마음을 갖고 자원봉사활동을 하는 것을 말한다.

④ 민주주의 철학: 민주주의 철학은 '같이 있다', '더불어 산다' 등 내 주위의 이웃을 인식하는 데에서 출발한다. 이러한 인식은 공동체의식의 구현을 위해 자발성을 강조하며, 이 자발성은 민주주의와 자원봉사를 연결 짓는 고리로 역할을 한다.

⑤ 시민참여 정신: 시민참여에서 오는 사회의 이익과 행동의 결과에서 오는 개인적인 만족감을 직접 경험하면서 사회참여에 대한 사명감을 가지게 되므로 시민참여는 민주적인 생활방법 자체이다. 진정한 민주사회의 생존 및 발전은 시민의식에 기반을 둔 사회봉사에 의해 이루어질 수 있다.

⑥ 자발적 참여주의: 자발적 참여주의 정신은 자유의사 또는 선택에 의해 어떤 행위를 하는 것을 말한다. 이는 자원봉사활동의 주축이 되는 것으로, 철학적으로는 인간의 의지가 지식이나 이성보다 우선한다는 사항에 기초하고 있음을 보여준다.

2. 자원봉사자의 모집과 홍보

1) 자원봉사자 모집

모집이란 조직의 목표를 달성할 수 있는 자격 및 능력을 갖춘 지원자들을 발굴하여 조직으로 유인하는 과정을 말한다. 따라서 자원봉사자 모집은 조직에 필요한 자원봉사 활동을 수행할 수 있는 유능한 능력과 원만한 대인관계를 맺은 수 있는 자원봉사자를 선발하는 것이라 할 수 있다. 특히, 자원봉사는 자발성과 무보수성을 전제로 하기 때문에 자원봉사자의 모집을 위한 동기부여가 중요하다 할 수 있다.

즉, 자원봉사자의 모집은 지역사회의 문제를 효과적으로 해결하기 위해 잠재되어 있는 유능한 인적자원을 끌어내는 활동이며, 이는 무엇인가를 돕고자 하는 '자원봉사자'와 업무에 도움을 필요로 하는 '기관 혹은 수혜자'의 욕구가 만나는 과정으로 볼 수 있다. 그렇기 때문에 자원봉사자들에게 접근함에 있어 시기, 시간, 시간적 여유 등은 모집 성공에 영향을 미칠 수 있다. 구체적으로 자원봉사자 모집에 대해 살펴보면 다음과 같다(최유미, 2015).

(1) 잠재적 자원봉사자의 욕구 확인

자원봉사자 모집을 성공적으로 하기 위해서는 잠재적 자원봉사자의 욕구를 파악하는 것이 중요하다. 자원봉사자의 욕구는 관심을 갖고 있는 업무의 유형, 업무의 시간적·공간적 유연성, 업무에 대한 보상 등 기관으로부터 바라는 점 등이라 설명될 수 있다(이만식 외, 2010: 128). 따라서 모집 과정에 있어서 잠재적 자원봉사자의 욕구와 기관의 욕구가 일치하는 경우를 찾아내고 매칭시키는 것이 배치과정이다.

즉, 자원봉사자 모집 과정은 자원봉사자가 관심을 가질 수 있도록 가치 있고 관심 있는 자원봉사업무를 마련해야 한다는 점이 핵심이라 할 수 있다.

(2) 자원봉사자 모집과정

자원봉사자의 모집과정은 목표설정, 모집대상 설정, 홍보수단 설정, 홍보자료 제작,

모집활동 수행, 평가 및 조정 등 6단계로 설명될 수 있다.

첫째, 모집목표 설정단계는 구체적인 계획을 세우는 단계이다. 모집 전 점검사항에 비추어 부족한 부분을 조정해 놓고 모집목표를 수립한다.

둘째, 모집대상 설정단계는 누가 이 일을 하기를 원할 것인가에 대해 구체화시키는 작업이다. 모집과정에서는 모집과 표적모집 두 가지 형태로 접근이 가능하다. 일반적인 모집은 대부분의 사람들이 할 수 있는 자원봉사 활동의 경우 효과적이다. 즉, 특별한 기술을 요구하지 않거나 짧은 시간에 필요한 기술을 배울 수 있는 경우 사용할 수 있다. 표적모집은 자원봉사 직무가 제한된 기술이나 태도가 요구될 때 사용하는 방법이다. 즉, 컴퓨터 능력이나 상담과 같은 특별한 교육적인 기술이 요구되어질 때 이와 관련된 능력이 있는 사람이 필요한 경우에 효과적이다.

셋째, 홍보수단 설정단계는 어떤 방법으로 잠재적 자원봉사자에게 알릴 것인가를 결정하는 단계이다. 즉, 전달하는 방식이 무엇이 되어야 할지, 각 집단별로 홍보매체, 홍보방법을 정하는 것이 필요하다. 그리고 실질적으로 모집하고자 하는 대상층에게 설득력 있겠는가에 대한 부분의 검토가 필요하다.

넷째, 홍보자료 제작단계는 홍보내용에 어떠한 메시지를 담을 것인가를 결정하는 단계이다. 즉, 참가하는 사람들의 동기는 무엇인가에 대한 동기를 파악하고 그들에게 무엇을 말해야 하는지에 대한 내용(지역사회의 요구, 업무내용, 혜택 등) 중 어떤 부분을 어떻게 강조하고 대상층별로 어떤 동기에 맞게 메시지를 조정할 것인가를 결정하는 것을 말한다

다섯째, 모집활동 수행단계는 누가 모집을 담당하고, 어떠한 업무를 할 것인가를 결정하는 단계이다. 즉, 어디서 어떻게 몇 번의 홍보활동을 할 것인가, 누가 모집을 해야 하나, 모집과정 각각에서 누가 무슨 역할을 담당할 것인가, 모집활동에 잠가하는 모든 사람들이 자신들의 역할을 이해하는가에 대한 질문을 찾는 단계로 볼 수 있다.

여섯째, 평가 및 조정단계는 모집 중간결과, 최종결과, 자원봉사관리 등 모집 전반에 대한 점검을 통해 모집계획을 조정하는 단계이다.

2) 자원봉사자 홍보

홍보는 적절한 매체를 활용하여 대중에게 효과적으로 전달하여 효과적은 반응을 얻어 내고자 활용하는 전략이다. 이를 바탕으로 잠재적 자원봉사자들에게 지역사회 내에서 자원봉사활동에 참여하도록 알리는 행위가 바로 자원봉사자 홍보라 할 수 있다. 자원봉사자 홍보방법에 대해서 구체적으로 살펴보면 다음과 같다(조휘일 외, 2015).

① 대중매체: TV, 라디오, 신문 등으로 홍보하는 방법이다. 대중매체는 영향력이 강하기 때문에 기관 홍보나 많은 자원봉사자를 한꺼번에 모집하고자 하는 경우 효과적이다. 하지만, 차별화된 모집이 어려워 부적합한 사람들이 올 수도 있음을 고려해야 한다.

② 정기간행물: 기업, 비영리 기관 등의 소식지, 학교신문, 전문가 집단의 소식지와 저널지 등 정기간행물은 독자층이 누구인지를 파악하여 선택하면 적절한 자원봉사자를 찾는 데 도움이 된다.

③ 우편발송: 기관 이용경험이 있는 사람들의 정보를 활용하여 우편을 발송하거나 다른 사람이 발송하고자 하는 우편물에 작성된 편지나 전담을 끼워 넣어서 홍보할 수 있다.

④ 지역 지도자와 접촉: 지역 지도자와 접촉은 통한 자원봉사자 목록을 작성하여 그들에게 봉사대상자를 돕는 방법을 알려 준다.

⑤ 모집캠페인: 특별한 이벤트 행사를 벌일 수도 있고 지역사회 행사에 덧붙여서 캠페인을 진행할 수 있다. 강연 혹은 워크숍, 공동포럼 개최 등 기관의 중요한 이슈에 대한 이벤트 행사는 좋은 모집기회가 된다.

⑥ 일대일 모집: 직원뿐 아니라 현재 자원봉사자 중 만족을 느끼는 사람이 직접할 수 있다. 그들의 동료를 소개하고 긍정적인 메시지를 전달할 수 있는 기회를 만들어서 자원봉사자를 모집할 있다.

3. 자원봉사활동의 영역과 유형

1) 자원봉사활동의 영역

자원봉사활동의 영역은 보건 · 의료 분야, 교육 · 문화 · 여가선용 분야, 정치 · 경제 · 환경 분야, 종교 · 매스미디어 · 교정 분야, 사회복지 분야로 나누어 살펴볼 수 있다. 구체적으로 살펴보면 다음과 같다.

복지 · 보건 · 의료 분야는 사회복지사의 협력자, 노인 및 환자, 장애인 등을 위한 방문자, 가사활동지원자, 사회복지기관 및 시설을 위한 대변자 및 정보제공자 또는 시설의 안내자로서 활동, 보건서비스 분야에서의 인근 보건소의 보조자, 접수안내자, 의료사회사업의 보조자 및 순회간호사의 보조자, 의학연구단체의 기금조성자로서 활동, 병원분야에서의 호스피스, 임상업무보조, 환자지원, 식사서비스, 환자접수 및 안내, 입원환자 위문, 도서대출 및 회수 등의 활동 등이 있다.

교육 · 문화 · 여가선용 분야는 성인교육의 보조자, 학교 자원봉사자로 활동하며, 진로상담, 개인문제 상담 및 성장을 위한 상담 등 카운슬러로서 광범위하게 활용하게 된다. 문화 분야에서 미술, 역사, 과학, 박물관의 견학안내자로서 또는 그 외의 다른 형태의 보조자로서 활동하고, 지역사회의 음악, 미술, 저술, 춤, 연극 등 예술활동 분야에서 조언자 및 보조지도자로 활동, 여가선용 분야에서 심판관, 레크리에이션 지도자, 어린이놀이터의 감독, 수공예, 게임, 취미 및 무용 등의 자원교사, 청소년단체와 종교단체의 청소년지도사로서 활동 등이 있다.

정치 · 경제 · 환경 분야는 정치 분야에서 공명선거캠페인과 투표소의 보조자로서 활동하며, 경제 분야에서 실업자와 기술이 없는 사람을 모집하여 훈련을 시키고 직업을 알선해 주는 활동, 환경 분야에서 자신과 자신의 가족의 생활 속의 환경보호실천과 지역의 사회단체, 종교단체의 협력을 촉구하는 활동 등을 하게 된다.

종교 · 매스미디어 · 교정 분야는 종교교육의 교사로서 활동과 매스미디어 분야에서 투고자, 뉴스모니터 등으로서 활동, 교정 분야에서 보호관찰대상자를 위한 보호위원으로서, 교도소의 자원교사 및 가석방자의 지도요원, 법정후견인 및 상담보조원 등으로 활동하게 된다.

2) 자원봉사활동의 유형

참여방식에 따른 활동유형으로, 첫째, 클라이언트에 대한 직접 활동으로 노인, 장애인, 청소년 등 클라이언트와 직접 접촉하여 대화를 통한 상담자가 되기도 하고 바람직한 생활을 유도 및 보조하고 지원하는 활동, 둘째, 클라이언트에 대한 간접 활동으로 클라이언트와 직접 접촉하지 않고 하는, 시설이나 기관의 사무적 보조, 의류 및 침구 등의 세탁, 청소, 조경작업 및 후원결연, 행사지원 등의 활동, 셋째, 제도정비 및 개선 활동으로 사회제도의 문제로 말미암아 곤경에 처한 사람을 위하여 제도화되지 않은 것이나 불충분한 것들의 정비개선을 위하여 문제를 제기하는 활동, 넷째, 관리 및 운영 활동으로 자원봉사활동에 관한 연구조사, 통계수집 및 자원봉사자 육성을 위한 프로그램 계획, 모집, 캠페인 실행, 자원봉사리더의 육성, 자원봉사활동의 지원, 홍보물 제작, 자원봉사활동 기금조성, 자문활동 등 행정 · 경영 분야의 관리적 과업을 수행하는 활동, 다섯째, 정책검토 및 결정활동으로 사회복지, 환경, 교육 등 사회문제에 대한 원인과 실태를 연구 및 검토하고 문제해결을 위한 정책대안 제시, 법률 및 조례 제정, 개정 등 정책을 입안하는 일에 참여하는 활동이 포함된다.

조직역할에 따른 활동유형으로 의사결정 자원봉사자 유형과 프로그램 자원봉사자 유형을 들 수 있다. 의사결정 자원봉사자는 자원봉사서비스를 직접 수행 또는 전달하지는 않으나 구성원들로부터 위임된 특정한 책임의 영역 내에서 자원봉사활동을 계획하고 관리하며 자금을 조달하고 조정하는, 즉 직접 서비스를 수행하고 전달하는 프로그램 자원봉사자를 지원하고 조정하는 역할을 수행하고, 프로그램 자원봉사자는 조직에서 계획한 자원봉사서비스를 직접 수행하거나 클라이언트에게 전달하는 역할수행을 한다.

4. 자원봉사활동의 관리체계

자원봉사활동은 금전적 보상이 아닌 심리적 동기에 의해서 크게 영향을 받기 때문에 자원봉사자에 대한 관리는 활동의 지속성과 서비스의 효과에 영향을 미치는 매우 중요한 변수이다. 자원봉사활동 관리체계란 자원봉사자를 효과적으로 활용하기 위해

시설이나 기관이 행하는 활동 중 모집, 홍보, 교육, 배치, 평가, 인정과 승인 등의 관리 과정과 이런 과정을 다루는 인력 등을 모두 포함한다. 즉, 자원봉사 관리체계는 크게 두 가지의 구성요소로 구분될 수 있는데, 하나는 자원봉사관리자이고, 다른 하나는 자원봉사관리과정이다(류기형 외, 2004: 44).

1) 자원봉사관리자의 역할

자원봉사관리자는 자원봉사자 및 프로그램을 관리하는 인력으로 전문성의 정도에 따라 전문가, 준전문가, 리더로 세분화할 수 있다(남미애, 1997: 36). 자원봉사 전문가는 자원봉사활동 전반에 대한 전문적 교육과 훈련을 받고, 기관이나 시설에서 자원봉사자 관리 및 조정에 대한 일을 주된 업무로 하는 유급직원으로, 역할에 따라 자원봉사 슈퍼바이저, 자원봉사조정자, 자원봉사감독자(director)로 불리기도 한다. 자원봉사 준전문가는 자신들의 고유 업무 외에 자원봉사자 관리도 겸하고 있는 경우이다. 또한 자원봉사 리더는 자원봉사활동 경험이 많아 숙련된 기술을 가지고 있을 뿐 아니라 자원봉사자의 대표자로서 집단을 이끌고 집단을 대변하기도 한다.

이들 전문가 중 자원봉사 슈퍼바이저는 자원봉사자 교육이나 사례관리에 초점을 두고, 자원봉사감독자는 기관의 행정가와 같은 직책에서 행하는 역할이라고 할 수 있다. 그리고 자원봉사조정자는 시설과 지역사회 사이에 위치하여 자원봉사자 등 지역사회 자원을 효과적으로 동원함으로써 시설 등이 목적으로 하는 사업을 효과적으로 수행하게 하는 한편 자원봉사활동에 대한 요구를 가진 지역사회의 가정이나 사람을 지원하도록 하는 전문가를 의미한다. 이러한 자원봉사조정자는 자원봉사활동에 관련된 계획을 수립하고 그에 따른 직무를 설계하여 위임, 조정하며 그 직무에 적합한 인력을 모집, 교육, 배치하여 지도·감독하고, 평가하는 기능을 담당한다(Wilson, 1976: 122).

피셔(Fisher)와 콜(Cole)은 "기존의 연구문헌과 자원봉사 분야에서 실제로 활동하고 있는 전문직업인에 의해서 거론되고 있는 자원봉사관리자의 업무역할은 다음과 같이 몇 가지로 설명되고 있다"고 주장하고 "자원봉사관리자의 직무지침서에는 다음의 다섯 가지를 전부 또는 일부 포함하지만, 지도자(leader)와 관리자(manager)로서의 역할이 가장 중요하다"고 지적하고 있다(Colo & Fisher, 1998: 30).

① 자원봉사자의 지도와 봉사활동지침의 결정자
② 자원봉사 프로그램의 관리자와 인사관리자
③ 조직에서 활동하는 자원봉사자의 옹호자
④ 조직과 조직에서 활동하는 자원봉사자 사이에서의 주요 의사전달자
⑤ 자원봉사 프로그램의 지지를 위한 기금조성자

따라서 자원봉사관리자의 기능은 기관의 크기, 목적 및 환경에 따라 다르겠지만 자원봉사자를 모집하기 위한 사전준비에서부터 이들이 자원봉사자로서의 활동을 원활하게 수행할 수 있도록 하고 나아가 이들을 계속 자원봉사자로 유지하기 위한 사후관리까지의 모든 사항을 포함한다고 하겠다.

2) 자원봉사활동 관리과정

자원봉사 관리과정에 대한 일치된 논의는 아직 없으나 이와 관련된 견해는 다음과 같다(이병순 외, 2016).

스완슨(Swanson)은 자원봉사의 조직, 모집과 홍보, 면접과 배치, 자원봉사자에 대한 오리엔테이션, 자원봉사자의 유지 및 보존, 업무기록, 예산조정 및 후원, 자원봉사자 프로그램 평가 등이라 구분하고 있다.

던(Dunn)은 미국사회사업백과사전에서 프로그램 기획과 사전 평가, 업무설계와 자원봉사자 모집, 자원봉사자의 선택과 배치, 자원봉사자 유지 등으로 구분하고 있다.

즉, 자원봉사활동 관리과정은 일치된 논의는 없지만, 효과적인 자원봉사활동을 위한 기획, 업무설계, 자원봉사자의 모집, 자원봉사활동의 목적에 필요한 교육 및 훈련, 대상자에게 적절한 서비스가 제공될 수 있도록 홍보, 교육 및 훈련된 자원봉사자를 적재적소에 배치하고, 자원봉사자에 대한 동기유발을 위한 인정보상, 그리고 이러한 과정을 통해 제공된 자원봉사활동의 평가 등의 모든 과정을 의미한다.

한편, 행정안전부에서 발간한 자원봉사활동관리 표준매뉴얼에서는 관리업무의 표준영역을 13가지로 제시하고 있으며 그 내용과 기본 방향은 다음과 같다(이병순 외, 2016).

① 운영전략 및 관리방침의 수립: 자원봉사센터의 효과적인 운영을 위해 전략과 관리방침을 수립하여 문서화한다. 또한 센터 내외부의 관계자들이 이를 공유하고 지속적으로 갱신해야 한다.
② 자원봉사 프로그램 개발 및 운영: 지역사회 문제를 해결하기 위해서 목적과 목표가 분명한 자원봉사 프로그램을 개발하고 보급한다.
③ 자원봉사자 업무기획: 자원봉사자들을 필요로 하는 업무들을 세분화하여 계획하고 이에 따른 업무설명서를 마련해야 한다.
④ 자원봉사자 모집: 자원봉사업무에 가장 적합한 자원봉사자를 표적화하고, 모집 홍보 전략을 통해 모집한다.
⑤ 자원봉사자 면접과 배치: 자원봉사자들의 욕구와 자질을 파악하기 위해 면접을 실시하고, 자원봉사자 및 수요처의 욕구에 따라 적재적소에 자원봉사자를 배치하여야 한다.
⑥ 자원봉사 교육: 자원봉사자의 역할과 업무를 효과적으로 수행할 수 있도록 이들의 욕구, 활동, 내용 및 시기 등을 고려하여 교육 대상자에게 적합한 교육 과정을 개발하여 실행한다.
⑦ 자원봉사활동 관리감독: 계획된 자원봉사활동의 목표를 달성하기 위해 지속적으로 필요한 정보와 피드백을 제공해야 한다.
⑧ 자원봉사단체 및 수요처 개발과 관리: 지역주민의 조직화된 자원봉사활동을 촉진하고 지속적으로 원활히 운영되며 목표달성을 할 수 있도록 자원봉사단체를 조직화하고 육성한다.
⑨ 자원봉사 위험관리: 자원봉사활동환경의 위험요인을 파악하여 사전에 예방하고 위험이 발생하면 체계적인 해결방안을 수립하여 신속한 해결을 통해 문제를 최소화한다.
⑩ 자원봉사 인정과 보상: 자원봉사활동에 대하여 가치를 부여하고 감사를 표시하기 위하여 자원봉사자의 활동에 대한 기여 및 성과에 대해 적절한 인정과 보상을 제공해야 한다.
⑪ 자원봉사 홍보와 진흥: 자원봉사의 가치와 활동기회를 널리 알리기 위해 센터

운영 및 사업의 전 영역과 유기적으로 결합된 홍보 전략을 수립하고 이를 수행한다.

⑫ 재난재해 관리: 재난재해의 사전예방과 신속한 복구를 위하여 민간 및 공공영역의 공조관계를 갖추어 재난재해 대처체계를 구축하여야 한다.

⑬ 행정관리: 자원봉사센터의 전략과 사업목표를 달성하기 위하여 운영에 필요한 전반적인 관리 시행을 운영 점검하고 평가한다.

〈https://www.vms.or.kr/index.jsp〉

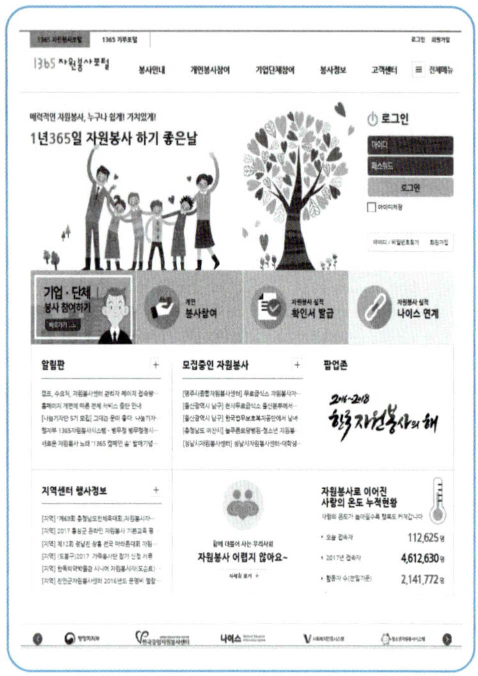

〈www.1365.go.kr/ 〉

사회복지자원봉사인증관리(VMS)와 청소년자원봉사 포털사이트(DOVOL)은 1365자원봉사포털과 연계되어 봉사 후 실적을 1365로 전송가능

5. 자원봉사활동의 과제

자원봉사활동은 사회복지를 향한 시민참여의 한 형태로서, 활동의 과정을 통하여 공동체 의식을 높이고, 사회계층의 폭넓은 참여를 통한 사회적 통합일 수 있으며, 연대의식과 책임의식을 바탕으로 한 민주시민의 양성기반이 되기도 한다. 최근 자원봉사활동의 경향은 자원봉사자의 수적 증대와 참여계층의 확대 및 활동 · 내용의 다양화라고 할 수 있다. 이러한 변화와 관련하여 자원봉사활동 활성화를 위한 과제를 제시하면 다음과 같다.

1) 추진체제의 과제

자원봉사활동 추진체계와 관련하여, 첫째, 자원봉사활동을 총괄 · 지원 · 조정할 수 있는 전담기구가 없다. 자원봉사활동에 대한 조사연구, 교육훈련, 상담지도, 수급조정, 홍보 및 개발, 집회장소 제공, 각종 자료의 제공, 국내 · 외 교류, 사고보장 수속, 프로그램 개발 등의 전문적 기능을 통합 관리 · 전담할 수 있는 공식적 전문자원봉사조직이 없다. 따라서 이들을 전담해서 육성, 추진해 나가는 기구의 신설이 필요하다.

둘째, 자원봉사 육성 · 추진기관 간의 통합조정시스템이 구축되지 않아 상호 협력관계가 부족한 실정이다. 자원봉사활동의 수급정보제공, 교육 및 활동사례 등을 통합 · 연계관리할 수 있는 지역 간, 기관 간 상호 연계된 관리체계가 없고 봉사인력의 효율적 관리와 활용을 위한 데이터베이스 구축 등의 종합정보망이 갖추어져 있지 않다. 자원봉사자는 소속된 특정 기관이나 단체만의 자원이 아니라 지역사회 전체의 자원이라는 '자원의 지역사회 공유개념'이 도입되어 지역사회 단위로 자원봉사 데이터베이스를 구축하고, 이를 공동으로 활용할 수 있도록 네트워크를 구축할 필요가 있다.

2) 관리체계의 과제

자원봉사활동 관리체계와 관련하여, 첫째, 자원봉사관리에 대한 전문기술과 지식을 가진 자원봉사관리자가 부족할 뿐만 아니라 배치가 이루어지지 않고 있다. 따라서 자원봉사활동을 육성 · 지도 · 관리하는 실천경험을 바탕으로 클라이언트와 자원봉사자 간의 조정, 자원봉사자와 활용기관 간의 조정 등 다양한 욕구를 조정하고 자원봉사자의 교육과 상담에 임하는 전문직원의 배치가 시급하다. 자원봉사관리자의 배치는 체계적 홍보 부족, 담당부서의 관리 및 교육능력의 미흡, 교육 및 운영에 필요한 프로그램 개발의 미비, 평가 및 지원체계의 부족 등의 문제에 대해 보다 효과적으로 대처할 수 있게 할 것이다.

둘째, 자원봉사관리과정의 전문성과 체계성이 부족하다. 자원봉사자 활용기관의 자원봉사 프로그램 관리는 더 이상 단순한 임시방편적 관심만으로는 제대로 될 수가 없고 자원봉사자관리도 직원관리와 같이 대등하게 중요함을 인식하고 과학적이고 체계적이며 전문적인 업무분장, 지도감독, 교육훈련, 유인책 등의 포괄적 관리체계를 도입해야 한다.

셋째, 자원봉사자에 대한 교육과정을 체계화, 전문화시키는 것도 중요하다. 교육은 현재 일회적으로 진행되고 있는 오리엔테이션 수준을 보강하여 자원봉사자의 특성과 서비스의 대상 및 유형을 고려하여 이에 대한 이해를 제고하고 봉사기술을 습득하여 적용할 수 있는 실효성 있는 교육이 되도록 해야 한다.

넷째, 보상체계가 미흡하다는 점을 들 수 있는데, 「자원봉사활동기본법」의 제정으로 인정과 보상에 대한 체계가 규범화되어 있지만 자원봉사활동기관이나 시설이 각각의 인정과 보상기준을 가지고 있어 체계적 인정과 보상이 되고 있지 못하므로 참여형태의 다양성을 고려한 현실적 검토와 실행을 위한 보상체계가 마련되어야 한다.

3) 지역사회 형성의식의 강화

지역사회를 만들고자 하는 형성의식은 자원봉사를 강화하는 기틀이 된다. 커뮤니티 의식이 우선해야 자원봉사의식이 활성화될 수 있다. 물론 커뮤니티 형성의식이 자원봉사의식의 생성과 직접 원인이 되는 것은 아니지만 지역의 공간적 의식이 없는 자원봉사활동은 본래의 목적 달성을 어렵게 하는 것은 사실이다. 현대사회는 붕괴, 분해, 쇠퇴, 불안정, 파손, 정서불안의 상태로 가고 있다는 말에서 인식할 수 있듯이 자원봉사활동의 기초적 터전 마련이라고 할 수 있는 지역사회 의식형성은 강조되어야 하며, 지역사회의식 형성이 자원봉사활동이 전개되면서 강화될 수도 있다(고수현, 2003: 33).

지역 내 자원봉사는 경제 · 문화 · 복지 · 환경 등 여러 분야를 포함하는 종합적인 활동으로 사람 간의 관계와 신뢰를 회복하는 역할을 할 수 있다.

4) 자원봉사를 통한 인권인식 강화

자원봉사는 타자에 대한 관심과 배려의 연속행위라는 속성을 갖는다. 활동이 축적되면서 전체와 개체의 관계망 속에서 생명존중의 인식이 형성된다. 따라서 자원봉사의 가치를 담고 활동하는 현장은 훌륭한 인권학교가 되기도 한다. 자원봉사 현장은 항상 타인에 대한 관심과 배려와 나눔으로 감동을 체험하면서 다양성에 대한 수용성을 자극받게 된다. 그러므로 자원봉사자들은 항상 스스로를 돌아보고 경계하면서 인권감수성을 다듬어야 한다. 우리 사회의 통합을 저해하고 있는 타인에 대한 불관용, 우월의 관계로 차별 짓는 비인권적인 상황에 대한 극복 방안의 하나로 자원봉사에 주목할 필요가 있다(이란희 · 항금용, 2014: 64).

세계자원봉사자협회(IAVE: International Association for Volunteer Effort)

세계자원봉자사협회는 자원봉사를 나라와 문화 간 교류의 수단으로 본 세계 각국의 자원봉사자들에 의해 1970년 창립되었다. 의회는 전 세계 자원봉사의 발전을 촉진하고 강화하는 것을 축하하기 위해 존재한다. 의회는 이것을 주요목표로 삼는 유일한 국제조직이다. IAVE는 현재 전 세계 70개국 이상에 자원봉사자와 자원봉사단체(기업포함) 회원을 보유하고 있으며, 64개국 및 자치령에 대표를 두고 있다. 미국 워싱턴에 세계사무국 본무가 있고, 글로벌기업자원봉사위원회, 글로벌청소년자원봉사자, 글로벌자원봉사전국센터네트워크를 가진 네트워크로 성상했으며, 선 세계 사원봉사 빌전을 선도하고 있다. 핵심기능은 자원봉사 관련대회 및 모임 주선, 지식생산과 보급, 네트워킹, 대변역할을 한다. 매 2년마다 세계자원봉사대회 및 동반 청소년자원봉사대회를 개최하며, 최근 재난자원봉사 관련 전문가회의를 IBM, UPS 등과 공동으로 주선해 재난대비 및 대응을 효과적으로 하는 방안을 모색한다.

연구문제

1. 자원봉사활동의 주요 특성에 포함되지 않는 것은 무엇인가?

① 자발성 ② 조직성 ③ 이타성
④ 무급성 ⑤ 지속성

2. 다음중 자원봉사의 중요성이 강조되는 이유로 적당하지 않은 것은?

① 현대사회는 정부의 능력만으로 해결할 수 없는 일들이 발생한다.
② 여러 미래학자들은 자원봉사활동을 '제4의 물결'이라 하여 21세기 인류의 행복과 번영을 좌우할 가장 큰 원동력으로 보고 있다.
③ 각국은 자원봉사이념을 사회개혁과 21세기 더불어 사는 복지공동체 창조를 위한 새로운 이념으로 인식하고 사회통합과 국가발전전략의 일환으로 자원봉사활동의 활성화를 위한 정책적 · 제도적 장치의 마련 등 다각적인 노력을 기울이고 있다.
④ 동서 냉전시대 이데올로기를 극복 · 예방하고 복지사회를 이루기 위한 필수조건으로 지역사회를 중심으로 하는 제3섹터인 자원봉사활동(voluntarism)이 대두되었다.

3. 자원봉사자 배치에 있어 고려해야 할 사항이 아닌 것은?

① 자원봉사 수요기관의 업무내용과 조건
② 자원봉사활동 집단 또는 조직구성원에 대한 조건
③ 자원봉사자의 시간적 조건
④ 자원봉사자의 활동동기와 관련한 조건
⑤ 자원봉사자의 의식과 기대수준

4. 자원봉사활동의 인정과 보상 등에 관한 설명으로 옳지 않은 것은?

① 인정과 보상은 활동의 지속성을 위한 유인책이다.
② 기관의 각종 행사에 초대하여 유대관계를 강화한다.
③ 개인적 관심에 따라 배치하여 즐겁게 활동할 수 있게 한다.
④ 자원봉사자들의 경험과 고충을 공감하는 시간을 갖는다.
⑤ 같이 봉사할 친구를 데려오면 일정액을 지급하여 준다.

5. 자원봉사활동에 관한 설명으로 옳은 것은?

① 무보수성을 원칙으로 하기 때문에 어떠한 보상도 이루어져서는 안 된다.
② 자원봉사자의 활동에 대해서는 별도의 평가를 진행하지 않는다.
③ 자원봉사자를 모집하기 전에 업무, 인원, 기간 등에 대한 계획을 세워야 한다.
④ 지자체 지원을 받는 자원봉사단체는 특정 정당에 대한 선거운동이 가능하다.
⑤ 자원봉사센터는 국가기관 및 지방자치단체가 직접 운영하도록 하고 있다.

6. 자원봉사활동센터의 활동으로 볼 수 없는 것은?

① 자원봉사자 및 자원봉사자를 원하는 기관을 모집한다.
② 자원봉사자활동의 필요성을 알리고 의무화한다.
③ 자원봉사자가 안전하게 활동할 수 있도록 보험가입을 추진한다.
④ 자원봉사활동에 필요한 기자재 등을 대여해 준다.
⑤ 자원봉사와 관련된 조사, 연구를 실시한다.

Chapter 25

제4차 산업혁명과 사회복지 & 국제복지, 생태복지

4차 산업혁명의 도래에 따라 발생하는 새로운 사회문제와 사회적 위험의 증가는 사회복지 지출을 증가시킬 것이다. 그렇다면 앞으로 우리가 맞이하게 될 4차 산업혁명의 변화와 부작용에 대해 어떻게 대처해 나가야 할 것인가는 대단히 중요한 과제가 될 것이다. 따라서 지능정보사회의 사회적 위험에 대응하기 위한 복지 패러다임의 전환 및 대응전략 모색의 필요성으로서 '인간 중심의 지능정보사회'를 목표로 사회적 신뢰 기반의 혁신적 사회안전망 구축이 필요하다. 이를 위해 일상 생활의 영역에 ICT기술을 접목시켜 생활의 편리를 돕는 복지서비스의 혁신(Danish government, 2013)으로 복지기술이 강조되고, 스마트복지와 함께 사회서비스 영역에서 디지털복지가 부각되고 있다.

그리고 국제화 시대의 국제복지는 독자적인 복지분야의 한 영역으로서의 지위를 획득하고 있으며, 최근에는 기후변화에 대응하고 물질적 부의 축적에 걸맞은 삶의 질 향상을 실현시키려면 후대응 복지체계에서 선대응 복지체계로 전환해야 할 필요성이 강조되면서 국내 생태복지 개념이 출현하였다.

Key Words

제4차 산업혁명, 세계경제포럼(WEF), 연결성, 제2차 사회보장계획, 복지패러다임 변화, 상상이 현실화 되는 사회적 위험, 스마트복지, 복지기술, 디지털 리터러시, 디지털복지, 국제복지, 생태복지, 산림복지, 기안문, 사회복지사 자격증, 사회복지사 1급, 성과중심형 사업계획서, 돌봄 로봇, 생태복지도시

1. 제4차 산업혁명이란 무엇인가[1)]

제4차 산업혁명은 인공지능으로 자동화와 연결성이 극대화되는 산업 환경의 변화를 의미한다. 이 용어는 2011년 독일 정부가 '인더스트리 4.0' 정책을 추진하기 위해 제4차 산업혁명과 관련된 개념을 사용한 데서 시작되었다. 그런데 클라우스 슈밥(Klaus Schwab) 회장이 2016년 1월 스위스 다보스에서 개최된 세계경제포럼(WEF)에서 주제를 '제4차 산업혁명의 이해'로 강연하면서 세계인의 관심을 끌었고 기술 또는 국가의 이슈를 뛰어넘는 지구적 차원의 사회 이슈로 인식되었다. 이러한 4차 산업혁명에 대해 세계경제포럼(WEF, World Economic Forum, 2015)이 내린 정의를 보면 "4차 산업혁명이란 3차 산업혁명을 기반으로 한 디지털과 바이오산업, 물리학 등의 경계를 융합하는 기술혁명으로 지능형 사이버 물리 시스템이 생산을 주도하는 사회구조로의 혁명"이라고 하였다.

따라서 학자에 따라 4차 산업혁명에 대해 제시하는 키워드는 조금씩 다르지만, 대체로 기계학습과 인공지능의 발달이 주요 수단으로 꼽힌다. 4차 산업혁명을 통하여 인공지능(AI), 로봇, 사물인터넷(IoT), 자율주행자동차, 3D 프린팅, 나노기술, 바이오기술, 소재과학, 에너지저장, 퀀텀컴퓨팅 등이 대표적인 신생 기술로 기술발전이 가속화될 것으로 예견하고 있다. 또한 이러한 기술의 가속화는 사회구조의 초연결, 초지능화, 가상화와 같은 기술혁명을 주도하면서 디지털 유기체 생태계(Digital Organic Ecosystem)를 구성하게 될 것으로 전망되고 있다(한국연구재단, 2018: 13).

인류의 역사를 바꾼 혁명은 새로운 에너지의 등장과 생산수단의 변화에서 비롯됐다. 그동안의 산업혁명 역사를 살펴보면, 1784년에 영국에서 시작된 1차 산업혁명은 증기기관의 발명으로 인한 기계 생산이 가능해진 노동집약적 산업이고, 2차 산업혁명은 전기를 이용한 대량 생산이 가능해지면서 자본집약적 산업이 구축되었다. 3차 산업혁명이 컴퓨터를 활용한 자동화된 생산 시스템을 구축게 되면서 정보집약적 특성을 가진 것이라면 4차 산업혁명은 차세대 산업혁명으로서 정보통신기술의 융합을 말한다.

---

1) 본 1, 2, 3의 제4차 산업혁명과 사회복지는 박경일(2021)의 『사회복지정책론』 제15장 제6절 "제4차 산업혁명 시대 사회변화와 복지정책적 대응"의 내용을 요약 · 정리한 것임.

이러한 4차 산업혁명의 변화[2]에 따른 내용과 특징을 정리해 보면 다음과 같다.

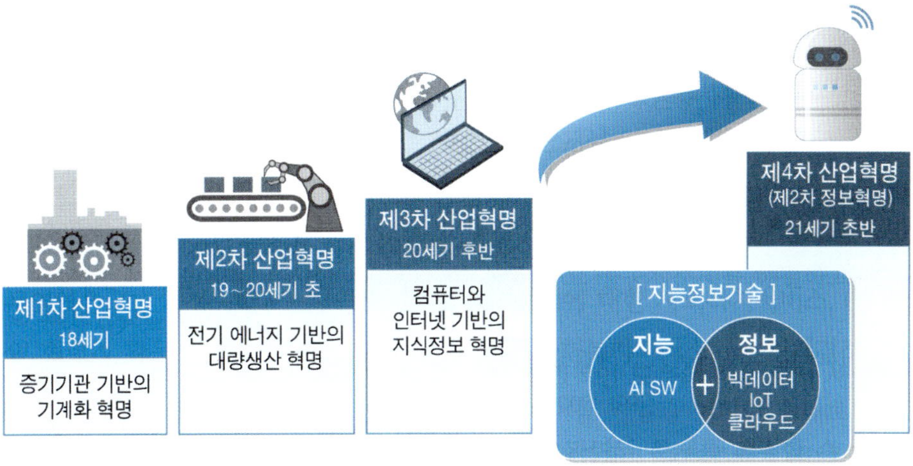

출처: 에듀넷(http://www.edunet.net/).

2. 제4차 산업혁명으로 인한 변화

미래 기술혁명은 효율성과 생산성 향상으로 '공급자 기적'이 일어날 것이다. 하지만 4차 산업혁명은 더 큰 사회적 불평등, 빈부격차, 특히 노동시장의 붕괴를 초래할 수 있다. 자동화로 기계가 사람을 대체하면서 저기술, 저임금 근로자와 고기술, 고임금 노동자 간 격차가 커지고 '기술 근로자'가 각광을 받게 된다. 특히 일자리 감소가 골칫거리로 등장하게 된다. 다보스포럼 '미래고용보고서'는 향후 2020년까지 인공지능, 로봇으로 인해 전 세계적으로 710만 개의 일자리가 소멸되고 200만 개의 일자리가 창출되

2) 5차 산업혁명은 창조융합지식교육으로 기존 교육방법에 비해 시간과 교육비의 획기적 감소로 교육효율을 높이며 나노기술의 발전으로 에너지 효율과 바이오 산업의 발달로 인류문제를 해결하는 혁명. 6차 산업혁명은 농촌에 존재하는 모든 유·무형의 자원을 바탕으로 농업(1차 산업)과 식품, 특산품 제조가공(2차 산업) 및 유통·판매·문화·체험·관광을 서비스(3차 산업) 등과 연계함으로써 새로운 부가가치를 창출하는 활동으로서 농촌융복합산업을 말한다. 7차 산업혁명은 정신과 의식 분야에서 인간의 궁극적인 삶의 목표인 모두가 공존하는 세상을 만들어 가는 혁명을 말한다.

어 결과적으로 510만 개의 일자리가 감소(WEF, 2016)할 것으로 분석했다. 이렇게 되면 사회 불만 세력이 늘어나게 되고 양극화에 대한 불만이 증폭되어 사회문제로 등장하게 된다. 또한 4차 산업혁명은 우리가 일하고 여가활동을 하고 자기 계발을 하고 일상생활을 하는 모든 삶의 패턴을 바꿔 놓게 된다. 개인의 건강상태를 숫자로 나타내는 수치화된 자아(Quantified-Self)가 되어 인간수명이 크게 늘어나게 된다(최은수. 2016. 1. 17. https://post.naver.com. MBN). 국가는 이러한 점들에 주목해 적절한 대응책을 강구해야 한다.

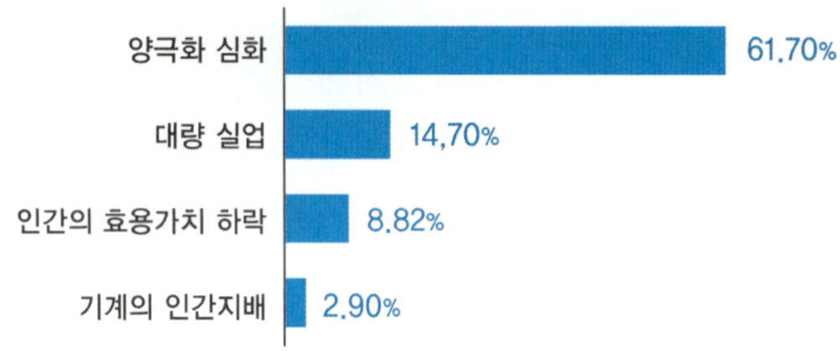

[그림 25-1] 4차 산업혁명에 따른 가장 큰 부작용은 무엇인가

3. 제4차 산업혁명 시대 복지 패러다임의 변화와 구축전략

1) 사회적 신뢰 기반의 혁신적 사회안전망 구축

우리나라는 전통적인 사회적 위험(old social risk)에 대응해 사회안전망을 구축함과 함께 21세기 들어 서구 복지국가의 새로운 사회적 위험(new social risk)[3]이 심화됨에 따라 다양한 정책적 변화를 모색하고 있는 상황이다. 그러나 이러한 상황과 더불어 4차 산업혁명과 지능정보사회1[4]의 변화가 가져올 사회적 가치의 변화와 '상상이 현실이 되는

3) 에스핑－앤더슨(Esping-Andersen, 1999)은 전통적 사회적 위험이 질병, 노령, 산업재해, 실업 등에 따르는 소득의 중단 혹은 감소였다면, 탈산업사회에서의 경제 및 사회 구조의 변화는 기존의 소득보장 중심의 사회보장 프로그램이 포괄하지 못하는 새로운 사회적 위험을 구조화하였다고 볼 수 있다(김주희 · 박병현, 2018: 4-5).

4) 지능정보사회(Intelligent Information Society)란 고도화된 정보통신기술 인프라(ICBM)를 통해 생성, 수집,

사회적 위험(Imaginary Social Risk)'에 대응하기 위해 복지 패러다임을 전환하고 사회보장체계의 혁신적 전략을 수립해야 하는 상황에 직면하고 있다. 따라서 지능정보사회의 사회적 위험에 대응하기 위한 복지 패러다임의 전환 및 대응전략 모색의 필요성으로서 '인간 중심의 지능정보사회'를 목표로 사회적 신뢰 기반의 혁신적 사회안전망 구축이 필요하다(최현수 · 오미애, 2017). 이를 위해, 첫째, 인간 중심의 지능정보사회를 실현하기 위한 사회적 신뢰 기반의 사회안전망 구축과 권리와 의무의 상호 존중 및 행동 가치와 윤리 규범 중시 등 사회적 신뢰 기반을 구축해 나가야 할 것이다.

둘째, 지속 가능한 생산과 혁신적 성장을 촉진할 수 있는 유연한 사회보장체계(flexicurity)를 구축해야 한다. 보다 구체적으로 제언하면 다음과 같다.

① 인공지능과 빅데이터를 기반으로 한 사회변화 예측 및 자가 진화에 따른 정책적 판단과 조정이 가능한 유연한 사회보장제도로의 혁신이 필요
② Real-Time Information(RTI) System 기반 소득파악 및 정보 연계를 통한 사회보험 사각지대 해소와 공공부조 운영체계 혁신
③ 복지정책 수급률, 예산 집행 비율 등 다양한 변화 인지에 기초한 선정 기준 자동 조정과 Real-Time Analytics(RTA)를 통한 정책 목표 달성 및 효율적인 집행 지원 시스템 구축
④ 빅데이터 연계와 인공지능 활용을 통해 복지 대상을 판별하고 위험요인을 예측한 결과를 기반으로 다양한 영역의 보건복지서비스 추천 시스템 및 신청이 연계된 복지전달체계 구축
⑤ 사회보험, 공공부조 등 기존 사회안전망 관련 법 · 정책 · 운영체계의 혁신적인 재구조화

셋째, 인공지능으로 인한 일자리 양극화로 심화될 소득 · 부의 양극화에 대한 대응 전략으로 재분배 정책 강화를 위한 보편적 사회수당 확대 또는 기본소득 도입[5]과 다

축적된 데이터(Big data, 빅데이터)와 인공지능(AI)이 결합한 지능정보기술이 삶의 다양한 분야에 보편적으로 활용됨으로써 새로운 가치가 창출되고 발전하는 사회를 의미함(제4차 산업혁명에 대응한 지능정보사회 중장기종합대책 2017. 1. 16. 보도자료).

5) 기본소득(Unconditional Basic Income, Universal Basic Income, Universal Demogrant)은 재산이나 소득의

양한 사회서비스의 확장 및 융합을 모색해 나간다.

참고로 한국사회복지협의회(2017)는 제4차 산업혁명 시대 복지키워드로서 다음 7가지를 제시한 바 있다.

4차 산업혁명 시대 '복지 키워드 7'

① 맞춤 복지: 빅데이터를 활용해 생활 전반에 걸쳐 최적의 개인 맞춤형 서비스 제공
② 유연 복지: 특정 시설이나 장소에 구애받지 않고 서비스 수요와 공급을 연결
③ 스마트(smart) 복지: 인공지능, 빅데이터 등 신기술을 활용해 신속·정밀한 서비스 제공
④ 생산 복지: 경제와 경영을 복지와 융합하여 새로운 사회적 경제 효과 창출을 통한 지속가능한 복지환경 조성
⑤ 투명 복지: 이용자 중심의 빅데이터 활용으로 서비스 중복·누락 및 부정수급 방지 등 투명성 제고
⑥ 사회혁신 복지: 새로운 아이디어를 통해 사회서비스의 효율성과 효과성을 높이는 '사회 혁신생태계' 구축
⑦ 공감 복지: 로봇이 대체할 수 없는 인간의 따뜻한 마음으로 사랑과 정성을 나누는 '나눔문화' 조성

출처: 한국사회복지협의회(2017).

2) 복지기술의 도입

복지기술이라는 개념이 처음 나타난 곳은 덴마크다. 덴마크에서는 2008년 세계적인 경기침체와 함께 고령화에 의한 노인 복지 비용 증가에 따른 재정 부담해소 방안으로 첨단 기술에 주목하게 되었고, 이를 계기로 '복지기술(Welfare Technology)'이라는 개념을 처음 도입하게 되었다. 덴마크 정부는 "고령화 및 저출산 등의 사회적 변화로 급증하는 복지 수요를 충족하기 위해 일상생활의 영역에 ICT기술을 접목시켜 생활의 편리를 돕는 복지서비스의 혁신"(Danish government, 2013)으로 복지기술을 정의하고 있다.

복지기술을 정의하기 위해서는 우선적으로 복지와 기술 중 무엇에 초점을 둘 것인가를 결정해야 한다. 앞에서 언급한 것처럼, 4차 산업혁명이 ICT를 통한 새로운 삶의

많고 적음, 노동 여부나 노동 의사와 상관없이 개별적으로 모든 사회 구성원에게 균등하게 지급되는 소득이다. 박경일(2021)의 『사회복지정책론』 제6장 5절 "기본소득" 참조.

영위라고 본다면 궁극적인 목적은 복지에 있다는 점이다. 즉, 복지서비스를 지속적으로 제공하고 개발하기 위해 ICT는 그 해결 방안을 제공한다는 점, 즉 하나의 solution(해결책)이라고 말할 수 있다.

현재 북유럽, 미국뿐만 아니라 우리나라에서도 복지기술이라는 용어를 쓰지만 국가별로 복지기술을 정의하는 강조점에는 차이가 있다. 가령, 덴마크와 핀란드에서는 건강과 돌봄을 강조하고, 스웨덴에서는 돌봄을, 노르웨이에서는 지방자치 정부의 역할을 강조하고 있다. 반면 영미권에서는 장애인과 노인에 대한 보조 기술을 강조한다. 우리나라의 경우, 인간 삶의 만족도를 높일 수 있는 하나의 방안으로 '생활밀착형 ICT융합 서비스'로 개념화하는 경향이 있다. 특히 우리나라의 경우는 아직 복지에 초점을 두기보다는 ICT를 통한 인간의 편리성에 강조점을 두고 있다. 특히 '복지'라는 말을 고려한다면, ICT 등 4차 산업혁명으로 인한 화를 제대로 감지하지 못하고 접근하는 데 어려움을 지니는 노인 또는 장애인 등의 취약계층에 대한 접근을 고려하는 것은 매우 중요하다. 이런 의미에서 복지기술은 단순히 인력부족의 문제를 ICT를 통해 대체한다기보다는 ICT의 혜택을 누리지 못하는 취약계층의 복지 관련 문제를 보완하기 위한 또 다른 노력으로 보는 것이 더 적합할 것이다(임정원, 2017).

참고로 노인들을 위한 AI를 활용한 하나의 해결책으로써 마포구 돌봄 인형과 돌봄 로봇의 사례를 살펴보면 다음 그림과 같다.

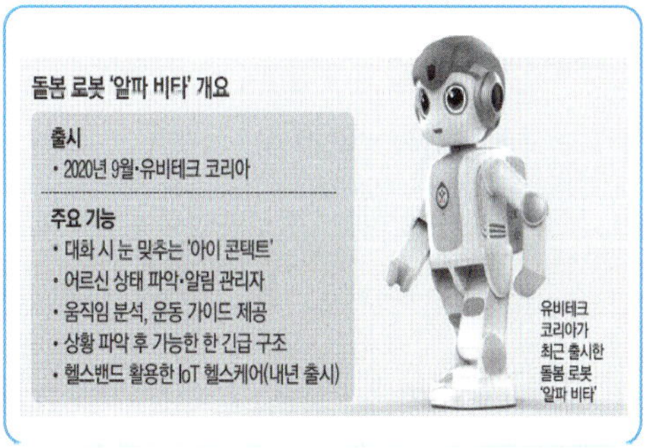

3) 제4차 산업혁명에 대한 정부의 대응방안: 스마트 복지

미래창조과학부(2016. 10.)의 지능정보사회 종합대책에 의하면 저출산 고령화, 재해재난, 높은 의료비용에 대응하기 위해 노령인구 경제참가 확대, 선제적 재해재난 대응, 개인 맞춤형 의료서비스가 제안되었다. 이후 관계부처 합동(2017. 11.) 혁신성장을 위한 사람 중심의 「4차 산업혁명 대응계획」에 의하면 4차산업혁명위원회를 구축하여 각 부처 간 세부추진 전략과 과제를 마련하였다. 또한 한국연구재단의 미래과학기술포럼(2018. 5. 30.)에서는 공공서비스의 지능화로 스마트 복지를 제시하고 있다. 즉, 공공분야의 지능화로 사회문제 해결 및 편리하고 안전한 공공서비스를 제공함으로써 국민의 삶의 질을 높이고 혁신성장을 위한 선도적 시장을 창출한다.

〈표 25-1〉 **4차 산업혁명 대응 계획의 분야와 주요 내용**

분야	주요 내용
스마트 건강	개인 맞춤형 정밀의료 확산, 지능형 의료로봇 상용화, 인공지능 기반 신약개발 혁신 등 예방부터 간병까지 스마트 의료 · 바이오 구현
스마트 도시	스마트 도시 선도모델 실증 확산, 딥러닝 기반 교통신호 최적제어 시스템 보급 등 도시문제 해결 혁신 플랫폼인 스마트 도시 확산
스마트 복지	지능형 돌보미 로봇 개발, 근력 강화 웨어러블 로봇 확산, 치매환자 지능형 모니터링 등 사회적 약자의 지능형 일상생활 보조 서비스 확산
스마트 환경	미세먼지 정밀 예보, 스마트 상하수도 시스템 구축 등 환경오염 예측 정확도 제고 및 무인 관리로 대응체계 고도화
스마트 안전	노후 SOC 관리, 지능형 CCTV 분석 기반 범죄예측 · 사전대응 강화, 산불 · 병충해 대응 고도화 등 안전체계 지능화로 사고예방 및 피해 최소화

출처: 한국연구재단의 미래과학기술포럼(2018. 5. 30.). 지능연결사회 대비 과학기술자가 바라본 미래 기술. 미래과학기술 포럼보고서(http://www.nrf.re.kr/search/).

보다 구체적으로 스마트 복지의 내용을 살펴보면 다음과 같다.

스마트 복지란 AI 기반의 스마트 복지시스템을 구축, 사회적 약자가 겪는 일상의 어려움을 해결하는 돌보미 로봇, 지능형 치매관리 등을 통해 복지사각지대 제거 및 차세대 복지 산업의 동반성장을 말한다.

(1) 노인 · 장애인

노인 · 장애인의 간병 · 간호와 신체활동을 지원하는 지능형 로봇 개발 · 보급으로 간병부담 완화 및 노동력 손실 방지를 지원한다. 예를 들어, 보행 등 신체활동지원 웨어러블 슈트를 개발하고, 재활병원 · 요양시설 등의 거동 불편자, 재활치료 환자 등을 대상으로 실증 · 보급을 추진한다.

(2) 치매

사회적 부담이 큰 치매 극복을 위해 원인규명 · 예방 · 조기진단 · 치료 · 돌봄 등에 걸친 체계적이고 종합적인 치매 생활보조 기술혁신을 지원한다. 예를 들어, VR/AR/게임 기술을 활용하여 치매예방 · 치료가 가능한 기능성 콘텐츠 개발 및 보급('20~, 치매안심센터 등)을 추진하며 혈액 · 유전체 등 빅데이터 활용 AI 기반 등 치매 R&D 중장기계획을 마련한다.

(3) 장애아동

장애아동과 가족의 일상생활 보조 지원을 위해 로봇 · IoT 등 웨어러블 기기 활용 맞춤형 운동 · 재활, 보조의사소통기기 활용한 사회참여 적응 훈련 모델을 개발하고 실증한 후 장애인 이용시설에 확산 추진한다. 예를 들어, 안구마우스 등을 활용하여 의사를 표현할 수 있도록 보조하는 기구를 개발한다.

(4) 취약계층 복지

빅데이터 분석을 활용하여 사회취약계층을 발굴 · 지원하는 "찾아주는 복지서비스"로 복지사각지대를 해소한다. 예를 들어, 소득 · 체납정보 등 빅데이터 기반 사회취약계층 발굴 및 차세대 사회보장정보시스템을 구축한다.

다. 그런데 디지털 소외는 다양한 사회적, 경제적 불평등을 야기한다. 디지털 소외는 저소득, 저학력, 열악한 거주 환경과 같은 사회적 불이익과 상관관계가 있다. 디지털 소외자는 서비스 접근성이 떨어지고, 이에 따라 건강이 나빠진다. 나이, 장애, 인종과 같이 '영국 평등법 2020'에 의해 보호되어야 하는 속성을 가진 사람들은 인터넷에 대한 접근성과 인터넷을 사용하는 기술이 떨어지는 경향이 있다. 사회서비스 조직은 평등 영향평가를 수행할 때 이 점을 반드시 고려해야 하고, 이에 따라 불평등 감소를 위해 사회서비스 조직은 디지털 포용을 위한 노력을 하여야 한다(NHS Digital, 2019)고 하였다(이동석, 2021: 27~40.). 여기서 영국은 사회서비스에서 디지털 포용을 지원하기 위한 실천 방법으로서 8가지를 제시하였는데, 그중 여덟 번 째로 사회서비스 직원이 항상 디지털 자원을 활용하는 데 기술을 갖고 있거나 자신이 있는 것은 아니라는 것이다. 이런 상황은 디지털 포용에서 가장 큰 장애물일 수 있다. 따라서 사회서비스 기관에 종사하는 직원의 디지털 기술 향상도 중요한 실천 방법이라고 하였다(NHS Digital, 2019).

그리고 한국사회복지협의회, 보건복지부 후원 국제사회복지협의회(ICSW)협력의 지속가능발전목표(Sustainable Development Goals, 이하 SDGs) 국제포럼에서(복지타임즈, 2021.3.17.) 안토니오(Antonio) 교수는 "사회서비스 분야에서 디지털화 과정은 사회복지종사자와 이용자 모두에게 기회이자 도전이 될 것"이라며 "어떻게 하면 디지털을 활용해 국민을 돌보고, 공공행정을 개선해 복지국가로 나아가며, 사회서비스를 개선하는 기회로 만들 수 있을지를 고민해야 한다"고 강조했다.

한편 한국 지역사회복지학회(2020.11.13.) 토론회에서 뉴노멀 시대, 사회복지 현장의 대응 전략을 제시한 홍선미 교수는(2020) ICT를 활용한 스마트복지시대가 가속화되고 있다며 현장의 사회복지종사자들이 스마트복지에 익숙해지도록 많은 교육과 함께 새로운 방식에 대한 오픈 마인드가 필요하다고 하였다. 그리고 초연결 사회에서 온라인 플랫폼을 활용해 어떤 서비스를 제공할 것인가를 고민해야 한다며 "사례관리 및 서비스 제공 업무 전환으로 디지털 복지생태계를 구축해야 한다"고 제언한 바 있다(복지타임즈. 2020.12.11.).

또한 UN 극빈과 인권에 관한 특별 보고서(Special Rapporteur on extreme poverty and human rights, 2019.10. 빈곤사회연대 사무국 역, 2020. 4. 20)에서는 디지털 사회복지는 이미 현실

이거나 전 세계 여러 나라에서 시작되고 있으며, 자동화, 예측, 식별, 감시, 탐지, 표적 및 처벌을 가능하게 하는 디지털 데이터와 기술은 사회 보호와 지원 시스템을 점점 더 주도하고 있다고 하였다. 본 보고서는 이러한 방향으로 나아가는 것이 정부의 입장에서 굉장히 매력적일 수밖에 없음을 인정하지만, 디지털 복지 디스토피아로 빠질 위험이 있다고 경고한다. 즉, 디지털 시대, 사회복지 영역에서도 점점 더 많은 4차 산업혁명의 기술이 활용되고 있다. '제도 운영과 관리 과정 전반이 디지털화된 미래는 과연 가난한 이들에게 좋은 미래일까?'라는 의문을 제기하면서 '복지 디스토피아'를 경고하는 보고서를 채택했다.

4. 국제복지[7)]

1) 국제복지의 기본적 이해

21세기를 맞이하여 한국은 정치적 · 경제적 · 문화적 측면에서 '세계화'라는 새로운 패러다임의 순간을 맞이하고 있다. 정치적으로는 국가의 기능이 축소되고 있으며, 경제적으로는 WTO체제의 탄생과 지역 간 경제통합의 진전으로 경제적 국경이 낮아져 국가 간, 기업 간 경쟁 및 상호 의존성이 더욱 높아지고 있다. 문화적으로도 교통통신의 발달로 전 세계가 하나의 지구촌으로 변함과 동시에 서로 다른 문화를 추구하는 국가 간의 빈번한 문화접촉 및 충돌상황이 혼재되어 전개되고 있다(장현식, 2001).

아울러 사회복지 부문에서도 1970년대의 복지국가의 위기론과 1980년대의 동구 사회주의의 몰락은 복지국가의 모형을 변화시키는 계기가 되었고, 한국에서도 그 영향을 받고 있는 실정이다. 한편 한국의 경제성장으로 인하여 제3세계에 대한 지원은 날로 그 비중을 늘려 가는 실정이다. 따라서 작금의 세계의 변화 속에서 한국의 사회복지는 이에 대응하는 자세와 새로운 과제에 대한 검토가 필요하다.

7) 본 국제복지는 박경일 외(2017)의 『사회복지학 강의』 제25장(전광현 집필)의 내용을 요약 · 정리한 것임.

2) 국제복지의 필요성과 연구범위

국제복지란 국제사회의 복지를 의미한다. 그런데 국제라고 하는 말은 일반적으로 두 가지의 뜻을 내포하고 있다. 좁게는 국가 간의 행위 및 관계를 의미하는데, 두 나라 간의 행위나 관계도 있지만 여러 나라 간의 행위 및 관계도 있음을 말한다. 또 넓게는 세계적으로 전개되고 있는 행위나 관계를 의미한다. 인간의 행위는 국경을 넘어서 다양하게 전개된다. 즉, 정치, 경제, 교통, 사상 및 사회복지가 세계적 규모로 이루어지고 있다. 이러한 국제라는 용어에서 사회복지를 세계적 공간으로 생각하는 것을 말한다. 즉, 세계 각국의 사회복지를 생각한다고 하면 될 것이다.

따라서 국제화, 복지선진화 시대의 국제복지는 독자적인 복지분야의 한 영역으로서의 지위를 획득하고 있으며 학문적으로도 독자적인 체계를 구축하여야 한다는 필요성이 증대되고 있는 분야이기도 하다.

한편 국제복지의 연구범위는 다음 네 가지로 정리할 수 있다.

첫째, 국제 간에 공통으로 발생하는 문제이다. 즉, 선진국에서의 빈곤한 고령자의 생활문제나 개발도상국에서의 빈곤층이나 거리아동의 문제이다. 그러나 인구고령화의 문제는 선진국에 공존하고 있는 문제이기는 하나 공통으로 발생하는 문제는 아니다. 공통으로 발생하는 문제는 인구고령화에 따른 고령자의 생활문제이다. 공통된 문제의 정책은 정치, 경제, 사회, 문화의 구조가 각국이 다르기 때문에 다르게 나타날 수밖에 없다. 따라서 빈곤한 고령자의 생활문제와 같이 공통으로 발생하는 문제는 사회 전체적인 것과 관련하여 발생한다. 그리고 많은 개발도상국에서 발생하는 거리아동의 문제도 사회 전체적 관점에서 분석한 그것에 대한 정책이나 복지서비스의 연구는 국제복지의 연구대상이 된다.

둘째, 국제 간 인구이동 및 지역 간 인구이동으로 발생하는 문제이다. 교통이나 통신이 발달하여 외부로부터의 정보입수가 용이한 현대에는 사람의 국제 간, 지역 간의 이동은 전보다 훨씬 증가하고 있다. 이러한 국제 간의 인구이동은 다른 정치, 경제, 사회를 볼 수 있고, 다른 문화를 접할 수 있는 기회를 증대시킨다. 그러기에 여러 가지 마찰이 발생하여 생활하는 데 차별이나 불평등과 같은 문제가 발생할 수 있는 것이다. 물론 국제 간 인구이동의 현상분석은 인구학적 연구분야이기도 하지만 이동한 사람과 이동하려고 한 사람의 생활문제나 사회 전체적 분석은 국제복지를 연구하는 대상이 되는 것이다. 난민, 이민, 외국인 노동자 등의 생활문제가 연구대상이 되는 것이다.

셋째, 한 나라 혹은 한 지역에서 발생한 문제가 다른 나라나 지역에 파급된 경우나 파급이 예상되는 문제이다. 예를 들면, 유럽에서 나타난 외국인 노동자 배척 문제, 인도네시아나 다른 지역에서 발생한 거주한 중국인의 탄압이나 국제적으로 문제가 제기되고 있는 에이즈 문제 등이 있다.

넷째, 특정 지역에서 발생한 특정 문제만을 대상으로 할 것이 아니라 세계적 차원에서 사회 전체 구조나 정치권력 등과 이것의 관계를 분석하는 것이다. 예를 들면, 구소련이나 동유럽 등이 지난 사회주의 체제 속에서 발생한 생활문제나 사회 전체와의 관계분석이다(谷 勝英, 1998).

한국NGO의 글로벌시민교육

한국NGO가 지구촌 빈곤문제에 관심을 갖고 본격적으로 대응을 시작한 시기는 1994년 르완다에 굿네이버스(Good Neighbors)와 기아대책이 긴급구호단을 파견한 1990년대로 본다. 한국NGO의 글로벌시민교육은 지구촌나눔운동(2000)을 시작으로 국내에서 본격화되었다. 기아대책(2003), 한마음한몸운동본부(2004), 한국 YMCA(2007), 월드비전(2007), 월드투게더(2007), 굿네이버스(2008), 코피온(2008), 서비스포피스(2009) 등이 2000년대에 글로벌시민교육을 실시하기 시작하였다.

국제개발협력민간협의회(Korea NGO Council for Oveseas Development Cooperation, 이하 KCOC)는 국제사회에도 한국NGO 글로벌시민교육의 활동을 알리는 역할을 하고 있다. 2016년 경주에서 개최된 UN DPI NGO 컨퍼런스에서 KCOC는 'Making the SDG Target 4.7 Happen Glocally'라는 주제로 글로벌시민교육에 관한 시민사회 워크숍을 개최하였다.

출처: 신재은(2017).

KCOC는 국제사회에도 한국NGO 글로벌시민교육의 활동을 알리는 역할을 하고 있다. 2016년 경주에서 개최된 UN DPI NGO 컨퍼런스에서 KCOC는 'Making the SDG Target 4.7 Happen Glocally'라는 주제로 글로벌시민교육에 관한 시민사회 워크숍을 개최하였다. 본 워크샵은 KCOC를 포함하여 아시아민주주의네트워크(ADN), 아시아개발연대(ADA), 아시아태평양기초성인교육연합(ASPBAE), 글로벌시민교육 연대체인 Bridge47

Network, 세계시민의식연합(CGC) 등 국내 · 외 다양한 국가별, 지역별 협의체가 공동으로 행사를 주최하면서 각 나라별, 지역별 글로벌시민교육 상황 및 이슈를 공유하는 자리가 되었다. 특히 SDG 4.7 세부목표에 해당하는 글로벌시민교육의 효과적 이행을 위해 시민사회를 주축으로 한 협력 방안 논의가 활발하게 진행되었다.

5. 생태복지[8)]

1) 생태복지의 등장배경

2008년 방한한 미래학자 앨빈 토플러(Alvin Toffler)는 IT 다음은 생태학이라는 화두를 던져 경제 및 정책 결정자에게 커다란 반향을 불러일으켰다. 1970년대부터 국제사회는 환경문제에 관심을 가지게 되었고, 1992년 리우환경회의로부터 환경문제에 대한 논의가 본격화되기 시작하였다.

생태복지의 세계적 담론인 산업화, 도시화론은 생태계를 파괴하고 지구온난화를 가속화시키며 인간복지의 악화를 초래하였다. 그리하여 쾌적한 삶, 건강한 삶, 수준 높은 삶을 위해 생태복지가 세계적으로 논의되기 시작하였다(최재천 외, 2009). 그리하여 UN은 생태계의 건강성과 지속가능한 인간복지 간의 상호관계와 소통의 문제들을 전 세계적으로 담론화하고 생태계 파괴에 다른 인간복지 환경의 악화를 미연에 방지하기 위한 사전대응 시스템을 구축하고 있다. 또한 인간복지와 생태계를 연계하여 지속가능한 미래형 복지를 추구하고자 '밀레니엄 에코시스템(MEA: Millennium Ecosystem Assessment) 평가단'이라는 국제 전문가 연대그룹을 2001년에 발족하였다.

국내 생태복지 개념의 출현은 기후변화에 대응하고 물질적 부의 축적에 걸맞은 삶의 질 향상을 실현시키려면 후대응 복지체계에서 선대응 복지체계로 전환해야 할 필요성이 강조되었다. 따라서 지속 가능하고 미리 준비하는 건강복지 체계를 창출하고 생

8) 본 5의 생태복지는 박경일(2021)의 『사회복지정책론』 제15장 제7절 "생태복지"의 내용을 요약 정리한 것임.

태환경 요소를 복지 체계에 통합 시행하여 쾌적한 삶, 건강한 삶, 환경 친화적인 삶에 대한 국민들의 변화된 기대에 부응할 수 있는 신개념의 복지 체계를 확립해야 한다는 주장이 제기되면서 등장하게 되었다.

2) 생태복지의 개념

생태복지와 관련해 학자들이 사용하고 있는 용어들을 살펴보면, 험프리(Humphrey, 2003)는 녹색복지(Green Welfare), 피츠패트릭(Fitzpatrick, 2003)은 생태사회복지(Ecosocial Welfare), 한국환경정책·평가연구원(2014)은 환경복지(Environmental Welfare), 산림청(2013)은 산림복지(Forest Welfare)라는 용어를 사용하고 있다.

한국환경정책·평가연구원(김종호 · 추장민, 2014)은 환경복지를 모든 국민이 사회적 지위 및 거주 지역에 상관없이 동등하게 인간다운 삶을 영유하기 위하여 건강하고 안전하며 쾌적한 환경에서 생활할 수 있도록 하는 것으로 정의하였다.[9] 환경복지의 개념은 환경정책에 대한 새로운 접근을 논의하는 과정에서 정책적 수요에 따라 대두되었다. 정책적 흐름에서 살펴보면, 초반에 사회복지정책의 친환경적 전환 측면에서 환경복지 또는 생태복지에 대한 논의가 시작되었고 이후 환경 취약계층 및 취약지역을 지원하는 과정에서 환경정책 내에 복지정책이 도입되면서 환경복지 개념이 점차 구체화되고 있으며 일부 에너지 및 기후변화 복지정책에 있어서 에너지복지 또는 기후복지 등의 용어가 활용되고 있다(신용성 외, 2017).

최재천(2009)은 환경복지보다 생태계에 중점을 두기 위해 자연환경과 인간환경까지 포함하는 개념으로 생태복지(Ecowelfare)라는 용어를 사용하고 있다. 궁극적으로 생태복지의 지향점은 지구상의 모든 생명을 가진 존재들의 다양성을 유지하고, 이전 세대로부터 물려받은 환경과 삶의 질을 보장하는 자산을 최대한 손상시키지 않고 다음 세대에 물려주는 지속가능성을 유지하며, 사회의 소득불평등, 환경불평등을 해소하고자 한다. 이를 통해 사전대응 방식으로 인간복지(human wellbeing)와 생태계복지(ecosystem

9) '모든 국민이 건강하고 쾌적한 환경에서 생활할 권리'를 가지고 있다고 하는 「헌법」 제35조의 정신에 기초하여 정의함.

wellbeing)를 동시에 추구함으로써 인간과 자연의 조화를 이루고자 하는 것이다. 따라서 생태복지는 생태위기의 개선을 우선적인 목표로 추구하며 건강한 자연은 그 자체로 복지의 중요한 원천이 된다는 입장에서 인간과 자연의 조화를 추구하는 접근법이다. 즉, 생태복지는 "생태계와 함께하는 환경친화적 인간복지"라고 말할 수 있다.

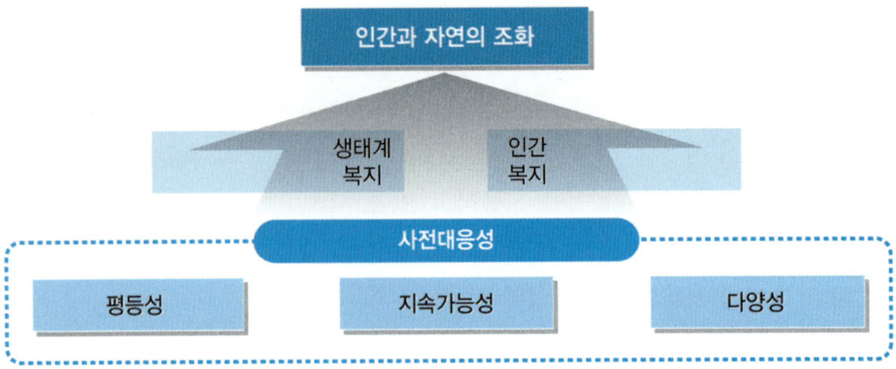

평등성이란 모든 생태적, 사회적 자원을 재분배함으로써 사회 구성원의 삶의 질을 골고루 향상시키고자 하는 것을 의미함

지속가능성: 세대 간의 형평성에 관한 이념을 포함하고 있는 것으로, 이전 세대로부터 물려받은 환경과 삶의 질을 보장하는 자산을 최대한 손상시키지 않고 다음 세대에 물려줘야 한다는 것을 말함. 또한 건강한 생태계에 기반한 인간복지의 실현만이 저비용, 고효율성 지속가능한 복지임을 의미.

다양성: 다양한 인간속성 및 다양한 생물들이 공존할 수 있는 생태환경 및 인간사회를 추구함

서울연구원(2012)은 생태복지 도시라는 개념을 도입하여 공원녹지를 통한 생태복지의 개념을 정리하고 있다. 즉 '서울시민 누구나 생활권 내에서 지속가능한 양질의 공원녹지 혜택을 받을 권리를 보장하는 것'으로 정의하고 공원녹지가 제공하는 생태서비스의 범주와 서울시의 도시적 특성을 고려하여 생물 다양성, 생활권 내 숲체험, 안전, 휴양, 건강, 문화, 교육, 일자리 창출의 8가지 보장요소를 선정하여 제시하고 있다(송인주, 2012). 참고로 공원녹지분야 보장요소별 생태복지 현황을 살펴보면 다음 〈표 25-2〉와 같다.

〈표 25-2〉 공원녹지분야 보장요소별 생태복지 현황

보장요소	현황
생물다양성	• 서울시 법정보호구역(생태경관보전지역, 야생동식물보호구역, 철새보호구역) 지정 · 관리 • 정기적 생태계모니터링 실시 및 관리계획 수립
생활권내 숲체험	• 에코스쿨 조성, 생활주변 자투리땅 녹화 • 옥상녹화 사업, 도시구조물 벽면녹화 • 주민참여에 의한 동네숲 가꾸기 • 녹지활용계약을 통한 주민쉼터 조성 • 사회복지시설의 희망숲 조성, 무장애 공원 조성
안전	• 산사태 복구 및 예방 사방사업 실시 • 산사태 피해저감 시스템 구축 및 예 · 경보 전달체계 개선 • 주요 취약공원에 조도 개선 및 방범시설 설치 • 시민단체, 자율방범대원 등 시민참여 순찰 실시 • 책임구역제 지정 운영
건강	• 서울숲 U-헬스케어센터 설치 • 서울둘레길 조성 • 근교산 자락길 조성
휴양	• 캠핑장 운영(노을공원 캠핑장, 중랑캠핑숲 등 5개소)
문화	• 찾아가는 시민녹화교실 운영 • 노들섬 도시농업공원
교육	• 2013년도 체험환경교육프로그램 사업 공모 • 유아숲체험장 조성 • 자연생태체험교실 운영
일자리 창출	• 취약계층 일자리 창출을 통한 도시숲 자원화 • 산림서비스 도우미 배치를 통한 산림서비스 증진

출처: 송인주(2012).

한편 우리나라 산림청(2013)은 생태복지의 하위개념으로 볼 수 있는 산림복지라는 용어를 사용하고 있다. 산림복지를 협의와 광의로 구분하여, 협의의 산림복지는 산림을 기반으로 산림문화 · 휴양, 산림치유 및 교육 등의 서비스를 창출 · 제공함으로써 국민의 복리증진에 기여하기 위한 경제적 · 사회적 · 정서적 지원과 관련된 활동이므로 출생부터 사망까지 전 생애주기에 걸쳐 숲을 통해 숲태교, 유아숲체험, 산악 레포츠, 산림치유, 산림복지서비스 이용권 지원사업[10] 등 다양한 혜택을 국민들에게 제공하는 것

10) 경제적, 사회적, 지리적 어려움으로 산림복지 혜택을 누리지 못하는 산림복지 소외계층(기초생활수급

이라고 정의하고 있다. 해외의 산림복지 사례로서 독일의 숲유치원, 노르웨이의 Green Care 프로그램,[11] 미국의 센트럴 파크, 일본의 산림테라피 기지 등이 있다.

자, 장애수당, 장애인연금 수급자, 차상위 계층)에게 산림복지시설(산림복지단지, 삼림욕장, 유아숲 체험원, 자연휴양림, 치유의 숲 등)의 이용, 산림복지 프로그램의 참여 등 산림복지서비스를 이용할 수 있도록 일정 금액(1인당 10만 원 바우처 이용권)을 지원하는 제도.

11) 숲과 농장을 활용하여 알코올, 약물중독, 사회성 부족, 집중력 장애 등의 성인 학생들에게 농업, 임업, 원예치료, 동물사육, 레크리에이션 등의 생산 체험활동을 제공함.

연구문제

1. 4차 산업혁명의 특성에 대한 설명으로 옳지 않는 것은?

① 인공지능으로 자동화와 연결성이 극대화되는 산업 환경의 변화를 의미한다.
② 컴퓨터를 활용한 자동화된 생산 시스템을 구축하게 되면서 정보집약적 특성을 가진다.
③ 디지털 유기체 생태계(Digital Organic Ecosystem)를 구성하게 될 것으로 전망되고 있다.
④ 독일 정부가 '인더스트리 4.0' 정책을 추진하기 위해 관련된 개념을 사용한 데서 시작되었다.
⑤ 4차 산업혁명의 부작용으로 양극화가 심화되고 일자리가 감소하게 될 것이다.

2. 제4차 산업혁명 시대 복지 패러다임의 변화와 구축전략으로 볼 수 없는 것은?

① 사회적 신뢰 기반의 혁신적 사회안전망 구축
② 상상이 현실이 되는 사회적 위험(Imaginary Social Risk)에 대응하기 위해 복지 패러다임을 전환
③ 지속 가능한 생산과 혁신적 성장을 촉진할 수 있는 유연한 사회보장체계(flexicurity)를 구축
④ 인공지능과 빅데이터를 기반으로 한 사회변화 예측 및 자가 진화에 따른 정책적 판단과 조정
⑤ 정신과 의식 분야에서 인간의 궁극적인 삶의 목표인 모두가 공존하는 세상 구축

3. 다음은 무엇을 설명하는 개념인가?

> "고령화 및 저출산 등의 사회적 변화로 급증하는 복지 수요를 충족하기 위해 일상생활의 영역에 ICT 기술을 접목시켜 생활의 편리를 돕는 복지서비스의 혁신"

① 복지기술 ② 디지털 리터러시 ③ 디지털 복지
④ 생태복지 ⑤ 환경복지

4. 스마트복지의 내용으로 볼 수 없는 것은?

① 일상생활 보조 지원을 위해 돌보미 로봇
② 보행 등 신체활동지원 웨어러블 슈트
③ 숲을 통해 숲태교, 유아숲체험, 산악 레포츠, 산림치유 활동
④ VR/AR/게임 기술을 활용하여 치매예방 · 치료가 가능한 기능성 콘텐츠 개발 및 보급
⑤ 맞춤형 운동 · 재활, 보조 의사소통 기기를 활용한 사회참여 적응 훈련 모델 개발

5. 다음은 무엇을 설명하는 용어인가?

> 고령인구의 증가, 욕구의 다양성 증가에 비해 재정적 제약이 지속화되면서 사회서비스를 제공하는 혁신적 대안 모색과정에서 디지털 기술과 다양한 복지서비스와 결합되면서 이 용어가 등장하였다.

① 복지기술 ② 디지털 리터러시 ③ 디지털 복지
④ 생태복지 ⑤ 스마트 복지

6. 국제복지의 연구범위에 속하지 않는 것은?

① 국제 간에 공통으로 발생하는 문제
② 한 나라 혹은 한 지역에서 발생하는 문제
③ 다른 나라나 지역에 파급이 예상되는 문제
④ 세계적 차원에서 사회구조나 정치권력과의 관계 분석
⑤ 국제 간 인구이동 및 지역 간 인구이동으로 발생하는 문제

7. 생태복지의 특징으로만 옳게 짝 지어진 것은?

> 가. 리우환경회의로부터 환경문제에 대한 논의가 본격화되면서 이 개념이 등장
> 나. 후대응 복지체계에서 선대응 복지체계로 전환해야 할 필요성이 강조
> 다. 인간다운 삶을 영유하기 위하여 건강하고 안전하며 쾌적한 환경에서 생활할 수 있도록 하는 것
> 라. 학자들에 의해 자연환경과 인간환경까지 포함하는 개념으로 이 용어가 사용되고 있음

① 가, 나, 다 ② 가, 다 ③ 나, 라
④ 나, 다, 라 ⑤ 가, 나, 다, 라

연구문제 정답

제 1 장 1. ① 2. ② 3. ① 4. ④ 5. ② 6. ③

제 2 장 1. ⑤ 2. ⑤ 3. ① 4. ① 5. ③ 6. ② 7. ⑤

제 3 장 1. ① 2. ⑤ 3. ③ 4. ④ 5. ④

제 4 장 1. ① 2. ① 3. ⑤ 4. ② 5. ③ 6. ③ 7. ③

제 5 장 1. ② 2. ⑤ 3. ① 4. ①

제 6 장 1. ④ 2. ④ 3. ① 4. ③

제 7 장 1. ① 2. ③ 3. ② 4. ⑤ 5. ① 6. ⑤

제 8 장 1. ① 2. ④ 3. ② 4. ⑤ 5. ②

제 9 장 1. ③ 2. ① 3. ⑤ 4. ② 5. ⑤ 6. ①

제10장 1. ③ 2. ⑤ 3. ① 4. ② 5. ④

제11장 1. ① 2. ③ 3. ⑤ 4. ④ 5. ⑤

제12장 1. ② 2. ④ 3. ③ 4. ① 5. ① 6. ③ 7. ⑤ 8. ⑤

제13장 1. ③ 2. ② 3. ④ 4. ② 5. ② 6. ⑤ 7. ⑤

제14장 1. ③ 2. ② 3. ③ 4. ④ 5. ⑤ 6. ④ 7. ④

제15장 1. ④ 2. ⑤ 3. ④ 4. ② 5. ②

제16장 1. ⑤ 2. ④ 3. ② 4. ③

제17장 1. ③ 2. ⑤ 3. ① 4. ③ 5. ③ 6. ④

제18장 1. ① 2. ④ 3. ③ 4. ② 5. ⑤ 6. ④ 7. ③

제19장 1. ③ 2. ② 3. ③ 4. ① 5. ②

제20장 1. ② 2. ③ 3. ③ 4. ②

제21장 1. ① 2. ⑤ 3. ⑤ 4. ② 5. ④

제22장 1. ⑤ 2. ⑤ 3. ④ 4. ① 5. ④

제23장 1. ③ 2. ④ 3. ③ 4. ① 5. ③

제24장 1. ② 2. ③ 3. ④ 4. ⑤ 5. ③ 6. ③

제25장 1. ② 2. ⑤ 3. ① 4. ③ 5. ③ 6. ② 7. ⑤

참고문헌

가족치료연구회(1996). **가족치료**. 부산: 세종출판사.

강남훈(2018). 해외 기본소득 실험의 의의와 한계. **국제사회보장리뷰**, 2018 봄호, 62-70.

강선경(2010). 이중관계(Dual Relationship)와 관련된 윤리적 딜레마에 대한 교육. **한국사회복지교육**, 12, 31-49.

강철희(2001). 사회복지기관 사회복지사의 임파워먼트 영향요인에 대한 탐색과 임파워먼트 제고 전략. 한국사회복지행정과 임파워먼트, 한국사회복지행정학회 추계학술대회 자료집.

강휘원(2006). 한국다문화사회의 형성요인과 통합정책. **국가정책연구**, 20(2), 5-34.

강흥구(2004). **의료사회복지실천론**. 경기: 학현사.

계희열(2007). **헌법학**. 서울: 박영사.

고경환 외(2007). 한국의 사회복지지출 추계(1990~2005)와 자발적 민간급여 실태조사. 보건복지부, 한국보건사회연구원.

고경환, 장영식, 신정우, 최요한, 정영애(2016). 2014년 기준 한국의 사회복지지출. 보건복지부, 한국보건사회연구원.

교육인적자원부(2006). 다문화가정 자녀교육 지원대책.

국립정신건강센터(2018). 정신건강현황 4차 예비조사.

국민연금관리공단(1998). 국민연금 10년사. 한국컴퓨터산업.

권진숙, 윤명숙(1999). 21세기의 사회복지와 사회복지사 단체의 역할. 1999 한국사회복지학회 춘계학술대회 자료집.

김경동, 이온죽(1994). **사회조사연구방법: 사회연구의 이론과 기법**. 서울: 박영사.

김규수(1999). **의료사회복지실천론**. 서울: 형설출판사.

김기원(2000). **공공부조론**. 서울: 학지사.

김기태, 김수환, 김영호, 박지영(2002). **사회복지실천론**. 서울: 양서원.

김기태, 박병현, 최송식(1998). **사회복지의 이해**. 서울: 박영사.

김기태, 황성동, 최송식, 박봉길, 최말옥(2009). **정신보건복지론**. 경기: 양서원.

김기환, 서지환, 최선희(1997). 의료사회복지사의 직무표준화에 관한 연구. 대한의료사회사업가협회.

김동국(1994). **서양사회복지사론**. 서울: 유풍출판사.

김미숙, 김성천, 정익중, 이혜원, 오승환, 이주연, 신어진(2009). **아동청소년복지 수요에 기반한 복지공급체계 재편방안연구 II**. 서울: 한국보건사회연구원.

김상곤(2007). 학교사회복지실천에서 활용 가능한 다체계 사정도구 개발. 숭실대학교 대학원 박사학위논문.

김상규, 전재일 외(1991). **사회복지론**. 서울: 형설출판사.

김상균(1991). "사회복지의 이해." **지역복지봉사의 이론과 실제**. 서울: 한국사회복지협의회.

김성철(2022). 제7차 청소년정책기본계획 수립을 위한 공청회. 한국청소년정책연구원.

김성한(1998). 한국의 사회복지지출을 어떻게 산출할 것인가? **한국사회복지학**, 36, 21-37.

김소영(2009). 개발도상국 빈곤완화를 위한 한국 개발 NGO의 역할과 과제. 서울신학대학교 사회복지대학원 석사학위논문.

김승권(2008). 아동청소년정책 5개년 기본계획수립 관련 제1차 종합토론회. 한국보건사회연구원, 한국청소년정책연구원.

김승렬, 김진덕(2016). 자원봉사활동 인정 · 보상 선호에 대한 집단 간 차이분석. **한국지방행정학보, 13**(1), 71-95.

김영모(1995). **사회복지학.** 서울: 한국복지정책연구소.

김영모 외(1991). **청소년정책연구.** 서울: 한국복지정책연구소.

김영종(1998). **사회복지행정.** 서울: 학지사.

김영종(1999). **사회복지조사방법론.** 서울: 학지사.

김영호(1994). **자원봉사 이론과 실제.** 서울: 홍익제.

김옥희(1999). 한국 · 일본 · 미국 재가노인복지정책의 환경요인 비교연구. 사회과학연구. 부산대학교 박사학위논문.

김유미(2000). 한국 학교사회복지의 현황과 제도적 확립을 위한 접근방안. 중앙대학교 사회개발대학원 석사학위논문.

김융일, 조흥식, 김연옥(1995). **사회사업방법론.** 서울: 나남출판.

김의명(1998). 전환점에 서 있는 한국기업복지제도의 한 대안으로서 근로자 협조 프로그램의 적용성에 관한 연구. **한국사회복지학,** 39, 71-97.

김인숙, 김혜선, 성정현, 신은주, 윤영숙, 이혜경, 최선화(2000). **여성복지론.** 서울: 나남출판.

김인숙, 윤기혁, 박선희(2020). **사회복지개론.** 부산: 도서출판 문장21.

김종호, 추장민(2014). 환경복지 지표 및 기준개발에 관한 연구. 한국환경정책, 평가연구원. KEI.

김주희, 박병현(2018). 새로운 사회적 위험에 대한 사회보장 전략에 관한 연구 −AHP를 통한 전문가 인식을 중심으로−. **사회복지정책, 45**(3), 5-38.

김지연, 좌동훈, 박세경, 한미경(2015). **아동 · 청소년 · 가족 보호체계 개선방안 연구.** 세종: 한국청소년정책연구원.

김태일(2021). 한국의 복지지출 규모 및 향후 방향. **한국사회정책, 28**(1), 315-342.

김태일(2022). 우리나라 복지지출의 현황과 과제. **월간 복지동향,** 286, 5-11.

김태현, 전길양, 이영자, 임선영(2004). **현대가족복지.** 서울: 도서출판 하우.

김통원(2003). 2003년도 사회복지관 평가매뉴얼. 성균관대학교 사회복지연구소.

김형태(2004). 북한이탈청소년의 남한 사회적응유형에 관한 통합적 비교연구. 숭실대학교 대학원 박사학위논문.

김혜란, 홍선미, 공계순(2006). **사회복지실천기술론.** 경기: 나남출판.

남미애(1997). 우리나라 자원봉사활동 체계모형 개발에 관한 연구. 부산대학교 대학원 박사학위논문.

남세진, 조흥식(1996). **한국사회복지론.** 서울: 나남출판.

남세진, 최성재(1997). **사회복지조사방법론.** 서울: 서울대학교 출판부.

남찬섭(2012). 이명박정부 복지정책 평가. **월간 복지동향.** 5-12.

동명대학교(2021). 2021학년도 DSU-Living Lab. 결과보고서.

동서대학교(2020). 2020학년도 TU-Living Lab. 결과보고서.

류기형, 남미애, 박경일, 홍봉선, 이경희, 장중탁(2009). **자원봉사론.** 경기: 양서원.

류기형, 박경일(1990). 비행청소년에 대한 사회사업실천모델에 관한 연구−생활모델을 중심으로. **사회**

과학논총, 9(2).
류기형, 박경일(1998). 청소년 자원봉사활동의 활성화를 위한 생활구조요인 분석. **사회복지연구, 8**, 309-336.
류연규(2018). **거꾸로 수업(Flipped Learning)을 위한 사회복지정책론**. 서울: 신정.
류정희, 함영진, 이상정, 김지연, 김가희, 김지민, 권영지(2018). **사회보장제도 아동의 안전한 성장을 위한 제도·전달체계 심층분석 핵심평가**. 세종: 보건복지부.
문선화, 구차순, 박미정, 김현옥(2009). **한국사회와 아동청소년복지**. 경기: 양서원.
문진영(1997). 국제기구의 사회보장 통계에 관한 연구. **한국사회정책**, 4(2), 241-265.
박경일(1993). 화랑도의 구성과 활동에 대한 사회복지적 고찰. **한국사회복지학, 22**, 98-117.
박경일(1995). 가족수당정책의 형성과 발달에 관한 연구－한국가족수당정책의 수립방향 모색. 부산대학교 대학원 박사학위논문.
박경일(1997). "아동복지행정 전달체계." **아동복지편람**. 아산사회복지사업재단.
박경일(2000). "사회복지 프로그램진행과 관리기법." **사회복지평가제도의 진단과 개선방향**. 2000년도 추계학술발표 및 워크숍 자료집. 한국사회복지행정학회.
박경일(2000). 사회복지서비스의 질적 향상을 위한 관리기법으로서 복지QC활동에 관한 사례연구. **한국사회복지학, 40**, 97-130.
박경일(2002). Quality Control Activity as a Management Technique of Volunteer Service. 제1회 AVA아시아·태평양 지역 자원봉사대회 발표자료집.
박경일(2003). 사회복지프로그램 평가방법 및 기법. 한국사회복지행정학회 춘계학술세미나 및 워크숍.
박경일(2003). 사회복지기관 평가와 발전방향. 지역사회복지관평가리뷰와 발전방향. 불교사회복지기관 제1차 연합 워크숍.
박경일(2006) 사회복지조직에서 위험관리의 필요성과 대책 및 과제: 미국과 일본의 위험관리연구동향을 중심으로. **한국사회복지정책학회지, 24**, 361-383.
박경일(2008). **가족수당정책론**. 경기: 양서원.
박경일(2008, 2016, 2020). **사회복지정책론**. 경기: 공동체.
박경일, 김경호, 서화정, 윤숙자, 이명헌, 이상주, 이재모, 전광현, 조수경(2016). **사회복지학강의**. 경기: 양성원.
박경일, 박승기, 조수경, 오승환, 권진아, 김안나(2019). **사회복지 프로그램 개발과 평가**. 경기: 양성원.
박경일, 장중탁, 이명현(2002). 사회복지기관의 TQM진단평가를 통한 단계별 수행방안에 관한 연구－부산광역시 지역사회 복지관을 중심으로－.
박광준(2002). **사회복지사상과 역사**. 서울: 양서원.
박광준(2013). **사회복지의 사상과 역사－서구복지국가와 한국－**. 경기: 양서원.
박미은(2005). 우리나라 군사회복지의 필요성과 제도화 방향 동향. 한국사회복지학회 추계학술대회, 393-399.
박미은(2018). **군사회복지실천론: 강점관점의 적용**. 경기: 공동체.
박병현(2003). **사회복지정책론**. 서울: 학현사.
박석돈(1998). **사회복지서비스법**. 서울: 삼영사.
박성준(2019). 커뮤니티케어 시범과제 계획평가와 개선과제. 국회입법조사처연구소.
박세경, 강혜규, 이준영, 정진경, 한동우, 박소현(2009). **사회자본과 민간자원 수준의 국가 간 비교연구**.

서울: 한국보건사회연구원.
박세정, 정왕용, 이동춘, 박연희, 이장희, 정영일, 손순용(2008). **사회복지실천기술론**. 서울: 창지사.
박소은(2022). 인구고령화와 사회보장재정 현황 및 전망. **보건복지포럼**, **314**, 6-20.
박수경, 이호연, 이지만, 남지현(2020). 리빙랩(Living Lab) 방식을 적용한 자폐성 장애 청소년 대상 여가활동 프로그램 개발. **자폐성장애연구**, **20**(2), 29-56.
박영란, 강철희(1999). 저소득 모자가정 가구주의 자립의지에 영향을 미치는 요인들에 관한 연구. **한국가족복지학**, 3, 91-116.
박영숙, 천정환, 김주연, 강영실, 고명석, 김수정, 황희숙(2015). **교정복지론**. 서울: 도서출판그린.
박용순(2008). **사회복지개론**. 서울: 학지사.
박차상(1999). **현대사회복지행정론**. 서울: 대학출판사.
박혜자(2008). 보건복지행정의 기능과 재정분담에 있어 중앙-지방정부 간 관계의 변화. **한국지방자치학보**, **20**(3), 135-157.
배임호, 박경일, 이태언, 신석환, 전영록(2007). **교정복지론**. 경기: 양서원.
백종만(2014). 분권교부세 일몰에 따른 정책과제. **한국사회복지행정학**, **16**(3), 53-88.
법무부(2005). **법무연감**.
변용찬(1998). "아동복지." **한국의 사회보장과 국민복지 기본선**. 서울: 한국보건사회연구원.
보건복지가족부(2009). 2009 아동청소년백서.
보건복지가족부, 한국보건사회연구원(2009). 2007년도 한국의 사회복지지출추계와 OECD 국가의 노후소득보장체계.
보건복지부(2015). **보건복지백서**.
보건복지부(2018). **제4기(19-22) 지역사회보장계획 수립 안내**.
보건복지부(2018). **지역사회 통합돌봄 기본계획(1단계: 노인 커뮤니티케어 중심)**.
보건복지부(2019). **제2차 사회보장기본계획(2019-2023)**.
보건복지부(2021). 장애인실태조사 보고서.
보건복지부(2022). **지역사회보장협의체 운영안내**.
보건복지부, 한국보건사회연구원(2006). **복지재정의 비전과 자세**.
사회복지공동모금회(2015~2020). **변화를 위한 나눔-사회복지공동모금회 배분사례집**.
산림청(2013). 산림복지종합계획.
서혁(2007). 다문화가족 현황 및 한국어교육 지원방안. **인간연구**, 12, 1-24.
서화정 외(2006). **케어복지개론**. 서울: 나눔의 집.
서화정, 이경희 역(2002). **개호기술**. 서울: 학문사.
석재은, 김가율, 이민영(2009). 사회복지공동모금회 기초복지지원사업의 평가와 개선방향. **한국사회복지조사연구**, 21, 225-251.
손병덕, 황혜원, 전미애(2008). **가족복지론**. 서울: 학지사.
손지아(2019). 사회복지에서 공공성개념과 기준에 대한 재검토. **비판사회정책**, 62, 131-155.
송인주(2012). **공원녹지를 통한 생태복지도시 조성방안**. 서울: 서울연구원.
신복기, 박경일, 이명현(2008). **사회복지행정론**. 경기: 공동체.
신복기, 박경일, 이명현, 권진아(2017). **사회복지행정론**. 경기: 공동체.
신섭중(1993). **한국사회복지정책론**. 서울: 대학출판사.

신섭중(1998). **사회보장정책론**. 서울: 대학출판사.

신섭중 역(1995). **일본 현대복지학총람**. 서울: 대학출판사.

신섭중 외(1999). **한국사회복지법제개설**. 서울: 대학출판사.

신재은(2017). 한국 NGO의 글로벌시민교육 현황 및 사례. **국제개발협력**, 3, 63-90.

신현석(2008). **장애인복지론**. 경기: 공동체.

안옥희(2021). **주거복지론**. 서울: 신정.

양옥경(1996). **지역사회정신건강**. 서울: 나남출판.

양정하, 황인옥, 신현석, 유태완, 윤기혁(2020). **사회복지정책론**. 경기: 양서원.

엄명용, 노충래, 김용석(2005). **사회복지실천기술론의 이해**. 서울: 학지사.

원재영(2015). 조선시대 재해행정과 17세기 후반 진휼청의 상설화. **동방학지**, **172**, 133-167.

유공순, 김영석, 박찬길, 안종태, 류응모, 유용식, 이화정, 신정이(2007). **사회복지개론**. 경기: 양서원.

유홍위, 유연웅, 이윤수, 최선애(2017). **군사회복지론**. 서울: 창지사.

윤강재, 김계연(2010). OECD 국가의 행복지수 선정 및 비교. **보건복지포럼**, **159**, 1-13

윤경철 외(2005). **위기청소년 지원시설과 지원정책 현황 및 사회안전망 구축을 위한 정책방안 연구**. 서울: 청소년위원회, 한국청소년개발원.

윤수경(2017). OECD 2016 사회복지지출 통계(SOCX) 주요내용. 주오이디시대한민국대표부.

윤찬영(1998). **사회복지법제론 Ⅰ**. 서울: 나남출판.

윤철수, 노혁, 도종수, 김정진, 김미숙, 석말숙, 김혜경, 박창남, 장은숙(2005). **사회복지개론**. 서울: 학지사.

윤혜미(1995). **사회적 행동과 인간환경**. 서울: 한울아카데미.

윤홍식, 남찬섭, 김교성, 주은선(2019). **사회복지정책론**. 서울: 사회평론아카데미.

이동석(2021). 영국의 디지털 포용 정책과 비대면 장애인 복지서비스의 함의. **국제사회보장리뷰**, **16**, 27-40.

이명현(2000). 빈곤개념의 재검토: 힘의 박탈로서의 빈곤. **한국사회정책**, **7**(1), 179-206.

이명현(2001). 사회복지기관의 관리스타일 진단을 통한 임파워먼트 실현방안. **불교사회복지의 방향과 사회복지 기관관리전략**. 대한불교사회복지연구원 제1차 학술세미나.

이상균(2000). 사회복지실천 프로그램에 대한 메타분석. **한국사회복지학**, **40**, 131-156.

이상민(2022). 2023년 사회복지 예산, 손볼 곳 많다. 피렌체의 식탁.

이성기, 김성희, 박인아(1995). **보건복지사무소 모형개발 및 1차년도 운영평가**. 서울: 한국보건사회연구원.

이성록(1998). **제4의 물결, 자원봉사활동**. 서울: 학문사.

이세원(2008). 아동보호전문기관 사회복지사의 윤리적 딜레마와 의사결정에 관한 연구. **한국사회복지학**, **60**(1), 53-76.

이영찬(2000). **영국의 복지정책**. 서울: 나남출판.

이영호(2008). **사회복지실천기술론**. 경기: 공동체.

이용교(1995). **한국청소년정책론**. 서울: 인간과 복지.

이용빈 국회의원실(2021). "포스트 코로나 시대 바람직한 디지털 전환 정책 방향", 2021 국정감사 정책자료집.

이원숙(2009). **가족복지론**. 서울: 학지사.

이윤로, 이선영(2002). **정신보건사회복지론**. 서울: 학지사.

이정서(2017). **사회복지정책과 제도**. 서울: 시대고시기획.

이정해, 김현주(2014). 물질적 지원이 대학생 자원봉사활동 지속성에 미치는 영향–사회복지전공대학생을 중심으로. **청소년학 연구**, 21(1), 73-95.

이창효(2021). 주거안정을 위한 주거복지 정책의 흐름과 방향. **대전세종연구원**, 79, 8-23.

이태진 외(2021). **한국인의 행복과 삶의 질에 관한 종합 연구: 국제비교를 중심으로**. 세종: 한국보건사회연구원.

이혁구(2003). "사회복지는 근대권력의 한 장치이다." **지식의 최전선**. 서울: 한길사.

이현우(2016). 지자체 사회복지지출 증가, 이대로 둘 것인가. **이슈&진단**, 236, 1-25.

이혜경, 최은영(1997). 한국여성빈곤의 원인과 결과. **연세사회복지연구**, 4, 142-185.

이혜원(1997). **노인복지론**. 서울: 유풍출판사.

이혜원, 김성천, 오승환, 이태수, 정익중(2009). 아동청소년정책 패러다임의 전환. **한국아동복지학**, 28, 73-100.

임은희(2010). **정신보건사회복지론**. 경기: 양서원.

임정원(2017). 4차 산업혁명과 사회복지대학 교육의 변화. **부산복지포럼**, 18.

전광현, 마끼사또 쯔네지(2010). **한일지역사회복지론**. 서울: 나눔의집.

전재일, 이성희(2006). **사회복지실천기술론**. 서울: 형설출판사.

전형원, 박경일(2022). 아동수당법에 관한 비교연구: 한국, 프랑스, 영국, 일본을 중심으로. 동국대학교 대학원 박사학위논문.

정무성 외(2004). **현대장애인복지론**. 경기: 학현사.

정무성, 정진모(2001). **사회복지 프로그램 개발과 평가**. 서울: 양서원.

정익중(2006). 새로운 아동복지서비스의 수요와 전문인력 개발의 과제. **사회과학연구**, 12, 95-115.

정일교, 김만호(2005). **장애인복지론**. 경기: 양서원.

정일교, 김만호(2022). **장애인복지론**. 경기: 양성원.

조낙영(2009). 기후와 기근, 역사를 해석하는 새로운 시선 -김덕진, 2008,『大饑饉 - 조선을 뒤엎다』, 푸른역사. **역사와 담론**, 53, 607-619.

조원탁, 김형수, 이형하, 조준(2021). **사회복지법제와 실천**. 경기: 양서원.

조정아(2006). 새터민취업과 직장생활 갈등에 관한 질적 연구. 경제인문사회연구회 학술세미나 발표논문집, 163-192.

조현상(2013). 전문직으로서 사회복지사의 유리적 판단(判斷) 기준에 관하여. 부경대학교 인문사회과학연구소, 359-380.

조흥식, 김인숙, 김혜란, 김혜련, 신은주(2006). **가족복지학**. 서울: 학지사.

조흥식, 김혜련, 신혜섭 김혜란(2000). **여성복지학**. 서울: 학지사.

중앙정신건강복지사업지원단(2019). "정신건강분야 인력 현황." 정신건강동향. vol.13.

최선화, 박광준, 황성철, 안홍순, 홍봉선(2009). "여성문제와 사회복지." **사회문제와 사회복지**. 경기: 양서원.

최성재, 남기민(1995). **사회복지행정론**. 서울: 나남출판.

최영(2015). 재정분권과 사회복지서비스의 지역 간 불평등. **한국지역한국지역사회복지학**, 55, 31-59.

최옥채(1998). **교정복지론**. 서울: 아시아미디어리서치.

최원규(1996). 외국민간원조단체의 활동과 한국 사회사업 발전에 미친 영향. 서울대학교 대학원 박사학위논문.

최재성(1997). 총체적 품질경영기법(TQM)의 적용가능성에 관한 고찰: 사회복지조직관리 및 평가를 위한 새로운 패러다임. **연세사회복지연구**, 4, 233-258.
최재천 외(2009). **생태복지의 개념 및 적용모델 개발**. 서울: 보건복지부.
최조순(2022). 디지털 전환 시대, 디지털기반 복지 도입 방향. 복지이슈 FOCUS. 2022-19. 경기복지재단.
최종혁(2001). 사회복지조직에서의 프로그램 질적 평가 연구－현상학적 자기평가의 활용을 중심으로－. **한국사회복지학**, 47, 334-368.
최종현(2022). 지역사회 통합돌봄 정책의 성과분석-경기도 시범사업을 중심으로. 명지대학교 박사학위논문.
최지연, 김태완(2018). **글로벌 법제논의의 현황과 전망 －보편적 복지로의 기본소득 법제화를 중심으로－**. 세종: 한국법제연구원.
최현수(2022). '약자 예산' 축소…소리만 요란한 '윤석열 복지'. 경향신문.
최현수(2022). 줄일 걸 줄여야지…허울만 남은 '약자복지'. 경향신문.
최현수, 오미애(2017). 4차 산업혁명 및 지능정보사회의 사회적 위험과 복지 패러다임 전환필요성. **보건 · 복지 Issue&Focus, 333**, 1-8.
통계청(2022). 아동청소년 삶의 질 2022 보고서. 2022. 12. 26. 보도자료.
표갑수(2002). **사회복지개론**. 서울: 나남출판.
하성규 외(2012). **한국주거복지정책: 과제와 전망**. 서울: 박영사.
한국보건사회연구원(2019). 사회복지지출(SOCX) 산출 최종보고회.
한국사회복지행정학회(2003). **한국의 사회복지행정**. 경기: 양서원.
한국사회복지협의회(2017). 4차 산업혁명, 복지 패러다임 바뀐다. **복지저널**, 제107호 2017.7.
한국여성개발원(1992). 여성노인의 복지지원을 위한 기초실태조사. 성폭력추방운동 자료집 Ⅰ.
한국연구재단의 미래과학기술포럼(2018. 5. 30.). 지능연결사회 대비 과학기술자가 바라본 미래 기술.
한동우, 김교성(2002). "사회복지공동모음회 배분사업 평가: 1999~2001년도." 사회복지공동모금회 창립 4주년 기념 심포지엄. 사회복지공동모금회.
한인영, 최현미, 장수미(2006). **의료사회복지실천론**. 서울: 학지사.
현외성(2001). **사회복지법제론**. 서울: 양서원.
홍금자, 박영숙, 문영희(2009). **교정복지론**. 서울: 학현사.
홍봉수, 임안나, 성시한, 김덕주, 임현진, 조당호, 김영호, 최용희, 곽정국, 이순자, 김정훈(2016). **사회복지법제론**. 경기: 공동체.
홍선미(2020). '뉴노멀 시대, 사회복지 현장의 대응 전략. 한국지역사회복지학회. (2020.11.13.) '코로나 언택트 시대, 복지 거버넌스의 위기와 해법을 조망한다'.
홍성방(2007). **법학입문**. 서울: 신론사.
홍원표(2006). 한국의 외국인노동자 정책변화와 과제. **민족연구**, 28, 87-127.
황성철(2001). "임파워먼트 모델과 사회복지조직관리." 한국사회복지행정과 임파워먼트. **한국사회복지행정학**, 6, 65-90.

角田 豊, 小倉襄二 編(1974). **現代社會保障小辭典**. 法律文化社.
岡本民夫, 小田兼三 編(1992). **社會福祉援助技術總論**. ミネルヴァ書房.
岡村重夫(1968). **全訂 社會福祉學**. 紫田書店.
岡村重夫(1986). **사회복지학총론**. [社會福祉學] (송정부 역). 서울: 법지사(원저출판: 1963).

岡村重夫, 黑川昭登(1981). **家族福祉論**. ミネルブァ書房.
健康保險組合連合會 編(1989). **社會保障年鑑**. 東洋經濟新聞社.
京極高宣 監修(1995). **현대사회복지학총람**. (신섭중 외 역). 서울: 대학출판사(원저출판: 1993)
高森敬久 外(1989). コミュニティ・ワーク. 海聲社.
高野史郎(1985). **近代社會事業の形成過程**. 勁草書房.
古川孝順 外(1993). **社會福祉論**. 有斐閣.
古川孝順(1978). **アメリカ社會福祉の歷史**. 川島書店.
古川孝順, 定藤丈弘, しょうじ洋子(1993). **社會福祉論**. 有斐閣.
古川孝順副田めけみ(2003). 秋元美世 編著. **現代社會福祉の爭點(下)－社會福祉の利用と權利**. 東京: 中央.
谷 勝英(1998). **國際福祉**. 現代福祉學レキシコン.
大塚達雄 外(1994). **ソーシャル・ケースワーク論**. ミネルヴァ書房.
籠山 京, 江口英一, 田中 壽(1968). **公的扶助制度比較研究**. 光生館.
白澤政和(1992). **ケースマネージメントの 理論と實際**. 東京: 中央法規出版.
白澤政和(1993). **ケースマネージメント事例集**. 東京: 中央法規出版.
法規(1999). **신법학원론**. (구병삭 역). 서울: 박영사(원저출판: 1989)
福祉士養成講座編輯委員會 Ⅰ(1999). **社會福祉援助技術總論**. 中央法規.
福祉士養成講座編輯委員會 Ⅱ(1999). **社會福祉援助技術各論 Ⅰ**. 中央法規.
福祉士養成講座編輯委員會 Ⅲ(1999). **社會福祉援助技術各論 Ⅱ**. 中央法規.
福祉士養成講座編集委員會 編(1999). **地域福祉論**. 中央法規.
福祉士養成講座編輯委員會(1999). **社會福祉原論**. 中央法規.
社會保障事典編輯委員會(1979). **社會保障事典**. 大月書店.
社會福祉士養成施設協議會 編(1999). **社會福祉士 國家試驗解說集**. 中央法規.
山本正淑, 小山路男 編(1975). **社會保障教室**. 有斐閣.
三浦文夫(1985). **社會福祉政策研究**. 全國社會福祉協議會.
上野谷加代子, 山縣文治, 松端克文 編(2004). **地域福祉**. ミネルヴァ書房.
上田千秋(1989). **사회복지학원론**. [現代社會福祉學原論] (서윤 역). 서울: 시인사(원저출판: 1984).
相澤譲治, 井村圭壯片格(2002). **社會福祉の基本体系 第3版**. 勁草書房.
小笠原二 外 編(1986). **社會福祉の基本體系**. 中央法規出版.
小松源助澤(1978). **社會福祉實践の 共通基盤**. ミネルヴァ書房.
小倉襄二(1976). **公的扶助**. ミネルバ書房.
小倉襄二, 小松源助, 高島 進 編(1973). **社會福祉の基礎知識**. 有斐閣.
小川喜道(2003). **장애인의 역량강화**. [障碍者のインパヮ—メント] (이경희 역). 서울: 시그마프레스(원저출판: 1999).
松友 了(1981). "國際障害者年の意義と動向." ジュリスト(1981. 9.). 障害者の人權と生活保障. 上田 敏(1992). リハビリテ-ションを考える. 障害者問題雙書.
植田 章, 岡村正幸, 結城俊哉 編(1997). **社會福祉方法原論**. 法律文化社.
新 社會福祉學習 雙書, 編輯委員會 Ⅰ(1997). **社會福祉援助技術各論 Ⅰ**. 全國社會福祉協議會.
新 社會福祉學習 雙書, 編輯委員會 Ⅱ(1997). **社會福祉援助技術各論 Ⅱ**. 全國社會福祉協議會.
硯川眞旬(1996). **新 社會福祉方法原論: 21世紀福祉メソッドの展開**. ミネルヴァ書房.

鹽野谷祐一(1973). **福祉經濟の理論**. 日本經濟新聞社.

律寄哲雄(2003). ソーツャルワークの社會福祉－イギリス地方自治体成 ソーツャルワークの立と展開. 東京: 明石書店.

一番ケ瀨康子(1994). **社會福祉原論**. 中央法規出版.

一番ケ瀨康子, 佐藤進(1987). **障害者の福祉と人權**. 光生館.

日本地域福祉學會 編(2006). **地域福祉事典**. 中央法規.

全國社會福祉協議會(1986). **地域福祉計劃 理論と方法**. 全國社會福祉協議會.

中西洋 京極高宣 編著(1990). 社會福祉士の待遇條件. 第一法規.

重田信一 編(1986). **社會福祉の方法**. 川島書店.

仲村優一外 編(1982). **現代社會福祉辭典**. 全國社會福祉協議會.

地主重美(1994). 社會保障の財源政策. 社會保障研究所 編. **社會保障の財源政策**. 東京大學出版會.

荒木誠之(1974). **現代の社會保障**. 同文舘.

孝橋正一(1962). **全訂 社會事業の基本問題**. ミネルブァ書房.

黑木保傳(1999). 일본 국제사회복지의 과제와 전망. (김범수 역). 강남대학교 부설 한국사회복지연구소, **한국사회복지**, 4, 691-702.

黑川昭登(1988). **家族福祉の理論と方法**. 誠信書房.

Akabas, S. H. (1995). "Occupational Social Work." *Encyclopedia of Social Work* (19th ed.). Washington, D.C.: NASW.

Anderson, R. & Cater, I. (1990). *Human Behavior in the Social Environment* (4th ed.). New York: Aldine De Gruyter.

Babbie, E. (1992). *The Practice of Social Research*. Belmont, CA: Wadsworth Publishing Company.

Barker, R. L. (1991). *The social work dictionary*(2nd ed.). Silver Spring, MD: National Association of Social Workers.

Becvar, D. & Becvar, R. (1988). *Family Therapy: A Systemic Integration*. Boston: Allyn and Bacon.

Belsky, J. K. (1990). *The psychology of aging: Theory, research, & interventions*. Pacific Grove, CA: Brooks/Cole.

Berg-Weger, M. & Julie, B. (2000). *The Paraticum Companion for Social Work: Integrating Class and Filed Work*. Boston: Allyn and Bacon.

Beveridge, W. (1942). *Social Insurance and Allied Services*. London: HMSO.

Beveridge, W. (1996). **社會保險と 關聯事業**. [Social Insurance and Allied Services] (社會保障審議委員會 譯). 時事文化社(원저출판: 1942).

Biestek, F. P. (1957). *The Casework Relationship*. London: George Allen & Unwin.

Bonoli, G. (2016). Time Matters: Postindustrialization, New Social Risks, and Welfare State Adaptation in Advanced Industrial Democracies. Comparative Political Studies. 40(5): 495-520.

Briggs, A. (1987). **사회복지의 사상**. [Founders of the welfare state] (한국복지연구회 역). 서울: 이론과 실천(원저출판: 1967).

Bronfenbrenner, U. (1991). **브론펜브레너가 본 미국과 소련의 아이들**. [Two worlds of childhood] (문용린, 김영철 역). 서울: 샘터(원저출판: 1972).

Brown, C. J. & Bradshaw, J. (1978). *Issues in Social Policy*. London: Routlege and Kegan Paul.

Byrne, J. M. (1990). The Future of Intensive Probation Supervision and New Intermediate Sanctions. *Crime & Delinquency, 36*(1), 6-41.

Carter, I. (1977). Social Work in Industry: A History and A Viewpoint. *Social Thought,* Winter, 7-17.

Cobb, R. W. & Elder, C. D. (1983). *Participation in American Politics: Dynamics of Agenda Building*. Baltimore: The John Hopkins University Press.

Coleman, J. C., & Warren-Adamson, C. (Eds.). (1992). *Youth Policy in the 1990s: The Way Forward* (1st ed.). London: Routledge.

Coles, B. (1995). *Youth and Social Policy Youth Citizenship and Young Careers*. London: UCL Press.

Cottrell, L. S. Jr. (1983). "The Competent Community." In Warren, R. & Lyon, L.(Eds.), *New perspectives on the American community*. IL: The Dorsey Press.

DiNitto, D. M. (1995). *Social Welfare: Politics and Public Policy*. Boston: Allyn and Bacon.

DiNitto, D. M. & Dye, T. (1987). *Social Welfare: Politics and Policy*. NJ: Prentice-Hall.

Dolgoff, R. & Feldstein, D. (1984). *Understanding Social Welfare*. New York: Longman.

Dunham, A. (1970). *The New Community Organization*. New York: Thomas Y. Crowell Company.

Edwards, R. L., Yankey, J. A., & Altpeter, M. A. (1998). *Skill for Effective Management of Nonprofit Organizations*. Washington DC: NASW Press.

Ferraro, K. F. (1990). *Gerontology: Perspectives and Issues*. NY: Springer Publishing Company.

Friedlander, W. A. & Apte, R. Z. (1980). *Introduction to Social Welfare*. NJ: Prentice-Hall.

Gate, B. L. (1980). *Social Program Administration the Implementation of Social Policy*. NJ: Prentice-Hall.

Gilbert, N. & Specht, H. (1986). *Dimensions of Social Welfare Policy*. NJ: Prentice-Hall.

Gilbert, N. & Terrell, P. (1998). *Dimension of Social Welfare Policy*. Boston: Allyn and Bacon.

Glennerster, H. (1985). *Paying for Welfare*. Oxford: Basil Blackwell Ltd.

Goldenberg, I. & Goldenberg, H. (1988). **가족치료**. [Family therapy] (장혁표, 제석봉, 김정택 역). 서울: 중앙적성출판사(원저출판: 1980).

Googins, B. & Godfrey, J. (1987). *Occupational Social Work*. Englewood Cliffs, NJ: Prentice-Hall.

Gordon, M. (1994). *Social Security Policies in Industrial Counties*. New York: Cambridge Univ. Press.

Gulick, L. & Urwick, L. (1937). *Papers on the Science of Administration*. New York: Institute of Public Administration.

Gunther, J. & Hawkins, F. (1999). *Making TQM Work: Quality Tools For Human Service Organization*. New York: Springer Publishing Company.

Hanley. L. (2022). From Thatcher to Johnson: how right to buy has fuelled a 40-year housing crisis. The Guardian 2022. 6.29.

Harris, D. K. (1990). *Sociology of Aging*. NY: Harper & Row.

Hasenfeld, Y. (1983). *Human Service Organizations*. Englewood Cliffs, N.J.: Prentice-Hall.

HCSC(House of Commons Second Report from the Social Services Committee Session). (1984−1985). *Community Care-with Special Reference to Adult Mentally Ill and Mentally Handicapped People*. vols. Ⅰ−Ⅲ. London: HMSO.

Hemerijck, A. (2012). When Changing Welfare States and the Eurocrisis Meet. Sociologica, doi: 10.2383/36887.

ILO. (1984). *Into the Twenty-First Century: The Development of Social Security*. Geneva: ILO.

Ilsley, P. J. (1990). *Enhancing the Volunteer Experience*. San Francisco: Jossey-Bass Publishers.

Jeffs, T. & Smith, M. Eds. (1988). *Welfare and Youth Work Practice*. London: Macmillan Education Ltd.

Johnson, L. C. (1989). *Social Work Practice* (3rd ed.). Massachusetts: Allyn and Bacon.

Judd, C. M., Smith, E. R., & Kidder, L. H. (1991). *Research Methods in Social Relations*. Fort Worth, TX: Holt, Rinehart & Winston, Inc.

Kadushin, A. & Martin, J. (1988). *Child Welfare Services*. NY: Macmillan.

Kamerman, S. B. & Kahn, A. J. (1978). *Family Policy: Government and Families in Fourteen Countries*. N.Y.: Columbia Uni. Press.

Katz, M. B. (2008). *The Price of Citizenship: Redefining the American Welfare State*. University of Pennsylvania Press

Kerlinger, F. N. (1979). *Behavioral Research: A Conceptual Approach*. NY: Holt, Rinehart & Winston, Inc.

Kettner, P. M., Moroney, R. M., & Martin, L. L. (2000). **사회복지 프로그램의 기획과 관리**. [Designing and managing programs] (정무성 역). 서울: 나눔의 집(원저출판: 1990).

Key, P. R. (1995). "Quality management." *Encyclopedia of Social Work* (19th ed.), 2019-2025. Washington DC: NASW Press.

Klein, R. & O'Higgins, M.(Ed.). (1985). *The Future of Welfare*. Oxford: Basil Blackwell Ltd.

Knox, J. & Price, D. H. (1995). The Changing American Military Family: Opportunities for Social Work. *Social Service Review*, September. 479-497.

Kramer, R. M. (1987). "Voluntary Agencies and the Personal Social Service." In Walter, W. P.(Ed.), *The Nonprofit Sector*. New Haven: Yale University Press.

Lagana, L. (1986). **대학지성과 사회개혁운동-토인비 홀의 이념적 기원과 발달**. [Toynbee Hall: Its Ideological Origins and Development] (임영상, 기종간 역). 서울: 전예원(원저출판: 1980).

Laroque, P. (1966). Social Security and Social Development. Bulletin of I. S. S., vol. 19, Nos. 3-4.

Larsson, A. & Teigland, R. (2020). *Digital Transformation and Public Service: Societal Impacts in Sweden and Beyond*. London: Routledge.

Lewis, J. A., Lewis, M. D., & Packard, T. R. (2006). *Management of Human Service Programs*. Belmont: Wadsworth Com.

Martin, L. L. (1993). *Total Quality Management in Human Service Organization*. Newbury Park, CA: SAGE Publications.

Maslow, A. H. (1954). *Motivation and Personality*. New York: Harper & Row.

Mattaini, M. A. et al. (1999). **사회복지실천이론의 토대**. [Foundations of social work practice] (이팔환 외 역). 서울: 나눔의 집(원저출판: 1994).

Mehr, J. J. (2001). *Human Services: Concepts and Intervention strategies*(8th ed.). Boston: Allyn and Bacon.

Moen, P. & Schorr, A. J. (1987). "Families and Social Policy." In M. B. Sussnan & S. K. Steimets(Eds.), *Handbook of Marriage and Family.* New York: Plum Press.

Moroney, P. M. (1976). *The Family and the State: Considerations for Social Policy.* London: Longman.

Moxley, D. P. (1989). *The Practice of Case Management.* California: Sage Publications, Inc.

NASW. (1995). Encyclopedia of Social Work 19th.

Millennium Ecosystem Assesment(MEA, 2005). Ecosystem and Human Wellbeing: A Framework for Assessment. Island Press.

NISW(National Institute for Social Work). (1982). *Social Workers-Their Role & Tasks.* London: Bedford Square Press.

Northrop, E. (1990). The Feminization of Poverty: the Demographic Factor and the Composition of Economic Growth. *Journal of Economics Issues, 24*(1, March), 145-160.

Patti, R. J. Ed. (2000). *The Handbook of Social Welfare Management.* Thousand Oaks, CA: Sage Publications, Inc.

Payne, M. (2005). *The Origins of Social Work.* Basingstoke: Palgrave Macmillan

Pieter, D. (1993). *Introduction into the Basic Principles of Social Security.* Deventer: The Netherlands.

Pincus, A. & Minahan, A. (1990). *Social Work Practice: Model and Method.* IItasca, Illinois: F. E. Peacock Publishers, Inc.

Prigmore, C. S. & Atherton, C. R. (1979). *Social Welfare Policy: Analysis and Formulation.* Lexiton: D.C. Health and Company.

Reid, W. J. & Smith, A. D. (1981). *Research in Social Work.* NY: Columbia University Press.

Romanyshyn, J. M. (1971), *Social Welfare: Charity to Justice.* New York: Random House.

Rothman, J. (1995). "Approaches to Community Intervention." In Rothman, J., Erlich, J. L., & Tropman, J. E.(Eds.), *Strategies of Community Intervention,* (pp.44-45). Illinois: F.E. Peacock Publishers, Inc.

Rothman, J. & Germain, C. B. (1994). *Practice with Highly Vulnerable Clients: Case Management and Community-Based Service.* NJ: Prentice-Hall.

Royse, D., Thyer, B. A., Padgett, D. K., & Logan, T. K. (2001). *Program evaluation: An introduction.* Belmont, CA: Thomson-Brooks/Cole.

Sax, P. (1967). A Discussion: What is Family-centered Case Work. *Social Case Work,* July. FSAA.

Schwab, K. (2016). **4차 산업혁명의 충격.** [Fourth industrial revolution: a Davos reader] (김진희, 손용수, 최시영 역). 서울: 흐름출판(원저출판: 2016).

Shotland, R. L., & Mark, M. M. (1985). *Social Science and Social Policy.* Beverly Hills: Sage Publication.

Shulman, L. (1992). *The Skills of Helping: Individuals, Families, and Groups* (3rd ed.). Illinois: F. E. Peacock Publishers, INC.

Skidmore, R. A. (1997). **시회복지기관행정론-역동적 관리와 인간관계.** [Social work administration: dynamic management and human relationships] (문인숙, 김미혜 역). 서울: 동인(원저출판: 1983).

Skidmore, R. A., Thackeray, M. G., & Farley, O. W. (1991). *Introduction to Social Work* (5th ed.). NJ: Prentice-Hall.

Smith, J. (1986). "The Paradox of Womens Poverty: Wage-earning Women and Economic Transformation." In Novak, C. C. & Strober, M. H. (Eds.), *Women and Poverty*. Chicago: The University of Chicago Press.

Spicker, P. (1988). *Principle of Social Welfare: An Introduction to Thinking about the Welfare State*. New York: Routledge.

SSA. (2018-2019). Social Security Programs Throughout the World. Social Security Administration.

Stenzel, A. K. & Feeney, H. M. (1996). *Volunteer training and development: A manual*. NY: The Seabury Press. Inc.

Straussner, S. L. A. Ed. (1989). *Occupational Social Work Today*. N.Y.: The Haworth Press.

Stroup, H. H. (1960). *Social Work: An Introduction to the Field* (2nd ed.). U.S.: Van Nostrand Reinhold Inc.

Taylor-Gooby, P. (2004). *New Risks, New Welfare*. Oxford: Oxford University Press.

Thane, P. (1996). *Foundations of Welfare State*. New York: Longnan.

Titmuss, R. M. (1974). *Social Policy: An Introduction*. London: George Allen & Unwin Ltd.

Townsend, P. et al. (1970). *The Fifth Social Service*. London: Fabian Society.

Trattner, W. I. (1974). *From Poor Law to Welfare State*. New York: The Free Press.

Trecker, H. B. (1977). *Social Work Administration*. New York: Association Press.

Trevithick, P. (2000). *Social Work Skills: A practice Handbook*. Philadelphia, PA: Open University Press.

Tripodi, T. (1983). *Evaluative Research for Social Workers*. Englewood Cliffs, NJ: Prentice-Hall.

UN. (2019). Special Rapporteur on extreme poverty and human rights. (빈곤사회연대사무국 역). 2020. 4. 20.

Vourlekis, B. S. & Green, R. R. Eds. (1992). *Social Work Case Management*. New York: Aldine de Gruyter.

Wilensky, H. L. & Lebeaux, C. N. (1979). **산업사회와 사회복지**. [Industrial society and social welfare] (장인협 역). 서울: 대한교과서(원저출판: 1958).

Wilson, M. (1976). *Effective Management of Volunteer program Boulder*. Colorado: Volunteer Management Associates.

Zastrow, C. (1995). *The Practice of Social Work* (5th ed.). Belmont, CA: Brooks/Cole.

Zastrow, C. & Kirst-Ashman, K. (2001). *Understanding Human Behavior and the Social Environment*. Belmont, CA: Brooks/Cole.

Zimmerman, S. I. (1992). *Family Policies and Family Well-Being: The Role of Political Culture*. Newbury Park, C.A.: Sage Pub.

교육부 공식 블로그(https://if-blog.tistory.com).

국민행복카드(www.voucher.go.kr).

다문화가족포털사이트 다누리(http://liveinkorea.kr).

미래과학기술 포럼보고서(http://www.nrf.re.kr/search).

보건복지부(www.mohw.go.kr).

복지타임즈(http://www.bokjitimes.com).
복지포털 복지로(www.bokjiro.go.kr).
부산시사회복지사협회 사회복지윤리연구소(https://basw.or.kr/laboratory).
에듀넷(http://www.edunet.net).
여성가족부(http://www.moge.go.kr).
한국건강가정진흥원 홈페이지(www.familynet.go.kr).
한국사회복지사협회(https://www.welfare.net).
한국사회복지행정연구회(https://ksswa.or.kr).

찾아보기

저자 소개

■ **박경일**(e-mail: pki@dongguk.ac.kr)
부산대학교 대학원 행정학 박사(사회복지정책 및 행정 전공)
현재, 동국대학교 사회복지학과 명예교수
〈저서〉 사회복지정책론(2007, 2019), 사회복지행정론(공저, 2002, 2017),
사회복지 프로그램 개발과 평가(공저 2019) 외 다수

■ **김경호**(e-mail: kkho@gnu.ac.kr)
부산대학교 대학원 행정학 박사(사회복지정책 및 제도 전공)
현재, 경상대학교 사회복지학부 교수
〈저서〉 어느 사회복지사의 죽음(공역, 2014), 사회복지와 비판적 우수실천(공역, 2012) 외 다수

■ **서화정**(e-mail: hjsuh@ch.ac.kr)
부산대학교 대학원 사회복지학 박사(사회복지실천 전공)
현재, 춘해보건대학교 사회복지과 교수
〈저서〉 개호기술(공역, 2002), 케어복지개론(공저, 2006), 사회복지실천론(공저, 2007) 외 다수

■ **이재모**(e-mail: swleejm@yu.ac.kr)
일본 동양대학교 대학원 사회복지학 박사(사회복지실천, 노인복지, 지역사회복지 전공)
현재, 영남대학교 새마을국제개발학과 교수(사회복지연계 전공)
〈저서〉 사회복지실천론(공저, 2016), 노인복지론(공저, 2022), 지역사회복지론(2022) 외 다수

■ **윤기혁**(e-mail: akqj1111@hanmail.net)
부산대학교 대학원 사회복지학 박사(사회복지행정 및 노인복지 전공)
현재, 동명대학교 사회복지학과 조교수
〈저서〉 사회복지행정론(공저, 2019), 사회복지정책론(공저, 2020) 외 다수

■ **이미라**(e-mail: miracle9025@deu.ac.kr)
부산대학교 대학원 사회복지학 박사(사회복지실천 및 지역사회복지 전공)
현재, 동의대학교 사회복지학과 부교수

■ **이진열**(e-mail: jlyl-1999@hanmail.net)
부산대학교 대학원 사회복지학 박사(사회복지행정 전공)
현재, 동서대학교 사회복지상담학과 조교수
〈저서〉 사회복지정책론(공저, 2022), 지역사회복지론(공저, 2022) 외 다수

■ **전형원**(e-mail: exp5959@naver.com)
동국대학교 대학원 사회복지학 박사(사회복지학 전공)
현재, 군장대학교 사회복지과 객원교수

사회복지학강의

1판 1쇄 인쇄 ─ 2023년 2월 20일
1판 1쇄 발행 ─ 2023년 2월 24일

저　　자 - 박경일 김경호 서화정 이재모
　　　　　윤기혁 이미라 이진열 전형원
발 행 인 - 강철원
발 행 처 - 양성원
주　　소 - 경기도 파주시 검산로 173번길 29-12
전　　화 - 031-946-3861(代)
팩　　스 - 031-946-3864
이 메 일 - tnwpub@naver.com
홈페이지 - tnwpub.co.kr
출판등록 - 2015년 8월 31일 제 2015-000211 호

ISBN 979-11-6126-509-4

정가 23,000원